Schemi&Schede di

DIRITTO DEL LAVORO

EDIZIONI SIMONE GIURIDICO

Riviera di Chiaia, n. 256
80121 Napoli
www.simone.it

1/3 | Schemi e Schede di Diritto del Lavoro

curvilinee

Art director | **Gianfranco De Angelis**
Responsabili grafici di fotocomposizione | **Bianca Pierro** e **Marco Esposito**
Coordinatrice di fotocomposizione | **Iole Reale**

Revisione del testo a cura della dott.ssa: **Carla Buffolano**

Per info contattaci su *WhatsApp* al 366 65 99 985

Questo volume è stato stampato nel mese di gennaio 2023 presso:
GFC Stampa S.r.l. Unipersonale
Via Palazziello, n. 79 - Volla (NA)

PREMESSA

I testi della **collana Schemi & Schede** raccolgono tutti gli argomenti del programma d'esame in *schemi* e *schede sinottiche*, ponendosi come indispensabile sussidio del manuale adottato. Ogni Schemi & Schede:

— delinea un quadro sistematico della materia;
— identifica come in una *slide* i punti chiave e le linee generali della disciplina;
— dedica maggiore attenzione agli *argomenti caldi* più frequentemente oggetto di domande d'esame;
— facilita la *lettura*, agevola la *memorizzazione*, velocizza il *ripasso*.

In più, questi manuali sono strutturati in **pagine staccabili** che possono anche essere inserite nei quadernoni a fogli mobili utilizzati per prendere appunti durante le lezioni.

L'utilizzo di **Schemi & Schede**, strutturato in tavole sinottiche e schemi articolati, presuppone una minima conoscenza di base della materia: si raccomanda sempre la contestuale consultazione del manuale istituzionale o del *Compendio Simone*.

L'**edizione 2023**, aggiornata come sempre alle ultime novità normative, si giova della consueta veste grafica che affianca agli schemi tre differenti **rubriche**:

— **Osservazioni**, dove si approfondiscono aspetti rilevanti della disciplina;
— **Differenze**, dove si analizzano aspetti particolari della materia, stimolando i confronti e i paralleli fra i diversi istituti;
— **In sintesi**, dove si offre un quadro riepilogativo degli argomenti affrontati.

L'utilizzo del *secondo colore* trasforma, infine, lo studio delle grigie pagine dei manuali tradizionali, in uno strumento di apprendimento più vivace ed efficace.

Della stessa collana:

I L'evoluzione del diritto del lavoro

1 Il diritto del lavoro

Nozione: è il complesso di norme che *disciplinano il rapporto di lavoro subordinato* e che tutelano, oltre che l'interesse economico, anche la **libertà**, la **dignità** e la **personalità del lavoratore**.

Tipologia di norme	▶ Di natura **privatistica**	▷ Regolano il rapporto tra lavoratore e datore di lavoro dalla sua *costituzione* alla sua *cessazione*
	▶ Di natura **pubblicistica**	▷ Impongono direttamente *obblighi legali a carico delle parti* del rapporto
	▶ **Pattizie**	▷ Regolano la *costituzione*, la *struttura* e l'*attività* delle associazioni rappresentative dei lavoratori e dei datori di lavoro
Oggetto	▶ Generico	▷ Disciplina di *tutti gli aspetti concernenti il lavoro*, inteso come attività avente ad oggetto il compimento di determinate prestazioni a vantaggio di altri
	▶ Specifico	▷ Disciplina della giuridica **relazione tra il datore di lavoro e il lavoratore** che ha la sua fonte nel contratto
Fine	▶ È l'**attenuazione degli effetti più deleteri della subordinazione**, specie quelli che minano la libertà, la dignità e la sicurezza del prestatore di lavoro (MAZZIOTTI)	

2 L'evoluzione normativa fino al XIX secolo

Percorso storico dall'età antica alla fine del XIX secolo

- Nell'**età antica**, mancava del tutto una disciplina del diritto del lavoro; nel diritto romano, il rapporto di lavoro subordinato si configurava come un'ipotesi di «*locatio operarum*»
- Nell'**alto Medioevo**, si ebbe un **principio di disciplina** con la regolamentazione dei rapporti di servizio dei lavoranti nelle botteghe degli artigiani e nelle corporazioni dei mercanti
- Nell'**età moderna**, lo sviluppo della *borghesia* ha determinato la necessità di una disciplina dell'attività economica (diritto del commercio)
- Nel **Settecento**, lo sviluppo delle manifatture e l'espansione del commercio estero e interno hanno dato vita alla cd. *rivoluzione industriale*: è da questo momento che si è soliti far **iniziare** la «**vera storia del diritto del lavoro contemporaneo**»

Percorso storico dall'età antica alla fine del XIX secolo	▶ Ai **primi dell'Ottocento**, nuove correnti di pensiero si fondano soprattutto sui temi dell'uguaglianza e del benessere degli uomini per rivendicare l'approvazione di normative a tutela dei lavoratori ▶ Una diversa scuola di pensiero è rappresentata dalla **filosofia marxista**, che fornisce le basi teorico-scientifiche sulle quali si sono rafforzate le organizzazioni di lotta delle classi lavoratrici ▶ Nella **metà dell'Ottocento**, si sviluppa il movimento operaio e contadino, la cui lotta di emancipazione ha portato all'introduzione negli ordinamenti giuridici di una **sempre più ampia regolamentazione del lavoro subordinato** ▶ Alla **fine dell'Ottocento**, la disciplina del diritto del lavoro si caratterizza, come **legislazione protettiva**, avente ad oggetto l'assicurazione obbligatoria contro gli infortuni sul lavoro, la tutela del lavoro delle donne e dei fanciulli, i limiti della durata massima dell'orario di lavoro ecc.

3 L'evoluzione normativa nel corso del XX secolo

3.1 Intervento iniziale del legislatore

Agli inizi del **XX secolo**, il diritto del lavoro si è sviluppato in modo *episodico* e ha riguardato solo taluni aspetti del rapporto di lavoro ritenuti particolarmente gravosi per i lavoratori. In questo periodo, pertanto, si faceva riferimento alla *prassi* o agli *usi* del lavoro impiegatizio o alle regole contenute nei contratti collettivi di cui si estendeva l'efficacia. Fu fissata, in tal modo, una serie di principi (sul riposo settimanale, sul recesso libero con preavviso ecc.) dando vita alla cd. **formazione extralegislativa del diritto del lavoro**.

Normativa	▶ *Tutela del riposo settimanale e festivo* (L. 489/1907) ▶ *Tutela del lavoro delle donne e dei minori* (L. 3657/1886, L. 242/1902, L. 416/1907 e R.D. 818/1907)

3.2 Interventi successivi

Normativa	▶ *Legge sull'impiego privato* (R.D.L. 1825/1924), che è il **primo organico intervento legislativo** con cui viene predisposta la disciplina del *rapporto di lavoro degli impiegati* e offerta la *prima definizione del contratto di lavoro subordinato* ▶ Nel **1942**, con l'entrata in vigore del *Codice Civile*, la materia del lavoro riceve una **sistemazione organica** nei primi quattro titoli del Libro V (fase della *incorporazione del diritto del lavoro nel diritto privato*) ▶ Nel **1947**, la *Costituzione* fonda la Repubblica Italiana sul lavoro (art. 1) (fase della **costituzionalizzazione del diritto del lavoro**)

Osservazioni

Durante gli anni di vigenza dell'**ordinamento corporativo**, proprio dello Stato fascista, accanto alle leggi e ai contratti collettivi diretti a migliorare le condizioni di lavoro, di grande rilievo fu l'*inserimento, nel codice civile del 1942, dei lineamenti essenziali della disciplina del rapporto di lavoro.*

3.3 Interventi dopo l'emanazione della Costituzione

Normativa

- Disciplina dell'*apprendistato*, del rapporto di *lavoro a domicilio* e *domestico* (L. 19-1-1955, n. 25; L. 13-3-1958, n. 264; L. 2-4-1958, n. 339)
- Disciplina del *collocamento della manodopera* (L. 29-4-1949, n. 264)
- Divieto di *appalto di manodopera* (L. 23-10-1960, n. 1369)
- Disciplina del contratto di *lavoro a tempo determinato* (L. 18-4-1962, n. 230)
- Disciplina dei *licenziamenti individuali* (L. 15-7-1966, n. 604)

Nel corso degli **anni Settanta**, sotto la spinta dei cambiamenti profondi nelle relazioni industriali, viene affermato il principio dell'effettività introaziendale della tutela individuale e collettiva, con conseguente **limitazione** dei **poteri datoriali** e rafforzamento del **principio di uguaglianza** nei rapporti di lavoro.

Normativa

- *Statuto dei lavoratori* (L. 20-5-1970, n. 300)
- *Riforma del processo di lavoro* (L. 11-8-1973, n. 533)
- Cassa integrazione guadagni (L. 20-5-1975, n. 164)
- *Parità di trattamento del lavoro delle donne e dei fanciulli* (L. 9-12-1977, n. 903)

Tra la **fine degli anni Settanta e la prima parte degli anni Ottanta**, a causa della grave crisi economica determinata da processi di inflazione e di stagnazione dell'attività industriale, prevale la cd. *legislazione d'emergenza*, diretta a privilegiare il mantenimento dei livelli occupazionali rispetto ad ulteriori prospettive di miglioramento delle condizioni economiche e normative dei lavoratori.
Dalla **seconda metà degli anni ottanta**, inizia una nuova fase di sviluppo dell'economia: l'introduzione e la progressiva espansione del *lavoro terziario*, in un contesto di forte innovazione tecnologica e di competizione globale, pongono nuove esigenze e nuovi problemi da risolvere. L'impiego di impianti robotizzati e computerizzati se, da un lato, ha modificato completamente l'apparato produttivo, ammodernandone le strutture, dall'altro, ha finito con il «*ridimensionare*» talune categorie professionali, come quelle degli operai e degli impiegati di bassa qualificazione, investendo nel contempo in nuove figure di lavoratori in possesso di particolare professionalità.

Normativa

- *Trattamento di fine rapporto* (L. 29-5-1982, n. 297)
- *Contratto di formazione e lavoro* e *contratti di solidarietà* (D.L. 30-10-1984, n. 726, conv. in L. 19-12-1984, n. 863)
- *Sciopero nei servizi pubblici essenziali* (L. 12-6-1990, n. 146)
- *Licenziamenti collettivi* (L. 23-7-1991, n. 223)
- *Igiene e sicurezza del lavoro* (D.Lgs. 19-9-1994, n. 626)
- Modificazioni della *disciplina sanzionatoria in materia di lavoro* (D.Lgs. 19-12-1994, n. 758)

3.4 Trasformazioni del sistema produttivo e ricadute sul diritto del lavoro

Le trasformazioni economiche e tecnologiche hanno determinato la creazione di **nuovi tipi di lavoro**: accanto al tradizionale lavoro subordinato, si delineano forme di *lavoro parasubordinato*, di *lavoro cooperativo*, di *lavoro associato* ecc. L'esigenza di *competitività delle imprese*, dettata dal consolidamento dell'integrazione europea e dall'internazionalizzazione dei mercati (cd. *globalizzazione*), ha richiesto al mondo delle imprese un ripensamento delle proprie strategie commerciali, con una notevole ricaduta sull'organizzazione della produzione e del lavoro: le imprese hanno cercato di fronteggiare queste trasformazioni economiche ricorrendo a **forme flessibili della forza-lavoro**.

Effetti sul diritto del lavoro

- Riduzione del peso politico e quantitativo del lavoro dipendente incentrato sul rapporto di lavoro subordinato a tempo indeterminato e **diffusione di tipologie lavorative flessibili**
- Attenuazione dei vincolismi e delle rigidità nella disciplina del rapporto di lavoro

3.5 Deregolamentazione e autonomia negoziale collettiva

La disciplina giuslavoristica della **fine del XX secolo** è stata caratterizzata da forme di *deregolamentazione* o di *flessibilità controllata*, che hanno accresciuto il ruolo dell'autonomia negoziale collettiva.

Funzioni della contrattazione collettiva

- Funzione **regolamentare delegata**, potendo essa disciplinare, nella cornice disegnata dal legislatore, aspetti da esso non regolati
- Funzione **derogatoria della legge**, in quanto è la legge stessa a consentire, attraverso l'intervento del sindacato, deroghe ai precetti normativi

Normativa

- *Limiti al diritto di sciopero nei servizi pubblici essenziali* (L. 12-6-1990, n. 146)
- Possibilità di *derogare al divieto di adibire il lavoratore a mansioni inferiori*, attraverso gli accordi sindacali relativi alle procedure di mobilità (art. 4, L. 23-7-1991, n. 223)
- *Contratti di solidarietà* (D.L. 16-5-1994, n. 299, conv. in L. 19-7-1994, n. 451)
- *Rappresentante per la sicurezza dei lavoratori* (artt. 18 e 19, D.Lgs. 19-9-1994, n. 626)
- *Contratti di riallineamento* (art. 5, D.L. 1-10-1996, n. 510, conv. in L. 28-11-1996, n. 608)

3.6 Flessibilità nella gestione della risorsa-lavoro

Nell'**ultimo decennio del XX secolo**, soprattutto per adeguare il mercato del lavoro italiano agli standards europei, il legislatore, da un lato, ha istituzionalizzato forme flessibili di utilizzo della manodopera, dall'altro, ha semplificato notevolmente le modalità di instaurazione e di svolgimento del rapporto di lavoro.

Normativa	▶ Meccanismo dell'assunzione *diretta* nominativa (art. 9bis, D.L. 1-10-1996, n. 510, conv. in L. 28-11-1996, n. 608) ▶ Riforma del *contratto a termine* e dei *rapporti di lavoro a contenuto formativo*, promozione dello stage, incentivi alla diffusione del part-time e lavoro interinale (L. 24-6-1997, n. 196) ▶ Conferimento a *Regioni* e a enti locali di *funzioni e compiti in materia di mercato del lavoro* (D.Lgs. 23-12-1997, n. 469)

4 L'evoluzione normativa nel corso del XXI secolo: dalla legge Biagi al Jobs Act

4.1 Riforma del mercato del lavoro e della vigilanza

Con **L. 14-2-2003, n. 30**, recante «*Delega al Governo in materia di occupazione e mercato del lavoro*», si è cercato di rivisitare totalmente il diritto del lavoro, per attuare una riforma in grado di operare ad ampio raggio, dalla materia dei servizi pubblici e privati per l'impiego, ai *contratti a contenuto formativo*, al lavoro a tempo parziale, alla *vigilanza*, fino all'introduzione di *nuove tipologie occupazionali* e a prefigurare un *meccanismo di certificazione* della natura del rapporto di lavoro.

Alla legge delega è stata data attuazione con il **D.Lgs. 10-9-2003, n. 276**, di riforma del mercato del lavoro, e con il **D.Lgs. 23-4-2004, n. 124**, di riforma della vigilanza in materia di lavoro (e previdenza sociale).

Riforma del mercato del lavoro (D.Lgs. 276/2003)	▶ Sistema dell'**intermediazione tra domanda e offerta di lavoro**	▷ Potenziamento della trasparenza ed efficienza del sistema
	▶ Riforma dei servizi pubblici per l'impiego e delle agenzie private di collocamento e di fornitura di lavoro	▷ Rimozione di numerosi vincoli per la loro operatività ▷ I soggetti privati vengono denominati **agenzie per il lavoro**
	▶ Effetti sui contratti di lavoro	▷ Riforma dei *contratti a contenuto formativo* ▷ Incentivazione all'utilizzo del *part-time* ▷ Introduzione di *nuove tipologie contrattuali ad orario modulato o flessibile* ▷ Riconduzione delle collaborazioni coordinate e continuative allo schema contrattuale del *lavoro a progetto* ▷ Introduzione del sistema della *certificazione dei contratti di lavoro*

Riforma della vigilanza (D.Lgs. 124/2004)	▶ Funzione *preventiva* degli accertamenti ▶ *Raccordo tra funzione di ispezione del lavoro e quella di conciliazione* delle controversie individuali di lavoro

Riforma della vigilanza (D.Lgs. 124/2004)	▶ Nuova disciplina dei poteri di *prescrizione* e *diffida* ▶ Introduzione di *nuove forme di opposizione* (ricorsi) *in via amministrativa* ▶ **Riorganizzazione delle attività ispettive** ▶ Razionalizzazione degli interventi ispettivi di *tutti gli organi di vigilanza*

4.2 Riforma in materia di previdenza, lavoro e competitività (L. 247/2007)

Con **Protocollo d'intesa del 23-7-2007**, il Governo e le parti sociali hanno delineato un piano di interventi che riguardano il mercato del lavoro, la previdenza, gli ammortizzatori sociali e l'occupazione delle donne.
Il Protocollo è stato poi trasposto nella L. 24-12-2007, n. 247 recante «*Norme di attuazione del Protocollo del 23 luglio 2007 su previdenza, lavoro e competitività per favorire l'equità e la crescita sostenibili*».

Principali novità	▶ Correzioni alla disciplina sul **lavoro a termine**, per prevenire in particolare «gli abusi derivanti dall'utilizzo di una successione di contratti o rapporti a tempo determinato» ▶ Modifiche al **lavoro a tempo parziale** relativamente al cd. *diritto di precedenza* e alla disciplina in materia di *clausole elastiche e flessibili* ▶ **Abrogazione** delle norme del D.Lgs. 276/2003 concernenti il **lavoro a chiamata** e attivazione di un tavolo di confronto con le parti sociali relativamente al contratto commerciale di **somministrazione a tempo indeterminato**

4.3 Emergenza infortuni sul lavoro e T.U. della sicurezza sul lavoro (D.Lgs. 81/2008)

Notevoli interventi normativi si sono avuti anche in materia di tutela delle condizioni di lavoro, con riferimento sia alla disciplina dell'igiene e sicurezza del lavoro, che a quelle disposizioni che garantiscono il corretto inquadramento e svolgimento del rapporto di lavoro.
Obiettivo del legislatore è stato ridurre il numero degli *infortuni sul lavoro* e del fenomeno ad esso strettamente connesso del *lavoro nero*.
Tale volontà si è concretizzata con l'introduzione di una serie di misure di prevenzione e repressione (esempio, comunicazione preventiva di assunzione, provvedimento di sospensione dei lavori), ma soprattutto mediante il *riordino delle disposizioni in materia di salute e sicurezza sul lavoro* con il **D.Lgs. 9-4-2008, n. 81**.

D.Lgs. 81/2008	▶ Costituisce il **T.U. in materia di sicurezza sul lavoro**	▷ *Coordina* in un unico testo legislativo le disposizioni che regolavano la materia ▷ *Abroga* le norme con esso incompatibili, compreso il D.Lgs. 626/1994
	▶ Amplia il *campo di applicazione* della normativa ▶ Rafforza il ruolo dell'*azione pubblica* e della *rappresentanza dei lavoratori* sui luoghi di lavoro ▶ Riformula e razionalizza l'*apparato sanzionatorio*	

4.4 Riforma della contrattazione collettiva

Principali Accordi interconfederali	▶ Accordo interconfederale del **23-7-1993**	▷ Ha costituito una vera e propria *pietra militare* del nostro sistema di relazioni industriali, regolando a lungo la *struttura*, le *modalità* e gli *effetti* della contrattazione collettiva
	▶ Accordo del **22-1-2009** tra Governo e parti sociali (ad *esclusione* della CGIL)	▷ Ha introdotto un *nuovo modello contrattuale, comune* al settore pubblico e privato, che ha *sostituito quello del 1993*. Ha previsto regole e procedure della *negoziazione* e della *gestione della contrattazione collettiva*
	▶ Accordi del **28-6-20011** e del **31-5-2013**	▷ Hanno *completato la revisione* delle regole in materia di contrattazione collettiva, stabilendo i criteri e i meccanismi, di natura *negoziale*, per accertare la *rappresentatività sindacale* e l'*efficacia* del contratto collettivo
	▶ Accordo Confindustria - CGIL, CISL, UIL del **10-1-2014**, recante il **Testo Unico sulla rappresentanza**	▷ Ha definito le regole per la *concreta* operatività della nuova contrattazione collettiva e per l'*accertamento della rappresentatività sindacale*
	▶ Accordo Confindustria - CGIL, CISL, UIL del **28-2-2018 (Patto per la fabbrica)**	▷ Ha definito gli *indirizzi* in materia di contrattazione collettiva e si è data *attuazione* alle procedure dell'Accordo del 2014
	▶ Accordo sulla **rappresentanza e pariteticità in materia di salute e sicurezza**	▷ Tale accordo è contenuto *nell'Intesa sui temi della salute e sicurezza nei luoghi di lavoro* del *12-12-2018* siglata da Confindustria e CGIL, CISL, UIL
	▶ **Convenzione del 19-9-2019** firmata da INPS, INL, Confindustria e CGIL, CISL, UIL	▷ È stata *completata l'attuazione del Testo Unico sulla rappresentanza*, mediante la conferma e l'approvazione di regole sulla *misurazione della rappresentatività sindacale*

4.5 Riforma del cd. collegato lavoro (L. 183/2010)

L. 4-11-2010, n. 183 (cd. collegato lavoro)	▶ Ambiti di intervento	▷ *Congedi* ▷ *Aspettative* ▷ *Permessi* ▷ *Ammortizzatori sociali* ▷ *Servizi per l'impiego* ▷ *Incentivi all'occupazione* ▷ *Apprendistato*

L. 4-11-2010, n. 183 (cd. collegato lavoro)	▶ Ambiti di intervento	▷ *Occupazione femminile* ▷ *Lavoro alle dipendenze della P.A.* ▷ *Misure contro il lavoro sommerso* ▷ *Licenziamento* ▷ *Controversie di lavoro*

4.6 La legge Fornero (L. 92/2012)

Con la **L. 28-6-2012, n. 92**, cd. **legge Fornero**, è stato attuato un ulteriore significativo intervento in materia di lavoro, cercando di coniugare l'esigenza di flessibilità delle imprese con quella di garantire la sicurezza dei lavoratori.

Ambiti di intervento	▶ **Flessibilità in entrata**	▷ Si persegue l'obiettivo di rendere *più dinamico il mercato del lavoro*, soprattutto verso le fasce svantaggiate, contrastando al contempo il fenomeno della precarizzazione della forza lavoro
	▶ **Ammortizzatori sociali**	▷ Viene riformato in modo da garantire un *ampliamento della copertura* e da *rafforzare i legami* tra strumenti di *sostegno del reddito* e *politiche di attivazione*, *riqualificazione* e *ricollocazione* dei lavoratori
	▶ **Flessibilità in uscita**	▷ Si mira *ad adeguare* in modo più incisivo la disciplina dei licenziamenti individuali (art. 18 St. Lav.) al mutato contesto economico

4.7 Riforma del Jobs Act e dei relativi decreti di attuazione

Il **Jobs Act** costituisce un'ulteriore riforma ad ampio raggio in materia di lavoro e legislazione sociale; con la **L. 10-12-2014, n. 183** vengono, infatti, conferite «*Deleghe al Governo in materia di riforma degli ammortizzatori sociali, dei servizi per il lavoro e delle politiche attive, nonché in materia di riordino della disciplina dei rapporti di lavoro e dell'attività ispettiva e di tutela e conciliazione delle esigenze di cura, di vita e di lavoro*».

Attuazione del Jobs Act (L. 183/2014)	▶ **D.Lgs. 22/2015.** Ha disciplinato la *Nuova prestazione di assicurazione sociale per l'impiego* (**NASPI**) ▶ **D.Lgs. 23/2015.** Ha introdotto il *contratto a tutele crescenti* (**CATUC**) con applicazione di una nuova disciplina sanzionatoria dei licenziamenti illegittimi ▶ **D.Lgs. 80/2015.** Ha definito nuove misure per la **conciliazione vita-lavoro** ▶ **D.Lgs. 81/2015.** Ha operato un importante **riordino dei contratti di lavoro** ▶ **D.Lgs. 148/2015.** È intervenuto in materia di **ammortizzatori sociali in costanza di rapporto di lavoro** ▶ **D.Lgs. 149/2015.** Ha realizzato un'imponente razionalizzazione e semplificazione dell'**attività ispettiva**

Attuazione del Jobs Act (L. 183/2014)	▶ **D.Lgs. 150/2015.** Ha ridefinito tutto l'impianto dei **servizi per l'impiego** e della **politica attiva del lavoro** ▶ **D.Lgs. 151/2015.** Ha attuato un'importante razionalizzazione e semplificazione delle procedure e degli adempimenti in materia di **rapporto di lavoro e pari opportunità**

Osservazioni

Con **D.Lgs. 24-9-2016, n. 185**, cd. **correttivo Jobs Act**, sono state dettate disposizioni integrative e correttive di alcuni decreti di attuazione del Jobs Act.
Gli interventi hanno riguardato, ad esempio, gli *ammortizzatori sociali*, la *vigilanza*, l'*ANPAL* (Agenzia Nazionale per le Politiche Attive del Lavoro); il *collocamento dei disabili*; la *procedura on line delle dimissioni*.

4.8 Il Jobs Act del lavoro autonomo

L. 22-5-2017, n. 81 (cd. Jobs Act del lavoro autonomo)	▶ Ha introdotto misure per la tutela del *lavoro autonomo non imprenditoriale* con l'obiettivo di costruire anche per tali lavoratori (professionisti, partite iva, co.co.co.) un sistema di tutele e diritti analogo a quello del lavoro subordinato e di eliminare la divisione tra lavoratori tutelati e non (cd. *dualismo* del mercato del lavoro) ▶ Ha disciplinato il **lavoro agile** (cd. smart-working), con cui il rapporto di lavoro subordinato assume, nello *svolgimento*, modalità analoghe a quelle del lavoro autonomo, per la *mancanza di vincoli di orario e luogo di lavoro*

4.9 Principali novità degli ultimi anni

D.L. 12-7-2018, n. 87, conv. in L. 9-8-2018, n. 96 (cd. Decreto dignità)	▷ Riduzione della **durata massima** del *contratto di lavoro a tempo determinato*, da 36 a *24 mesi* ▷ Introduzione di **causali** per i *contratti di lavoro a tempo determinato* con una durata superiore a 12 mesi ▷ Reintroduzione della **somministrazione fraudolenta**
D.L. 28-1-2019, n. 4, conv. in L. 28-3-2019, n. 26	▷ Introduzione del **Reddito di cittadinanza** (RdC)
D.L. 30-4-2019, n. 34, conv. in L. 28-6-2019, n. 58 (cd. Decreto crescita)	▷ Introduzione, in via sperimentale, del **contratto di espansione**
D.L. 3-9-2019, n. 101, conv. in L. 2-11-2019, n. 128 (cd. Decreto tutela lavoro)	▷ Individuazione delle caratteristiche in presenza delle quali si applica la disciplina del lavoro subordinato ai **rapporti di collaborazione** ▷ Tutela del lavoro tramite **piattaforme digitali** ▷ **Comunicazioni obbligatorie** relative al rapporto di lavoro ▷ Modifica di uno dei requisiti della **DIS-COLL**

L. 30-12-2021, n. 234 (Legge di bilancio 2022)	▷ Riforma degli **ammortizzatori sociali**, sia di quelli in costanza di rapporto di lavoro (in particolar modo della CIGS), sia di quelli connessi alla cessazione del rapporto di lavoro ▷ Il **congedo di paternità**, da misura transitoria, è diventata misura strutturale
D.Lgs. 27-6-2022, n. 104 (cd. Decreto trasparenza)	▷ **Informazioni dovute al lavoratore** sulle condizioni applicabili al contratto o al rapporto di lavoro ▷ Introduzione di **nuovi diritti** per il lavoratore, per offrire una maggiore tutela alle condizioni di lavoro
D.Lgs. 30-6-2022, n. 105 (cd. Decreto conciliazione vita-lavoro)	▷ Misure dirette a migliorare la **conciliazione tra attività lavorativa e vita privata** (esempio, *congedo di paternità*)
D.Lgs. 10-10-2022, n. 149 (le disposizioni avranno effetto a decorrere dal 28-2-2023 e si applicheranno ai procedimenti instaurati successivamente a tale data)	▷ Tutte le **controversie in materia di licenziamento** saranno assoggettate alla disciplina di cui agli artt. 409 e ss. c.p.c., con conseguente **abrogazione del rito Fornero** ▷ Estensione della **negoziazione assistita** anche alle controversie di lavoro

In sintesi

Il lavoro è ogni attività o funzione diretta al *progresso materiale* e *spirituale della società* (**art. 4, comma 2, Cost.**).
Il **diritto al lavoro** è riconosciuto a tutti i cittadini (**art. 4, comma 1, Cost.**) e, allo scopo di renderlo *effettivo* e operante, la Repubblica promuove tutte le condizioni opportune, *eliminando* gli *ostacoli* che impediscono l'effettiva partecipazione di tutti i cittadini all'organizzazione politica, economica e sociale del Paese (**art. 3, comma 2 Cost.**).
Queste sono le prime fondamentali disposizioni che la **Costituzione** dedica al lavoro, riconoscendo ad esso la concreta e significativa rilevanza di *attività socialmente utile*.

Si può inoltre distinguere un:

— **aspetto economico**. Il lavoro designa qualsiasi attività materiale o intellettuale che comporti la spendita di energie e che sia idonea a soddisfare un bisogno individuale o collettivo, mediante la produzione o lo scambio di beni o servizi;
— **aspetto giuridico**. L'attività lavorativa si inserisce all'interno di un *rapporto giuridico* tra due soggetti: il *lavoratore*, che presta la propria attività, e il *datore di lavoro*, che si avvantaggia di tale prestazione per la soddisfazione dei propri interessi.

1 Le fonti del diritto del lavoro

1 Quadro generale delle fonti del diritto del lavoro

Fonti

- Principi generali del diritto
- Internazionali o sovranazionali
- Statuali
- Contrattuali e/o sindacali
- Usi e consuetudine
- Criteri interpretativi

▷ *Molteplicità di fonti*, tutte dotate, sia pur con un *diverso grado di efficacia*, della forza di determinare la concreta *regolamentazione del rapporto di lavoro*

Osservazioni

La disciplina del rapporto di lavoro è prevalentemente una **disciplina eteronoma**, cioè posta da **fonti diverse** da quelle che sono parti del rapporto stesso.
Il diritto del lavoro ha svolto la funzione di dettare una *normativa protettiva e garantista* dei lavoratori ed è per questo motivo che, nella regolamentazione dei diritti e delle obbligazioni che scaturiscono dal *contratto di lavoro*, diversamente dagli altri contratti, le determinazioni *volontarie* delle singole parti contrattuali — datore e lavoratore — non hanno mai avuto molto peso.

2 Le fonti internazionali e sovranazionali

2.1 Le fonti di diritto internazionale

Trattati internazionali

- **Carta Internazionale del Lavoro** (Versailles, 1919)
- **Dichiarazione di Filadelfia** (1944)
- **Carta sociale europea** (Torino, 1961)
- **Patto delle Nazioni Unite** (approvato il 16-11-1966 dall'Assemblea generale dell'ONU e ratificato dall'Italia con L. 881/1977)

Convenzioni

- Quelle stipulate dall'**OIL** (**Organizzazione Internazionale del Lavoro**) sono le più rilevanti

Efficacia

- Le norme internazionali di origine *consuetudinaria* sono fonti *dirette* del diritto del lavoro per effetto dell'**art. 10** Cost. (l'ordinamento si conforma alle norme di diritto internazionale *generalmente riconosciute*)
- Le norme internazionali di *natura pattizia* (cioè i **Trattati**) sono considerate, invece, *fonti indirette*, in quanto devono essere *ratificate* con legge dello Stato per entrare a far parte dell'ordinamento giuridico italiano e ad esse deve essere data esecuzione (in genere ciò avviene con la stessa legge che ne autorizza la ratifica) affinché diventino *applicabili e vincolanti* per i singoli individui

2.2 Le fonti di diritto dell'Unione Europea

Trattati europei (**fonti di I grado**)

- ▶ I trattati che hanno istituito le **Comunità Europee** e l'**Unione Europea**
  - ▷ *Atto costitutivo della CECA*, firmato a Parigi il 18 aprile 1951 ed entrato in vigore il 23 luglio 1952. A partire dal 2002, è giunto a scadenza
  - ▷ *Atti costitutivi della CEE e dell'Euratom*, firmati a Roma il 25 marzo 1957 ed entrati in vigore il 1° gennaio 1958
  - ▷ *Trattato istitutivo dell'Unione Europea*, firmato a Maastricht il 7 febbraio 1992 ed entrato in vigore il 1° novembre 1993
- ▶ I trattati che hanno **modificato** e **integrato** le disposizioni originarie
  - ▷ Atto Unico Europeo (1986)
  - ▷ Trattato di Maastricht (1992)
  - ▷ Trattato di Amsterdam (1997)
  - ▷ Trattato di Nizza (2001)
  - ▷ Trattato di Lisbona (2007)
- ▶ Atti di **adesione** vari e **accordi** con Stati terzi

Atti emanati dalle istituzioni dell'Unione (**fonti di II grado**)

- ▶ **Vincolanti**
  - ▷ **Regolamento**
    - ▶ Provvedimento normativo immediatamente applicabile
    - ▶ Ha *portata generale*
    - ▶ Ha *efficacia vincolante* per gli Stati membri
    - ▶ Genera diritti soggettivi *immediatamente operativi* nella sfera giuridica dei singoli destinatari
  - ▷ **Direttiva**
    - ▶ Atto che stabilisce solo l'obiettivo da raggiungere
    - ▶ Lascia liberi gli Stati di decidere come attuare concretamente l'obiettivo
  - ▷ **Decisione**
    - ▶ Atto obbligatorio in tutti i suoi elementi
    - ▶ Se designa i destinatari, è obbligatoria soltanto nei confronti di questi

Atti emanati dalle istituzioni dell'Unione (fonti di II grado)
- ▶ **Non vincolanti**
  - ▷ **Raccomandazione**
    - ▶ Rappresenta un'indicazione rivolta agli Stati membri
  - ▷ **Parere**
    - ▶ È analogo alla raccomandazione
    - ▶ Tratta in modo meno dettagliato l'argomento

Principi fondamentali in materia di rapporti tra diritto dell'Unione e diritto interno
- ▶ La **diretta efficacia** del diritto dell'Unione
  - ▷ Qualora una disposizione del trattato o di un atto dell'Unione presenta determinate caratteristiche, essa crea diritti e obblighi a favore dei privati che possono esigere, dal giudice nazionale, la *stessa tutela riconosciuta* per i diritti di cui sono titolari in base alle norme dettate dall'ordinamento interno
- ▶ Il **primato del diritto europeo**
  - ▷ In caso di **conflitto**, contraddizione o incompatibilità tra norme di diritto europeo e norme nazionali, *le prime prevalgono sulle seconde*

2.3 Il diritto europeo del lavoro

Nozione: parte del diritto dell'Unione che riguarda sia i datori che i prestatori di lavoro dei Paesi membri, presi in considerazione come diretti destinatari delle norme. Le disposizioni fondamentali in materia di diritto europeo del lavoro riguardano la normativa sulla **libera circolazione dei lavoratori**, la **politica sociale** e dell'**occupazione** contenute, rispettivamente, nel Titolo IV e nei Titoli IX e X del Trattato sul funzionamento dell'Unione europea (TFUE).

Politica dell'occupazione (artt. 148-149 TFUE)
- ▶ Promuove un **coordinamento** tra le politiche nazionali con la predisposizione di una **strategia rivolta a ridurre la disoccupazione**
- ▶ Il Consiglio europeo elabora, annualmente, gli **orientamenti generali sull'occupazione**, di cui gli Stati membri devono tener conto nell'elaborazione delle rispettive politiche nel settore

Politica sociale (artt. 151 e ss. TFUE)
- ▶ Obiettivi (art. 151 TFUE)
  - ▷ *Promozione dell'occupazione*
  - ▷ *Miglioramento delle condizioni di vita e di lavoro*
  - ▷ *Protezione sociale adeguata*
  - ▷ *Dialogo sociale*
  - ▷ *Sviluppo delle risorse umane*
  - ▷ *Lotta contro l'emarginazione*
- ▶ Misure
  - ▷ *Destinate a incoraggiare la cooperazione tra Stati membri*

Politica sociale (artt. 151 e ss. TFUE)

- Alcune materie in cui l'Unione completa l'azione degli Stati membri
  - *Miglioramento dell'ambiente di lavoro*
  - *Protezione dei lavoratori in caso di risoluzione del contratto di lavoro*
  - *Informazione e consultazione dei lavoratori*
  - *Parità di trattamento*
  - Lotta *contro l'esclusione sociale*

Libera circolazione dei lavoratori subordinati (art. 45 TFUE)

- Si riferisce a
  - Lavoratori *subordinati*
  - Lavoratori *autonomi* e *imprenditori*
- Si sostanzia nel **diritto a spostarsi liberamente all'interno dell'UE**
- Implica l'**abolizione di qualsiasi discriminazione**, fondata sulla nazionalità, tra i lavoratori degli Stati membri, per quanto riguarda:
  - L'impiego
  - La retribuzione
  - Le altre condizioni di lavoro
- Diritti dei lavoratori
  - *Rispondere a offerte di lavoro effettive*
  - *Spostarsi liberamente* nel territorio degli Stati membri
  - *Prendere dimora* in uno Stato membro per svolgervi un'attività di lavoro
  - *Rimanere sul territorio di uno Stato membro* dopo aver occupato un impiego

D.Lgs. 6-2-2007, n. 30

- **Recepisce la direttiva 2004/38/CE del 29 aprile 2004**, una sorta di *testo unico in materia di diritto dei cittadini dell'Unione* e dei loro familiari di *circolare liberamente nel territorio degli Stati membri*
- Disciplina le **modalità di esercizio** di libera circolazione (ingresso, soggiorno temporaneo e permanente)
- Stabilisce il principio per cui **tutti i cittadini dell'Unione e i loro familiari hanno la facoltà di lasciare il territorio nazionale per recarsi in un altro Stato membro, purché in possesso di un documento o di un passaporto valido**

Osservazioni

Il **diritto dell'Unione Europea** costituisce una **fonte del diritto del lavoro**, inquadrata nell'ambito delle fonti sovranazionali.
L'appartenenza dell'Italia alla Unione Europea (UE) incide sotto due principali profili: da un lato, le *norme europee integrano e modificano direttamente o indirettamente l'ordinamento giuridico nazionale* «in virtù di una limitazione della sovranità che i singoli Stati membri hanno accettato con la ratifica del trattato istitutivo» (FOGLIA, SANTORO PASSARELLI). Dall'altro lato, la *politica sociale dell'Unione*, intesa come «insieme di misure destinate a migliorare le condizioni di lavoro e di vita delle persone» (ARRIGO), e la *politica dell'occupazione*, come obiettivi principali della Unione Europea, fungono *da fattore propulsivo e di coordinamento nelle politiche e nelle iniziative nazionali*.

3 Le fonti statuali

Gerarchia delle fonti

- **Costituzione**, che dedica al «lavoro» gli artt. 1, 3 e 4 e buona parte del Titolo III della Parte I
  - L'*art. 1*, comma 1, attribuisce al lavoro un ruolo preminente tant'è che afferma che «l'**Italia è una Repubblica democratica fondata sul lavoro**»
  - L'*art. 3*, comma 2, conferisce allo Stato il compito di rimuovere gli ostacoli che impediscono «*l'effettiva partecipazione di tutti i lavoratori all'organizzazione politica, economica e sociale del Paese*»
  - L'*art. 4*, comma 1, riconosce *a tutti i cittadini* il **diritto al lavoro**
  - L'*art. 35* riguarda la *tutela del lavoro, la formazione* e l'*elevazione professionale*
  - L'*art. 36* definisce i criteri di determinazione della *retribuzione*
  - L'*art. 37* garantisce alla *lavoratrice* gli *stessi diritti* e, a parità di lavoro, la *stessa retribuzione* che spettano al *lavoratore*
  - L'*art. 38* sancisce il diritto del lavoratore ad adeguate forme di *previdenza e assistenza sociale*
  - Gli *artt. 39-40* tutelano l'*attività sindacale* e riconoscono il *diritto di sciopero*
- **Codice civile**, il cui **Libro V** è in gran parte dedicato al lavoro
  - Titolo I - Capo III: del contratto collettivo di lavoro e delle norme equiparate
  - Titolo II - Capo I: Sez. II, dei collaboratori dell'imprenditore; Sez. III, del rapporto di lavoro; Sez. IV, del tirocinio
  - Titolo III: del lavoro autonomo
  - Titolo IV: del lavoro subordinato in particolari rapporti
- **Legge ordinaria** e **atti aventi forza di legge**
  - Decreti legislativi (art. 76 Cost.)
  - Decreti legge (art. 77 Cost.)
- **Regolamenti di attuazione o di esecuzione** dei suddetti atti
  - Decreti del Presidente della Repubblica
  - Decreti ministeriali

4 Le fonti regionali

Riparto delle competenze (art. 117 Cost.)

- Competenza **esclusiva dello Stato**
  - *Ordinamento civile*
  - Determinazione dei *livelli essenziali* delle prestazioni in materia di diritti civili e sociali
  - *Previdenza sociale*

Riparto delle competenze (art. 117 Cost.)	▶ Competenza **concorrente** delle Regioni	▷ *Tutela e sicurezza del lavoro* ▷ *Tutela della salute* ▷ *Previdenza complementare e integrativa*
	▶ Competenza **esclusiva delle Regioni**	▷ Potere di dare *attuazione ed esecuzione agli atti dell'Unione Europea* nell'osservanza delle procedure stabilite dalle leggi dello Stato ▷ Nelle *materie non riservate alla legge statale e alla legislazione concorrente*

5 Le fonti contrattuali

Fonti	▶ Contratto collettivo di lavoro	▷ L'accordo viene raggiunto tra *i lavoratori e gli imprenditori rappresentati dalle rispettive associazioni di categoria*
	▶ Contratto individuale di lavoro	▷ L'accordo viene raggiunto *direttamente tra il singolo datore di lavoro e il singolo prestatore di lavoro*

6 La consuetudine o uso

Nozione: è la **ripetizione costante e uniforme** di una determinata condotta nel tempo, con la *convinzione* della sua *giuridica obbligatorietà* e conformità al diritto (cd. **usi normativi**).

Disciplina generale	▶ **Art. 8 disp. prel. c.c.**: gli usi prevalgono sulle disposizioni di legge **se più favorevoli al prestatore di lavoro**
Nel diritto del lavoro	▶ L'art. 2078 c.c. prevede l'applicabilità dell'uso solo **in assenza di disposizioni di legge o contrattuali** (collettive) e sempre con prevalenza, se più favorevole al prestatore di lavoro, sulla norma di legge

Differenze

Gli **usi normativi** si distinguono dagli **usi aziendali** che, *difettando del carattere della generalità*, si applicano solo all'interno dell'organizzazione aziendale e hanno il valore di mera prassi.

7 I criteri interpretativi

Equità	▶ Criterio **interpretativo** e **metodo di giudizio** di cui il giudice *può avvalersi* per la soluzione del caso concreto, nelle ipotesi *eccezionali* previste dalla legge

Principio del *favor prestatoris*	▶ Consiste nella particolare **tutela** che, nel contratto individuale di lavoro, viene accordata al **contraente più debole**, e cioè al prestatore di lavoro, come conseguenza della necessità di **riequilibrare il diverso peso contrattuale** delle parti

Osservazioni

I criteri di interpretazione della disciplina del lavoro **non** sono **fonti del diritto**, ma **criteri guida sussidiari**.
Per l'attuazione dei *principi della Costituzione in materia* di lavoro, un ruolo significativo è svolto, inoltre, dalle *sentenze interpretative* della Corte Costituzionale, dirette ad assicurare l'adeguamento delle norme di legge ai principi costituzionali.

8 Il principio della lex loci laboris

Criteri	▶ Libera **scelta della legislazione** ad opera delle parti ▶ In mancanza di scelta, si applica, come regola generale, il **principio della lex loci laboris**, secondo cui la fonte di regolazione del rapporto di lavoro (cioè la legge applicabile) è quella del **Paese in cui il lavoratore esercita l'attività di lavoro**, anche se risiede in un altro Paese o se è il datore di lavoro da cui dipende a risiedere o ad avere la propria sede in un altro Paese

In sintesi

Il diritto del lavoro si caratterizza per il concorso di una **molteplicità di fonti** e cioè di atti, tutti dotati, sia pure con un diverso grado di efficacia, della forza giuridicamente riconosciuta di *determinare la concreta regolamentazione del rapporto di lavoro*.
Per quanto riguarda la Carta Costituzionale, il diritto al lavoro è riconosciuto a tutti i cittadini (**art. 4, comma 1, Cost.**) e, allo scopo di renderlo *effettivo* e operante, la Repubblica promuove tutte le condizioni opportune, eliminando anche gli *ostacoli* all'effettiva *partecipazione* di tutti i cittadini all'organizzazione politica, economica e sociale del Paese (**art. 3, comma 2, Cost**.).
Secondo il dettato costituzionale, inoltre, il lavoro è ogni attività o funzione diretta al progresso materiale e spirituale della società e, in quanto tale, ad esso è attribuita la concreta e significativa rilevanza costituzionale di *attività socialmente utile*. Significativa di tale rilevanza è la proclamazione dell'**art. 1 Cost.**, per cui l'Italia è una Repubblica *fondata sul lavoro*.
Tra questi va annoverato il **diritto dell'Unione Europea**, che ha acquisito sempre *più importanza* come fonte del diritto del lavoro. L'attività normativa dell'Unione europea in materia *sociale* ha operato, e opera, come **fattore di sviluppo della legislazione nazionale**. Gran parte dei provvedimenti adottati negli ultimi anni (esempio: tutela delle *lavoratrici madri*) costituisce «*attuazione*» di direttive dell'Unione Europea. Il recepimento di tale normativa nella legislazione interna deve avvenire, comunque, *salvaguardando il livello di tutela dei lavoratori già esistente* nel Paese, per cui dall'attuazione delle direttive *non* può derivare un *arretramento* del livello generale di protezione in un determinato ambito (cd. **principio di non regresso**).

note

2 Il lavoro subordinato e le altre forme di lavoro

1 Il lavoro subordinato

Fonti

- ▶ **Non esiste** una definizione di lavoro subordinato ma si ricava dalla nozione di *lavoratore subordinato* dell'**art. 2094 c.c.**
  - ▷ È **lavoratore subordinato** colui che: «*si obbliga mediante retribuzione a collaborare nell'impresa, prestando il proprio lavoro intellettuale o manuale alle dipendenze e sotto la direzione dell'imprenditore*»

Caratteri

- ▶ Secondo la definizione codicistica, caratteristiche del lavoro subordinato sono la **collaborazione**, l'**onerosità** e soprattutto la **subordinazione**
  - ▷ La definizione codicistica è ispirata ad un modello di lavoro subordinato, quello del *lavoro nelle fabbriche a tempo pieno e indeterminato*, che oggi non è più così imperante e diffuso
  - ▷ La definizione stessa di subordinazione viene elaborata sul presupposto che i *processi produttivi e l'organizzazione del lavoro sono cambiati*
  - ▷ Alla *nozione tradizionale* di subordinazione, basata sulla dipendenza economica e sulla soggezione del lavoratore alle direttive del datore di lavoro, gran parte della dottrina preferisce la tesi della **subordinazione in senso stretto**

Subordinazione

- ▶ Tecnico funzionale (**eterodirezione**)
  - ▷ Si ravvisa nella **sottoposizione del prestatore di lavoro alle direttive** del datore di lavoro e degli altri prestatori a lui gerarchicamente sovraordinati nell'organizzazione dell'azienda
  - ▷ Determinazione *unilaterale* da parte del datore di lavoro
    - ▶ Delle *modalità di esplicazione* della prestazione (quando e dove)
    - ▶ Del *contenuto* dell'attività lavorativa
- ▶ Socio-economica
  - ▷ Fa riferimento alla **dipendenza o inferiorità economica**, che ha caratterizzato storicamente il lavoro salariato e giustificato la formazione della normativa protezionistica
  - ▷ Non costituisce più tratto essenziale ed esclusivo del lavoro subordinato, in quanto *caratterizza anche altre forme di lavoro*

Subordinazione	▶ In senso stretto	▷ Si fonda sul requisito della **doppia alienità del lavoratore** subordinato sia **dall'organizzazione produttiva** che dal **risultato** della stessa, per cui	▶ Il lavoratore subordinato *non è mai titolare di alcuna organizzazione di mezzi* ▶ I *frutti dell'attività lavorativa e il rischio economico ad essa connesso sono imputati solo al datore di lavoro*
Collaborazione	▶ Descrive il fenomeno della **partecipazione di un soggetto all'attività lavorativa di un altro** ▶ Può attuarsi nei *modi più vari* a seconda dell'*intensità del vincolo* che lega il collaboratore all'altro soggetto ▶ Non qualifica, infatti, solo il lavoro subordinato ma anche *altre forme di lavoro* (esempio: lavoro cd. parasubordinato)	▷ Nel *lavoro subordinato* si concretizza principalmente:	▶ Nella *continuità ideale* della disponibilità delle **energie lavorative messe a servizio** del datore di lavoro ▶ Nell'**inserimento** del prestatore di lavoro **nell'organizzazione produttiva** del datore di lavoro
Onerosità	▶ Si desume dall'art. 2094 c.c., per il quale l'obbligazione lavorativa è assunta dal prestatore **mediante retribuzione**	▷ Quando si è in presenza di lavoro subordinato vale una **presunzione di onerosità**	

2 Il lavoro autonomo

Nozione: il lavoratore si obbliga a compiere, verso un corrispettivo, un'**opera** o un **servizio**, con lavoro proprio e **senza subordinazione**, nei confronti di un committente. Tale definizione discende dall'art. 2222 c.c., che disciplina il contratto d'opera.

Disciplina giuridica	▶ Si applicano le disposizioni di cui agli **artt. 2223-2228 c.c.**, riguardanti: l'*esecuzione dell'opera*, le modalità di *determinazione del corrispettivo*, le conseguenze nel caso in cui l'opera non sia stata eseguita in modo esatto (*difformità e vizi*), il *recesso unilaterale dal contratto*, l'*impossibilità sopravvenuta dell'esecuzione dell'opera* ▶ La L. 22-5-2017, n. 81, cd. **Jobs Act del lavoro autonomo**, ha poi integrato tale disciplina, attraverso un complesso di disposizioni dirette ad *ampliare* le tutele dei rapporti di lavoro autonomo

Principali elementi distintivi tra lavoro autonomo e lavoro subordinato		
	▶ Posizione del prestatore	▷ *Nel lavoro autonomo* è di **indipendenza** rispetto al committente nella gestione dei tempi, dei luoghi e delle modalità di organizzazione della propria attività ▷ *Nel lavoro subordinato* è di **dipendenza** alle direttive impartite dal datore di lavoro
	▶ Organizzazione d'impresa	▷ Nel *lavoro autonomo* è possibile, ma non necessaria (si pensi ad un idraulico che esegue piccoli lavori domestici) ▷ Nel *lavoro subordinato* difetta sempre
	▶ Incidenza del rischio	▷ *Nel lavoro autonomo* ricade completamente *sul lavoratore* ▷ Nel *lavoro subordinato* il lavoratore ne *è esonerato*
	▶ Corrispettivo	▷ Nel *lavoro autonomo* è stabilito direttamente dalle parti **in correlazione al risultato finale** (a prescindere dal tempo che il lavoratore impiega) e *non* è pagato *periodicamente* (ma, di norma, al compimento della prestazione) ▷ Nel *lavoro subordinato* è normalmente *calcolato a tempo*, senza alcuna correlazione con il risultato finale e deve essere *proporzionato alla quantità e alla qualità del lavoro* (art. 36 Cost.)

3 I criteri di identificazione del lavoro subordinato nell'elaborazione giurisprudenziale

Indici giurisprudenziali di subordinazione

- Sottoposizione del lavoratore al **potere disciplinare** del datore di lavoro (art. 2106 c.c.)
- Obbligo di eseguire la prestazione nell'**orario** stabilito dal datore di lavoro
- **Predeterminazione e continuità ideale della prestazione** (cd. disponibilità funzionale del prestatore)
- Caratteristiche e misura del **compenso** del lavoratore
- Per il lavoratore, **assenza del rischio** connesso al risultato finale dell'attività lavorativa svolta
- Mancanza di un'**organizzazione** propria del lavoratore che impiega quella del datore di lavoro
- **Inserimento** strutturale del lavoratore nell'**organizzazione produttiva** del datore di lavoro

Volontà cartolare o *nomen iuris*	▶ È la **denominazione** attribuita dalle parti al contratto ▶ È un elemento di per sé **irrilevante** per la corretta qualificazione del rapporto in quanto si **privilegia** il **comportamento** tenuto dalle parti durante lo svolgimento del rapporto *rispetto alla volontà da essi manifestata* al momento della stipulazione del contratto ▶ È un elemento **indiziario** se, dallo svolgimento del rapporto, non possono trarsi elementi certi di qualificazione

Osservazioni

In concreto la reale natura subordinata di un rapporto di lavoro può essere di difficile accertamento, sia perché le caratteristiche della subordinazione possono presentarsi in forma più o meno evidente all'interno del rapporto, sia per la tendenza a simulare la natura autonoma del rapporto di lavoro al solo scopo di sottrarsi ai vincoli e agli oneri propri della normativa lavoristica.

Ciò ha indotto la giurisprudenza ad individuare una serie di **indici sintomatici**, cioè idonei a rivelare, se esistenti in *concreto*, la natura subordinata del rapporto di lavoro. Tali indici sono però solo **elementi sussidiari**, cioè hanno un **rilievo secondario** rispetto alla sussistenza dell'assoggettamento del lavoratore al potere di direzione e controllo del datore di lavoro, cioè l'**eterodirezione** ritenuta, comunque, caratteristica fondante della subordinazione.

L'eterodirezione comporta anche il **coordinamento spaziale e temporale** della prestazione, operato dal datore al fine di un proficuo impiego di essa all'interno dell'organizzazione aziendale (cd. **etero-organizzazione**). Una prestazione eterodiretta è, quindi, certamente etero-organizzata, anzi l'*etero-organizzazione* costituirebbe una *forma* stessa di *eterodirezione* (DEL PUNTA). Non potrebbe dirsi invece il contrario, nel senso che sussistono forme di lavoro autonomo, in cui il lavoratore non soggiace al potere direttivo e di controllo del committente, per cui la prestazione non è eterodiretta, ma è etero-organizzata poiché è il committente a decidere dove e quando deve essere svolta la prestazione di lavoro e, quindi, il lavoratore non ha alcuna autonomia organizzativa.

L'eterodirezione rimarrebbe quindi l'elemento fondamentale caratterizzante la prestazione di lavoro subordinato, mentre l'etero-organizzazione costituirebbe **ulteriore indice rilevatore della fattispecie**, riconducendo alla disciplina del lavoro subordinato le forme contrattuali che rientrano nella cd. *zona grigia* tra autonomia e subordinazione.

4 L'apparato protettivo del lavoro subordinato

Effetti della natura subordinata del rapporto	▶ Assunzione dei lavoratori	▷ Il datore di lavoro deve **comunicare** e *documentare* l'instaurazione del rapporto con il lavoratore, con l'obbligo di fornire al lavoratore tutte le informazioni relative ▷ Vige il *divieto di discriminazione* del lavoratore in ragione delle opinioni personali, dell'affiliazione sindacale, dell'appartenenza etnica o religiosa, dell'orientamento sessuale ecc.
	▶ Retribuzione	▷ Deve essere determinata secondo i principi costituzionali di **proporzionalità e sufficienza** (art. 36 Cost.) ▷ Il datore di lavoro deve attenersi, nel minimo, agli *importi previsti dai contratti collettivi*

Effetti della natura subordinata del rapporto

- **Estinzione del rapporto di lavoro**
  - È prevista una disciplina che regola *in modo preciso e inderogabile* il recesso dal rapporto di lavoro, con una significativa *limitazione* della facoltà di *licenziamento* da parte del datore di lavoro, garantendo al lavoratore un'adeguata tutela in caso di **licenziamento illegittimo**
- **Controversie di lavoro**
  - È previsto un **rito speciale** al fine di garantire una *celere risoluzione* delle stesse e assicurare ai lavoratori una più immediata *soddisfazione dei loro diritti e crediti*
- **Tutela previdenziale e assicurativa**
  - Le cd. **assicurazioni sociali** sono dirette a sollevare i lavoratori dipendenti dal *rischio* di eventi che, connessi o meno con l'attività lavorativa, possono incidere sulla capacità di lavoro o di guadagno (malattia, infortunio sul lavoro, disoccupazione, invalidità, vecchiaia ecc.)
  - È posto in capo al datore di lavoro l'obbligo di provvedere al *pagamento dei contributi* previdenziali e dei premi assicurativi (art. 2114 ss. c.c.)

Osservazioni

La qualificazione del rapporto di lavoro come *subordinato* è determinante sotto il profilo degli *effetti giuridici*. I rapporti di lavoro subordinato sono, infatti, regolati da una disciplina caratterizzata da una marcata *finalità protettiva*, costituita in gran parte da **norme inderogabili** dirette a tutelare e a garantire la dignità e la personalità morale del lavoratore in tutti gli aspetti del rapporto di lavoro e *nettamente distinta* da quella applicata al *lavoro autonomo*.
Non vi è dubbio, comunque, che una delle più importanti forme di tutela del lavoro subordinato sia rappresentata dalla disciplina vigente in materia di **estinzione del rapporto di lavoro**. Tale disciplina limitativa, che nella forma più garantista è contenuta nell'**art. 18 dello Statuto dei Lavoratori** (L. 300/1970), ha svolto una funzione imprescindibile nell'ambito delle disposizioni che tutelano la libertà e la dignità del lavoratore, ed è stata additata come il principale elemento ostativo alla crescita dimensionale delle aziende. Sicché, tale normativa è stata più volte oggetto di modifiche, nella prospettiva di favorire l'occupazione e, in ogni caso, in senso sempre più conforme al modello europeo della *flexicurity* (minore protezione nel rapporto, maggiore protezione sul mercato, tra un lavoro e un altro).

5 Il lavoro agile

Riferimenti normativi

- L. 81/2017 (cd. **Jobs Act del lavoro autonomo**)

Natura giuridica

- Si sostanzia in una **modalità di esecuzione del rapporto di lavoro subordinato** stabilita mediante accordo tra le parti: *non* costituisce, quindi, una *nuova tipologia contrattuale*

Ratio	▶ Incrementare la competitività e agevolare la *conciliazione dei tempi di vita e di lavoro*
Caratteri	▶ La prestazione lavorativa può essere resa **sia all'interno dei locali aziendali che all'esterno**, senza una postazione fissa. ▶ La prestazione lavorativa può essere resa **in assenza di un orario normale di lavoro**, ma entro i soli limiti di *durata massima dell'orario di lavoro giornaliero e settimanale*, derivanti dalla legge e dalla contrattazione collettiva ▶ La prestazione lavorativa può essere resa mediante l'utilizzo di *strumenti tecnologici*
Contenuto dell'accordo delle parti	▶ Disciplina l'**esecuzione della prestazione lavorativa svolta all'esterno dei locali aziendali**, anche con riguardo alle forme di *esercizio del potere direttivo del datore di lavoro* e agli strumenti utilizzati dal lavoratore ▶ Individua le condotte, connesse all'esecuzione della prestazione lavorativa all'*esterno dei locali aziendali*, che danno luogo all'applicazione di *sanzioni disciplinari* ▶ Sono fissati i *tempi di riposo del lavoratore*, l'esecuzione della prestazione lavorativa con riguardo agli *strumenti utilizzati dal lavoratore* e le *misure tecniche e organizzative necessarie* per assicurare la *disconnessione* del lavoratore dalle strumentazioni tecnologiche di lavoro
Caratteri dell'accordo delle parti	▶ Può essere **a termine** o a **tempo indeterminato** ▶ Va stipulato per *iscritto*, ai fini della regolarità amministrativa e della prova
Disciplina giuridica	▶ Nella stipulazione dell'accordo, i datori di lavoro devono dare **priorità** alle richieste formulate dalle lavoratrici e dai lavoratori: con *figli fino a 12 anni* di età; con *figli, di qualsiasi età*, in condizione di *disabilità grave*; con *disabilità grave*; che siano *caregivers familiari* ▶ Il datore di lavoro deve **comunicare**, in via telematica, al Ministero del Lavoro i *nominativi* dei lavoratori e le *date di inizio e cessazione* delle prestazioni di lavoro in modalità agile ▶ Il lavoratore ha diritto ad un **trattamento economico e normativo** non inferiore a quello complessivamente applicato, secondo le disposizioni dei contratti collettivi, nei confronti dei lavoratori che svolgono le medesime mansioni esclusivamente all'interno dell'azienda (sussistono, però, determinate peculiarità, dettate dal fatto che la prestazione è resa in parte in azienda e in parte all'esterno della stessa) ▶ Il datore di lavoro deve garantire la **salute** e la **sicurezza** del lavoratore che svolge la prestazione in modalità di lavoro agile, nonché il rispetto della sua *personalità* e della sua *libertà morale* ▶ Il lavoratore è tenuto a **cooperare** all'attuazione delle *misure di prevenzione* predisposte dal datore di lavoro per fronteggiare i rischi connessi all'esecuzione della prestazione all'esterno dei locali aziendali

Osservazioni

In attuazione della L. 81/2017, C.I.F.A. (Confederazione Italiana Federazioni Autonome) e CONF.S.A.L. (Confederazione Sindacati Autonomi Lavoratori), in data *1-3-2021*, hanno stipulato l'**Accordo Interconfederale Nazionale per la regolamentazione del lavoro agile**, con il quale sono state fissate le regole per il ricorso al lavoro agile valide per tutte le imprese che applicano i CCNL sottoscritti dalle due Confederazioni. Successivamente, il *7-12-2021*, le organizzazioni sindacali dei datori di lavoro e dei lavoratori del settore privato hanno sottoscritto un **Protocollo sul lavoro agile** che, nel ribadire i principi della L. 81/2017, ha fissato il *quadro di riferimento* per la definizione dello svolgimento del lavoro in modalità agile: il Protocollo contiene *linee di indirizzo* per la contrattazione collettiva nazionale, aziendale e/o territoriale, alla quale è affidata la regolamentazione dello smart-working nei diversi e specifici contesti produttivi.

6 La parasubordinazione

6.1 Caratteri

Nozione: categoria elaborata dalla dottrina e dalla giurisprudenza per individuare rapporti di lavoro che, sebbene formalmente di **natura autonoma**, presentano **caratteristiche di dipendenza e debolezza economica pari al lavoro subordinato**. Viene usualmente denominata **co.co.co.**, cioè **collaborazione coordinata e continuativa**.

Riconoscimento giuridico	▶ L'art. **409, n. 3, c.p.c.** ne ha sancito il riconoscimento giuridico stabilendo l'applicazione del rito del lavoro ai rapporti di collaborazione che si concretano in una prestazione d'opera **continuativa** e **coordinata, prevalentemente personale**, anche se nn a carattere subordinato	
Requisiti della prestazione lavorativa	▶ **Personalità**	▷ **Prevalenza del lavoro personale** rispetto all'utilizzo, da parte del collaboratore, ad esempio, di una struttura materiale o di altri collaboratori
	▶ **Coordinazione**	▷ **Collegamento funzionale** dell'attività del collaboratore con le *finalità perseguite* dall'impresa ▷ La collaborazione si intende coordinata quando, nel rispetto delle modalità di coordinamento stabilite di comune accordo dalle parti, il **collaboratore organizza autonomamente l'attività lavorativa**. Il lavoratore, cioè, deve coordinarsi con l'organizzazione del committente *senza, però, che sia quest'ultimo a stabilire il quando e il dove*: le modalità di esecuzione della prestazione devono essere decise dallo stesso lavoratore
	▶ **Continuità**	▷ Collaborazione non limitata ad uno o più affari, ma che **perdura nel tempo** e *comporta un costante impegno*

6.2 Disciplina delle co.co.co

Disciplina giuridica previgente	▶ Il D.Lgs. 276/2003 introdusse la disciplina del **lavoro a progetto** e il **divieto di stipulare co.co.co.** che non fossero ricondotte al lavoro a progetto	▶ Per evitare abusi e per regolamentare in modo adeguato i rapporti di collaborazione, tutte le co.co.co.co. dovevano essere **riconducibili a uno o più progetti specifici**, *determinati dal committente* e gestiti *autonomamente* dal collaboratore ▶ L'individuazione di uno *specifico progetto* costituiva *elemento essenziale di validità delle co.co.co.* ▶ Nei casi di *finto lavoro a progetto*, ovvero in caso di *accertamento giudiziale di un rapporto di natura subordinata*, indipendentemente dalla predisposizione o meno del progetto, il rapporto (simulato) di lavoro a progetto si trasformava in un *rapporto di lavoro subordinato* «corrispondente alla *tipologia negoziale* di fatto realizzatasi tra le parti»
D.Lgs. 81/2015	▶ Ha **abrogato** la disciplina del **lavoro a progetto**	▷ A partire dal 25 giugno 2015 (data di entrata in vigore del provvedimento) **il lavoro a progetto non può più essere stipulato**
	▶ Le co.co.co. **possono essere stipulate *ex* art. 409 c.p.c.** *senza* essere ricondotte allo schema del lavoro a progetto	▷ Sono tuttavia ricondotte alla disciplina della subordinazione le co.co.co. *etero-organizzate*
Ipotesi in cui alle co.co.co. si applica la disciplina del lavoro subordinato (art. 2, comma 1, D.Lgs. 81/2015)	▶ Quando si concretano in prestazioni di lavoro *prevalentemente personali, continuative* e le cui **modalità di esecuzione sono organizzate dal committente**. Ferme queste caratteristiche, la disciplina del lavoro subordinato si applica anche qualora le modalità di esecuzione siano organizzate mediante **piattaforme anche digitali** (collaborazioni dei cd. **riders**) ▶ La collaborazione rimane in vita, ma si applica la disciplina del lavoro subordinato	
Co.co.co. a cui non si applica la disciplina del lavoro subordinato (art. 2, comma 2, D.Lgs. 81/2015)	▶ Le collaborazioni per le quali la **contrattazione collettiva** prevede discipline specifiche riguardanti il *trattamento economico e normativo*, in ragione delle *particolari esigenze produttive* e *organizzative* del relativo settore ▶ Le collaborazioni prestate nell'esercizio di **professioni intellettuali** per le quali è necessaria l'iscrizione in appositi albi professionali ▶ Le attività prestate nell'esercizio della loro funzione dai componenti degli **organi di amministrazione** e **controllo delle società** e dai partecipanti a *collegi* e *commissioni*	

Co.co.co. a cui non si applica la disciplina del lavoro subordinato (art. 2, comma 2, D.Lgs. 81/2015)	▶ Le collaborazioni prestate nell'ambito della produzione e della realizzazione di **spettacoli** da parte delle **fondazioni lirico-sinfoniche** ▶ Ai rapporti di collaborazione attivati nelle **pubbliche amministrazioni** ▶ Le collaborazioni degli operatori del **Corpo nazionale del soccorso alpino e speleologico** ▶ Le collaborazioni rese ai fini istituzionali in favore delle **associazioni e società sportive dilettantistiche** affiliate alle federazioni sportive nazionali, alle discipline sportive associate e agli enti di promozione sportiva riconosciuti dal C.O.N.I.
Tutele del lavoro subordinato estese alle co.co.co.	▶ **Rito del lavoro** (artt. 409 e ss. c.p.c.) ▶ **Invalidità delle rinunce e transazioni** concernenti i diritti indisponibili (art. 2113 c.c.) ▶ **Rivalutazione dei crediti** di lavoro (art. 429 c.p.c.) ▶ Tutela assicurativa per **infortuni** e **malattie professionali** ▶ **Tutela previdenziale** presso la *gestione separata INPS* ▶ **Indennità di malattia** per eventi morbosi di durata *non inferiore a 4 giorni* ▶ **Indennità di maternità** ▶ **Indennità per congedo parentale** ▶ **Indennità di disoccupazione** (DIS-COLL) ▶ **Responsabilità dell'appaltante nei confronti dei dipendenti dell'appaltatore** ▶ **Comunicazione di assunzione**

7 Il lavoro tramite piattaforme digitali: la tutela dei cd. riders che svolgono prestazioni di lavoro autonomo

7.1 Disciplina e ambito di operatività

Disciplina	▶ Artt. 47bis-47octies, D.Lgs. 81/2015	
Ambito di operatività	▶ **Lavoratori autonomi** che svolgono attività di *consegna di beni* per conto altrui (cd. **riders**), in ambito urbano e con l'ausilio di velocipedi o veicoli a motore, attraverso piattaforme anche digitali	▷ Si considerano **piattaforme digitali** i programmi e le procedure informatiche utilizzati dal committente che, indipendentemente dal luogo di stabilimento, sono **strumentali alle attività di consegna di beni**, fissandone il compenso e determinando le modalità di esecuzione della prestazione (art. 47bis, comma 2, D.Lgs. 81/2015)

7.2 Misure minime di tutela

Compenso	▶ Può essere determinato in base a **criteri**, stabiliti in sede di **contrattazione collettiva** dalle organizzazioni sindacali e datoriali comparativamente più rappresentative a livello nazionale, che tengano conto delle *modalità di svolgimento* della prestazione e dell'*organizzazione del committente* ▶ In mancanza di contratti collettivi, tali lavoratori non possono essere retribuiti in base alle consegne effettuate (**divieto di cottimo**) e deve essere loro garantito un **compenso minimo orario**, parametrato ai minimi tabellari, stabiliti da contratti collettivi nazionali di settori affini o equivalenti, sottoscritti dalle organizzazioni sindacali e datoriali comparativamente più rappresentative a livello nazionale ▶ Deve essere garantita un'**indennità integrativa**, non inferiore al 10%, per il lavoro svolto di *notte*, durante le *festività* o in *condizioni meteorologiche sfavorevoli*
Copertura assicurativa obbligatoria contro gli infortuni sul lavoro e le malattie professionali	▶ Ai fini dell'**assicurazione INAIL**, il committente che utilizza la piattaforma anche digitale è tenuto a tutti gli *adempimenti del datore di lavoro* previsti dal Testo unico delle disposizioni per l'assicurazione obbligatoria contro gli infortuni sul lavoro e le malattie professionali (D.P.R. 1124/1965), nonché al rispetto delle disposizioni in materia di *salute e sicurezza sul lavoro* (D.Lgs. 81/2008)
I contratti di lavoro devono essere provati per iscritto	▶ In caso di violazione di tale disposizione, il lavoratore ha diritto a un'**indennità risarcitoria** di entità non superiore ai compensi percepiti nell'ultimo anno, determinata equitativamente con riguardo alla *gravità* e alla *durata* delle violazioni nonché al comportamento delle parti (art. 47ter, comma 2, D.Lgs. 81/2015)
I lavoratori devono ricevere, entro la data di instaurazione del rapporto di lavoro, le informazioni	▶ Sul *rapporto di lavoro* ▶ Relative all'*utilizzo di sistemi decisionali* o di *monitoraggio automatizzato*, in quanto compatibili ▶ Inerenti alla tutela della loro *sicurezza*
Divieto di discriminazione	▶ Si applicano la disciplina antidiscriminatoria e quella a **tutela della libertà e dignità del lavoratore** previste per i lavoratori subordinati, compreso l'accesso alla piattaforma ▶ Sono **vietate** l'esclusione dalla piattaforma e le riduzioni delle occasioni di lavoro ascrivibili alla **mancata accettazione della prestazione**
Protezione dei dati personali	▶ I dati personali dei lavoratori che svolgono la loro attività attraverso le piattaforme digitali sono trattati in conformità alle disposizioni del **Regolamento (UE) 2016/679** e al **Codice in materia di protezione dei dati personali** (D.Lgs. 196/2003)

Osservazioni

In favore dei riders sono state previste **tutele differenziate**, a seconda che la loro attività sia riconducibile alla nozione generale di collaborazione coordinata e continuativa etero-organizzata di cui all'art. 2, D.Lgs. 81/2015, ovvero a quella di lavoro autonomo occasionale di cui all'art. 47bis del medesimo decreto legislativo, fatta salva, comunque, ricorrendone i presupposti, l'applicabilità dell'art. 2094 c.c., quindi (circ. Min. Lav. 17/2020):
— nel caso in cui i riders, per le *concrete modalità operative* osservate, lavorino in via *continuativa* e con attività *prevalentemente* personale, secondo *modalità esecutive definite dal committente attraverso la piattaforma*, sarà applicabile la previsione dell'art. 2, D.Lgs. 81/2015;
— nel caso in cui, invece, i riders lavorino *in assenza delle condizioni di subordinazione* e dei requisiti previsti dal citato art. 2, ma svolgano una prestazione di *carattere occasionale*, cioè *priva del carattere della continuità*, troveranno applicazione gli artt. 47bis e ss., D.Lgs. 81/2015.

8 Il lavoro associato

Nozione: rapporti di lavoro **non riconducibili al lavoro subordinato** che presentano caratteristiche simili relative alla **condizione di sottoprotezione** di uno dei due contraenti che soggiace alle direttive dell'altro. Si tratta in particolare dell'attività svolta dal **socio d'opera**, del **lavoro in cooperativa** e, fino al D.Lgs. 81/2015 che ne ha previsto l'abrogazione, della prestazione di lavoro dell'**associato in partecipazione**.

Differenze con il lavoro subordinato

- Lavoro subordinato
  - È un *rapporto di scambio* articolato intorno a *due obbligazioni principali: attività lavorativa e retribuzione*
- Rapporti associativi
  - L'attività lavorativa è una **conseguenza del vincolo associativo** e non una controprestazione
  - Non si rinviene
    - L'estraneità ai mezzi di produzione
    - L'estraneità ai risultati produttivi
    - L'obbligo retributivo
    - L'eterodeterminazione

Socio d'opera

- Nella società di persone conferisce la **propria attività lavorativa** (anziché beni)
- Si obbliga a prestare lavoro in favore della società, **non** per ricevere in cambio la retribuzione, ma perché **partecipa allo scopo societario** ed è **titolare degli stessi poteri di amministrazione e decisione** degli altri soci
- In linea di principio, **non** può considerarsi **un lavoratore subordinato**
- Il rapporto di lavoro subordinato è *compatibile* con quello associativo, se l'attività lavorativa del socio, svolta in forma subordinata, **non costituisce oggetto del conferimento per partecipare alla società**

Associazione in partecipazione	▶ Contratto disciplinato dagli **artt. 2549-2554 c.c.** ▶ L'associato, come corrispettivo, conferisce un certo **apporto di capitale** ▶ L'associato è *coinvolto direttamente* nelle sorti dell'impresa: assume su di sé il *rischio economico* dell'impresa, esercita un *controllo* sull'andamento della stessa e ha diritto a *partecipare agli utili* dell'impresa
Lavoro in cooperativa	▶ È disciplinato dalla **L. 3-4-2001, n. 142** ▶ Le *società cooperative* sono costituite allo scopo di svolgere un'attività economica organizzata in impresa attraverso l'**utilizzazione del lavoro dei soci** ▶ Con la loro attività lavorativa i soci *contribuiscono al raggiungimento degli scopi sociali*, ma nel contempo sono titolari del diritto alla partecipazione agli utili dell'impresa ▶ Tra socio lavoratore e cooperativa si instaura un **rapporto di tipo associativo** dal quale deriva un **ulteriore rapporto**, connesso all'attività prestata dal socio e con cui egli *contribuisce al raggiungimento degli scopi sociali* ▶ Si configurano quindi **due tipi di rapporti**, quello *associativo* e quello di *lavoro* che è strumentale rispetto al primo ▶ Dal **rapporto associativo** derivano al socio lavoratore i tipici *poteri e doveri dello status di socio di cooperativa* (esempio: potere gestionale, conduzione dell'impresa, partecipazione al rischio di impresa) ▶ Il **rapporto di lavoro** tra socio lavoratore e cooperativa *può assumere la forma della subordinazione* o del *lavoro autonomo*, compresi i rapporti di co.co.co. ▶ Quando il rapporto di lavoro tra il socio lavoratore e la cooperativa ha **natura subordinata** si applica, anche se *non* integralmente, la disciplina propria del lavoro subordinato di cui al codice civile e alla legislazione sociale ▶ In *caso di recesso o esclusione* del socio dalla cooperativa (perdita della qualità di socio), si **estingue** anche il rapporto di lavoro (qualunque sia la tipologia) ▶ In *caso di estinzione del rapporto di lavoro*, non viene automaticamente meno anche il rapporto associativo

Osservazioni

Ai fini della qualificazione in termini di autonomia o di subordinazione dell'**ulteriore rapporto di lavoro** che il **socio lavoratore di una società cooperativa** stabilisca con la propria adesione o successivamente all'instaurazione del rapporto associativo, occorre dare prevalenza alle *concrete modalità di svolgimento del rapporto di lavoro* (Cass. 31683/2022).

9 Il lavoro gratuito

Elementi qualificanti

- Caratterizzato dall'**assenza della retribuzione** che, al contrario, costituisce la naturale controprestazione del datore di lavoro dovuta al lavoratore per la sua attività
- È **esclusa l'ammissibilità del lavoro gratuito**, poiché l'eventuale accordo volto a eliminare qualsiasi tipo di compenso per l'attività prestata dal lavoratore subordinato è *invalido* e viene automaticamente *sostituito* con la previsione del diritto alla retribuzione minima prevista dal contratto collettivo applicabile al rapporto di lavoro
- L'accordo volto ad eliminare la retribuzione è legittimo **solo eccezionalmente**, qualora ricorrano particolari **giustificazioni oggettive e soggettive**
- Esempi tipici sono il lavoro prestato nell'ambito dell'**attività di famiglia** o di **volontariato** a titolo di solidarietà

Osservazioni

Il rapporto di lavoro subordinato **si presume oneroso**, sicché in linea di principio si esclude l'ammissibilità del lavoro gratuito. In ipotesi limitate è ammessa un'**attività svolta** *affectionis causa* che, però, si pone al di fuori dell'ordinamento giuridico del lavoro.

10 Il lavoro nell'impresa sociale

Disciplina

- È contenuta nel **D.Lgs. 3-7-2017, n. 112 (e succ. modif.)**
- In quanto compatibili con le disposizioni del D.Lgs. 112/2017, alle imprese sociali si applicano le **norme del Codice del Terzo settore di cui al D.Lgs. 117/2017** e, in mancanza e per gli aspetti non disciplinati, le **norme del codice civile** e le relative disposizioni di attuazione concernenti la forma giuridica in cui l'impresa sociale è costituita (art. 1, comma 5, D.Lgs. 112/2017)
- Possono acquisire la qualifica di impresa sociale tutti gli enti privati che esercitano in via stabile e principale un'**attività d'impresa di interesse generale** (esempio: *prestazioni sanitarie*; *educazione, istruzione* e *formazione professionale*), **senza scopo di lucro** e per finalità civiche, solidaristiche e di utilità sociale (artt. 1 e 2, D.Lgs. 112/2017)
- I lavoratori dell'impresa sociale hanno diritto ad un **trattamento economico e normativo** non inferiore a quello previsto dai contratti collettivi.
- Salva la disciplina specifica prevista per gli enti religiosi civilmente riconosciuti, nelle imprese sociali è **ammessa la prestazione di attività di volontariato**, ma il numero dei volontari impiegati nell'attività d'impresa *non può essere superiore a quello dei lavoratori*
- Le prestazioni di attività di volontariato possono essere utilizzate **in misura complementare e non sostitutiva** rispetto ai parametri di impiego di operatori professionali previsti dalle disposizioni di legge vigenti

11 Le prestazioni occasionali

Riferimenti normativi

- Art. 54bis, D.L. 24-4-2017, n. 50, conv. in L. 21-6-2017, n. 96

Ambito di operatività

- Per **prestazioni occasionali** si intendono le attività lavorative che danno luogo, nel corso di un anno civile
  - *Per ciascun prestatore*, con riferimento alla totalità degli utilizzatori, a *compensi di importo complessivamente non superiore a euro 5.000*
  - Per *ciascun utilizzatore*, con riferimento alla totalità dei prestatori, a compensi di *importo complessivamente non superiore a euro 10.000*
  - Per le prestazioni complessivamente rese da ogni *prestatore in favore del medesimo utilizzatore*, a compensi di importo *non superiore a euro 2.500*
  - Per ciascun prestatore, per le attività degli *steward* (*ex* D.M. 8-8-2007) svolte nei *confronti di società sportive* (*ex* L. 91/1981), per compensi di importo *complessivo non superiore a euro 5.000*

Osservazioni

La **legge di bilancio 2023** (art. 1, comma 342, lett. *b)*) ha esteso l'applicazione di tali disposizioni anche alle attività lavorative di natura occasionale svolte nell'ambito delle *attività di discoteche, sale da ballo, night-club* e simili (art. 54bis, comma 1bis, D.L. 50/2017, conv. in L 96/2017).

Ipotesi in cui non sono consentite

- Da parte di soggetti che *abbiano in corso o abbiano cessato* da *meno di 6 mesi* un *rapporto di lavoro subordinato* o di *co.co.co. con l'utilizzatore*

Limite di durata della prestazione

- **280 ore** nell'arco dello stesso anno civile

Fruizione

- Mediante un'apposita **piattaforma informatica INPS**, alla quale gli utilizzatori e i prestatori devono **registrarsi** per svolgere i relativi adempimenti

Acquisizione

- **Libretto di famiglia (LF)**
  - Se gli utilizzatori sono *persone fisiche* che *non* intendono ricorrere alle prestazioni occasionali nell'esercizio dell'*attività professionale o d'impresa*

	▶ **Libretto di famiglia (LF)**	▷ Con il Libretto di Famiglia possono, ad esempio, essere pagati piccoli *lavori domestici*, compresi lavori di giardinaggio, di pulizia e di manutenzione ▷ Consiste in un libretto nominativo **prefinanziato**, che può essere acquistato dagli utilizzatori per il pagamento della prestazione di lavoro ▷ Ciascun Libretto Famiglia contiene *titoli di pagamento*, il cui valore nominale è fissato in *euro 10*, utilizzabili per compensare *prestazioni di durata non superiore a un'ora*
Acquisizione	▶ **Contratto di prestazione occasionale (CPO)**	▷ Deve essere utilizzato **in tutti i casi in cui non è previsto il Libretto di Famiglia**, cioè, sostanzialmente, da *liberi professionisti* e *imprenditori* in caso di ricorso a prestazioni di lavoro occasionale o *saltuarie* di *ridotta entità* ▷ Per l'**attivazione** del contratto di prestazione occasionale, ciascun utilizzatore deve versare, anche tramite un intermediario, ferma restando la responsabilità dell'utilizzatore medesimo, attraverso la **piattaforma informatica INPS**, le somme utilizzabili per compensare le prestazioni ▷ La *misura minima oraria* del compenso è pari a *euro 9* ▷ L'utilizzatore è tenuto a trasmettere, *almeno un'ora prima* dell'inizio della prestazione, attraverso la piattaforma informatica INPS ovvero avvalendosi dei servizi di *contact center* messi a disposizione dall'INPS, una dichiarazione contenente, tra l'altro, le seguenti informazioni: *dati anagrafici e identificativi* del prestatore di lavoro; *luogo di svolgimento della prestazione; oggetto della prestazione; data e ora di inizio e di termine della prestazione* ovvero, se si tratta di azienda *alberghiera* o struttura ricettiva che opera nel *settore del turismo* o di *ente locale*, la *data di inizio* e il *monte orario complessivo presunto* con riferimento a un arco temporale non superiore a 10 giorni; il *compenso pattuito per la prestazione*. Copia della dichiarazione, contenente queste informazioni, è *trasmessa* in formato elettronico oppure è *consegnata* in forma cartacea prima dell'inizio della prestazione

Acquisizione	▶ **Contratto di prestazione occasionale (CPO)**	▷ Il contratto di prestazione occasionale, in alcune ipotesi **non può essere attivato**: ad **esempio**, da parte delle imprese del *settore agricolo*; da parte degli utilizzatori che hanno alle proprie dipendenze *più di 10 lavoratori subordinati a tempo indeterminato*
Pagamento del compenso	▶ Le operazioni di erogazione e di accreditamento dei compensi sono gestite mediante la piattaforma INPS, attraverso un sistema di **pagamento elettronico**	▷ L'utilizzatore deve preventivamente *alimentare* il proprio portafoglio telematico (cd. **portafoglio virtuale**), attraverso il versamento della provvista destinata a **finanziare l'erogazione del compenso** al prestatore, l'assolvimento degli oneri di *assicurazione sociale* e i costi di *gestione delle attività* ▷ Nel limite delle somme previamente acquisite, l'**INPS provvede al pagamento del compenso**, attraverso l'*accredito* delle spettanze sul conto corrente del prestatore ▷ A **richiesta del prestatore**, il pagamento del compenso può essere effettuato tramite qualsiasi **sportello postale** a fronte della generazione e presentazione di univoco mandato ovvero di autorizzazione di pagamento emesso dalla piattaforma informatica INPS

Osservazioni

La **legge di bilancio 2023** ha previsto, per il biennio *2023-2024*, una disciplina specifica per le prestazioni occasionali rese nel **settore agricolo** (art. 1, commi 344-354), al fine di garantire la *continuità produttiva* delle imprese agricole e di creare le condizioni per *facilitare il reperimento di manodopera per le attività stagionali* (art. 1, comma 343):
— favorendo forme *semplificate* di utilizzo delle *prestazioni di lavoro occasionale a tempo determinato in agricoltura*;
— assicurando ai lavoratori le *tutele previste dal rapporto di lavoro subordinato* (esempio: *compenso* corrisposto dal datore di lavoro, non in contanti e non direttamente al lavoratore, bensì *attraverso una banca o un ufficio postale*).

In sintesi

Oggetto del diritto del lavoro è il **rapporto di lavoro subordinato**, nelle sue diverse fasi — costituzione, svolgimento, cessazione — *compresi quegli eventi che possono avere una ricaduta sul regime dello stesso fino al suo termine.*
La qualificazione del rapporto come lavoro subordinato è, quindi, determinante ai fini dell'applicazione della **disciplina garantista** fornita dal diritto del lavoro.
Tra le *principali conseguenze* che derivano, infatti, dalla natura subordinata del rapporto di lavoro rilevano: il diritto del lavoratore al trattamento economico e normativo stabilito, in gran parte, da norme di legge e dalla contrattazione collettiva; una speciale tutela previdenziale con l'obbligo del datore di lavoro di pagare i contributi previdenziali e i premi assicurativi; limiti all'estinzione del rapporto di lavoro; l'applicazione di una particolare disciplina nel caso di controversie tra datore e prestatore di lavoro.

L'individuazione della subordinazione costituisce, però, un'operazione alquanto complessa in tutti quei modelli organizzativi caratterizzati da ampi margini di autonomia. Da qui l'elaborazione giurisprudenziale di indici **sintomatici** della subordinazione ovvero elementi di fatto, nessuno decisivo singolarmente, che, nel complesso, riconducono la prestazione nell'ambito dell'art. 2094 c.c.
La questione è ancora più complicata in virtù di tutti quei rapporti di lavoro che si qualificano come autonomi, ma che presentano alcuni caratteri propri della subordinazione, in particolare per le modalità di esecuzione della prestazione e per la dipendenza economica del lavoratore nei confronti del committente (**parasubordinazione**). Nella vigenza del D.Lgs. 276/2003, l'esistenza di un progetto era valevole a qualificare come autonomo il rapporto di lavoro. Con l'abrogazione del **lavoro a progetto** da parte del D.Lgs. 81/2015, si è ritornati alla stipulazione di **co.co.co.** *ex* art. 409, n. 3), c.p.c., riconosciute come autonome se non sussistono le caratteristiche dell'*etero-organizzazione*.

note

3. Il contratto collettivo di lavoro

1 La contrattazione collettiva

Funzione

- Rappresenta la maggiore espressione dell'**autonomia sindacale**
- Costituisce il **compito fondamentale dei sindacati**
- È finalizzata al raggiungimento di un accordo, cd. **contratto collettivo**

Soggetti

- Sono, di regola, le **associazioni sindacali portatrici** del potere negoziale
  - Dal lato dei *datori di lavoro*, i soggetti sindacali sono investiti del potere negoziale appartenente ai singoli datori di lavoro: di conseguenza essi operano sulla base di una *rappresentanza di volontà*
  - Dal lato dei *lavoratori*, non essendo questi titolari di un proprio potere negoziale, il sindacato trae tale potere direttamente dall'ordinamento sindacale che è, al contempo, autonomo e originario: di conseguenza il sindacato dei lavoratori agisce sulla base di una *rappresentanza di interessi*

Contratto collettivo

- Secondo la dottrina dominante, è «l'**accordo** tra un datore di lavoro (o un gruppo di datori di lavoro) e **una** o **più organizzazioni di lavoratori**, per **stabilire il trattamento minimo garantito** e le *condizioni di lavoro* alle quali dovranno conformarsi *i singoli contratti individuali di lavoro* stipulati sul territorio nazionale»
- Lo **scopo** del contratto collettivo è quello di **evitare disparità di trattamento tra i lavoratori di una stessa categoria**
- Regola in **modo uniforme i rapporti individuali di lavoro** degli appartenenti ad una medesima categoria professionale, nonché *vincola i datori di lavoro* aderenti alle associazioni stipulanti *ad applicare il trattamento economico e normativo* previsto nel contratto stesso

2 L'evoluzione storica del contratto collettivo

Contratto collettivo di diritto pubblico

- **Nel periodo fascista**, la L. 563/1926 riconosceva *una sola organizzazione professionale*, per ciascuna categoria di lavoratori o datori di lavoro. *Le associazioni sindacali avevano personalità giuridica di diritto pubblico*
  - I contratti collettivi avevano valore di **fonte di diritto obiettivo**, con applicazione generalizzata a tutti gli appartenenti alla categoria professionale (cd. *efficacia erga omnes*)

Contratto collettivo di diritto pubblico	▶ Con la **caduta del fascismo**, le norme corporative *non furono abrogate*	▷ I decreti luogotenenziali del 1943 e del 1944 lasciarono in vigore i contratti collettivi stipulati dalle disciolte organizzazioni corporative, che potevano però essere derogati dai successivi contratti collettivi contenenti una disciplina più favorevole
Art. 39 Cost.	▶ La Costituzione repubblicana all'art. 39, ultimo comma, sancisce che: «i sindacati registrati [...] possono [...] stipulare contratti collettivi con efficacia obbligatoria per tutti gli appartenenti alle categorie alle quali il contratto si riferisce». Tale disposizione è rimasta, però, **inattuata**	▷ Secondo la previsione della norma i sindacati avrebbero potuto acquisire, attraverso il meccanismo della *registrazione, personalità giuridica di diritto pubblico* ▷ I contratti collettivi stipulati dai sindacati così registrati, rappresentati unitariamente in proporzione al numero degli iscritti, avrebbero avuto **efficacia nei confronti di tutti gli appartenenti alla categoria professionale**
Contratti collettivi recepiti dalla L. 741/1959	▶ Stante la mancata attuazione della norma costituzionale, fu emanata la **L. 741/1959** recante «*Norme transitorie per garantire minimi di trattamento economico e normativo ai lavoratori*», che delegava il Governo ad emanare decreti legislativi che determinassero le **condizioni minime di lavoro per tutti gli appartenenti ad una medesima categoria di lavoratori**	▷ La L. 741/1959, pur attribuendo in sostanza *efficacia generale ai contratti collettivi* con modalità diverse da quelle previste dall'art. 39 Cost., fu considerata legittima perché legge *transitoria, provvisoria ed eccezionale* ▷ Successivamente fu però emanata la L. 1027/1960, che, conferendo al Governo il potere di emanare norme uniformi alle clausole degli accordi economici e dei contratti collettivi stipulati entro i dieci mesi successivi all'entrata in vigore della L. 741/1959, faceva perdere a questa il suo carattere di transitorietà ▷ La Corte costituzionale dichiarò, pertanto, con sent. 106/1962, *incostituzionale la legge di proroga n. 1027/1960*, con la conseguente caducazione di *tutti* i decreti che, emanati in base ad essa, avevano recepito i suddetti contratti collettivi ▷ L'effetto della sentenza della Corte è che non è consentita l'emanazione di una legislazione a tappeto, che recepisca il contenuto dei contratti collettivi rendendoli così vincolanti *erga omnes*
Contratto collettivo di diritto comune	▶ Costituisce **l'unico tipo di contratto collettivo stipulabile** attualmente	

3 Il contratto collettivo di diritto comune

Caratteri	▶ **È stipulato da sindacati** che, non avendo personalità giuridica, operano come *associazioni non riconosciute* ▶ È così chiamato in quanto **regolato dalle norme di diritto comune** valide in materia contrattuale (art. 1322 ss. c.c.) ▶ Avendo **natura privatistica**, non è fonte di diritto obiettivo ▶ Tale contratto non costituisce la *diretta* disciplina dei singoli rapporti di lavoro, ma rappresenta la *base e il presupposto* cui dovranno uniformarsi le regolamentazioni dei singoli rapporti individuali (**generalità** e **astrattezza**) ▶ **Vincola esclusivamente gli associati alle organizzazioni sindacali** (di datori e lavoratori) che lo hanno stipulato
Natura giuridica	▶ Si colloca nella categoria dei negozi giuridici e, tra questi, è assimilabile ai **contratti normativi**, cioè a quei contratti che invece di regolare immediatamente gli interessi delle parti, *determinano i contenuti di una futura produzione contrattuale*
Causa	▶ Consiste nella «**realizzazione dell'interesse collettivo professionale** alla pattuizione di disposizioni vincolanti per coloro che hanno costituito o costituiranno rapporti di lavoro individuali compresi in quello che risulta essere il campo di applicazione della disciplina collettiva pattuita»
Forma	▶ In assenza di specifica previsione legislativa, si ritiene che il contratto collettivo debba essere redatto per *iscritto*, a pena di nullità, e *sottoscritto da tutti gli stipulanti* (**forma scritta ad substantiam**)
Efficacia spaziale	▶ Il contratto collettivo di categoria (esempio: metalmeccanici) trova applicazione su **tutto il territorio nazionale**
Tipologia	▶ **Unilateralmente sindacale**: il contratto collettivo è stipulato da un singolo datore di lavoro con l'organizzazione collettiva dei lavoratori ▶ **Bilateralmente sindacale**: il contratto collettivo è stipulato da contrapposte associazioni sindacali di datori di lavoro, da un lato, e prestatori di lavoro, dall'altro
Scopo	▶ **Stabilire le condizioni uniformi e obbligatorie** valide per tutti i prestatori di una determinata categoria
Contenuto	▶ **Normativo** ▶ Attiene al complesso di clausole destinate ad avere efficacia nei *singoli rapporti di lavoro* (esempio: livelli retributivi, orario di lavoro) e a disciplinare i rapporti individuali ▶ **Obbligatorio** ▶ Attiene ai diritti e agli obblighi che le *parti stipulanti reciprocamente* si riconoscono e può avere un contenuto vario

Oggetto	▶ È, di regola, la **disciplina dei rapporti individuali di lavoro subordinato**
Esclusioni	▶ Sono esclusi dalla competenza negoziale collettiva i rapporti di lavoro disciplinati con atti della pubblica autorità, in conformità di legge

4 La disciplina del contratto collettivo di diritto comune

4.1 Efficacia soggettiva del contratto collettivo

Principio dell'iscrizione delle parti stipulanti	▶ Gli **effetti** del contratto collettivo **sono limitati ai soli iscritti alle associazioni sindacali stipulanti** ▶ Quando *solo* il lavoratore o *solo* il datore è iscritto all'associazione sindacale stipulante il contratto collettivo, il rapporto di lavoro fra loro instaurato non ricade sotto la sua regolamentazione ▶ **Dal lato dei lavoratori prevale l'applicazione generalizzata**, sia per *motivi di carattere pratico* (il datore dovrebbe tenere contabilità separate per i lavoratori iscritti cui si applica il CCNL e per quelli non iscritti), sia per *motivi di opportunità* (l'applicazione del CCNL solo agli iscritti favorirebbe la sindacalizzazione)
Applicabilità di fatto del contratto	▶ Una o entrambe le parti del rapporto di lavoro **non sono iscritte** alle associazioni sindacali stipulanti ▷ *Adesione esplicita*, viene ad esempio indicato nel contratto individuale che verrà applicato al rapporto di lavoro un determinato CCNL ▷ *Adesione implicita*, il datore di lavoro applica costantemente un determinato CCNL o i suoi aspetti più rilevanti, pur non essendovi in alcun modo obbligato
Estensione del contratto collettivo *ex* art. 36 Cost.	▶ In applicazione dell'art. 36 Cost., la **giurisprudenza estende l'efficacia del contratto collettivo anche nei confronti di lavoratori non appartenenti ad associazioni stipulanti**, al fine di garantire loro una retribuzione *sufficiente e proporzionata* ▶ Ciò è possibile perché la *norma costituzionale può essere direttamente richiamata dal lavoratore* in sede di eventuale controversia con il datore di lavoro ▷ Sia perché la giurisprudenza ha normalmente considerato i livelli retributivi indicati nel contratto collettivo rispettosi dei criteri indicati dall'art. 36 Cost. ▷ Sia perché è consentito al Giudice determinare la retribuzione ex *art. 2099 c.c.* ▶ L'applicazione dei livelli retributivi contenuti nel contratto collettivo da parte del Giudice non determina l'estensione *erga omnes* di tutto il contratto, ma soltanto della parte economica ▶ Il Giudice è comunque libero di modificare i livelli retributivi onde adattarli al caso concreto

Estensione del contratto collettivo *ex* art. 36 Cost.

▶ L'estensione viene realizzata attraverso l'utilizzo, da parte del Giudice di merito, dei **livelli retributivi previsti nel contratto collettivo** di settore da applicare al caso concreto, costituendo **parametri** per stabilire se il trattamento economico corrisposto al lavoratore in concreto è sufficiente e proporzionato

4.2 Efficacia oggettiva del contratto collettivo e i rapporti con le altre fonti

Posizione del contratto collettivo nella gerarchia delle fonti

▶ Gerarchia delle fonti

- ▷ Le norme della Costituzione, del diritto sovranazionale e le leggi nazionali prevalgono su quelle del contratto collettivo e, quindi, *non* possono essere da esso *derogate*
- ▷ Il contratto collettivo, a sua volta, prevale sugli *usi* (o sulla consuetudine)
- ▷ Il contratto collettivo e il contratto individuale di lavoro, avendo entrambi natura privatistica, sono *formalmente* sullo stesso livello gerarchico

Derogabilità per condizioni più favorevoli al lavoratore

▶ Principio del **favor prestatoris**

- ▷ Si ritiene che rientri fra i *principi generali del diritto*
- ▷ Comporta che, tra più fonti regolatrici del rapporto di lavoro, **deve prevalere quella più favorevole per il lavoratore** (anche se gerarchicamente inferiore)
- ▷ In particolare, la norma di legge *può essere derogata* dal contratto collettivo che prevede condizioni migliorative (**derogabilità in melius**)

▶ Operatività della derogabilità *in melius*

- ▷ Nei rapporti tra contratto *individuale* e *collettivo di lavoro*
- ▷ Nell'ambito degli stessi *contratti collettivi* in relazione alla materia e al territorio
- ▷ Nei rapporti tra *contratto collettivo* e *usi aziendali*, *regolamenti d'impresa* ecc.

▶ Eccezioni

- ▷ In forza di esigenze contingenti (esempio: difesa degli assetti occupazionali o contenimento del costo del lavoro), la legge può prevedere che il contratto collettivo disponga in senso peggiorativo

Rapporti tra contratto collettivo e contratto individuale

- Il contratto collettivo e il contratto individuale, entrambi espressione dell'autonomia privata, si collocano nello *stesso ordine* all'interno della gerarchia delle fonti
- Dalla funzione di tutela che il primo svolge deriva che il **contratto individuale non può derogare alle disposizioni contenute nel contratto collettivo**, a meno che non siano *più favorevoli per il lavoratore*
- Da ciò deriva che le *clausole del contratto individuale difformi* da quelle del contratto collettivo sono *nulle*
- Tale *nullità parziale* comporta la *sostituzione delle clausole nulle* del contratto individuale con le corrispondenti clausole generali previste dal contratto collettivo
- I contratti individuali possono derogare al contratto collettivo, prevedendo *condizioni più favorevoli* per il lavoratore
- Per individuare la disciplina concretamente applicabile, in dottrina *prevale* la **teoria della valutazione globale**, in base alla quale bisogna esaminare complessivamente ciascuna fonte e, dopo aver determinato quale può considerarsi *globalmente* più favorevole, applicare quest'ultima

5 L'interpretazione del contratto collettivo di diritto comune

Disciplina applicabile

- Dalla natura privatistica del contratto collettivo si desume che esso debba essere interpretato secondo le norme vigenti in tema di interpretazione dei contratti di cui agli **artt. 1362 e ss. c.c.**
- Il Giudice può decidere **in via pregiudiziale** le questioni concernenti l'**efficacia**, la **validità** o l'**interpretazione** del contratto collettivo che siano rilevanti per la decisione della controversia oggetto di causa (**art. 420bis c.p.c.**).
- La **violazione** o **falsa applicazione dei contratti e accordi collettivi nazionali** di lavoro costituiscono motivi di **ricorso in Cassazione** delle sentenze pronunciate in grado di appello o in unico grado (**art. 360, n. 3), c.p.c.**).

6 Le regole della contrattazione collettiva

6.1 Fonti regolatrici

Fonti

- **Accordo interconfederale del 23-7-1993**
- **Accordo del 22-1-2009**
- **Accordi interconfederali del 28-6-2011 e del 31-5-2013**
- **Accordo Confindustria - CGIL, CISL, UIL del 10-1-2014**, recante il **Testo Unico della rappresentanza**
- **Accordo Confindustria - CGIL, CISL, UIL del 28-2-2018** (*Patto per la fabbrica*) sulle relazioni industriali e la contrattazione collettiva
- **Convenzione tra INPS, INL, Confindustria e CGIL, CISL, e UIL del 19-9-2019** sulla **misurazione della rappresentatività sindacale**

6.2 Livelli contrattuali

Contratto collettivo nazionale

- Ha la funzione di garantire la certezza dei *trattamenti economici e normativi comuni per tutti i lavoratori del settore*, ovunque impiegati nel territorio nazionale. È *gerarchicamente sovraordinato* rispetto al contratto collettivo aziendale, costituendo, dunque, «ancora il *perno* del sistema contrattuale»

Contratto collettivo aziendale o territoriale

- È finalizzato ad *adattare la disciplina generale alle specifiche realtà produttive*. Si esercita per le *materie delegate dal contratto collettivo nazionale* di lavoro di categoria o dalla legge

Osservazioni

Con riguardo al rapporto tra i due livelli di contrattazione, quello nazionale ha un *ruolo centrale*, stabilendo le materie e le voci della contrattazione decentrata. Quest'ultima, però, può anche **derogare** in via temporanea su singoli istituti economici e normativi disciplinati dai contratti nazionali (cd. *clausole di uscita*).

L'accordo interconfederale del 2014 prevede espressamente la possibilità di stipulare a livello aziendale **intese modificative** delle regolamentazioni contenute nei contratti collettivi nazionali. In linea di principio, è necessario rispettare i *limiti* e le *procedure* previste dal *contratto collettivo nazionale* in modo da evitare il completo sganciamento dalla linea nazionale. Tuttavia, lo stesso accordo prevede che, al fine di gestire *situazioni di crisi* o, viceversa, in presenza di investimenti finalizzati allo sviluppo economico e occupazionale dell'impresa, le intese modificative possono essere stipulate indipendentemente dalle previsioni del contratto collettivo nazionale e disciplinare, anche **in deroga** a quest'ultimo, aspetti relativi alla prestazione lavorativa, all'orario e all'organizzazione del lavoro, acquisendo *efficacia generale*.

Con riguardo alla capacità derogatoria del contratto aziendale, inoltre, va menzionato l'art. 8 del **D.L. 13-8-2011, n. 138, conv. in L. 14-9-2011, n. 148**, relativo alla cd. **contrattazione di prossimità** ovvero ai contratti aziendali o territoriali più prossimi all'ambito da disciplinare, per i quali è prevista la possibilità di realizzare specifiche *intese* volte a regolare materie inerenti l'organizzazione del lavoro e della produzione, **derogando** non solo alle regolamentazioni contenute nei *contratti collettivi nazionali di lavoro* ma anche alle *norme di legge*, avendo come unico limite il rispetto della Costituzione, nonché i vincoli derivanti dalla normativa europea e dalle convenzioni internazionali sul lavoro.

Anche con il **Patto per la fabbrica**, il **livello nazionale** ha mantenuto un **ruolo centrale**, stabilendo le materie e le voci della contrattazione decentrata: in particolare, nell'accordo del 2018, si demanda al contratto collettivo nazionale il compito di *incentivare* la contrattazione cd. di secondo livello.

6.3 Stipula e rinnovo del contratto collettivo

Procedura

- **Preparazione ed elaborazione della proposta contrattuale:** di regola non sostituisce il precedente contratto, ma si limita ad *aggiornarlo* in quelle parti che hanno formato oggetto di rivendicazione sindacale o di novità legislative
- **Negoziazione**: le *trattative*, che si realizzano attraverso successivi incontri delle delegazioni delle parti interessate, possono essere più o meno laboriose e, se si protraggono nel tempo, talvolta sono appoggiate dall'esterno con *scioperi*

Procedura

- **Accordo**: una volta raggiunto, il contenuto di esso, consacrato nella cd. *ipotesi di accordo*, viene sottoposto, in virtù di una prassi ormai affermata, alle *assemblee* dei lavoratori per la *ratifica* o ad un *referendum*
- Ottenuta l'**approvazione** attraverso il voto espresso dalle assemblee dei lavoratori, il *contratto collettivo* si concreta nel **testo definitivo**

Osservazioni

Nell'intento di rendere più veloce la stipula dei contratti collettivi e di *evitare eccessivi ritardi dei negoziati* tra le parti, le **piattaforme sindacali** devono essere *presentate anticipatamente rispetto alla scadenza del contratto collettivo*: in particolare, *6 mesi* prima della scadenza del contratto nazionale e *2 mesi* prima della scadenza per quello di secondo livello.
Entro tali termini si deve dare avvio alle **trattative**. Per incentivare il regolare svolgimento delle stesse, è previsto un periodo di **tregua sindacale** di *7 mesi* dalla data di presentazione delle proposte per il rinnovo dei contratti collettivi nazionali e di *3 mesi* per quelli di secondo livello.
A tutela dei lavoratori, inoltre, è previsto che, per il periodo che va dalla scadenza del contratto alla stipula del rinnovo (cd. **periodo di vacanza contrattuale**), debba essere riconosciuta una *copertura economica*, il cui importo è demandato ai singoli contratti collettivi nazionali di categoria.
Per l'aumento dei minimi salariali, invece, si fa riferimento all'**Indice dei prezzi al consumo armonizzato in ambito europeo per l'Italia**, depurato dalla dinamica dei prezzi dei beni energetici importanti (**IPCA**).

6.4 Soggetti legittimati alla contrattazione

Titolarità della contrattazione

- Sono ammesse alla contrattazione collettiva le associazioni sindacali **firmatarie degli accordi** che hanno definito i criteri per accertare la rappresentatività sindacale
- Nell'ambito di tali soggetti, le associazioni legittimate a contrattare vanno individuate tra quelle che presentano determinati **requisiti di rappresentatività**, da accertare in riferimento a due parametri
  - Al **dato associativo**, costituito dalle iscrizioni dei lavoratori al sindacato. Il dato associativo viene accertato considerando le **deleghe per il versamento dei contributi sindacali** in favore di ciascun sindacato (l'iscrizione del lavoratore al sindacato comporta, infatti, il conferimento della delega al datore di lavoro per trattenere dalla retribuzione la quota corrispondente al contributo sindacale, da versare poi all'associazione sindacale)
  - Al **dato elettorale**, costituito dai voti ottenuti da ciascun sindacato nelle elezioni delle RSU

Rappresentatività sindacale per la contrattazione nazionale

- Per la legittimazione a negoziare, è necessaria una **rappresentatività non inferiore al 5%** del **totale dei lavoratori della categoria** cui si applica il contratto collettivo nazionale di lavoro. Tale soglia di rappresentatività deve essere, quindi, accertata nello specifico settore (cioè categoria professionale) di applicazione del contratto collettivo nazionale di lavoro (esempio: metalmeccanici)

Rappresentatività sindacale per la contrattazione nazionale	▶ La rappresentatività è data dalla **media** tra il **dato associativo** e il **dato elettorale**: a seguito dell'Accordo del 4-7-2017 e come confermato dalla Convenzione del 19-9-2019, è l'**INPS** che **effettua la ponderazione tra il dato associativo e il dato elettorale**, determinando, così, la percentuale di rappresentatività di ogni singola organizzazione sindacale nel settore considerato. La ponderazione è effettuata come **media semplice** tra: la *percentuale degli iscritti alla sigla sindacale sulla totalità dei lavoratori iscritti ad un sindacato* e la *percentuale dei voti* dalla stessa sigla sindacale ottenuti nelle elezioni delle RSU *sul totale dei votanti* ▶ La **Convenzione del 19-9-2019**, in attuazione del T.U. del 2014, ha *rinnovato* l'affidamento *all'INPS del servizio di raccolta, elaborazione e comunicazione del dato associativo* e, in collaborazione con l'Ispettorato Nazionale del Lavoro (INL), la *raccolta del dato elettorale*

Rappresentatività sindacale per la contrattazione aziendale	▶ L'accertamento della rappresentatività sindacale avviene tenendo conto	▷ Soltanto del **dato elettorale**, se sono state costituite **RSU** ovvero l'approvazione della maggioranza dei componenti delle RSU (l'accertamento dell'effettiva rappresentatività di una sigla sindacale rispetto ad un'altra è *superfluo* poiché la RSU è una rappresentanza *unitaria* e i suoi componenti, anche se aderiscono a sindacati differenti, negoziano con il datore di lavoro *congiuntamente* e decidono a maggioranza) ▷ Soltanto del **dato associativo**, se in azienda operano **RSA** (ogni sigla sindacale ha la propria rappresentanza) ovvero sono legittimate alla contrattazione aziendale le RSA costituite nell'ambito delle *associazioni sindacali* che, singolarmente o insieme ad altre, risultino destinatarie della **maggioranza delle deleghe relative ai contributi sindacali conferite dai lavoratori dell'azienda** nell'anno precedente

6.5 Efficacia della contrattazione secondo gli accordi interconfederali

Contratto collettivo nazionale	▶ **Acquistano efficacia per tutti i lavoratori** i contratti collettivi nazionali di lavoro che	▷ Sono stati *sottoscritti* dalle organizzazioni sindacali che costituiscono almeno il **50% + 1** della media del dato associativo e del dato elettorale ▷ Sono stati approvati dai lavoratori mediante una **preventiva consultazione certificata** sull'esito della negoziazione. Anche in questo caso, è richiesta la maggioranza del 50% + 1

Contratto collettivo nazionale	▶ La funzione delle regole poste dagli accordi interconfederali si manifesta particolarmente in caso di **dissenso tra le associazioni sindacali**. In tale ipotesi, infatti, il contratto che comunque sia stato concluso *solo da alcune sigle sindacali* è egualmente *esigibile* e **impegna tutte le organizzazioni** aderenti alle confederazioni firmatarie degli accordi interconfederali	
Contratto collettivo aziendale	▶ È **efficace *erga omnes***, cioè nei confronti di *tutti* i lavoratori dell'impresa	▷ Nel caso in cui a livello aziendale vi siano **RSU**, il contratto aziendale deve essere *approvato dalla maggioranza dei componenti della RSU presente in azienda* ▷ Nel caso in cui a livello aziendale vi siano RSA, è necessaria l'approvazione delle RSA costituite nell'ambito delle associazioni sindacali che, singolarmente o insieme ad altre, risultino destinatarie della maggioranza delle deleghe relative ai contributi sindacali conferite dai lavoratori dell'azienda nell'anno precedente a quello in cui avviene la stipulazione

Differenze

In base alle regole sull'accertamento della rappresentatività sindacale si realizza, in linea di principio, l'**efficacia erga omnes** del contratto collettivo.
Tale «effetto», tuttavia, si verifica *soltanto* nell'ambito delle associazioni sindacali aderenti alle confederazioni firmatarie e alle associazioni datoriali affiliate alla Confindustria (e ai settori, diversi da quello industriale, ove le associazioni abbiano sottoscritto accordi analoghi).
In secondo luogo, il meccanismo procedurale definito negli accordi interconfederali al fine di conferire efficacia al contratto collettivo **non può essere equiparato a quello prefigurato dall'art. 39** della Costituzione, trattandosi, comunque, di un **meccanismo di natura negoziale** fondato esclusivamente su *regole stabilite dagli stessi sindacati*. Solo una legge di attuazione di tale norma potrebbe dare vita al contratto collettivo con efficacia *erga omnes*.
Pertanto, secondo parte della dottrina, al di là delle *dichiarazioni* contenute negli accordi interconfederali, in mancanza di una legge, l'efficacia continua ad essere quella del **contratto collettivo di diritto comune**. Sicché, anche i contratti collettivi stipulati secondo le regole del T.U. del 2014 resterebbero vincolanti *soltanto* per i lavoratori iscritti ai sindacati aderenti alle confederazioni firmatarie e *non producono effetti per i lavoratori iscritti a sindacati diversi o non iscritti ad alcun sindacato* (soprattutto in caso di dissenso degli stessi).

In sintesi

Nella disciplina del rapporto di lavoro, unitamente al contratto individuale di lavoro, opera un'altra fonte, espressione dell'**autonomia negoziale**, il contratto collettivo di lavoro.
In tal caso, però, non sono le singole parti del rapporto di lavoro a determinare le regole ad esso applicabili, ma soggetti terzi che li rappresentano: i **sindacati dei lavoratori** e le **associazioni dei datori di lavoro**.
La **contrattazione collettiva**, che è la finalità prevalente del **sindacato**, ha il suo riconoscimento nella Costituzione, all'**art. 39**, ove si prevede il potere dei sindacati regi-

strati di stipulare *contratti collettivi validi erga omnes (nei confronti di tutti gli appartenenti alla categoria professionale)* e, come tali, *fonte di diritto obiettivo (cioè con lo stesso valore della legge)*.
Tuttavia, il meccanismo della registrazione *non è mai stato regolamentato* e nell'attuale ordinamento, costituiscono **enti di fatto** in grado di stipulare contratti collettivi vincolanti solo i sindacati aderenti alle associazioni stipulanti.
Pertanto, **non esiste** nel nostro ordinamento la tipologia di contratto collettivo con **efficacia erga omnes** *ex* art. 39 Cost.
Tuttavia, è stato introdotto un **meccanismo di accertamento della rappresentatività sindacale**, finalizzato a fornire *efficacia erga omnes ai contratti collettivi*. Si tratta, comunque, di una procedura fondata esclusivamente su regole stabilite dagli stessi sindacati. È, quindi, un *meccanismo di natura negoziale* e non *legale* come quello prefigurato dall'art. 39 Cost.
Agli accordi (del 22-1-2009, 28-6-2011 e 31-5-2013) confluiti nel **Testo Unico sulla rappresentanza sindacale** e alla **Convenzione del 2019**, si deve, infatti, la **ridefinizione di tutte le regole** del nostro sistema di relazioni sindacali.

note

4 Il contratto individuale di lavoro

1 Il contratto di lavoro

Nozione: è l'**accordo** con il quale il *lavoratore si obbliga a prestare la sua attività lavorativa e il datore di lavoro si obbliga a corrispondergli la retribuzione.*

Caratteri	▶ **Onerosità**	▷ È necessaria la previsione della *retribuzione* quale corrispettivo dell'attività lavorativa
	▶ **Sinallagmaticità**	▷ Il contratto di lavoro è un contratto a *prestazioni corrispettive*: da un lato l'*attività lavorativa* e dall'altro la *retribuzione*
	▶ **Commutatività**	▷ La legge e i contratti collettivi stabiliscono esattamente l'*entità* delle prestazioni e delle controprestazioni
	▶ **Eterodeterminazione**	▷ Il *contenuto* del contratto di lavoro è in *gran parte predeterminato*, dovendo recepire le disposizioni di legge e del contratto collettivo, limitando in tal modo l'autonomia negoziale individuale

Osservazioni

La dottrina (SANTORO-PASSARELLI, GHERA, DE LUCA-TAMAJO) e la giurisprudenza maggioritarie individuano il contratto individuale di lavoro quale **fonte del rapporto di lavoro subordinato**.
La costituzione del rapporto di lavoro avviene, infatti, sulla base di un **accordo** e si sostanzia nell'**incontro di volontà tra il datore e il prestatore di lavoro**.
Il **contratto**, dunque, è *necessario* perché abbia origine il rapporto di lavoro subordinato e trovi applicazione la relativa disciplina tipica: occorre, precisamente, che le parti *si accordino per operare uno scambio tra remunerazione e lavoro*.
In mancanza di siffatto accordo, non si ha rapporto di lavoro subordinato tipico: casi emblematici sono, per l'appunto, il *lavoro gratuito* (manca lo scambio) e il lavoro *invito domino*, svolto cioè spontaneamente (in assenza di un accordo).

2 La capacità dei soggetti contraenti

Capacità giuridica	▶ Consiste nell'attitudine, giuridicamente riconosciuta, ad essere **titolari di diritti e obblighi**. Per il datore di lavoro	▷ Si acquista *con la nascita*, se persona fisica (art. 1, comma 1, c.c.) ▷ Si acquista *con il riconoscimento della personalità giuridica*, se persona giuridica

Capacità giuridica	▶ Costituisce il necessario *presupposto del contratto*, ai fini della **valida costituzione** del rapporto. Per il prestatore di lavoro	▷ Vige una particolare disciplina (cd. **capacità giuridica speciale**) che fissa i *requisiti di età* per l'accesso al lavoro (art. 2, comma 2, c.c.), in deroga al principio generale che collega al momento della nascita l'acquisto della capacità giuridica ▷ In via generale, l'età minima per l'ammissione al lavoro è fissata a **16 anni d'età** ed è subordinata all'espletamento dell'**obbligo di istruzione** (art. 1, comma 622, L. 296/2006) ▷ È anticipata a *15 anni* nel caso di assolvimento del periodo di istruzione obbligatoria mediante *apprendistato* di *primo livello* ▷ Il difetto dell'età minima determina la *nullità del contratto*, ma il lavoratore ha comunque diritto alla retribuzione per il lavoro prestato (art. 2126 c.c.)
Capacità d'agire	▶ Consiste, in generale, nell'attitudine a compiere manifestazioni di volontà idonee a **modificare la propria situazione giuridica** ▶ Si acquista di regola al compimento del **18° anno d'età**	
	▶ Nel diritto del lavoro, designa la **capacità di stipulare il contratto di lavoro** e di esercitare i diritti e le azioni che ne discendono	▷ Per il *datore di lavoro, si acquista a 18 anni* ▷ Per il *prestatore di lavoro*, si ritiene possa acquisirsi *anche prima dei 18 anni*

Osservazioni

Data l'ambigua formulazione dell'art. 2 c.c., **non esiste un orientamento univoco** circa la capacità del lavoratore, che non abbia ancora compiuto i 18 anni, di stipulare autonomamente il contratto di lavoro.
La dottrina prevalente (GHERA, DE LUCA-TAMAJO) ritiene che per il lavoratore vi sia coincidenza nell'acquisto della capacità giuridica e della capacità di agire *in anticipo* rispetto alla disciplina generale: l'acquisto della capacità a prestare lavoro (capacità giuridica) comporta anche la *piena capacità di agire*, così che il giovane è abilitato a stipulare il contratto di lavoro e non necessita di rappresentanza o assistenza per *l'esercizio dei diritti e delle azioni che dipendono dal contratto di lavoro.*

Ulteriori requisiti del prestatore di lavoro	▶ **Capacità psico-fisica**	▷ Consiste nell'**attitudine al lavoro** dal punto di vista *psico-fisico* ▷ Idoneità a svolgere un'attività che richiede *determinati requisiti fisici* (esempio: vista, altezza) ▷ *Assenza di controindicazioni specifiche* allo svolgimento di talune attività (esempio: svolgimento di lavori insalubri da parte di lavoratrici in stato di gravidanza)

Ulteriori requisiti del prestatore di lavoro

- Idoneità tecnica
  - Attiene alla capacità giuridica nei casi in cui è necessaria la **capacità professionale** a svolgere una certa attività
  - È richiesta a *pena di nullità* del contratto nei casi in cui debba risultare da diplomi, patenti, licenze ecc.

3 Gli elementi essenziali del contratto di lavoro

Volontà (accordo delle parti)

- Consiste nell'**incontro tra proposta e accettazione** e individua il momento di *conclusione* del contratto (art. 1326 c.c.)
- *Non* deve essere *viziata* (dolo, violenza, errore) né *simulata*

Causa

- Si identifica nello **scambio tra lavoro e retribuzione**
- Deve essere **lecita**, cioè *conforme* alla legge, all'ordine pubblico e al buon costume

Oggetto

- Indica il **contenuto delle rispettive obbligazioni** delle parti
- È costituito dalla **prestazione di lavoro** e dalla **retribuzione** (in tutte le sue forme)
- La prestazione di lavoro deve essere *lecita*, *possibile* e *determinata* (o determinabile)

Forma

- **Libera**. Le parti sono libere di esprimere l'accordo fra loro intervenuto secondo le **modalità prescelte**
  - Il contratto può essere *concluso oralmente*, per fatti concludenti o per iscritto
- **Vincolata**. La legge prevede che il contratto sia redatto nel rispetto di una **forma particolare**
  - Nel caso di **forma scritta ad substantiam**, il contratto di lavoro deve essere redatto *per iscritto a pena di nullità*. In mancanza, il *contratto è nullo per difetto di un suo elemento essenziale*, con conseguente applicazione dell'art. 2126 c.c.
  - Nel caso di **forma scritta ad probationem**, il contratto di lavoro deve essere redatto per iscritto *solo ai fini della prova* in caso di un eventuale giudizio, ma *non* viene pregiudicata l'esistenza del rapporto di lavoro
- Esempi di **contratti di lavoro** o **clausole contrattuali** che richiedono l'obbligo di forma scritta
  - Contratto di **lavoro a tempo parziale**
    - Forma scritta con efficacia *probatoria* (art. 5, D.Lgs. 81/2015)
  - Contratto di **apprendistato**
    - Forma scritta con efficacia *probatoria* (art. 42, D.Lgs. 81/2015)

Forma	▶ Esempi di **contratti di lavoro** o **clausole contrattuali** che richiedono l'obbligo di forma scritta	▷ Contratto di **lavoro intermittente**	▶ Forma scritta con efficacia *probatoria* (art. 15, D.Lgs. 81/2015)
		▷ Contratto di **somministrazione**	▶ Forma scritta con efficacia *sostanziale* (art. 33, D.Lgs. 81/2015)
		▷ Clausola relativa al **periodo di prova**	▶ Forma scritta con efficacia *sostanziale* (salvo diversa disposizione) (art. 2096 c.c.)
		▷ Contratto a **tempo determinato**	▷ Forma scritta con efficacia *sostanziale* (ad eccezione dei rapporti di lavoro di durata superiore a 12 giorni) (art. 19, D.Lgs. 81/2015)
		▷ Patto di **non concorrenza** (art. 2125 c.c.)	▶ Forma scritta con efficacia *sostanziale*

4 Gli elementi accidentali del contratto di lavoro

Condizione	▶ È un **evento futuro e incerto** cui può essere subordinata l'efficacia o la risoluzione del contratto (art. 1353 c.c.)	
	▶ **Sospensiva**	▷ Il rapporto diverrà efficace solo al verificarsi della condizione dedotta in contratto ▷ Un'importante applicazione è rappresentata dal cd. **patto di prova** (art. 2096 c.c.)
	▶ **Risolutiva**	▷ Il rapporto di lavoro cesserà al verificarsi dell'evento ▷ Non può *mai avere effetto retroattivo* ▷ Il periodo lavorativo effettuato *varrà* a tutti gli effetti
Termine	▶ Evento **futuro e certo** ▶ Alla scadenza, il rapporto di lavoro **cessa automaticamente**	

Differenze

La mancanza anche di un *solo* elemento essenziale determina la *nullità* del contratto: si tenga presente che la forma è un *elemento essenziale* del contratto *soltanto quando è prescritta dalla legge a pena di nullità.*
A **differenza** degli elementi essenziali, gli *elementi accidentali* non sono necessari per la formazione e validità del contratto ma, una volta *liberamente* apposti dalle parti, divengono **parte integrante** del suo contenuto.

5 Il periodo di prova

Nozione: designa la clausola apposta al contratto di lavoro, con cui le parti **subordinano l'assunzione** definitiva all'**esito positivo di un periodo di prova** (art. 2096 c.c.).

Funzione	▶ Per il *datore di lavoro*: **verificare la capacità professionale** e la complessiva personalità del lavoratore in relazione alle mansioni affidate ▶ Per il *lavoratore*: valutare la sua **convenienza all'occupazione** del posto di lavoro (idoneità dell'ambiente di lavoro, attitudine alla posizione-lavoro, modalità di esercizio dei poteri datoriali ecc.)
Forma	▶ Il patto di prova deve risultare da **atto scritto**, sottoscritto anche dal lavoratore, con indicazione della durata
Durata massima (art. 7, D.Lgs. 104/2022)	▶ **6 mesi**, salva la durata inferiore prevista dalle disposizioni dei contratti collettivi ▶ Nell'ipotesi di rapporto di *lavoro a tempo determinato*, il periodo di prova è stabilito in misura *proporzionale* alla durata del contratto e alle mansioni da svolgere in relazione alla natura dell'impiego. In caso di *rinnovo* del contratto di lavoro per lo svolgimento delle *stesse mansioni*, il rapporto di lavoro *non* può essere soggetto ad un *nuovo periodo di prova* ▶ Il periodo di prova è **prolungato** nell'ipotesi di sopravvenienza di alcuni eventi (esempio: *malattia, congedo di maternità*), in misura *corrispondente alla durata dell'assenza*
Recesso durante il periodo di prova	▶ Il datore di lavoro può recedere dal contratto, **senza preavviso** e anche **senza giusta causa o giustificato motivo.** Se è stabilita una durata minima garantita, la facoltà di recesso è esercitabile al termine del periodo ▶ **Non è consentito** in caso di **motivo illecito** o **discriminante**, non collegato cioè all'esito dell'esperimento ▶ Può essere esercitato anche dal lavoratore, senza necessità di preavviso o motivazione ▶ In mancanza di recesso delle parti, il **rapporto diventa definitivo**

Osservazioni

In caso di *esito negativo* della prova, il datore di lavoro ha la **potestà di recedere dal contratto** senza essere assoggettato ai limiti previsti dalla legge (obbligo di preavviso, giustificazione del recesso ecc.). Pertanto, il patto di prova conferisce al datore di lavoro la *piena* e *discrezionale facoltà di recesso dal contratto*, non sindacabile, neanche sul piano giudiziario. L'unico **limite** è rappresentato dal **motivo discriminatorio**, che può essere sindacato in sede giurisdizionale, ma che deve essere provato dal lavoratore.
Un'ulteriore ipotesi in cui il recesso del datore di lavoro al termine del periodo di prova può essere dichiarato illecito si ha quando *non si sia effettivamente svolta quella verifica delle capacità e dell'attitudine del lavoratore*, cui il patto di prova è finalizzato.

6 Il contratto di lavoro a tempo determinato

Nozione: è definito *a tempo determinato* il contratto alla cui durata è apposto un termine *finale*, al verificarsi del quale il rapporto di lavoro **si estingue automaticamente** (il contratto, quindi, ha una scadenza *prestabilita*).

6.1 Legittimità delle assunzioni a termine

Condizioni di legittimità

- Ad eccezione dei rapporti di lavoro di durata non superiore a 12 giorni, è previsto l'obbligo della **forma scritta** del contratto, che deve riportare il **termine** di scadenza del rapporto; in *mancanza*, l'apposizione del termine è *priva di effetto* e il lavoratore si intende *assunto a tempo indeterminato* (art. 19, D.Lgs. 81/2015)
- Nelle imprese con organico *maggiore di 5 dipendenti*, salvo eccezioni previste dalla legge, il numero complessivo di contratti a termine stipulati non può superare il **20% dei dipendenti a tempo indeterminato** o il diverso limite stabilito dal contratto collettivo (maggiore o minore del 20%) (art. 23 D.Lgs. 81/2015). In caso di violazione del limite legale (20%) o contrattuale, il datore di lavoro è soggetto a pesanti sanzioni amministrative di natura pecuniaria

Divieto di assunzioni a tempo determinato

- Per la sostituzione di lavoratori che esercitano il diritto di **sciopero**
- Presso unità produttive nelle quali si sia proceduto, entro i *6 mesi precedenti*, a **licenziamenti collettivi** (L. 223/1991), che abbiano riguardato lavoratori adibiti alle stesse mansioni cui si riferisce il contratto di lavoro a tempo determinato salvo eccezioni previste dalla legge (esempio: contratto concluso per sostituire *lavoratori assenti*)
- Presso unità produttive nelle quali sia operante una sospensione dei rapporti o una riduzione dell'orario in regime di **integrazione salariale**, che interessino lavoratori adibiti alle mansioni cui si riferisce il contratto a termine
- Da parte delle imprese che non abbiano effettuato la **valutazione dei rischi** per la sicurezza sul lavoro
- In caso di **violazione** dei suddetti divieti, il contratto si *trasforma* in contratto a tempo indeterminato

6.2 Limite massimo di durata

Limite e causali

- Al contratto di lavoro subordinato può essere apposto un termine di durata **non superiore a 12 mesi**. Il contratto può avere una **durata superiore**, ma comunque **non eccedente i 24 mesi**, solo in presenza di **almeno una delle seguenti condizioni** (art. 19, D.Lgs. 81/2015)
  - *Esigenze temporanee e oggettive*, estranee all'ordinaria attività, ovvero esigenze di *sostituzione* di altri *lavoratori*
  - Esigenze connesse a *incrementi temporanei, significativi e non programmabili*, dell'attività ordinaria

Limite e causali

- **Successioni di contratti**
  - Fatte salve le diverse *disposizioni dei contratti collettivi* e fatta eccezione per le *attività stagionali*, la durata dei rapporti di lavoro a tempo determinato intercorsi tra lo stesso datore di lavoro e lo stesso lavoratore, per effetto di una **successione di contratti**, conclusi per lo svolgimento di *mansioni di pari livello e categoria legale* e indipendentemente dai periodi di interruzione tra un contratto e l'altro, **non può superare i 24 mesi**. Ai fini del computo del suddetto periodo, si tiene conto anche dei periodi di missione aventi ad oggetto mansioni di pari livello e categoria legale, svolti tra i medesimi soggetti, nell'ambito di **somministrazioni di lavoro a tempo determinato**
- **Deroghe**
  - Raggiunto il limite massimo di durata del contratto a termine, le stesse parti possono stipulare un ulteriore contratto – della durata massima di 12 mesi – presso la **sede territoriale dell'Ispettorato del Lavoro**
- **Sanzioni: trasformazione** del contratto a termine **in contratto a tempo indeterminato**
  - Se viene stipulato un contratto di durata *superiore a 12 mesi in assenza delle causali* previste dal D.Lgs. 81/2015
  - Se viene *superato il limite dei 24 mesi* (sia per effetto di un unico contratto che per effetto di una successione di contratti)
  - In caso di *contratto stipulato presso l'Ispettorato del Lavoro e di mancato rispetto della procedura*, nonché in caso di *superamento del termine* stabilito nel contratto

Osservazioni

Fino al *30 settembre 2022*, il decreto Sostegni-bis (art. 41bis, D.L. 73/2021, conv. in L. 106/2021) aveva previsto la possibilità di stipulare un contratto di durata **iniziale** superiore a 12 mesi (ma comunque non eccedente i 24 mesi) anche in presenza di *specifiche esigenze* previste dalla contrattazione collettiva. L'introduzione di questa *nuova causale* ha inciso anche sulla disciplina delle proroghe e dei rinnovi dei contratti a termine, in virtù dei rinvii interni alle norme che disciplinano i rispettivi istituti; tuttavia, da una interpretazione letterale della novella legislativa, la disciplina delle proroghe e dei rinnovi sembra essere svincolata dal suddetto limite temporale. Secondo l'Ispettorato nazionale del lavoro, infatti, la data del *30 settembre 2022* sembra essere stata prevista come limite *soltanto* per la **stipula** del *primo* contratto a termine di **durata iniziale** superiore a 12 mesi, e *non* per le proroghe e i rinnovi, che dunque, attualmente, possono essere accordati anche per specifiche esigenze individuate dai contratti collettivi (nota 1363/2021).

6.3 Proroga, prosecuzione e rinnovo del contratto

Proroga del termine iniziale	▶ Disciplina	▷ Il contratto può essere prorogato **liberamente entro 12 mesi**; successivamente, solo in presenza delle causali previste dal D.Lgs. 81/2015 (art. 19) ▷ Il termine del contratto a tempo determinato può essere prorogato, con il **consenso del lavoratore**, solo quando la **durata iniziale del contratto sia inferiore a 24 mesi** e, comunque, per un massimo di 4 volte nell'arco di 24 mesi a prescindere dal numero dei contratti
	▶ Sanzione	▷ Qualora il numero delle proroghe sia superiore, il contratto si **trasforma in contratto a tempo indeterminato** (dalla data di decorrenza della quinta proroga)
Prosecuzione del rapporto oltre il termine	▶ Disciplina	▷ Sono ammesse *brevi prosecuzioni* del rapporto oltre la scadenza del termine per consentire di *ultimare* le attività lavorative: ▶ fino a **30 giorni**, se il contratto è di durata *inferiore a 6 mesi* ▶ fino a **50 giorni**, se il contratto è di durata *pari o superiore a 6 mesi* ▷ Il datore di lavoro deve corrispondere al lavoratore una *maggiorazione* sulla retribuzione che varia in base ai giorni di prosecuzione del rapporto
	▶ Sanzione	▷ Dopo 30 o 50 giorni dalla scadenza, a seconda della durata iniziale del contratto, il rapporto di lavoro a tempo determinato *deve interrompersi*: in caso contrario, il contratto di lavoro si considera *a tempo indeterminato dalla scadenza dei predetti termini*
Rinnovo del contratto a termine	▶ Disciplina	▷ Il contratto può essere **rinnovato solo in presenza delle causali** previste dal D.Lgs. 81/2015, fatta *eccezione* per i contratti stipulati per l'espletamento delle *attività stagionali*. Quando il contratto è rinnovato, il lavoratore viene **riassunto** con un nuovo contratto a tempo determinato

Rinnovo del contratto a termine

- **Disciplina**
  - ▷ Fatta *eccezione* per i lavori stagionali e per le ipotesi previste dai contratti collettivi, devono essere rispettati determinati *intervalli di tempo tra un contratto e un altro* (cd. stop and go):
    - **10 giorni** dalla data di scadenza di un contratto di durata *fino a 6 mesi*
    - **20 giorni** dalla data di scadenza di un contratto di durata *superiore ai 6 mesi*
- **Sanzione**
  - ▷ Nel caso in cui l'assunzione avvenga in *violazione* degli intervalli stabiliti dalla legge, il secondo contratto a termine si *trasforma* in contratto a tempo indeterminato

6.4 Rapporto di lavoro. Diritto di precedenza

Trattamento economico e normativo

- I lavoratori assunti a tempo determinato devono essere considerati **come ogni altro lavoratore**
- Il prestatore a termine ha diritto al trattamento economico e normativo in atto nell'impresa **per i lavoratori con contratto a tempo indeterminato comparabili e in proporzione al periodo lavorato**
- Si applicano i **principi di non discriminazione e di proporzionalità**

Diritto di precedenza

- Consiste nel diritto ad **essere preferiti** ad altri lavoratori nel caso l'azienda proceda a **nuove assunzioni a tempo indeterminato**.
- Ambito di operatività
  - ▷ Riguarda tutti i lavoratori assunti a termine che **abbiano prestato attività lavorativa per un periodo superiore a 6 mesi** nella stessa azienda
  - ▷ Riguarda le *eventuali assunzioni a tempo indeterminato* aventi ad oggetto le **mansioni già espletate** dal lavoratore in esecuzione del rapporto a termine
- Deve essere espressamente **richiamato** nel contratto di lavoro e può essere esercitato a condizione che il lavoratore *manifesti per iscritto la propria volontà* in tal senso al datore di lavoro, entro **6 mesi** dalla data di cessazione del rapporto di lavoro
- Si **estingue** trascorso un anno dalla data di cessazione del rapporto

Osservazioni

Nel caso di violazione della disciplina del lavoro a termine è possibile **impugnare il contratto** di lavoro nel rispetto di precisi termini di *decadenza*.
L'impugnazione del contratto a tempo determinato deve avvenire entro 180 giorni dalla cessazione del contratto stesso, mentre nei successivi *180 giorni* deve essere tentata la conciliazione o depositato il ricorso giudiziale (art. 28, D.Lgs. 81/2015).

7 Il contratto di lavoro subordinato a tempo indeterminato. Il CATUC

Caratteristiche

- È caratterizzato dalla stabilità, in quanto esso è destinato a **proseguire nel tempo**, finché una delle parti non eserciti il recesso, peraltro sottoposto a *limitazioni* nel caso del datore di lavoro
- È definito dal D.Lgs. 81/2015 come la **forma comune di rapporto di lavoro**
- È il modello *standard* di lavoro subordinato; le tipologie di lavoro che differiscono dal tradizionale modello del contratto a tempo pieno e indeterminato tipizzato dall'art. 2094 c.c. vengono definiti **contratti o rapporti speciali di lavoro** o a *disciplina speciale*, in quanto sono regolate differentemente rispetto alla disciplina generale del rapporto di lavoro subordinato, la quale trova applicazione *soltanto se compatibile*

Differenze

Con il **D.Lgs. 23/2015**, è stato introdotto nel nostro ordinamento il **contratto di lavoro a tempo indeterminato a tutele crescenti** (**CATUC**) con cui devono essere effettuate tutte le nuove assunzioni a tempo indeterminato *a decorrere dal 7-3-2015* (data di entrata in vigore del decreto legislativo).
Il CATUC non costituisce una tipologia contrattuale diversa rispetto alla forma tipica del contratto di lavoro subordinato a tempo indeterminato, quanto piuttosto una *nuova declinazione* della stessa. È un normale contratto di lavoro subordinato che ha come peculiarità un **diverso regime di tutela in materia di licenziamenti illegittimi**. Nella maggior parte delle ipotesi, infatti, la conseguenza dell'accertamento giudiziale dell'invalidità del licenziamento non è più la reintegrazione del lavoratore nel posto di lavoro, ma una tutela economica. In particolare, come si vedrà nel capitolo dedicato alla trattazione del licenziamento, il concetto di «tutele crescenti» si riferisce **soltanto al meccanismo di quantificazione dell'indennità** dovuta al lavoratore in caso di illegittimità del licenziamento, mentre sono applicabili, *sin dal primo giorno del rapporto di lavoro*, tutte le altre tutele e disposizioni previste dalla normativa in materia di lavoro subordinato (esempio: retribuzione, ferie, sicurezza sul lavoro).

8 L'invalidità del contratto e la tutela del lavoratore (art. 2126 c.c.)

8.1 Cause di nullità del contratto di lavoro

Clausole contrattuali in violazione di norme imperative

- L'imperatività consiste, nella maggioranza dei casi, nell'**inderogabilità in peius** delle norme contenute in leggi o in contratti
- Comporta la **nullità parziale** del contratto di lavoro: la **clausola nulla è di diritto sostituita dalla norma violata** (art. 1419, comma 2, c.c.).

Illiceità della causa

- Riguarda la **contrarietà della prestazione lavorativa** (di per sé lecita) ai «principi o **alle norme di ordine pubblico**, nonché ai principi fondamentali dell'ordinamento giuridico» (**esempio**: attività di stampa di biglietti per lotterie clandestine svolta di comune accordo tra datore e prestatore di lavoro)

Illiceità della causa	▶ Il contratto di lavoro è **totalmente nullo** ▶ Il prestatore di lavoro **non ha diritto alla retribuzione** e può solo esercitare l'azione di ingiusto arricchimento (art. 2041 c.c.)
Illiceità dell'oggetto	▶ Si verifica allorché la stessa prestazione dedotta nel rapporto è **illecita** (**esempio**: la prestazione di un croupier in una casa da gioco clandestina) ▶ Il contratto di lavoro è **totalmente nullo** ▶ Il prestatore di lavoro **non ha diritto alla retribuzione**, salva la possibilità di esercitare l'azione di ingiusto arricchimento
Difetto di un requisito essenziale del contratto	▶ Rileva, nella pratica, soprattutto l'ipotesi di mancanza della **forma scritta** ***ad substantiam***

8.2 Cause di annullabilità del contratto di lavoro

Incapacità a contrarre di una delle parti	▶ Art. 1425 c.c. ▶ Rileva, in particolare, l'ipotesi del difetto **di capacità del lavoratore minore**	
Vizi del consenso	▶ **Errore**	▷ Deve essere *essenziale* e *riconoscibile* ▷ È difficile che sia ravvisabile nella stipulazione del contratto di lavoro
	▶ **Violenza**	▷ Deve *incutere timore* in una persona sensata e farle temere di esporre sé o i suoi beni a un male ingiusto e notevole ▷ Non è plausibile che possa essere esercitato dal datore nei confronti del prestatore ▷ È, invece, realizzabile l'ipotesi inversa: il datore di lavoro potrebbe essere *«costretto»* da un'organizzazione criminale ad *assumere un lavoratore*
	▶ **Dolo**	▷ Consiste nei *raggiri, artifici o menzogne* (commissivo) o nella reticenza in ordine a circostanze determinanti (omissivo) ▷ Può, in concreto, verificarsi un *comportamento doloso* del prestatore nei confronti del datore (e non viceversa). Ad **esempio**, un lavoratore che, con raggiri, riesca a farsi assumere

8.3 La simulazione come possibile causa di invalidità del contratto

Nozione: consiste nella **divergenza tra il voluto e il dichiarato**.

Tipi di simulazione

- **Assoluta**
  - Viene simulato un contratto di lavoro subordinato mentre le parti **non vogliono alcun rapporto**
  - Si applica l'art. 1414, comma 1, c.c. per cui «il contratto simulato non produce effetto tra le parti»
- **Relativa**
  - Viene simulato un **contratto diverso da quello voluto** (esempio: viene simulato un contratto di lavoro autonomo, contratto apparente, ma le parti vogliono e danno vita ad un rapporto di lavoro subordinato)
  - Si applica la disciplina del tipo di rapporto che le parti hanno effettivamente voluto (cioè del cd. *contratto dissimulato*)

Osservazioni

Le vicende patologiche del contratto di lavoro (ossia i vizi del contratto) sono disciplinate dai principi comuni del diritto privato, sia pure con qualche **peculiarità** soprattutto in relazione agli *effetti* dell'invalidità negoziale.

8.4 Effetti dell'invalidità

Disciplina di diritto comune

- L'invalidità del contratto, qualunque ne sia la causa, **travolge il contratto e i suoi effetti**, pregiudicando i diritti e le azioni da esso derivanti
- Tale norma, applicata al contratto di lavoro, pregiudicherebbe il lavoratore che, tra l'altro, perderebbe il diritto alla retribuzione per la prestazione svolta in esecuzione del contratto invalido

Disciplina del contratto di lavoro

- Sono **validi gli effetti giuridici dal contratto invalido** *ex* art. 2126 c.c., per evitare che il lavoratore subisca le conseguenze sfavorevoli della dichiarazione di invalidità del contratto stesso

Art. 2126 c.c.

- Comma 1: «*la nullità o l'annullamento del contratto di lavoro non producono effetto per il periodo in cui il rapporto ha avuto esecuzione, salvo che la nullità derivi dall'illiceità dell'oggetto o della causa*»
  - Nel contratto di lavoro invalido (nullo o annullabile) che abbia avuto esecuzione **sono validi gli effetti che ha prodotto** (esempio: il lavoratore ha diritto alla retribuzione per il lavoro svolto)
  - Se la nullità deriva dall'*illiceità* dell'oggetto o della causa del contratto non opera l'art. 2126 c.c. e il *lavoratore perde ogni spettanza* (salvo l'esercizio dell'azione di ingiustificato arricchimento *ex* art. 2041 c.c.)

Art. 2126 c.c.	▶ Comma 2: «*se il lavoro è stato prestato con violazione di norme poste a tutela del prestatore di lavoro, questi ha in ogni caso diritto alla retribuzione*»	▷ Se l'*illiceità* dell'oggetto o della causa deriva dalla *violazione di norme che tutelano il prestatore* è garantito comunque *il diritto del lavoratore alla retribuzione* e ad ogni altra prestazione riconosciuta dalla legge (esempio: TFR)

Differenze

La rubrica dell'art. 2126 c.c. «prestazione di fatto con violazione di legge» richiama la fattispecie di un **contratto di lavoro invalido** che **ha avuto comunque esecuzione**. Tale norma, comunque, non equipara il contratto di lavoro invalido a quello valido, bensì **disciplina gli effetti di tale invalidità** al fine di tutelare il diritto del lavoratore alla retribuzione.

9 L'interpretazione e l'integrazione del contratto di lavoro

Interpretazione	▶ È fatta **secondo gli usi** per i contratti in cui il datore di lavoro sia un commerciante, artigiano o agricoltore ▶ Le **clausole ambigue** si interpretano secondo ciò che si pratica generalmente nel luogo in cui il contratto è concluso (art. 1368 c.c.)
Integrazione	▶ Ha una **vasta applicazione** nei contratti di lavoro, i quali generalmente si limitano ad indicare la data di inizio delle prestazioni, la qualifica iniziale, le mansioni, il primo stipendio ecc. ▶ Per la regolamentazione dei residui aspetti e del successivo svolgimento del rapporto, nella prassi viene fatto implicito o esplicito **rinvio alla contrattazione collettiva e alle leggi**

10 La certificazione del contratto di lavoro

10.1 Campo di applicazione

Nozione: la certificazione si sostanzia in una **procedura volontaria e congiunta volta a ridurre tutto il contenzioso in materia di lavoro**, introdotta e disciplinata dal D.Lgs. 276/2003 (artt. 75-81).

Finalità	▶ Le parti (datore e lavoratore) possono far *attestare* che il contratto ha i **requisiti di forma e contenuto richiesti dalla legge** ▶ Può avere ad oggetto anche **attività di consulenza e assistenza** per la stipula del contratto e l'individuazione del programma negoziale, certificando così l'**esatta qualificazione del rapporto di lavoro** che le parti intendono costituire e che le *modalità di svolgimento dell'attività lavorativa corrispondono alla tipologia contrattuale dichiarata*

Campo di applicazione

- Contratti **in cui sia dedotta direttamente o indirettamente una prestazione lavorativa** (art. 75, D.Lgs. 276/2003)
- Per avallare **rinunzie e transazioni** (art. 2113 c.c.), al fine di controllare l'effettività della volontà abdicativa
- Per il deposito dei **regolamenti interni delle cooperative di lavoro**, con riferimento alla tipologia dei rapporti di lavoro attuati o che si intendono attuare con i soci
- Per la stipulazione di un **contratto di appalto** (art. 1655 c.c.) e per l'attuazione del relativo programma negoziale, al fine di distinguerlo dalla somministrazione di lavoro
- Per la validità della **clausola compromissoria** apposta dalle parti al contratto, al fine di devolvere eventuali controversie alla decisione di arbitri (art. 31, comma 10, L. 183/2010)

Osservazioni

Con l'**attuazione del Jobs Act** (L. 183/2014), la certificazione ha assunto ulteriori funzioni. È infatti possibile ricorrere alle commissioni di certificazione al fine di validare la **genuinità delle co.co.co.**, certificando l'*assenza delle caratteristiche* che determinano l'applicazione della disciplina della subordinazione nel caso delle *co.co.co. etero-organizzate* (art. 2, D.Lgs. 81/2015). Innanzi alle commissioni possono essere stipulati sia i cd. **patti di demansionamento**, nell'interesse del lavoratore alla conservazione dell'occupazione, all'acquisizione di una diversa professionalità o al miglioramento delle condizioni di vita (art. 2103 c.c., art. 3, D.Lgs. 81/2015), sia gli *accordi relativi* alle **clausole elastiche** nel caso in cui il contratto collettivo applicato al rapporto di lavoro non le disciplini (art. 6, D.Lgs. 81/2015). Inoltre, considerata la funzione conciliativa riconosciuta alle commissioni, dinanzi alle stesse è possibile giungere alla cd. **conciliazione standard** in caso di licenziamento di lavoratori soggetti alle tutele *ex* D.Lgs. 23/2015 (art. 6). Infine, le **dimissioni** o le **risoluzioni consensuali** «certificate» innanzi alle Commissioni consentono di evitare lo svolgimento della procedura *on line* (art. 26, comma 7, D.Lgs. 151/2015).

10.2 Procedimento di certificazione

Principi procedurali

- Inizio del procedimento
  - Presentazione dell'**istanza scritta** comune di *entrambe* le parti del contratto di lavoro alla competente Commissione di certificazione
  - Deve essere **comunicato** alla sede territoriale dell'Ispettorato del Lavoro, che provvede ad inoltrare la comunicazione alle autorità pubbliche nei confronti delle quali la certificazione è destinata a produrre effetti (INPS, INAIL)
- Contenuto dell'istanza
  - Indicazione, *a pena di improcedibilità*, degli *effetti civili, amministrativi, previdenziali* o *fiscali*, in relazione ai quali le parti chiedono la certificazione

Principi procedurali

- Audizione delle parti
  - Ha per oggetto l'assunzione di informazioni sui fatti e sugli elementi dedotti o da dedurre nel contratto di lavoro di cui si chiede la certificazione

Principi procedurali

- **Audizione delle parti**
  - Le parti possono:
    - presentarsi *personalmente*
    - essere *rappresentate* da un soggetto appositamente delegato
    - farsi *assistere* dalle rispettive organizzazioni sindacali o da un professionista regolarmente abilitato
- **Conclusione del procedimento**
  - Entro il *termine di 30 giorni* dal ricevimento dell'istanza da parte della Commissione
  - Emissione di un *atto di diniego*
  - Emissione dell'*atto di certificazione*
- **L'atto di certificazione deve**
  - Essere *redatto in triplice originale*
  - Essere *motivato*
  - Indicare il *termine* e l'*autorità* cui è possibile ricorrere
  - Menzionare *effetti civili, amministrativi, previdenziali o fiscali*
  - Verbalizzare le dichiarazioni rese dalle parti e l'attività svolta dalla commissione
- **Conservazione degli atti**
  - Il contratto certificato e la relativa documentazione devono essere conservati presso le **sedi di certificazione** per un periodo di *almeno 5 anni*

Organi presso i quali possono essere istituite le Commissioni di certificazione

- **Sedi territoriali dell'Ispettorato del Lavoro**
- **Enti bilaterali**
  - Nazionali o territoriali
  - Costituiti da una o più associazioni di datori e prestatori di lavoro
- **Università** pubbliche e private e **Fondazioni universitarie**
  - Se registrate nell'**Albo** istituito presso il Ministero del Lavoro
- **Direzione generale dei rapporti di lavoro e delle relazioni industriali** (Ministero del lavoro)
  - Se il datore di lavoro:
    - ha le sedi di lavoro in *almeno due Province* anche di Regioni diverse
    - ha un'*unica sede di lavoro* ed è associato ad organizzazioni imprenditoriali che hanno predisposto schemi di convenzioni certificati presso il Ministero del Lavoro

Organi presso i quali possono essere istituite le Commissioni di certificazione	▶ **Consigli provinciali dei consulenti del lavoro**	▷ Hanno competenza *esclusivamente* per i contratti di lavoro instaurati nell'ambito territoriale di riferimento ▷ Tali Commissioni operano nell'ambito di *intese* definite tra il Ministero del lavoro e il Consiglio nazionale dei consulenti del lavoro

Regole operative delle Commissioni di certificazione	▶ Le Commissioni operano nel rispetto di un **regolamento interno**, da trasmettere al Ministero del Lavoro ▶ Per orientare il lavoro delle Commissioni e conferirgli una uniformità su tutto il territorio nazionale, è prevista la redazione di appositi **codici di buone pratiche**, da parte del Ministero del Lavoro, per l'individuazione delle clausole indisponibili in sede di certificazione, con riferimento a diritti e trattamenti economici e normativi ▶ Il Ministero del Lavoro deve predisporre appositi **moduli e formulari** per la certificazione dei contratti, tenendo conto degli orientamenti giurisprudenziali prevalenti in materia di qualificazione del rapporto (autonomo o subordinato)

10.3 Efficacia della certificazione e rimedi esperibili

Effetti della certificazione	▶ Indica gli **effetti civili, amministrativi, fiscali e previdenziali del contratto certificato** ▶ In caso di **contratto in corso di esecuzione**, gli effetti della certificazione *retroagiscono* fino al momento di *inizio del contratto* ▶ In caso di **contratti non ancora sottoscritti dalle parti**, gli effetti della certificazione si producono soltanto ove e nel momento in cui queste ultime provvedano a *sottoscriverli*, con le eventuali integrazioni e modifiche suggerite dalla commissione adita ▶ Tali effetti connessi alla natura del contratto permangono tra le **parti del contratto** e verso i **terzi** fino all'esito di un eventuale giudizio

Ricorso al Tribunale in funzione di giudice del lavoro	▶ Motivi	▷ *Erronea qualificazione* del contratto ▷ *Vizio del consenso* (esempio: errore) ▷ *Difformità tra programma negoziale* certificato e successivo *svolgimento del rapporto*
	▶ Soggetti **legittimati**	▷ Datore di lavoro ▷ Lavoratore ▷ Terzi nei cui confronti la certificazione esplica effetti (**esempio:** INPS)
	▶ **Condizione di procedibilità dell'azione**	▷ Promozione innanzi alla **Commissione di certificazione** di un tentativo obbligatorio di conciliazione

Ricorso al Tribunale in funzione di giudice del lavoro	▶ Esito del giudizio: **sentenza di rigetto**	▷ Il giudice *conferma* la certificazione ▷ *Il rapporto di lavoro permane* secondo la tipologia certificata ▷ R*estano impregiudicati gli effetti* prodotti dal contratto sin dalla stipulazione
	▶ Esito del giudizio: **sentenza di accoglimento**	▷ Il giudice accerta l'*erronea qualificazione* del rapporto o la *discordanza* tra rapporto certificato e concretamente realizzato ▷ Tra le parti si producono gli effetti del rapporto in concreto attuato ▷ La decisione giurisdizionale avrà effetto *sin dal momento della conclusione del contratto*, nel caso in cui sia stato rilevato un **errore** nella sua **qualificazione giuridica** ▷ In caso di **difformità del programma negoziale**, la decisione spiegherà *effetti dal momento in cui tale difformità abbia avuto inizio* secondo quanto accertato in giudizio
Ricorso al Tribunale amministrativo regionale (TAR)	▶ Motivi	▷ *Violazione del procedimento* ▷ *Eccesso di potere*
	▶ Soggetti **legittimati**	▷ Datore di lavoro ▷ Lavoratore ▷ Terzi nei cui confronti la certificazione esplica effetti (**esempio**: INPS)

In sintesi

Il Codice Civile non dà alcuna indicazione circa l'origine del rapporto di lavoro e in particolare sulla sua natura giuridica, se sia cioè *contrattuale* o meno.
La dottrina prevalente e la giurisprudenza sono concordi nel sostenere la **natura contrattuale** del rapporto di lavoro subordinato.
Il contratto, dunque, è sempre necessario perché abbia **origine** il rapporto di lavoro subordinato, occorre cioè che vi sia l'*incontro delle volontà del datore di lavoro e del prestatore per operare uno scambio tra retribuzione e prestazione di lavoro.*
Le parti sono: da un lato, il **prestatore di lavoro subordinato** e, dall'altro, il **datore di lavoro**: il *primo* è sempre una persona fisica, mentre il *secondo* può essere anche una persona giuridica, avere natura privata o pubblica e finalità lucrative (impresa) o meno.
Alcuni elementi accidentali del contratto assumono particolare rilievo nell'ambito lavoristico, e in specie il **termine** in quanto la sua apposizione al rapporto di lavoro dà luogo al contratto di **lavoro a tempo determinato** che rappresenta una **eccezione**, anche se molto diffusa, alla regola generale secondo la quale i rapporti di lavoro sono normalmente a tempo indeterminato.
L'ordinamento tutela, poi, con un regime di norme inderogabili, la **prestazione di fatto** (**art. 2126 c.c.**), al fine di garantire al lavoratore la retribuzione per l'attività effettivamente resa, anche se *in presenza di un contratto nullo o inefficace.*

note

5 Il mercato del lavoro e le politiche attive

1 La disciplina del collocamento: evoluzione normativa

Sistema originario del collocamento

- Sistema predisposto per lo svolgimento della **mediazione tra domanda e offerta di lavoro**
- Era caratterizzato dalla **gestione diretta ed esclusiva dello Stato** mediante pubblici uffici
  - **Divieto di mediazione privata** (veniva vietata l'iniziativa privata, in concorrenza con quella pubblica, nell'*attività di collocamento della manodopera*)
  - **Divieto di intermediazione** nei rapporti di lavoro (si vietava il fenomeno in cui lavoratori *assunti formalmente da un soggetto prestavano la propria attività in favore di un altro soggetto*)
  - **Obbligatorietà delle procedure di assunzione** per la legittima costituzione del rapporto

Decentramento del collocamento

- La finalità è fronteggiare l'**oggettiva inefficienza della gestione pubblica** del collocamento
- Si afferma la **liberalizzazione delle assunzioni** e il principio dell'**assunzione diretta** del lavoratore da parte del datore di lavoro
- Nella gestione del collocamento si attribuiscono **competenze** a **Regioni** ed **enti locali**
- Si riconosce la **legittimità dell'attività di mediazione da parte di imprese private** per la *funzione svolta da uffici pubblici*

Riforma del mercato del lavoro (D.Lgs. 276/2003)

- Crea un modello di **cooperazione e competizione** tra **strutture pubbliche**, organismi **convenzionati** e **agenzie private** di collocamento
- Le *strutture pubbliche per l'impiego* (Regioni ed enti locali) svolgono prevalentemente *funzioni residuali di tipo amministrativo* (scheda professionale, anagrafe dei lavoratori ecc.) e di **promozione dell'occupazione dei soggetti disagiati**
- Le attività di mediazione tra domanda e offerta di lavoro, di ricerca e selezione del personale ecc. sono svolte da **operatori privati**
- L'*attività di mediazione* viene regolamentata secondo *modalità semplificate*
- Il **divieto di interposizione viene abrogato,** con conseguente ampliamento dell'attività di fornitura del lavoro che prende il nome di **somministrazione**
- Le procedure di assunzione vengono ulteriormente semplificate

Riforma dei servizi per il lavoro e delle politiche attive (D.Lgs. 150/2015, di attuazione del Jobs Act)	▶ Ridefinisce l'**organizzazione a livello centrale e regionale** dei servizi per il lavoro e delle altre misure di politica attiva ▶ Si riafferma la **centralità del Ministero del Lavoro** nell'organizzazione del mercato del lavoro ▶ Viene istituita, sotto la vigilanza del Ministero del Lavoro, l'**Agenzia nazionale per le politiche attive del lavoro** (ANPAL) con compiti di determinazione, coordinamento, controllo e gestione ▶ Agli operatori pubblici e agli operatori privati è affidato il compito, non solo di *intermediare* tra domanda e offerta di lavoro, ma soprattutto di **promuovere l'occupabilità** (*employability*) dei lavoratori, attraverso un insieme di strategie, interventi e azioni (**politiche attive del lavoro**) ▶ Si rafforza il principio del **collegamento e coordinamento tra politiche attive del lavoro e politiche passive** di sostegno al reddito

2 L'organizzazione del mercato del lavoro

2.1 Funzioni e compiti dello Stato e delle Regioni

Funzioni e compiti dello Stato	▶ Ruolo di **indirizzo politico e di coordinamento**	▷ Individua *strategie*, *obiettivi* e *priorità*, che identificano la politica nazionale in materia di politiche attive
	▶ Individuazione, verifica e controllo dei **livelli essenziali delle prestazioni** (LEP)	▷ Devono essere attuati nei territori regionali, secondo quanto fissato nelle **convenzioni** tra il Ministero del Lavoro e ciascuna Regione, con la possibilità di devoluzione all'ANPAL e di svolgimento da parte dei soggetti privati accreditati
	▶ Mediante il Ministero del Lavoro, sono definite **le linee di indirizzo** per l'attuazione della normativa nazionale in materia di	▷ *Servizi per il lavoro* ▷ *Collocamento della gente di mare* ▷ *Collocamento dei disabili* ▷ Inserimento lavorativo dei *lavoratori stranieri* ▷ *Formazione professionale continua*

Funzioni e compiti delle Regioni	▶ Con il Ministro del Lavoro, esercitano il ruolo di **indirizzo politico in materia di politiche attive** per il lavoro ▶ Competenze in materia di **programmazione di politiche attive** del lavoro, e in particolare identificazione della *strategia regionale per l'occupazione*, in coerenza con gli **indirizzi generali triennali** e gli obiettivi annuali definiti dal Ministero del Lavoro ▶ **Erogazione dei servizi per il lavoro** e **attuazione delle misure di politica attiva** del lavoro mediante i **centri per l'impiego** ▶ **Funzioni e compiti amministrativi** in materia di **intermediazione** e politiche attive del lavoro

Funzioni e compiti delle Regioni	▶ **Collocamento dei disabili** e avviamento a selezione per le **assunzioni nelle Pubbliche Amministrazioni** dei lavoratori da inquadrare nei livelli retributivo-funzionali per i quali non è richiesto il titolo di studio superiore a quello della scuola dell'obbligo ▶ Individuazione delle **misure di attivazione** dei beneficiari di **ammortizzatori sociali** residenti nel territorio della Regione

2.2 I livelli essenziali delle prestazioni (LEP)

LEP

- Si sostanziano nelle attività di
  - *Orientamento di base*, analisi delle *competenze* in relazione alla situazione del mercato del lavoro locale e *profilazione* del lavoratore
  - *Ausilio alla ricerca* di un'occupazione
  - *Orientamento* specialistico e individualizzato
  - *Tutoraggio* in caso di avvio di un'attività di lavoro autonomo
  - *Avviamento ad attività formative* ai fini della qualificazione e riqualificazione professionale
  - *Promozione di esperienze lavorative*, ai fini dell'accrescimento delle competenze del lavoratore, e di *lavoro socialmente utile*
  - Gestione di strumenti finalizzati alla *conciliazione dei tempi di lavoro* con gli obblighi di cura nei confronti di minori o di soggetti non autosufficienti
  - Promozione di prestazioni di *lavoro socialmente utile*
- Sono definiti dallo Stato
- Sono erogati dalle Regioni per il tramite dei **centri per l'impiego**
- Possono essere affidati anche a *soggetti privati accreditati*

Osservazioni

Con il **D.Lgs. 150/2015** è stato previsto che, allo scopo di garantire livelli essenziali di prestazioni attraverso meccanismi coordinati di gestione amministrativa, il Ministero del lavoro stipuli con ogni Regione una convenzione finalizzata a regolare i relativi rapporti e obblighi in relazione alla gestione dei servizi per il lavoro e delle politiche attive del lavoro nel territorio della Regione o della Provincia autonoma. Il meccanismo della **convenzione** è stato introdotto per definire l'insieme delle misure in capo a ciascun soggetto (Stato e Regione), prevedendo anche la possibilità, per lo Stato, mediante l'ANPAL, di avocare a sé determinati servizi di competenza regionale (nel caso in cui non siano rispettati i LEP).

2.3 L'Agenzia Nazionale per le Politiche Attive del Lavoro (ANPAL)

Istituzione

- A decorrere dall'1-1-2016, dal **D.Lgs. 150/2015**

Funzioni

- Ha compiti di **coordinamento in materia di politica attiva**, tra cui il coordinamento della gestione dell'assicurazione sociale per l'impiego (*NASPI*), gli interventi per il *collocamento dei disabili* e di *attivazione dei lavoratori disoccupati beneficiari di prestazioni a sostegno del reddito*
- **Coordinamento** della **Rete dei servizi per le politiche del lavoro**
- Sulla base di apposite **convenzioni** stipulate tra il Ministero del Lavoro e le Regioni, provvede alla gestione dei *programmi per il riallineamento* delle aree per le quali non siano rispettati i livelli essenziali delle prestazioni in materia di politiche attive del lavoro o vi sia un rischio di mancato rispetto dei medesimi livelli essenziali
- Nelle aree in cui i livelli essenziali delle prestazioni non sono stati assicurati, l'ANPAL può provvedere alla **gestione diretta dei servizi per il lavoro**

3 I sistemi informativi del lavoro

3.1 Il Sistema informativo unitario delle politiche del lavoro

Nozione: **sistema informativo** istituito dal D.Lgs. 150/2015 e gestito dall'ANPAL a cui **affluisce una pluralità di dati e comunicazioni**, quali quelli relativi ai *lavoratori percettori di trattamenti a sostegno del reddito, ai servizi per il lavoro e le politiche attive del lavoro e ai servizi per la formazione professionale, le comunicazioni obbligatorie relative ad assunzioni, modifiche e cessazioni del rapporto di lavoro*.
Costituisce il **patrimonio informativo comune** del Ministero del Lavoro, dell'INPS, dell'INAIL, dell'INAPP, delle Regioni e Province autonome, nonché dei centri per l'impiego, per lo svolgimento dei rispettivi compiti istituzionali.

Struttura

- Consta di un **nodo di coordinamento nazionale** e dei **nodi di coordinamento regionali**

Finalità

- **Rafforzare** l'**interoperabilità tra gli enti** con competenze in materia e la **disponibilità e lo scambio di dati e informazioni**
- Tramite il Sistema informativo unitario, l'ANPAL *mette a disposizione* delle agenzie per il lavoro e degli ulteriori soggetti accreditati le informazioni relative alle persone in stato di disoccupazione o a rischio di disoccupazione

Osservazioni

I dati e le informazioni del Sistema informativo costituiscono la base per la formazione e il rilascio del **fascicolo elettronico del lavoratore**, liberamente accessibile, a titolo gratuito, mediante metodi di lettura telematica, da parte dei singoli soggetti interessati. Vi saranno registrate tutte le informazioni concernenti l'*istruzione*, la *formazione* e la *carriera lavorativa* del soggetto registrato nelle anagrafi pubbliche (in relazione ai percorsi educativi e formativi, ai periodi lavorativi, alla fruizione di provvidenze pubbliche e ai versamenti contributivi ai fini della fruizione di ammortizzatori sociali).

3.2 La Borsa continua nazionale del lavoro: dal sistema clic-lavoro allo SPID

Nozione: si concretizza in una **banca telematica** alimentata da una *ampia gamma di dati* immessi da operatori pubblici e privati.

Obiettivo	▶ Mettere a disposizione di tutti gli attori del mercato del lavoro un **patrimonio informativo comune**, che sia in grado di costituire una *base conoscitiva per analisi, decisioni, azioni* ecc. ▶ Le imprese private che operano nel campo della mediazione e tutti gli altri soggetti autorizzati devono **garantire** l'**interconnessione con la Borsa** e l'invio di **ogni informazione strategica** per un *efficace funzionamento del mercato del lavoro*
Struttura	▶ **Livello nazionale** finalizzato alla definizione degli *standard tecnici nazionali* e dei *flussi informativi di scambio*, nonché alla *interazione dei sistemi regionali* ▶ **Livello regionale** che, nel quadro delle competenze di ciascuna Regione, realizza l'*integrazione dei sistemi pubblici e privati presenti sul territorio* e coopera alla definizione degli *standards nazionali di interconnessione*
Funzionamento	▶ È basato **sull'afflusso e sulla circolazione delle informazioni** necessarie per il *processo di incontro fra domanda e offerta di lavoro* sul territorio nazionale
Facoltà di accesso	▶ La borsa è **liberamente accessibile** da parte dei lavoratori e delle imprese ed è **consultabile da un qualunque punto della rete**

Osservazioni

La borsa continua nazionale del lavoro è stata concretamente operativa mediante il sistema *clic-lavoro*, portale del sito del Ministero del Lavoro. Tuttavia, attualmente, per accedere a tutti i servizi on-line del Ministero del Lavoro, lo strumento di autenticazione è lo **SPID**, il *Sistema Pubblico di Identità Digitale* (cd. «**SPID-Only**») (circ. Min. Lav. 1-9-2020, n. 2721).
Tale soluzione consente agli utenti di interagire non solo con il Ministero del Lavoro, ma anche con l'intero sistema pubblico e con i soggetti privati che aderiscono, attraverso un Pin unico e univoco di identificazione (composto da *username* e *password*).
L'accesso ad alcuni servizi digitali del Ministero del Lavoro può, tuttavia, avvenire anche tramite *Carta d'identità elettronica* (CIE).

3.3 Gli elenchi anagrafici informatizzati e le schede professionali

Elenco anagrafico informatizzato	▶ È tenuto dai centri per l'impiego e vi sono iscritte, a **richiesta dell'interessato**, le persone **inoccupate, disoccupate** oppure **occupate ma in cerca di altro lavoro** siano essi cittadini italiani, di Stati membri dell'UE o stranieri regolarmente soggiornanti in Italia ▶ È tenuto con **modalità informatiche** ▶ È possibile iscriversi **indipendentemente dal luogo di residenza**

- L'iscrizione **vale per tutta la durata della vita lavorativa** di un individuo, cioè fino al raggiungimento dell'età per la pensione di vecchiaia, salvo che venga richiesta dall'interessato la cancellazione

Elenco anagrafico informatizzato

- Informazioni contenute nell'elenco per ciascun iscritto
  - *Dati anagrafici*
  - *Residenza* ed eventuale *domicilio*
  - Composizione del *nucleo familiare*
  - *Titoli di studio*
  - Eventuale appartenenza a *categorie protette*
  - *Stato occupazionale*

Scheda professionale

- Ha **sostituito il libretto di lavoro**
- Riporta le **informazioni anagrafiche** e **professionali** del lavoratore
- Il modello di scheda anagrafica e professionale è definito dall'ANPAL

4 La mediazione privata e gli operatori abilitati

4.1 Mediazione ed altre attività

Attività che possono essere svolte dai soggetti privati

- Intermediazione pura
  - Attività di **mediazione tra domanda e offerta di lavoro** e di *inserimento lavorativo anche di disabili e di lavoratori svantaggiati*
- Ricerca e selezione del personale
  - Attività di *consulenza* e *di direzione*, finalizzata alla *risoluzione di una specifica esigenza dell'azienda committente*
- Supporto alla ricollocazione professionale
  - Attività svolta su specifico ed esclusivo incarico dell'organizzazione committente, finalizzata alla *ricollocazione* (cd. **outplacement**) nel mercato del lavoro di prestatori di lavoro, singolarmente o collettivamente considerati
- Somministrazione di lavoro
  - **Fornitura professionale di manodopera** da un'impresa ad un'altra per il *soddisfacimento delle esigenze produttive di quest'ultima*

4.2 Agenzie per il lavoro e altri soggetti abilitati

Agenzie per il lavoro

- Natura giuridica
  - Soggetti *privati* autorizzati dal Ministero del Lavoro ad operare nel mercato del lavoro
- Requisiti
  - *Autorizzazione* del Ministero del Lavoro
  - *Giuridici e finanziari* (D.M. 5-5-2004), ai fini dell'iscrizione nell'apposito *Albo* istituito presso il Ministero del Lavoro e tenuto dall'ANPAL

Altri soggetti abilitati

- **Istituti di scuola secondaria di secondo grado**, statali e paritari
  - A condizione che *rendano pubblici* e *gratuitamente accessibili* sui relativi siti istituzionali i curricula dei propri studenti all'ultimo anno di corso e fino ad almeno 12 mesi successivi alla data del conseguimento del titolo di studio
- **Università pubbliche e private** e i consorzi universitari
  - A condizione che *rendano pubblici e gratuitamente accessibili* sui relativi siti istituzionali *i curricula* dei propri studenti dalla data di immatricolazione e fino ad almeno 12 mesi successivi alla data del conseguimento del titolo di studio
- **Comuni singoli o associati** nelle forme delle unioni di Comuni e delle Comunità montane e le **Camere di commercio**
- **Associazioni dei datori di lavoro e dei lavoratori**, comparativamente più rappresentative sul piano nazionale, che possono operare anche mediante associazioni territoriali e società di servizi controllate
- **Patronati, enti bilaterali** e **associazioni senza fini di lucro** che hanno per oggetto la tutela del lavoro, l'assistenza e la promozione delle attività imprenditoriali, la progettazione e l'erogazione di percorsi formativi e di alternanza, la tutela della disabilità
- **Gestori di siti internet** a condizione che
  - Svolgano l'attività *senza finalità di lucro*.
  - Rendano *pubblici* sul sito medesimo i dati identificativi del *legale rappresentante*
- **Ente nazionale di previdenza per i lavoratori dello spettacolo e dello sport professionistico**, con esclusivo riferimento ai *lavoratori dello spettacolo*
- **Ordine nazionale dei Consulenti del lavoro**, mediante la costituzione di una apposita *fondazione* (o altro soggetto dotato di personalità giuridica costituito nell'ambito del Consiglio nazionale dei consulenti del lavoro)

Osservazioni

Per consentire la costituzione di una sorta di anagrafe di tutti i soggetti che operano in un determinato territorio regionale, è previsto un **sistema di accreditamento**, in base al quale le Regioni istituiscono appositi **elenchi regionali** degli **operatori**, pubblici o privati, abilitati a erogare i servizi al lavoro *nel proprio ambito regionale* (art. 7, D.Lgs. 276/2003; art. 12, D.Lgs. 150/2015; D.M. 11-1-2018).

5 I servizi e le misure di politica attiva del lavoro. L'assistenza alla ricerca di impiego

5.1 Servizi per il lavoro

Nozione: insieme delle **misure volte a costruire percorsi di inserimento e reinserimento** nel mercato del lavoro. Gli interventi di politica attiva del lavoro sono definiti a livello nazionale nell'ambito dei **livelli essenziali delle prestazioni** (**LEP**) e, per ciascuna Regione, dalle *convenzioni* concluse con l'ANPAL.

Destinatari	▶ Sono rivolti alla *generalità* delle **persone in cerca di occupazione** (aspiranti al primo impiego, soggetti che desiderano cambiare occupazione o che hanno perso il lavoro), con particolare riguardo ai disoccupati che fruiscono di trattamenti a sostegno del reddito (cd. ammortizzatori sociali) e ai lavoratori a rischio di perdita del lavoro (ad es. cassaintegrati dipendenti da aziende in crisi) ▶ I servizi e le misure di politica attiva del lavoro si applicano anche al *collocamento mirato dei disabili* in quanto compatibili

Osservazioni

Con l'espressione «**politica attiva del lavoro**» si intende l'insieme di strategie e interventi finalizzati alla *qualificazione* e all'*incremento dell'occupazione*, in grado di **influenzare positivamente le dinamiche occupazionali** e che presuppongono un comportamento attivo dei soggetti beneficiari.
Vi rientrano gli interventi mirati all'*orientamento*, alla *formazione* e alla *ricollocazione*, attuati verso i **soggetti in cerca di occupazione**, con particolare riguardo ai percettori di strumenti a sostegno del reddito (cd. *welfare to work*), e ai **lavoratori svantaggiati**, cioè a categorie di soggetti che hanno *difficoltà a entrare, senza assistenza, nel mercato del lavoro.*

Stato di disoccupazione	▶ È il **presupposto** per fruire di **specifiche misure di politica attiva, per l'erogazione e il mantenimento dei trattamenti a sostegno del reddito** connessi alla perdita del posto di lavoro (NASPI) ▶ Sono considerati disoccupati i soggetti privi di impiego che **dichiarano**, in forma telematica, al **Sistema informativo unitario delle politiche del lavoro**, la **propria immediata disponibilità allo svolgimento di attività lavorativa** (DID) e alla partecipazione alle misure di politica attiva del lavoro concordate con il centro per l'impiego (art. 19, D.Lgs. 150/2015) ▶ Si considerano in stato di disoccupazione anche i lavoratori il cui **reddito da lavoro dipendente o autonomo corrisponde a un'imposta lorda pari o inferiore alle detrazioni spettanti ai sensi dell'art. 13, D.P.R. 917/1986** (art. 4, comma 15quater, D.L. 4/2019, conv. in L. 26/2019)

5.2 Presa in carico dell'utente

Conferma dello stato di disoccupazione	▶ Entro **30 giorni dalla DID**, i lavoratori disoccupati contattano i centri per l'impiego allo scopo di *confermare* lo stato di disoccupazione; in mancanza, sono convocati dai centri per l'impiego per la **profilazione** e la stipula di un Patto di servizio personalizzato (ora Patto per il Lavoro)

Profilazione	▶ Consiste nell'insieme delle tecniche e delle procedure utilizzate per offrire ai beneficiari delle politiche per il lavoro **servizi realmente personalizzati** di *accompagnamento* e *inserimento* nel mercato del lavoro, che tengano cioè conto del **profilo personale di «occupabilità»**. Quindi, sulla base delle informazioni fornite, mediante una *procedura automatizzata* di elaborazione dei dati, l'utente è assegnato ad una **classe di profilazione**
Dal Patto di servizio personalizzato al Patto per il lavoro (art. 20, D.Lgs. 150/2015)	▶ A seguito dell'introduzione del Reddito di cittadinanza (RdC), il Patto di servizio Personalizzato ha assunto, sia in relazione al RdC, che ad ogni altro fine, la denominazione di **Patto per il Lavoro**
Stipula del Patto e presa in carico dell'utente	▶ Il Patto è stipulato presso il centro per l'impiego, che provvede *giuridicamente* alla **presa in carico** dell'utente nella **ricerca di un'occupazione**
Contenuti	▶ Nel Patto sono formalizzate ▷ Le **misure che saranno attuate dal centro per l'impiego** che vanno da interventi di *orientamento*, per il rafforzamento delle competenze nella ricerca attiva di lavoro (ad esempio, mediante stesura del *curriculum vitae*, preparazione a colloqui e selezioni di lavoro) fino alle iniziative di formazione e riqualificazione e alla vera e propria offerta di lavoro ▷ Il **profilo personale di occupabilità** del lavoratore ▷ La sua **disponibilità alle iniziative** che gli saranno proposte e in particolare all'accettazione di **congrue offerte di lavoro** ▷ L'individuazione del *responsabile degli interventi*, con cui il lavoratore/disoccupato avrà «contatti» finalizzati alla verifica delle iniziative intraprese
Principio di condizionalità	▶ La **partecipazione attiva del lavoratore** alle misure previste **condiziona l'erogazione delle misure a sostegno del reddito**

Osservazioni

L'accesso alla **generalità delle misure di politica attiva del lavoro** *non* è subordinato al possesso, da parte dell'interessato, dello stato di disoccupazione: pertanto, la *profilazione* dell'utente, la sua *presa in carico*, l'*assistenza nella ricerca di occupazione* e l'*orientamento* verso *percorsi di riqualificazione* è prestata dalle strutture pubbliche nei confronti di **tutti i richiedenti**, anche se trattasi di *soggetti già impegnati in attività lavorative*, che possono essere interessati comunque ad un diverso impiego (perché, ad esempio, non sono occupati a tempo pieno o ricevono una bassa remunerazione o svolgono attività non confacenti al proprio livello professionale) (circ. Min. Lav. 34/2015). Per la generalità delle misure di politica attiva, inoltre, l'utente potrà scegliere, su *tutto il territorio nazionale*, il centro per l'impiego di riferimento, stante il principio secondo cui «i servizi e le misure di politica attiva del lavoro sono disponibili a tutti i residenti sul territorio nazionale, a prescindere dalla Regione o Provincia autonoma di residenza» (art. 11, D.Lgs. 150/2015 e circ. Min. Lav. 34/2015).

5.3 Programma GOL

Nascita del Programma GOL

- Nasce nell'ambito delle iniziative varate dal Governo, per accompagnare la ripresa economica dalla *crisi dovuta alle conseguenze della pandemia*
- L'Unione Europea ha varato uno strumento finanziario per la **ripresa** e la **resilienza**, con l'obiettivo di rendere le economie e le società europee più *sostenibili, resilienti* e meglio preparate alle sfide e alle opportunità delle *transizioni ecologica* e *digitale*
- Le riforme e gli investimenti finanziati sono stati adottati dai Paesi membri nell'ambito dei loro *Piani nazionali di ripresa e resilienza* (**PNRR**)

PNRR Italiano e finalità del Programma GOL

- Nell'ambito del PNRR italiano, il Programma GOL costituisce il perno dell'azione di riforma nell'ambito delle politiche per il lavoro ed è finalizzato all'**inserimento occupazionale**, mediante l'erogazione di *servizi specifici di politica attiva del lavoro*
- Le singole **concrete misure di politica attiva** sono **demandate alle Regioni**, sulla base degli *standard* fissati a *livello nazionale*

Beneficiari del programma GOL

- Beneficiari degli *ammortizzatori sociali*
- Percettori del *Reddito di cittadinanza*
- Lavoratori *fragili o vulnerabili*
- Tutte le persone *prive di un sostegno al reddito* o, comunque, con redditi molto bassi

Individuazione del percorso nei servizi

- Il percorso nei servizi va individuato in esito ad un processo di *valutazione* del beneficiario, volto ad individuare il suo posizionamento nel mercato del lavoro e gli *specifici* bisogni, in particolare in termini di *competenze*, e i conseguenti sostegni che ne permettano un **incremento dell'occupabilità**

5.4 Assegno di ricollocazione

Nozione: è una somma di denaro spendibile presso i centri per l'impiego e i servizi accreditati, al fine di ottenere un servizio di **assistenza intensiva nella ricerca di lavoro.**

Servizio di assistenza intensiva

- Consiste nel fornire *sostegno continuativo* al soggetto in tutte le attività necessarie alla sua ricollocazione, attraverso l'assegnazione di un *tutor*, la definizione e la condivisione di un **programma personalizzato** per la **ricerca attiva** di lavoro, la promozione del profilo professionale verso i potenziali datori di lavoro

Richiesta dell'assegno di ricollocazione	▶ L'assegno di ricollocazione è richiesto **al Centro per l'impiego** presso il quale è stato stipulato il Patto ▶ È prevista la possibilità di richiedere l'**attribuzione anticipata** dell'assegno di ricollocazione nel caso in cui, richiesta la CIGS per *riorganizzazione o crisi aziendale*, la fase di consultazione sindacale si sia conclusa con l'**accordo di ricollocazione** (art. 24bis, D.Lgs. 148/2015) ▶ La richiesta del servizio di assistenza alla ricollocazione, per tutta la sua durata, **sospende** il Patto eventualmente stipulato
Rilascio dell'assegno di ricollocazione e richiesta del servizio di assistenza	▶ L'assegno di ricollocazione è **rilasciato dal centro per l'impiego** sulla base degli esiti della procedura di profilazione (art. 23, comma 2, D.Lgs. 150/2015); tuttavia, in caso di *mancata convocazione* da parte del centro per l'impiego, il disoccupato ha diritto di chiedere all'ANPAL le credenziali per accedere direttamente alla *procedura telematica di profilazione* predisposta dall'Agenzia al fine di ottenere l'assegno ▶ Entro **2 mesi dalla data di rilascio dell'assegno di ricollocazione**, il disoccupato deve richiedere il servizio di assistenza, che ha una durata di *6 mesi*, prorogabile per altri 6 mesi nel caso in cui l'intero ammontare dell'assegno non sia stato consumato (art. 23, comma 4, D.Lgs. 150/2015). Tuttavia, in deroga a questa regola, nel caso di **attribuzione anticipata**, l'assegno è spendibile *in costanza* di trattamento straordinario di integrazione salariale
Destinatari (art. 23, comma 2, D.Lgs. 150/2015)	▶ Disoccupati **percettori di NASPI**, la cui durata di disoccupazione eccede i *4 mesi*
Modalità operative	▶ Le modalità operative e l'ammontare dell'assegno di ricollocazione sono **definiti dall'ANPAL**, previa approvazione del Ministro del Lavoro ▶ L'assegno è riconosciuto, prevalentemente, a **risultato occupazionale ottenuto.** L'erogazione dell'assegno *non è* destinata *alla persona disoccupata*, ma all'operatore incaricato della fornitura del servizio, in misura *proporzionale* al risultato occupazionale raggiunto e *soltanto se* la persona *trova lavoro* ▶ L'**ammontare** dell'assegno è graduato in relazione al *profilo personale di occupabilità* ▶ Il soggetto erogatore del servizio di assistenza alla ricollocazione è obbligato a fornire un'**assistenza appropriata** nella ricerca della nuova occupazione e a **comunicare le offerte di lavoro** effettuate nei confronti degli aventi diritto

Osservazioni

La legge di bilancio 2021 (art. 1, comma 325, L. 178/2020) aveva ampliato i destinatari dell'assegno di ricollocazione, prevedendo che i centri per l'impiego, per il 2021, potessero riconoscerlo, oltre che ai percettori di NASPI disoccupati da oltre 4 mesi e in caso di accordo di ricollocazione, anche: ai percettori di DIS-COLL disoccupati da oltre 4 mesi e in caso di *sospensione del rapporto di lavoro* con collocazione in cassa integrazione per *cessazione di attività* (art. 44, D.L. 109/2018, conv. in L. 130/2018). Il D.L. 146/2021, conv. in L. 215/2021, ha tuttavia abrogato questa disposizione della legge di bilancio 2021, prevedendo che i relativi interventi siano **attuati nell'ambito del Programma GOL**.

6 Il Reddito di cittadinanza

6.1 Funzione e soggetti beneficiari

Istituzione

- A decorrere dal mese di aprile 2019, dal **D.L. 4/2019, conv. in L. 26/2019**

Abrogazione

- A decorrere dall'1-1-2024 (art. 1, comma 318, L. 197/2022, legge di bilancio 2023)

Natura giuridica e funzione

- È definito «**misura fondamentale di politica attiva del lavoro** a garanzia del diritto al lavoro, di *contrasto alla povertà*, alla disuguaglianza e all'*esclusione sociale*, destinata a favorire il diritto all'informazione, all'istruzione, alla formazione e alla cultura attraverso politiche volte al **sostegno economico** e all'**inserimento sociale** dei soggetti a rischio di emarginazione nella società e nel mondo del lavoro»
- **Sostegno economico** che, in presenza dei requisiti richiesti dalla legge, è riconosciuto a soggetti che si trovino *momentaneamente* in difficoltà, con l'obiettivo di **reinserirli** lavorativamente e socialmente

Requisiti e soggetti beneficiari

- Per il richiedente il beneficio
  - Requisiti di *cittadinanza, residenza e soggiorno* (**esempio**: possesso della cittadinanza italiana o di Paesi facenti parte dell'Unione europea; residenza in Italia per almeno 10 anni, di cui gli ultimi 2, in modo continuativo)
  - *Mancata sottoposizione a misura cautelare personale* (anche adottata a seguito di convalida dell'arresto o del fermo), nonché la *mancanza di condanne definitive*, intervenute nei *10 anni precedenti* la richiesta, per alcuni delitti indicati dal D.L. 4/2019, conv. in L. 26/2019 (**esempio**: Associazioni con finalità di terrorismo anche internazionale o di eversione dell'ordine democratico *ex* art. 270bis c.p.)
- Per il nucleo familiare
  - Requisiti *reddituali e patrimoniali* (**esempio**: valore del *patrimonio immobiliare*, in Italia e all'estero, diverso dalla casa di abitazione, non superiore ad una soglia massima prevista dalla legge)
  - Requisiti *relativi al godimento di beni durevoli* (**esempio**: nessun componente il nucleo familiare deve essere *intestatario o deve avere piena disponibilità di autoveicoli* immatricolati la prima volta nei *6 mesi antecedenti* la richiesta)

Osservazioni

Non ha diritto al RdC il componente del nucleo familiare disoccupato a seguito di **dimissioni volontarie,** nei 12 mesi successivi alla data delle dimissioni, salvo il caso di dimissioni per giusta causa (es. per mancato pagamento della retribuzione); altra eccezione è costituita dalle dimissioni date durante il **periodo di prova** (nota Min. Lav. 10617/2020).

6.2 Presentazione della domanda, riconoscimento ed erogazione. Condizioni richieste per ricevere il RdC

Presentazione della domanda	▶ In modalità *cartacea* (presso gli uffici abilitati alla gestione del servizio) ▶ *On line*, direttamente sul sito del Ministero del Lavoro ▶ Presso i *Centri di Assistenza Fiscale* (CAF), previa stipula di una convenzione con l'INPS ▶ Presso gli *Istituti di patronato* ▶ La domanda di Rdc, resa dall'interessato all'INPS per sé e tutti i componenti maggiorenni del nucleo tenuti agli obblighi connessi alla fruizione del Rdc ai sensi di legge, **equivale a dichiarazione di immediata disponibilità al lavoro**: la domanda di Rdc, che *non* contiene la dichiarazione di immediata disponibilità al lavoro, è *improcedibile* (art. 4, comma 4, D.L. 4/2019, conv. in L. 26/2019)
Controlli da parte dei Comuni e dell'INPS	▶ All'atto di *presentazione della domanda* di Rdc, i Comuni effettuano, a campione, **verifiche** e **controlli** anagrafici sulla *composizione* del nucleo familiare dichiarato nella domanda medesima e sull'effettivo *possesso* dei requisiti richiesti dalla legge, nonché, successivamente all'erogazione del beneficio, sulla *permanenza* degli stessi; l'esito dei controlli è poi comunicato all'INPS ▶ L'INPS verifica preventivamente i dati anagrafici di *residenza, soggiorno* e *cittadinanza* e comunica ai Comuni le posizioni che necessitano di *ulteriori accertamenti* sui requisiti anagrafici, *prima* del pagamento
Riconoscimento	▶ È **riconosciuto dall'INPS**, previa *verifica* del possesso dei requisiti previsti dalla legge: il beneficio è riconosciuto per il periodo durante il quale il beneficiario si trova nelle condizioni richieste dalla legge per un **periodo continuativo non superiore a 18 mesi**, salvo *rinnovo* per ulteriori 18 mesi ▶ Dall'*1-1-2023* al *31-12-2023*, è riconosciuto nel **limite massimo di 7 mensilità**, ad *eccezione* dei casi di nuclei al cui interno vi siano persone con *disabilità* come definita ai fini ISEE, *minorenni* o *persone con almeno 60 anni di età* (art. 1, commi 313-314, L. 197/2022, legge di bilancio 2023)
Erogazione del beneficio	▶ È erogato tramite la Carta per il Reddito di cittadinanza (**«carta RdC»**), cioè una carta *prepagata* sulla quale, mensilmente, è accreditato il beneficio ▶ La carta RdC può essere utilizzata, ad esempio, per pagare le *utenze*, le *spese condominiali*, per fare alcune spese di *beni di consumo*, per *prelevare mensilmente contanti* entro i limiti di legge

Erogazione del beneficio	▶ Al fine di prevenire e contrastare fenomeni di impoverimento e l'insorgenza dei disturbi da gioco d'azzardo (DGA), è previsto il **divieto di utilizzo del beneficio economico per giochi che prevedono vincite in denaro o altre utilità** ▶ La carta **non può essere** usata per esigenze legate all'acquisto di alcuni beni e servizi (**esempio**: *articoli di gioielleria*)
Condizioni richieste per ricevere il RdC	▶ Dichiarazione di **immediata disponibilità al lavoro** (da rendere entro 30 giorni dal riconoscimento del beneficio) da parte dei componenti del nucleo familiare **maggiorenni** ▶ Adesione ad un percorso personalizzato di accompagnamento all'inserimento lavorativo e all'inclusione sociale, che prevede attività al *servizio della comunità*, di *riqualificazione professionale*, di *completamento degli studi* e altri impegni individuati dai servizi competenti finalizzati all'**inserimento nel mercato del lavoro** e all'**inclusione sociale**. All'obbligo di partecipazione al percorso di inserimento lavorativo o di inclusione sociale sono tenuti tutti i componenti del nucleo familiare che siano: *maggiorenni; non già occupati e non frequentanti un regolare corso di studi* ▶ Vi sono dei casi in cui la legge prevede l'**esclusione** dai predetti obblighi di legge (es. *persone con disabilità ex* L. 68/1999) e casi in cui è altresì possibile un **esonero** (**esempio**: *componenti con carichi di cura*, valutati con riferimento alla presenza di soggetti minori di 3 anni di età ovvero di componenti il nucleo familiare con disabilità grave o non autosufficienza)
Sottoscrizione del Patto per il Lavoro o del Patto per l'inclusione sociale	▶ Il richiedente il RdC è **convocato** dai centri per l'impiego ovvero dai servizi comunali competenti per il contrasto della povertà per una **valutazione preliminare**, all'esito della quale i beneficiari sottoscrivono ▷ Un **Patto per il Lavoro**, nel caso in cui emerga che i bisogni del nucleo familiare siano prevalentemente *connessi alla situazione lavorativa* e se presenti i requisiti previsti dalla legge ▷ Un **Patto per l'inclusione sociale**, nel caso in cui si rilevi che i bisogni del nucleo familiare siano complessi e *multidimensionali*

6.3 Accompagnamento all'inserimento lavorativo: il Patto per il lavoro

Piattaforma digitale del Reddito di cittadinanza per il Patto per il Lavoro	▶ I componenti dei nuclei familiari beneficiari di RdC (tra quelli tenuti agli obblighi di legge di cui all'art. 4, D.L. 4/2019, conv. in L. 26/2019) sono resi noti ai centri per l'impiego tramite la **Piattaforma digitale del Reddito di cittadinanza per il Patto per il Lavoro**, perché siano convocati presso i centri per l'impiego competenti ▶ La Piattaforma digitale del Reddito di cittadinanza per il Patto per il Lavoro è **parte integrante** del Sistema informativo unitario delle politiche del lavoro

Requisiti per la convocazione presso i centri per l'impiego	▶ Essere *privi di occupazione da non più di 2 anni* ▶ Essere *beneficiari della NASPI* ovvero di *altro ammortizzatore sociale per la disoccupazione involontaria* o averne terminato la fruizione da non più di un anno ▶ Aver *sottoscritto, negli ultimi 2 anni, un Patto di servizio* attivo presso i centri per l'impiego ▶ *Non aver sottoscritto il progetto personalizzato* di cui all'art. 6, D.Lgs. 147/2017
Altri soggetti che vengono resi noti ai centri per l'impiego tramite la Piattaforma digitale	▶ I beneficiari di RdC maggiorenni e di *età pari o inferiore a 29 anni*, indipendentemente dal possesso dei citati requisiti ▶ L'*elenco dei beneficiari di RdC*, che siano componenti dei nuclei familiari dei soggetti in possesso dei requisiti legislativi e che abbiano reso dichiarazione di immediata disponibilità al lavoro
Stipula del Patto per il Lavoro	▶ È stipulato presso i **centri per l'impiego** ovvero, laddove previsto da provvedimenti regionali, presso i **soggetti accreditati**
Equivalenza al Patto di servizio personalizzato	▶ Il Patto per il lavoro **equivale al Patto di servizio personalizzato** già in uso presso i centri per l'impiego per la generalità dei lavoratori
Obblighi del beneficiario che stipula il Patto per il Lavoro	▶ Il beneficiario che stipula il Patto per il Lavoro è tenuto a **collaborare** alla definizione del Patto e ad **accettare espressamente gli obblighi** e a **rispettare gli impegni** previsti nel Patto medesimo (es. svolgere ricerca attiva del lavoro, che è tra l'altro verificata, presso il centro per l'impiego, in *presenza*, con frequenza *almeno mensile*; dovrà accettare di essere avviato alle attività individuate nel Patto per il lavoro)

Osservazioni

Fermo restando il limite massimo di 7 mensilità (e l'eccezione prevista per i nuclei familiari individuati dalla legge), a decorrere dal *1° gennaio 2023* (art. 1, commi 315-316, L. 197/2022, legge di bilancio 2023):

— i soggetti tenuti agli obblighi connessi alla fruizione del Rdc e che presentino i requisiti previsti dall'art. 4 del D.L. 4/2019, conv. in L. 26/2019 (es. siano maggiorenni, non siano già occupati, non frequentino un regolare corso di studio) devono essere inseriti, per un periodo di *6 mesi*, in un corso di **formazione o** di **riqualificazione** (L. 53/2003) e, in caso di *mancata frequenza* al programma assegnato, il *nucleo familiare di appartenenza* del beneficiario di Rdc **decade** dal diritto alla prestazione. Le Regioni sono tenute a trasmettere all'ANPAL gli elenchi dei soggetti che non rispettano l'obbligo di frequenza;

— per i beneficiari di Rdc appartenenti alla fascia di età compresa *tra 18 e 29 anni*, che **non hanno adempiuto all'obbligo di istruzione** previsto dalla legge per almeno 10 anni (art. 1, comma 622, L. 296/2006), l'*erogazione* del beneficio è subordinata anche all'**iscrizione e alla frequenza di percorsi di istruzione degli adulti** di primo livello o comunque funzionali all'adempimento del predetto obbligo di istruzione.

I Comuni devono impiegare tutti i percettori di Rdc, che hanno sottoscritto un Patto per il lavoro o un Patto per l'inclusione sociale, **nell'ambito dei progetti utili alla collettività** (art. 1, comma 317, L. 197/2022, legge di bilancio 2023).

6.4 Accompagnamento all'inclusione sociale: il Patto per l'inclusione sociale

Convocazione dei nuclei familiari

- I nuclei familiari beneficiari di RdC, che non abbiano componenti nelle condizioni per la stipula del Patto per il Lavoro, sono individuati e **resi noti ai Comuni** affinché, *entro 30 giorni* dal riconoscimento del beneficio, siano **convocati dai servizi competenti per il contrasto della povertà**

Valutazione multidimensionale: funzione

- Agli interventi connessi al RdC – incluso il percorso di accompagnamento all'inserimento lavorativo – il richiedente e il suo nucleo familiare accedono previa **valutazione multidimensionale**, finalizzata ad identificare i bisogni del nucleo familiare
- La valutazione multidimensionale è **composta**
  - Dall'*analisi preliminare*, obbligatoria per tutti i nuclei convocati dai servizi dei Comuni
  - Dal *quadro di analisi*, solo per i nuclei in cui siano presenti bisogni complessi che richiedono un approfondimento. Dunque, il «punto di partenza» è individuato nell'analisi preliminare e il «punto di arrivo» nella chiusura del percorso di presa in carico, 18 mesi dopo, passando per la definizione di un Patto per l'inclusione, che prevede l'attivazione dei relativi servizi e il monitoraggio di tutto il percorso

Obiettivo del Patto per l'inclusione sociale

- Accompagnare il sostegno economico con un progetto concretamente orientato alla **rimozione delle condizioni che sono alla radice della situazione di povertà**
- Il Patto per l'inclusione sociale, ove non diversamente specificato, **assume le caratteristiche del progetto personalizzato** (che era previsto per i beneficiari del Reddito di inclusione)

Osservazioni

Per consentire l'attivazione e la gestione dei Patti per il lavoro e dei Patti per l'inclusione sociale, e per finalità di analisi, monitoraggio, valutazione e controllo del programma del RdC, presso il Ministero del lavoro, è stato istituito il **Sistema informativo del Reddito di cittadinanza** (D.M. 2-9-2019), nell'ambito del quale operano *due apposite piattaforme digitali* dedicate al RdC: una presso l'ANPAL, per il coordinamento dei centri per l'impiego (**Piattaforma per il Patto per il lavoro**); l'altra presso il Ministero del lavoro, per il coordinamento dei Comuni, in forma singola o associata (**Piattaforma per il Patto di inclusione sociale: Piattaforma GEPI**).

Al fine di assicurare il *regolare* funzionamento del Reddito di cittadinanza, sono poi previste delle sanzioni (art. 7, D.L. 4/2019, conv. in L. 26/2019). In alcune ipotesi, il Legislatore ha previsto **sanzioni penali** (es. per chi, al fine di ottenere *indebitamente* il RdC, rende o utilizza dichiarazioni o documenti *falsi* o *attestanti cose non vere*, ovvero *omette informazioni dovute*). In altre ipotesi è prevista: la **decadenza** dal beneficio (es. quando uno dei componenti il nucleo familiare *non accetta la prima offerta di lavoro*); la **riduzione del RdC**, con eventuale decadenza dallo stesso (es. *mancata presentazione alle convocazioni*, in assenza di giustificato motivo, presso le sedi competenti); la **sospensione dell'erogazione del beneficio** (es. nei confronti di colui a cui è applicata una *misura cautelare personale*).

7 La tutela dei lavoratori nel mercato del lavoro

Obblighi comportamentali (artt. 9-11, D.Lgs. 276/2003)

- Destinatari
  - Sono tenuti a rispettarli le agenzie *per il lavoro*, gli *operatori pubblici* e tutti gli *altri soggetti abilitati* ad operare sul mercato
- Divieto di campagne informative anonime
  - Nelle comunicazioni, inserzioni o annunci di ricerca del personale, gli operatori devono indicare gli *estremi dell'autorizzazione o dell'accreditamento*
- Divieto di indagini sulle opinioni personali del lavoratore e di trattamenti discriminatori
- Divieto di porre oneri in capo ai lavoratori
  - Gli operatori *non devono esigere* o percepire *compensi dal lavoratore*
  - Deroghe possono essere previste dalla contrattazione collettiva per specifiche categorie di *lavoratori altamente professionalizzati*

Osservazioni

A partire dagli inizi degli anni '90 (XX sec.), si è dato luogo ad una significativa **riforma** dell'istituto del **collocamento della manodopera**, intendendo con tale *tradizionale* denominazione l'insieme delle disposizioni legislative — la prima delle quali risalente alla **L. 29-4-1949, n. 264** — che disciplinavano, sotto l'aspetto organizzativo e funzionale, la *mediazione* tra *domanda* (proveniente dalle imprese) e *offerta di lavoro* (proveniente dai lavoratori). La gestione del collocamento era di **assoluta ed esclusiva competenza dello Stato**, con *divieto* di operatività per un qualsiasi soggetto privato: in tal modo l'ordinamento cercava di garantire, *ex* art. 4 Cost., una *equa distribuzione dei posti di lavoro* e la tutela dei lavoratori in cerca di occupazione. L'organizzazione e la gestione pubblica del collocamento si sono manifestate a lungo andare però del tutto *inefficienti*, oltre che *anacronistiche* dato che la maggior parte dei rapporti di lavoro si instauravano normalmente al di fuori degli uffici di collocamento. Attraverso una lunga **evoluzione legislativa**, il regime rigorosamente pubblico del collocamento è stato *soppresso* e la relativa disciplina è stata completamente *innovata* sotto l'aspetto sia delle competenze gestionali, sia dei meccanismi di funzionamento. La mediazione tra domanda e offerta di lavoro ha perso, dunque, la sua connotazione di funzione pubblica svolta esclusivamente e obbligatoriamente dallo Stato, per riqualificarsi come un **servizio ai lavoratori e alle imprese**, che può essere svolto a pari condizioni tanto da soggetti *pubblici* quanto da soggetti *privati*. Con l'emanazione del D.Lgs. 276/2003, gli operatori privati (agenzie per l'impiego) hanno minori limitazioni e possono operare su più fronti in concorso con gli uffici pubblici o anche in regime di convenzione.
Un nuovo mutamento nell'organizzazione del mercato del lavoro si è poi verificato con il **D.Lgs. 150/2015** che, nell'ambito della disciplina delle politiche attive, ha promosso un nuovo accentramento dei poteri statali anche mediante l'istituzione dell'**ANPAL**. Secondo la nuova impostazione, inoltre, gli strumenti di politica attiva devono integrare quelli di politica passiva secondo il **principio di cd. condizionalità**, ovvero la fruizione dei trattamenti a sostegno del reddito vincolata al **comportamento attivo** del lavoratore stesso. A tal fine, è stato enfatizzato il ruolo dei centri per l'impiego e delle agenzie per il lavoro, i cui servizi vanno dalla *registrazione* dell'utente e dalla sua *identificazione sotto il profilo occupazionale* (lavoro svolto, competenze, formazione, competenze ecc.) fino alla vera e propria **presa in carico** dello stesso; al lavoratore viene garantita un'*assistenza intensiva* in tutto il percorso di ricerca di una nuova occupazione.

note

6 Le procedure di assunzione dei lavoratori

1 La modalità di assunzione per la generalità dei lavoratori

Modalità di assunzione

- Il datore di lavoro può **assumere direttamente il lavoratore**, salvo l'obbligo di assunzione mediante concorso eventualmente previsto dagli statuti degli enti pubblici economici (art. 4bis, D.Lgs. 181/2000)
- L'assunzione diretta si applica alla **generalità dei lavoratori** per qualsiasi tipologia di rapporto di lavoro
- All'atto dell'instaurazione del rapporto di lavoro, **prima dell'inizio dell'attività lavorativa**, il datore di lavoro è tenuto a fornire al lavoratore le **informazioni** sul rapporto di lavoro, secondo le modalità e i tempi di cui al D.Lgs. 152/1997 (art. 4bis, comma 2, D.Lgs. 181/2000)
- Tale sistema **non si applica** ai lavoratori
  - *Non* appartenenti all'Unione Europea
  - *Disabili ex* L. 68/1999

Comunicazioni obbligatorie

- **Comunicazione di instaurazione del rapporto di lavoro**
  - La legge prevede la regola generale secondo la quale tutti i datori di lavoro devono comunicare al Ministero del Lavoro l'assunzione dei lavoratori
  - La comunicazione di instaurazione del rapporto deve essere effettuata, oltre che per tutti i rapporti di lavoro subordinato, anche ad **esempio**:
    - per il *lavoro associato*
    - per le *co.co.co.* (collaborazioni coordinate e continuative)
    - per i *rapporti di lavoro intermediati da piattaforme digitali*, comprese le attività di lavoro autonomo non esercitate abitualmente
    - per altre esperienze lavorative (**esempio**: tirocini)

Osservazioni

La regola generale è che la comunicazione obbligatoria di instaurazione del rapporto di lavoro avvenga entro le *24 ore del giorno antecedente all'assunzione* (questo è il motivo per cui viene detta **preventiva**).

La legge prevede, tuttavia, delle **eccezioni**, come ad **esempio** nelle seguenti ipotesi:

— *agenzie di somministrazione*, che devono effettuare la comunicazione entro il ventesimo giorno del mese successivo alla data di assunzione (art. 9bis, comma 2, D.L. 510/1996, conv. in L. 608/1996;

— *urgenza connessa ad esigenze produttive*, caso in cui la comunicazione può essere effettuata *entro 5 giorni* dall'instaurazione del rapporto di lavoro, fermo restando l'obbligo di comunicare, entro il giorno antecedente, la data di inizio della prestazione, nonché le generalità del lavoratore e del datore di lavoro (art. 9bis, comma 2bis, D.L. 510/1996, conv. in L. 608/1996);

— *lavoro intermediato da piattaforma digitale*, caso in cui la comunicazione è effettuata dal committente entro il ventesimo giorno del mese successivo all'instaurazione del rapporto di lavoro (art. 9bis, comma 2quinquies, D.L. 510/1996, conv. in L. 608/1996; D.M. 23-2-2022).

Comunicazioni obbligatorie	▶ Durante il rapporto	▷ La *trasformazione* da rapporto di tirocinio o stage in rapporto di lavoro subordinato ▷ La *proroga del termine* inizialmente fissato nel lavoro a tempo determinato ▷ La *trasformazione da tempo parziale* a *tempo pieno* ▷ La *trasformazione* del contratto a termine in contratto *a tempo indeterminato* ▷ Il *trasferimento* e il *distacco* del lavoratore ▷ La *modifica* della ragione sociale del datore di lavoro ▷ Il *trasferimento d'azienda o di ramo di essa*
	▶ Alla fine del rapporto	▷ *Entro 5 giorni* dal verificarsi dell'evento
	▶ Modalità	▷ Sono comunicate per via *telematica* al Ministero del Lavoro, che le mette a disposizione dell'ANPAL, delle Regioni, dell'INPS, dell'INAIL e dell'Ispettorato nazionale del lavoro (INL) per le attività di rispettiva competenza
	▶ **Pluriefficacia**	▷ La comunicazione anticipata di assunzione e le comunicazioni relative alle vicende modificative e alla cessazione del rapporto di lavoro sono *valide anche ai fini dell'assolvimento di tutti gli obblighi di comunicazione* che, a qualsiasi fine, sono a carico del datore di lavoro e dei lavoratori nei confronti (cd. **pluriefficacia**): delle *sedi territoriali dell'Ispettorato del Lavoro*; dell'*INPS*; dell'*INAIL*; di *altre forme previdenziali* sostitutive o esclusive

Osservazioni

È obbligatorio **comunicare** all'**Ispettorato territoriale del lavoro** competente per territorio anche l'**impiego di lavoratori autonomi occasionali**, cioè dei lavoratori inquadrabili nella definizione contenuta nell'art. 2222 c.c. (art. 13, L. 146/2021, conv. in L. 215/2021): la comunicazione va fatta *prima* dell'inizio dell'attività. Sono esclusi dal nuovo obbligo comunicazionale, oltre ai lavoratori subordinati: le *collaborazioni coordinate e continuative*, comprese quelle etero-organizzate (art. 2, comma 1, D.Lgs. 81/2015); le *prestazioni occasionali* (art. 54bis, D.L. 50/2017, conv. da L. 96/2017), rispetto alle quali

sono già previsti specifici obblighi di comunicazione e gestione del rapporto; le *professioni intellettuali*, in quanto oggetto dell'apposita disciplina contenuta nel codice civile (artt. 2229 e ss.); tutte le *attività autonome* esercitate in maniera *abituale* e *assoggettate al regime IVA*; i *rapporti di lavoro intermediati da piattaforma digitale*, comprese le attività di lavoro autonomo *non* esercitate *abitualmente*, per i quali vige la specifica disciplina esaminata.
L'obbligo di comunicare l'avvio dell'attività dei lavoratori autonomi occasionali, in quanto previsto all'interno della disciplina in materia di sospensione dell'attività imprenditoriale di cui all'art. 14 del D.Lgs. 81/2008 (*Testo unico sicurezza sul lavoro*), allo scopo di garantire il diritto alla **tutela della salute e sicurezza nei luoghi di lavoro**, potenzialmente compromesso dallo svolgimento in forma *irregolare* delle prestazioni lavorative, interessa *esclusivamente* i committenti che operano in qualità di *imprenditori* (circ. Min. Lav. 11-1-2022, n. 29).

2 Le informazioni dovute al lavoratore sulle condizioni applicabili al contratto o al rapporto di lavoro

D.Lgs. 152/1997

- Obbligo del datore di lavoro di informare il lavoratore sulle **condizioni applicabili** al contratto o al rapporto di lavoro

Principali novità introdotte dal cd. Decreto Trasparenza (D.Lgs. 104/2022)

- È stato ampliato l'elenco delle informazioni che il datore di lavoro *già* forniva al lavoratore. **Esempi di nuove informazioni** sono: *identità dei codatori*; **programmazione dell'orario normale di lavoro** ed eventuali condizioni relative al lavoro straordinario e alla sua retribuzione, nonché eventuali condizioni per i *cambiamenti di turno*, se il contratto di lavoro prevede un'organizzazione dell'orario di lavoro in tutto o in gran parte *prevedibile*; informazioni relative al rapporto di lavoro caratterizzato da **modalità organizzative in gran parte o interamente imprevedibili**
- Sono stati disciplinati **tempistica** e **mezzi** con cui le informazioni devono essere comunicate al lavoratore. L'obbligo di informazione è assolto mediante la *consegna* al lavoratore, all'atto dell'*instaurazione del rapporto di lavoro* e *prima dell'inizio dell'attività lavorativa*, alternativamente, del contratto individuale di lavoro, redatto per iscritto, o della copia della comunicazione di instaurazione del rapporto di lavoro
- L'adempimento informativo è stato esteso *anche al committente* di un contratto di *collaborazione coordinata e continuativa* e alle *prestazioni di lavoro occasionale*, per quanto *compatibile* con la natura e la tipologia del rapporto di lavoro (sono cioè escluse tutte quelle informazioni riferite al rapporto di lavoro subordinato)
- È stato regolamentato il rispetto di specifici obblighi informativi nel caso in cui il datore di lavoro utilizzi **sistemi decisionali o di monitoraggio automatizzati**
- È stato modificato il termine entro cui il datore di lavoro deve comunicare al lavoratore eventuali **mutamenti** del rapporto di lavoro che si siano verificati *dopo* l'assunzione. Il datore di lavoro, infatti, deve comunicare al lavoratore la variazione *entro il primo giorno di decorrenza* degli effetti della modifica (e non più entro un mese dall'adozione della modifica)

Osservazioni

Il D.Lgs. 104/2022 (art. 3) ha previsto la regola generale secondo cui il datore di lavoro deve comunicare le informazioni a ciascun lavoratore, in modo **chiaro** e **trasparente**, in *formato cartaceo* oppure *elettronico* (**esempio**: e-mail personale comunicata dal lavoratore; e-mail aziendale messa a disposizione dal datore di lavoratore).
Le suddette informazioni sono *conservate* e **rese accessibili al lavoratore** e il datore di lavoro deve **conservare la prova** della trasmissione o della ricezione per la durata di *5 anni* dalla conclusione del rapporto di lavoro.

3 Le assunzioni dei lavoratori disabili

Collocamento dei disabili

- ▶ Soggetti **beneficiari**
  - ▷ Le persone in età lavorativa affette da *minorazioni fisiche, psichiche o sensoriali* e i portatori di handicap intellettivo, con una riduzione della capacità lavorativa superiore al 45% nonché i titolari dell'*assegno di invalidità*
  - ▷ Le *persone invalide per cause di lavoro* con un grado di invalidità superiore al 33%, accertata dall'INAIL
  - ▷ Le *persone non vedenti* o *sorde*
  - ▷ Le persone *invalide di guerra*, invalide civili di guerra e per servizio con minorazioni ascritte dalla prima all'ottava categoria (secondo le tabelle annesse al Testo Unico delle norme in materia di pensioni di guerra)
- ▶ Elenco regionale
  - ▷ Gli aventi diritto, che risultano disoccupati e aspirano ad una occupazione conforme alle proprie capacità lavorative, per accedere al sistema del collocamento mirato, devono iscriversi in un apposito *elenco* tenuto dai servizi competenti, da cui risulta la *graduatoria unica regionale*
  - ▷ Per ogni persona iscritta, viene definito, da un apposito comitato tecnico, un *profilo funzionale* in cui sono annotate le capacità lavorative, le abilità, le competenze e le inclinazioni, nonché la natura e il grado della disabilità
- ▶ Soggetti **obbligati ad assumere** disabili
  - ▷ Datori di lavoro che occupano da 15 dipendenti in poi sono tenuti ad assumere una determinata percentuale (cd. **quota di riserva**) di lavoratori disabili che varia in ragione dell'organico aziendale

Collocamento dei disabili

- Soggetti **obbligati ad assumere** disabili
  - ▷ Al raggiungimento della *soglia dimensionale* prevista dalla L. 68/1999, il datore di lavoro deve assumere il soggetto disabile iscritto nella *graduatoria regionale*. L'obbligo di assunzione scatta quando il datore di lavoro si colloca, per la prima volta, in una delle *fasce di organico* cui la legge collega le varie **quote di riserva** (v. *infra*) (circ. Min. Lav. 2/2010). In tal caso, la richiesta di adeguamento deve essere inoltrata *entro i 60 giorni successivi* (circ. Min. Lav. 4/2000)
- Inosservanza dell'obbligo di assunzione
  - ▷ Comporta, a carico del datore di lavoro, l'applicazione di diverse misure e soprattutto di *sanzioni amministrative*
- **Quote di riserva**
  - ▷ *7% dei lavoratori occupati* per i datori con più di 50 dipendenti
  - ▷ *2 lavoratori* per i datori che hanno tra i 36 e i 50 dipendenti
  - ▷ *1 lavoratore* per i datori che hanno tra i 15 e i 35 dipendenti
- **Modalità di assunzione**
  - ▷ Il datore di lavoro può, indipendentemente dal numero di disabili da assumere
    - Inoltrare *richiesta nominativa* agli uffici competenti
    - Stipulare *convenzioni*
- Compensazione territoriale
  - ▷ I datori di lavoro privati che hanno **unità produttive dislocate** in diverse aree del Paese sono tenuti a soddisfare la quota di lavoratori disabili a livello nazionale, effettuando automaticamente le **compensazioni** necessarie
- Prospetto informativo
  - ▷ Indica l'organico in forza presso l'azienda e deve essere inviato dal datore di lavoro agli uffici competenti, entro il 31 gennaio dell'anno seguente, se nel corso dell'anno, sono intervenuti *cambiamenti nella situazione occupazionale* tali da modificare l'obbligo di assumere o da incidere sul computo della quota di riserva

Osservazioni

L'**art. 38, comma 3, Cost.** stabilisce che «gli *inabili* e i minorati hanno diritto all'educazione e all'*avviamento professionale*».
La concreta attuazione dell'impegno così assunto dallo Stato è stata rappresentata dal **collocamento obbligatorio**, istituto che esprime chiaramente l'alto valore *etico-sociale* riconosciuto al lavoro dalla Costituzione, obbligando i datori di lavoro ad assumere, per una certa percentuale dell'organico, persone che a causa del proprio handicap sarebbero di certo esclusi dal mercato del lavoro.
Regolato per tantissimo tempo dalla L. 482/1968, il collocamento obbligatorio è stato completamente riformato dalla **L. 12-3-1999, n. 68** che ha sostituito al rigido precedente impianto normativo, dal quale scaturiva meramente l'obbligo datoriale di assumere il disabile avviato dall'ufficio di collocamento, una disciplina in grado di *valorizzare le residue capacità lavorative del disabile* e di **collocarlo nell'occupazione a lui più idonea** e, al contempo più proficua per l'impresa.
È indicativo, in tal senso, il cambiamento della denominazione dell'istituto: da collocamento *obbligatorio* (L. 482/1968) a **collocamento mirato dei disabili** (L. 68/1999).

4 Le assunzioni dei lavoratori stranieri

Lavoratori UE

- Vale il principio della **libera circolazione dei lavoratori**, da cui consegue il *diritto dei cittadini dell'Unione e dei loro familiari di circolare e di soggiornare liberamente nel territorio degli Stati membri*
- Essi hanno diritto di **esercitare qualsiasi attività economica autonoma o subordinata**, ad esclusione delle attività che la legge riserva ai cittadini italiani

Lavoratori non appartenenti all'UE

- Vale il principio per cui l'ingresso del lavoratore straniero nel territorio italiano *per motivi di lavoro* debba avvenire nell'ambito di **quote massime**, stabilite *annualmente* con decreto (cd. **Decreto flussi**) del Presidente del Consiglio dei Ministri, al fine di garantire la massima compatibilità degli *ingressi* con le potenzialità di inserimento nel mercato del lavoro

Procedura di assunzione di lavoratori di Stati non appartenenti all'UE

- Fonti normative
  - **D.Lgs. 25-7-1998, n. 286** (cd. Testo Unico sull'immigrazione) e relativo regolamento di attuazione, approvato con D.P.R. 31-8-1999, n. 394
- Destinatari
  - Il D.Lgs. 286/1998 si applica ai cittadini di *Stati non appartenenti all'Unione Europea* e agli *apolidi*
- Il datore di lavoro, che intende assumere in Italia un lavoratore non appartenente alla UE deve presentare allo **Sportello unico per l'immigrazione** competente
  - Richiesta in via *telematica*
  - Idonea *documentazione* relativa alle modalità di sistemazione alloggiativa per il lavoratore straniero
  - **Proposta di contratto di soggiorno** con specificazione delle relative condizioni (compreso l'impegno del datore di lavoro di pagare le spese di ritorno dello straniero nel paese di provenienza)
  - *Dichiarazione di impegno* a comunicare ogni variazione relativa al rapporto di lavoro

Procedura di assunzione di lavoratori di Stati non appartenenti all'UE

- La richiesta del datore di lavoro fa avviare una procedura il cui esito positivo determina l'**ingresso del lavoratore** straniero in Italia e la successiva stipulazione del **contratto di lavoro** presso lo Sportello unico
- In assenza di motivi ostativi, lo Sportello unico **rilascia il nulla-osta** all'assunzione e lo trasmette agli uffici consolari
- Gli uffici consolari, cui è stata trasmessa la documentazione, rilasciano il **visto d'ingresso**
- Entro 8 giorni dall'ingresso in Italia, lo straniero si deve recare allo Sportello unico competente per sottoscrivere il **contratto di soggiorno per lavoro subordinato**
- Lo Sportello unico fa sottoscrivere, *contestualmente* al contratto di soggiorno, la *richiesta* del **permesso di soggiorno**

Permesso di soggiorno per motivi di lavoro

- È rilasciato a seguito della **stipula del contratto di soggiorno per lavoro subordinato**
- Ha la **stessa durata del contratto di soggiorno** che, comunque, non può superare
  - *9 mesi complessivi*, se sono stipulati uno o più contratti di lavoro stagionale
  - *1 anno*, se è stato stipulato un unico contratto di lavoro subordinato a tempo determinato
  - *2 anni*, se è stato stipulato un contratto di lavoro subordinato a tempo indeterminato

Permesso di soggiorno UE per soggiornanti di lungo periodo

- È rilasciato dalla Questura competente, entro 90 giorni dalla richiesta, ai cittadini extra UE che risiedono regolarmente in Italia da almeno **5 anni**
- Per ottenerlo è necessario che lo straniero dimostri la disponibilità di un certo **reddito** annuo (non inferiore all'importo dell'assegno sociale), di un idoneo **alloggio** e che superi un **test di conoscenza della lingua italiana**
- **Non può essere concesso in specifici casi**, quali pericolosità dello straniero per lo Stato e l'ordine pubblico, presenza di condanne anche non definitive per determinati reati ecc.
- È **valido per 10 anni** e, previa presentazione della relativa domanda corredata di nuove fotografie, è *automaticamente* rinnovato alla scadenza; per gli stranieri di *età inferiore agli anni 18*, è valido per **5 anni**
- Consente di svolgere un lavoro subordinato o autonomo **senza** necessità di stipulare il **contratto di soggiorno di lavoro**
- Il lavoratore può anche fare ingresso nel territorio nazionale in **esenzione di visto** e circolare liberamente

Procedure semplificate per i lavoratori altamente qualificati

- Per determinate categorie di lavoratori, l'ingresso per motivi di lavoro può avvenire **al di fuori dei limiti previsti dalle quote annuali**

Procedure semplificate per i lavoratori altamente qualificati	▶ Tali modalità riguardano, tra l'altro	▷ Determinate categorie di lavoratori stranieri quali *lettori universitari*, *dirigenti* e personale *altamente specializzato*, *professori universitari* che devono svolgere in Italia un incarico accademico, marittimi ▷ L'ingresso in Italia di lavoratori extra UE nell'ambito di una *prestazione transnazionale di servizi* ▷ I *soggiorni di breve durata* degli stranieri per *visite, affari, turismo, studio* ecc. (L. 68/2007) ▷ Il *volontariato* e la *ricerca scientifica* (artt. 27bis e 27ter, D.Lgs. 286/1998) ▷ I *lavoratori dello spettacolo* ▷ Possessori della cd. **Blue Card** (Carta blu UE), che permette l'ingresso dello straniero in Italia, per periodi superiori a 3 mesi, per lo svolgimento di attività altamente qualificate

Osservazioni

Per quanto concerne lo **svolgimento del rapporto di lavoro**, in ossequio al **principio di non discriminazione**, il trattamento normativo ed economico del lavoratore extra UE deve essere **equiparato** a quello di un lavoratore italiano di pari mansioni e inquadramento.

La parità di trattamento si realizza in particolare relativamente:
- alle *condizioni d'impiego* e di *lavoro* (retribuzione, licenziamento, sicurezza e salute del lavoro, CIG);
- ai *diritti sindacali* (iscrizione, referendum, sciopero ecc.);
- alle prestazioni *assistenziali* (es. in favore della famiglia) e previdenziali, salvo specifiche eccezioni.

In sintesi

Un importante campo di intervento del processo di riforma che, negli anni, ha interessato il collocamento è stato quello delle procedure di assunzione che, se in origine implicavano una molteplicità di atti amministrativi e coinvolgevano diversi uffici e strutture, oggi sono basate sul meccanismo dell'**assunzione diretta del lavoratore** da parte del datore di lavoro (D.L. 1-10-1996, n. 510, conv. in L. 28-11-1996, n. 608).

Con l'assunzione diretta, i rapporti di lavoro possono lecitamente costituirsi *senza* l'intervento degli uffici pubblici, mediante *contatto diretto* tra lavoratore e datore di lavoro.

I datori di lavoro privati e gli enti pubblici economici procedono all'assunzione diretta di **tutti i lavoratori**, per **qualsiasi tipologia di rapporto di lavoro**, salvo l'obbligo di assunzione mediante concorso eventualmente previsto dagli statuti degli enti pubblici economici (art. 4bis, comma 1, D.Lgs. 181/2000).

La modalità dell'assunzione diretta si estende a *qualsiasi tipologia occupazionale*, anche diversa dal rapporto a tempo pieno e indeterminato (es. apprendistato).

Regole particolari restano, tuttavia, oltre che per le assunzioni nella P.A., per quelle dei *lavoratori disabili* e dei *lavoratori cittadini di Stati non appartenenti all'Unione Europea residenti all'estero*, che ancora fanno capo a forme di collocamento *speciali*.

Si tenga presente che aspetti molto importanti legati all'instaurazione del rapporto di lavoro sono: la **comunicazione preventiva di assunzione**, in mancanza della quale si ha *lavoro nero*; le **informazioni** dovute al lavoratore sulle *condizioni applicabili al contratto o al rapporto di lavoro*, oggetto, tra l'altro, di importanti modifiche ad opera del Decreto Trasparenza (D.Lgs. 104/2022).

7 Decentramento produttivo: somministrazione di lavoro, appalto e distacco

1 Il divieto di interposizione e appalto nelle prestazioni di lavoro

Divieto dei fenomeni interpositori	▶ Fonti normative	▷ Art. 2127 c.c. ▷ L. 23-10-1960, n. 1369
	▶ Interposizione	▷ Si verifica quando i lavoratori **sono assunti formalmente da un datore** (intermediario), ma in realtà *prestano la loro attività esclusivamente in favore di un altro imprenditore* ▷ Costituisce una *violazione* del principio secondo cui vi deve essere *identità tra soggetto che riveste giuridicamente la posizione di datore di lavoro e soggetto che utilizza la prestazione di lavoro*
	▶ Ratio del divieto di interposizione	▷ Realizzare la massima chiarezza sul *soggetto responsabile* per il trattamento normativo ed economico cui ha diritto il lavoratore
L. 1369/1960	▶ *Vietava tutte le forme di appalto* che costituivano in realtà una *mera fornitura di lavoro* da parte dell'appaltatore al committente (**divieto di appalti fittizi**) ▶ *Poneva un obbligo di solidarietà tra appaltante e appaltatore* nei casi di appalti (reali) da eseguirsi all'*interno dell'azienda*, per il trattamento economico e normativo dei dipendenti dell'appaltatore (**obbligo di solidarietà nei cd. appalti interni**)	
Abrogazione della L. 1369/1960	▶ I divieti esistenti erano ormai anacronistici per cui il **D.Lgs. 276/2003** ha abrogato la L. 1369/1960 ▶ Non si è comunque liberalizzata l'interposizione di manodopera ammessa nei limiti della **somministrazione di lavoro**	

2 I requisiti dell'appalto genuino

Nozione: l'appalto è il contratto con il quale una parte assume, con **organizzazione dei mezzi** necessari e con **gestione a proprio rischio**, il compimento di un'**opera** o di un **servizio** verso un **corrispettivo** in denaro (art. 1655 c.c.).

Requisiti	▶ **Organizzazione dei mezzi** *necessari da parte dell'appaltatore*, che può anche risultare, in relazione alle esigenze dell'opera o del servizio dedotti in contratto, dall'esercizio del *potere organizzativo e direttivo nei confronti dei lavoratori utilizzati nell'appalto* (art. 29, D.Lgs. 276/2003) ▶ Assunzione del **rischio d'impresa** da parte dell'appaltatore
Tutela	▶ Se tali caratteristiche mancano, si configura una **illecita fornitura di prestazioni di lavoro** e il lavoratore potrà **agire in giudizio** per la costituzione di un rapporto di lavoro alle dipendenze del soggetto che ne ha utilizzato la prestazione
Regime di solidarietà	▶ Il committente imprenditore o **datore di lavoro** è **obbligato in solido con l'appaltatore** e con ciascuno degli eventuali subappaltatori entro il limite di *due anni* dalla cessazione dell'appalto, a corrispondere ai lavoratori i **trattamenti retributivi**, comprese le quote di **TFR**, nonché i **contributi previdenziali** e i **premi assicurativi** dovuti (art. 29, comma 2, D.Lgs. 276/2003) ▶ Il patrimonio del committente è **direttamente aggredibile**, senza attendere l'infruttuosa escussione di quella dell'appaltatore ▶ Il termine biennale trova applicazione *esclusivamente per l'azione esperita dal lavoratore per il soddisfacimento di crediti retributivi*; per l'azione promossa dagli Enti previdenziali diretta al soddisfacimento dei crediti contributivi, il termine è *quinquennale* (nota INL 9943/2019) ▶ La solidarietà **non opera** quando l'appaltante è una persona fisica che non esercita attività d'impresa o professionale (art. 29, comma 3ter, D.Lgs. 276/2003) e per i contratti di appalto stipulati dalle pubbliche amministrazioni (art. 9, comma 1, D.L. 76/2013, conv. in L. 99/2013) ▶ Sono **escluse** dal regime di solidarietà le **sanzioni civili**, delle quali risponde solo il responsabile dell'inadempimento ▶ La garanzia della solidarietà si applica anche ai compensi e agli obblighi di natura previdenziale e assicurativa nei confronti dei **lavoratori autonomi** (art. 9, comma 1, D.L. 76/2013, conv. in L. 99/2013)

Osservazioni

La responsabilità solidale tra committente e appaltatore, nonché con ciascuno degli eventuali ulteriori subappaltatori, sussiste anche per i **danni per infortunio sul lavoro** e **malattia professionale** per i quali il lavoratore, dipendente dall'appaltatore o dal subappaltatore, non risulti indennizzato ad opera dell'Istituto nazionale per l'assicurazione contro gli infortuni sul lavoro (INAIL), ad esclusione dei danni conseguenza dei rischi specifici propri dell'attività delle imprese appaltatrici o subappaltatrici (art. 26, comma 4, D.Lgs. 81/2008).
Ulteriori tutele sono previste anche ai fini della **salute e sicurezza sul lavoro dei dipendenti dell'appaltatore** (e subappaltatore). Il committente deve, tra l'altro, fornire informazioni dettagliate agli appaltatori sui rischi specifici presenti nell'ambiente in cui dovranno operare i dipendenti di questi ultimi e sulle misure di prevenzione e di emergenza adottate in relazione alla propria attività, promuovendo il coordinamento con le imprese appaltatrici.

3 La somministrazione di lavoro

3.1 Dal lavoro interinale alla disciplina della somministrazione di lavoro

Lavoro interinale	▶ Fonte	▷ Artt. 1-11, L. 24-6-1997, n. 196 (cd. legge Treu)
	▶ Caratteristiche	▷ L'impresa di fornitura colloca, *per un periodo di tempo predeterminato*, soggetti in cerca di occupazione presso imprese che necessitano di manodopera
	▶ Effetti	▷ *Superamento dei rigidi vincoli* previsti dal divieto di mediazione e interposizione (L. 264/1949 e L. 1369/1960) ▷ *Permanenza del divieto* e delle relative sanzioni in caso di *fornitura illecita* di lavoro interinale
Disciplina della somministrazione di lavoro	▶ È stata introdotta dal **D.Lgs. 276/2003** che ha sancito	▷ La **legittimità generale della somministrazione** di manodopera, purché svolta da soggetti autorizzati ▷ L'ammissibilità della somministrazione di manodopera anche a tempo indeterminato (cd. staff leasing), oltre che a termine come nella L. 196/1997
	▶ È ora contenuta nel **D.Lgs. 81/2015** (artt. 30-40) e successive modifiche	

3.2 Caratteri della somministrazione

Nozione: fornitura professionale di manodopera, a tempo determinato o indeterminato, effettuata da un'agenzia autorizzata all'impresa richiedente per il soddisfacimento di esigenze produttive di quest'ultima.

Caratteri	▶ La somministrazione realizza un **rapporto triangolare tra tre soggetti** (*somministratore, lavoratore e utilizzatore*)	▷ L'agenzia di somministrazione è un *intermediario del mercato del lavoro*, che opera interponendosi tra il lavoratore e l'utilizzatore e che ha come specifico *oggetto sociale la fornitura di manodopera* ▷ L'*agenzia di somministrazione* deve quindi possedere i *requisiti* previsti dalla legge ed essere iscritta in un apposito Albo pubblico ▷ L'utilizzatore può essere un *soggetto privato*, anche di natura *non* imprenditoriale

Caratteri	▶ L'agenzia di somministrazione **fornisce uno o più lavoratori** alle imprese che ne facciano richiesta	▷ Il rapporto tra l'*agenzia* e l'*utilizzatore* è regolato da un contratto, denominato **contratto di somministrazione di lavoro**
	▶ I lavoratori sono **assunti dall'agenzia di somministrazione**	▷ Il rapporto che si costituisce tra i lavoratori e l'agenzia è regolato da un **contratto di lavoro subordinato** (v. *infra*)
	▶ Sono previsti dei **limiti quantitativi** per l'impiego dei lavoratori somministrati, cioè forniti da un'agenzia di somministrazione	▷ Il numero dei lavoratori somministrati con contratto di somministrazione *a tempo indeterminato non può eccedere il 20%* dei lavoratori a tempo indeterminato occupati presso l'utilizzatore. Il contratto collettivo applicato dall'utilizzatore può, però, stabilire una percentuale differente. Possono essere somministrati *a tempo indeterminato esclusivamente i lavoratori assunti dal somministratore a tempo indeterminato*. Nel caso in cui il contratto di somministrazione tra l'agenzia di somministrazione e l'utilizzatore sia a tempo *determinato* l'utilizzatore può impiegare in missione, per periodi superiori a 24 mesi anche non continuativi, il medesimo lavoratore somministrato, per il quale l'agenzia di somministrazione abbia comunicato all'utilizzatore l'assunzione a tempo indeterminato, *senza che ciò determini in capo all'utilizzatore stesso la costituzione di un rapporto di lavoro a tempo indeterminato con il lavoratore somministrato* ▷ Il numero dei lavoratori assunti con contratto *a termine* ovvero con contratto di *somministrazione a tempo determinato* (inviati in missione per somministrazione a tempo determinato) – salva diversa previsione dei contratti collettivi applicati dall'utilizzatore e ferma restando la percentuale massima di contratti a termine stabilita dall'art. 23 del D.Lgs. 81/2015 – *non può eccedere complessivamente il 30%* dei lavoratori a tempo indeterminato in forza presso l'utilizzatore al 1° gennaio dell'anno di stipulazione dei predetti contratti. È tuttavia **esente da limiti quantitativi** la somministrazione a termine di determinati lavoratori (es. *soggetti disoccupati che godono di almeno 6 mesi di ammortizzatori sociali*)

Casi vietati di ricorso alla somministrazione	▶ Per la *sostituzione di lavoratori* che esercitano il **diritto di sciopero.** ▶ Presso unità produttive nelle quali si sia proceduto, entro i **6 mesi precedenti**, a **licenziamenti collettivi** che abbiano riguardato lavoratori adibiti alle stesse mansioni cui si riferisce la somministrazione. Il **divieto** in questione **non si applica** quando, in queste ipotesi, la somministrazione sia effettuata per *sostituire lavoratori assenti* oppure abbia una *durata iniziale non superiore a 3 mesi* ▶ Presso unità produttive in cui sia operante una **sospensione dei rapporti di lavoro** o una riduzione d'orario, con il diritto al trattamento di cassa integrazione salariale, che interessi lavoratori adibiti alle medesime mansioni cui si riferisce la somministrazione ▶ Da parte di imprese non in regola con l'obbligo di **valutazione dei rischi per la salute e sicurezza dei lavoratori**

3.3 Contratto di somministrazione

Nozione: regola il **rapporto tra l'agenzia di somministrazione e l'impresa utilizzatrice**.

Caratteri	▶ È un **contratto di natura commerciale** avente ad oggetto l'affitto di lavoratori ▶ Può essere sia **a termine** che **a tempo indeterminato** ▶ È richiesta la **forma scritta a pena di nullità** ▶ La **mancanza della forma scritta** comporta che i lavoratori si considerano a tutti gli effetti alle *dipendenze dell'utilizzatore*
Contenuto del contratto	▶ Deve contenere le seguenti **informazioni**: *estremi dell'autorizzazione* rilasciata al somministratore; *numero dei lavoratori* da somministrare; indicazione di *eventuali rischi per la salute e la sicurezza del lavoratore* e le *misure di prevenzione* adottate; data di *inizio e durata* prevista della somministrazione di lavoro; *mansioni* alle quali saranno adibiti i lavoratori e *inquadramento* dei medesimi; *luogo, orario di lavoro, nonché trattamento economico e normativo* dei lavoratori ▶ Le informazioni contenute nel contratto di somministrazione, nonché quelle sulle **condizioni applicabili al contratto o al rapporto di lavoro** (D.Lgs. 152/1997) devono essere *comunicate* per iscritto al lavoratore, dall'agenzia di somministrazione, all'atto dell'*instaurazione del rapporto di lavoro* (art. 1, comma 2, D.Lgs. 152/1997) ovvero *prima dell'invio in missione* presso l'utilizzatore (art. 33, comma 3, D.Lgs. 81/2015)

4 La disciplina del rapporto di lavoro derivante da somministrazione

4.1 Caratteristiche del rapporto di lavoro e disciplina applicabile

Peculiarità del rapporto di lavoro	▶ Il lavoratore è **assunto dall'impresa di somministrazione** (che figura come datore di lavoro), ma presta la sua attività presso un *altro datore* di lavoro ▶ L'agenzia di somministrazione può assumere il lavoratore *sia a tempo indeterminato che a termine*	
Regolamentazione del rapporto di lavoro	▶ Contratto di lavoro a tempo indeterminato	▷ Applicazione della **disciplina generale dei rapporti di lavoro** ▷ Nei periodi in cui non è in missione presso un utilizzatore, il lavoratore rimane *a disposizione* del somministratore, salvo sussista una giusta causa o un giustificato motivo di risoluzione del contratto di lavoro
	▶ Contratto di lavoro a tempo determinato	▷ Applicazione della **disciplina sul lavoro a termine**, salvo eccezioni. Non si applicano, infatti, gli artt. 21, comma 2 (*stop and go*), 23 (*numero complessivo dei contratti a tempo determinato*) e 24 (*diritto di precedenza*) del D.Lgs. 81/2015

Osservazioni

Dall'applicazione della disciplina generale del lavoro a termine al rapporto di lavoro a tempo determinato derivante dalla somministrazione deriva che: al contratto può essere apposto un termine di durata *non superiore a 12 mesi*; il contratto può però avere una durata superiore, ma comunque non eccedente i 24 mesi.
Tuttavia, quanto previsto in generale per il contratto a tempo determinato relativamente all'*obbligo delle causali*, in caso di prosecuzione del rapporto dopo i 12 mesi, si applica *esclusivamente con riferimento all'utilizzatore* (il contratto di lavoro stipulato dal somministratore con il lavoratore dovrà indicare, quindi, una **motivazione riferita alle esigenze dell'utilizzatore**).
In caso, poi, di più rapporti di lavoro a tempo determinato tra lo stesso datore di lavoro e lo stesso lavoratore, per effetto di una **successione di contratti** (conclusi per lo svolgimento di mansioni di pari livello e categoria legale e indipendentemente dai periodi di interruzione tra un contratto e l'altro) bisogna distinguere. In questa ipotesi, infatti, la disciplina giuridica generale sui contratti a termine (art. 19, comma 2, D.Lgs. 81/2015) prevede che la durata di tali rapporti non possa superare i *24 mesi*, fatte salve, però, le diverse disposizioni dei contratti collettivi.

4.2 Trattamento normativo ed economico del lavoratore

Diritti dei lavoratori

- ▶ Principio della parità di trattamento
  - ▷ Per *tutta la durata della missione* presso l'utilizzatore, i lavoratori del somministratore hanno diritto, *a parità di mansioni svolte*, a **condizioni economiche e normative complessivamente non inferiori** a quelle dei dipendenti di pari livello dell'utilizzatore
- ▶ Assegnazione a mansioni
  - ▷ La *variazione* delle mansioni da parte dell'utilizzatore incontra i normali *limiti legali* (art. 2103 c.c.), con la particolarità che le *conseguenze* sono imputate per legge al *somministratore*
  - ▷ Se l'utilizzatore adibisce il lavoratore a *mansioni superiori o inferiori* a quelle dedotte in contratto, deve darne immediata *comunicazione scritta al somministratore* consegnandone copia al lavoratore medesimo
  - ▷ Ove *non adempia*, l'utilizzatore risponde in *via esclusiva* per le *differenze retributive* spettanti al lavoratore occupato in mansioni superiori e per l'eventuale risarcimento del danno derivante dalla assegnazione a mansioni *inferiori*
- ▶ Diritti sindacali
  - ▷ Il lavoratore può
    - ▶ Esercitare, presso l'utilizzatore, i *diritti di libertà* e di *attività sindacale* della L. 300/1970 (cd. Statuto dei Lavoratori)
    - ▶ Partecipare alle *assemblee* organizzate dai dipendenti dell'utilizzatore
- ▶ Altri diritti
  - ▷ I lavoratori hanno inoltre diritto
    - ▶ *Di riunirsi*, se smistati tra diversi utilizzatori
    - ▶ *Di usufruire di tutti i servizi sociali e assistenziali* spettanti ai dipendenti dell'utilizzatore

Diritti dei lavoratori	▶ Altri diritti	▷ I lavoratori hanno inoltre diritto	▶ Ad essere **informati** dall'utilizzatore dei posti vacanti presso quest'ultimo, affinché possano aspirare, al pari dei dipendenti del medesimo utilizzatore, a ricoprire posti di lavoro a tempo indeterminato

4.3 Ripartizione dei poteri e degli obblighi tra somministratore e utilizzatore

Poteri e obblighi	▶ Somministratore	▷ *Potere disciplinare* ▷ Dovere di comunicare per iscritto al lavoratore le informazioni previste dalla legge ▷ Dovere di corrispondere la *retribuzione* e *ogni altra spettanza* ▷ Dovere di informazione sui *rischi generali* connessi per la salute e la sicurezza
	▶ Utilizzatore	▷ *Potere organizzativo* ▷ *Potere direttivo* ▷ Dovere di informazione sui *rischi specifici* per la salute e la sicurezza ▷ Responsabilità per danni a terzi nello svolgimento dell'attività lavorativa
Responsabilità	▶ L'utilizzatore è **obbligato in solido** con il somministratore a corrispondere ai lavoratori i trattamenti retributivi e i contributi previdenziali dovuti	

5 La distinzione tra appalto e somministrazione di lavoro

Differenza tra appalto e somministrazione	▶ **Appalto**	▷ L'appaltatore	▶ Ha una *propria organizzazione* di mezzi e risorse ▶ *Assume su di sé il rischio* ▶ È **direttamente produttore dell'opera** o del servizio pattuito

Differenza tra appalto e somministrazione	▶ **Somministrazione**	▷ L'agenzia di somministrazione	▶ *Fornisce* ad altra impresa *mere prestazioni di lavoro* mediante lavoratori che assume e retribuisce ▶ *Non svolge alcuna attività produttiva* ▶ Si limita ad operare nel mercato del lavoro come **semplice intermediario**

Osservazioni

La distinzione tra appalto e somministrazione sta nella diversità dell'**oggetto**, che è un **fare nell'appalto**, in quanto l'appaltatore fornisce al committente un'*opera* o un *servizio* da realizzare con la *propria organizzazione* e a *proprio rischio*, mentre è un **dare nella somministrazione**, in quanto il somministratore è tenuto unicamente a fornire ad un terzo soggetto *forza lavoro* da lui assunta, per consentire a questi di utilizzarne la prestazione secondo le *proprie necessità*, adattandola alla propria organizzazione (circ. Min. Lav. 11-2-2011, n. 5).

6 Il distacco del lavoratore

6.1 Requisiti e disciplina

Nozione: si ha distacco quando un datore di lavoro, per soddisfare un interesse proprio, pone **temporaneamente uno o più lavoratori a disposizione di un altro soggetto** per l'esecuzione di una **determinata attività lavorativa** (art. 30, D.Lgs. 276/2003).

Requisiti	▶ **Temporaneità**	▷ Il distacco *può anche non essere breve* purché non coincida con la durata del rapporto
	▶ **Interesse specifico** del distaccante	▷ L'interesse deve sussistere per *tutta la durata del distacco*
	▶ **Svolgimento di una determinata attività lavorativa** da parte del lavoratore distaccato	

Disciplina

- **Il datore di lavoro distaccante** rimane **responsabile del trattamento economico e normativo** a favore del lavoratore distaccato
- È necessario il **consenso del lavoratore** nel caso in cui il distacco comporti un **mutamento delle mansioni**
- Il distacco *presso* unità produttive **distanti più di 50 km** da quella cui è adibito il lavoratore *deve essere giustificato* da comprovate ragioni tecniche, organizzative, produttive, sostitutive
- Quando il distacco avviene in **violazione** delle norme poste dal D.Lgs. 276/2003 è possibile richiedere al giudice la **costituzione di un rapporto di lavoro alle dipendenze di chi ha utilizzato la prestazione**

6.2 Distacco transnazionale

Fonte normativa

- **D.Lgs. 17-7-2016, n. 136**, di attuazione della dir. 2014/67/UE del Parlamento europeo e del Consiglio del 15-5-2014, concernente l'applicazione della direttiva 96/71/CE relativa al distacco dei lavoratori nell'ambito di una prestazione di servizi
- **D.Lgs. 15-9-2020, n. 122**, di attuazione della direttiva (UE) 2018/957 del Parlamento europeo e del Consiglio del 28-6-2018, recante modifica della direttiva 96/71/CE relativa al distacco dei lavoratori nell'ambito di una prestazione di servizi

Campo di applicazione

- **Imprese stabilite in un altro Stato membro** che, nell'ambito di una prestazione di servizi, **distaccano in Italia uno o più lavoratori** in favore di *un'altra impresa*, anche appartenente allo stesso gruppo, o di un'altra unità produttiva o di un altro destinatario, a condizione che durante il periodo del distacco, **continui a esistere un rapporto di lavoro** con il *lavoratore distaccato*
- **Agenzie di somministrazione di lavoro** stabilite in un altro Stato membro, che **distaccano** lavoratori presso un'**impresa utilizzatrice** avente la propria sede o un'unità produttiva **in Italia**
- **Agenzie di somministrazione di lavoro** stabilite in uno Stato membro diverso dall'Italia, che distaccano presso un'**impresa utilizzatrice** con sede nel **medesimo o in un altro Stato membro** uno o più lavoratori da tale ultima impresa **inviati**, nell'ambito di una *prestazione transnazionale* di servizi, diversa dalla somministrazione, presso una propria unità produttiva o altra impresa, anche appartenente allo stesso gruppo, che ha sede **in Italia** (distacco a catena in ingresso)
- **Agenzie di somministrazione di lavoro** stabilite in uno Stato membro diverso dall'Italia, che distaccano, presso un'**impresa utilizzatrice** che ha la propria sede o unità produttiva **in Italia**, uno o più lavoratori da tale ultima impresa **inviati**, nell'ambito di una prestazione transnazionale di servizi, diversa dalla somministrazione, **nel territorio di un altro Stato membro**, diverso da quello in cui ha sede l'agenzia di somministrazione (distacco a catena in uscita)
- È **lavoratore distaccato** il lavoratore **abitualmente occupato in un altro Stato membro** che, per un *periodo limitato, predeterminato o predeterminabile* con riferimento ad un *evento futuro e certo*, **svolge il proprio lavoro in Italia**
- Il lavoratore è altresì **considerato distaccato** nelle suddette ipotesi in cui il distacco è effettuato da **agenzie di somministrazione stabilite in uno Stato membro diverso dall'Italia**, che distaccano uno o più lavoratori: presso imprese utilizzatrici con *sede nel medesimo o in un altro Stato membro* e che, a loro volta, inviano i lavoratori in Italia presso una propria unità produttiva o altra impresa, anche appartenente allo stesso gruppo; oppure presso imprese utilizzatrici che, invece, hanno sede o *unità produttiva* in Italia e che inviano i lavoratori nel *territorio di un altro Stato membro*, diverso da quello in cui ha sede l'agenzia di somministrazione. In ambedue le ipotesi, il lavoratore è **considerato distaccato dall'agenzia di somministrazione con la quale intercorre il rapporto di lavoro**
- Il lavoratore è considerato distaccato anche quando dipende da un'**agenzia di somministrazione con sede in Italia**

Tutela dei lavoratori distaccati

- Al rapporto di lavoro tra le imprese e i lavoratori distaccati si applicano, durante il periodo del distacco, **se più favorevoli**, le *medesime* condizioni di lavoro e di occupazione previste in Italia dalle disposizioni normative e dai contratti collettivi, per i lavoratori che effettuano **prestazioni lavorative subordinate analoghe nel luogo in cui si svolge il distacco**
- Possibilità di far valere i propri **diritti in sede amministrativa e giudiziale**
- **Regime di solidarietà** tra distaccante e distaccatario, anche nelle ipotesi in cui la prestazione di servizi transnazionale realizza una forma di *appalto* o di *somministrazione di lavoro*

Osservazioni

Le **condizioni di lavoro e di occupazione** che si applicano al rapporto di lavoro tra le imprese e i lavoratori distaccati riguardano in particolare: i periodi *massimi* di lavoro e i periodi *minimi di riposo*; la *durata minima dei congedi annuali retribuiti*; la *retribuzione*; le condizioni di *somministrazione di lavoratori*, con particolare riferimento alla fornitura di lavoratori da parte di agenzie di somministrazione; la *salute* e la *sicurezza nei luoghi di lavoro*; la tutela delle condizioni di lavoro e di occupazione di *gestanti* o *puerpere*, *bambini* e *giovani*; la *parità di trattamento* fra uomo e donna, nonché altre disposizioni in materia di *non discriminazione*; *condizioni di alloggio adeguate per i lavoratori*, nei casi in cui l'alloggio sia fornito dal datore di lavoro ai lavoratori distaccati lontani dalla loro abituale sede di lavoro; le indennità o i rimborsi a *copertura delle spese di viaggio*, *vitto* e *alloggio* per i lavoratori fuori sede per esigenze di servizio (art. 4, comma 1, D.Lgs. 136/2016).
In caso di **distacco di lunga durata**, cioè quando la durata effettiva del distacco *supera 12 mesi*, ai lavoratori distaccati si applicano, *se più favorevoli*, oltre alle suddette condizioni di lavoro e di occupazione, *tutte quelle previste in Italia da disposizioni normative e da contratti collettivi nazionali e territoriali*, fatta eccezione per alcune (es. procedure e condizioni per la conclusione e la cessazione del contratto di lavoro) (art. 4bis, D.Lgs. 136/2016).
La durata effettiva del distacco può essere **estesa fino ad un massimo di 18 mesi** in caso di *notifica motivata al Ministero del Lavoro* da parte del prestatore di servizi.

Requisiti del distacco autentico

- Gli organi di vigilanza effettuano una valutazione complessiva di **tutti gli elementi della fattispecie**
- L'impresa distaccante deve esercitare effettivamente un'**attività lavorativa diversa rispetto a quelle di mera gestione** o amministrazione del personale. A tal fine si valuta (art. 3, D.Lgs. 136/2016)
  - Il *luogo in cui l'impresa* ha la *propria sede* legale e amministrativa, i propri uffici, reparti o unità produttive
  - Il *luogo* in cui l'*impresa è registrata* alla Camera di commercio, industria, artigianato e agricoltura o, ove sia richiesto in ragione dell'attività svolta, ad un albo professionale
  - Il *luogo* in cui i *lavoratori sono assunti* e quello da cui *sono distaccati*
  - La *disciplina applicabile* ai *contratti* conclusi *dall'impresa distaccante* con i suoi clienti e con i suoi lavoratori
  - Il *luogo* in cui l'*impresa esercita la propria attività economica principale* e in cui risulta *occupato il suo personale amministrativo*

Requisiti del distacco autentico

- L'impresa distaccante deve esercitare effettivamente un'**attività lavorativa diversa rispetto a quelle di mera gestione** o amministrazione del personale. A tal fine si valuta (art. 3, D.Lgs. 136/2016)
  - Il *numero dei contratti eseguiti o l'ammontare del fatturato* realizzato dall'impresa nello Stato membro di stabilimento, tenendo conto della *specificità* delle piccole e medie imprese e di quelle di nuova costituzione
- Il lavoratore deve essere **effettivamente distaccato**. Sono valutati
  - Il *contenuto*, la *natura* e le *modalità di svolgimento dell'attività lavorativa* e la *retribuzione del lavoratore*
  - Che il *lavoratore eserciti, abitualmente*, la propria attività nello Stato membro da cui è stato distaccato
  - La *temporaneità dell'attività lavorativa svolta in Italia*
  - La *data di inizio del distacco*
  - Che il lavoratore *sia tornato* o *si preveda che torni* a prestare la sua attività *nello Stato membro da cui è stato distaccato*
  - Che il datore di lavoro che distacca il lavoratore *provveda alle spese di viaggio, vitto o alloggio e alle modalità* di pagamento o rimborso
  - Eventuali *periodi precedenti* in cui la *medesima attività è stata svolta dallo stesso* o da un altro lavoratore distaccato
  - L'esistenza del *certificato* relativo alla *legislazione di sicurezza sociale applicabile*
- Se il distacco **non risulta autentico**, il lavoratore è considerato a tutti gli effetti **alle dipendenze del soggetto che ne ha utilizzato la prestazione**

Osservazioni

Il **D.Lgs. 136/2016** prevede anche una **cooperazione tra Stati** nell'attività di verifica dell'autenticità dei distacchi e di perseguimento e repressione dei distacchi abusivi. A tal fine, tutte le informazioni relative alle condizioni di lavoro e di occupazione sono *pubblicate sul sito del Ministero del Lavoro* e messe a disposizione degli altri Stati dall'Ispettorato Nazionale del Lavoro.
Inoltre, a carico dell'impresa distaccante, è stato introdotto l'**obbligo di comunicare** il distacco al Ministero del Lavoro *entro le ore 24 del giorno antecedente* l'inizio dello stesso distacco e tutte le successive modificazioni entro 5 giorni.
Il **D.Lgs. 122/2020** (art. 10bis) ha poi introdotto **obblighi informativi**, a carico dell'impresa utilizzatrice, nei casi in cui il soggetto distaccante sia un'agenzia di somministrazione (art. 1, comma 2 e 2bis, D.Lgs. 136/2016).

7 Il sistema sanzionatorio

Interposizione illecita di manodopera

- L'interposizione è illecita se **svolta da soggetti privi della specifica autorizzazione** (le agenzie di somministrazione) (art. 18, D.Lgs. 276/2003) e in mancanza dei *presupposti oggettivi stabiliti dal legislatore* (dal D.Lgs. 276/2003 per appalto e distacco; dal D.Lgs. 81/2015 per la somministrazione)

Somministrazione irregolare (art. 38, D.Lgs. 81/2015)

- Il contratto di somministrazione di lavoro è stipulato in **violazione dei limiti e dei requisiti previsti dalla legge** (limiti quantitativi, divieti, mancanza di determinati elementi informativi)
- Il lavoratore, mediante *azione giudiziale*, può ottenere la **costituzione di un rapporto di lavoro alle dipendenze dell'utilizzatore**, con effetto dall'inizio della somministrazione
- Tutti gli *atti compiuti dal somministratore* per la *costituzione* o la *gestione del rapporto*, per il periodo durante il quale la somministrazione ha avuto luogo, si intendono **come compiuti dal soggetto utilizzatore**

Somministrazione fraudolenta (art. 38bis, D.Lgs. 81/2015)

- La fornitura di lavoro avviene con la specifica finalità di **eludere norme inderogabili di legge o di contratto collettivo** applicate al lavoratore (es. fornitura di lavoro in violazione dei divieti alla somministrazione; appalto non genuino)
- Ferme le sanzioni previste dall'art. 18 del D.Lgs. 276 del 2003 per l'interposizione illecita di manodopera, il somministratore e l'utilizzatore sono puniti con la pena dell'**ammenda** di *20 euro per ciascun lavoratore coinvolto e per ciascun giorno di somministrazione*

Reato di intermediazione illecita e sfruttamento del lavoro (art. 603bis c.p.)

- È punito con la reclusione da 1 a 6 anni e con la multa da euro 500 a euro 1.000 per ciascun lavoratore reclutato, chiunque
  - **Recluta manodopera** allo **scopo di destinarla al lavoro presso terzi** in condizioni di sfruttamento, approfittando dello *stato di bisogno* dei lavoratori
  - **Utilizza, assume o impiega manodopera**, anche mediante l'*attività di intermediazione*, sottoponendo i lavoratori a condizioni di sfruttamento e approfittando del loro *stato di bisogno*
- Se i fatti sono commessi mediante **violenza o minaccia**, si applica la pena della reclusione da 5 a 8 anni e la multa da euro 1.000 a euro 2.000 per ciascun lavoratore reclutato
- Costituiscono, inoltre, **aggravante specifica** e comportano l'**aumento della pena da 1/3 alla metà** i seguenti elementi: il fatto che il numero di lavoratori reclutati sia *superiore a 3*; il fatto che uno o più dei soggetti reclutati siano *minori in età non lavorativa*; l'aver commesso il fatto esponendo i lavoratori sfruttati a situazioni di *grave pericolo*, avuto riguardo alle caratteristiche delle prestazioni da svolgere e delle condizioni di lavoro

Reato di intermediazione illecita e sfruttamento del lavoro (art. 603bis c.p.)	▶ Per la configurazione del reato e l'applicazione della relativa sanzione è necessaria la sussistenza dello **sfruttamento del lavoro**. Indici rilevatori dello sfruttamento sono	▶ *Reiterata corresponsione* di *retribuzioni* in modo *palesemente difforme dai contratti collettivi* o comunque *sproporzionato rispetto alla quantità e qualità* del lavoro prestato ▶ *Reiterata violazione della normativa* relativa all'*orario di lavoro*, ai *periodi di riposo*, al *riposo settimanale*, all'*aspettativa obbligatoria*, alle *ferie* ▶ *Sussistenza di violazioni* delle norme in *materia di sicurezza e igiene* nei luoghi di lavoro ▶ *Sottoposizione* del lavoratore a *condizioni di lavoro*, a *metodi di sorveglianza o a situazioni alloggiative degradanti*

Osservazioni

Il tema della lotta allo sfruttamento lavorativo in agricoltura e al caporalato è centrale nella politica del Governo e richiede la **collaborazione di tutti i livelli istituzionali** per la realizzazione di interventi di natura *emergenziale* nelle aree più critiche e di azioni di sistema negli ambiti della prevenzione, della vigilanza e del *contrasto del fenomeno*, nonché della *protezione* e *assistenza* delle vittime e della loro *reintegrazione* socio-lavorativa. In tale prospettiva, è stato approvato il **Piano triennale di contrasto allo sfruttamento lavorativo in agricoltura** (2020-2022).
Ad approvare il Piano triennale è stato il cd. **Tavolo Caporalato**, istituito per 3 anni dal *D.M. 4-7-2019*, e prorogato per un ulteriore triennio, cioè fino al *3-9-2025* (D.M. 17-6-2022).
Al fine di favorire la *cooperazione interistituzionale* nell'*attuazione delle misure previste dal Piano triennale* nelle aree qualificate a più elevato rischio di sfruttamento lavorativo, il *14 luglio 2021* è stato poi firmato il **Protocollo d'intesa per la prevenzione e il contrasto dello sfruttamento lavorativo in agricoltura e del caporalato**, valido ed efficace fino al periodo di vigenza del Piano triennale.
Inoltre, in coerenza con la strategia nazionale delineata dal Piano triennale 2020-2022, il 7-10-2021, sono state emanate le **Linee Guida** nazionali in materia di identificazione, protezione e assistenza alle vittime di sfruttamento lavorativo in agricoltura.
Con il Piano triennale 2020-2022 e con le **Linee Guida**, è stata definita una *cornice* organica di soggetti, strumenti e principi, attraverso i quali i diversi livelli di governo sono chiamati a *cooperare* per realizzare l'*integrazione* delle politiche, delle misure e dei servizi che hanno come obiettivo l'**innalzamento dei livelli di tutela** delle vittime di sfruttamento lavorativo in agricoltura.

In sintesi

Il nostro ordinamento prevedeva originariamente il **divieto di interposizione e appalto nelle prestazioni di lavoro**, disciplinato nell'**art. 2127 c.c.** e dalla **L. 23-10-1960, n. 1369.**
Solo con **L. 24-6-1997, n. 196**, recante «*Norme in materia di promozione dell'occupazione*», veniva finalmente superata l'ostilità mostrata per decenni dal nostro ordinamento verso la interposizione nelle prestazioni di lavoro.
La L. 196/1997 aveva, infatti, previsto e disciplinato il **contratto di fornitura di prestazioni di lavoro temporaneo** mediante il quale un'impresa di fornitura di lavoro temporaneo (cd. impresa fornitrice) poneva uno o più lavoratori (cd. prestatori di lavoro temporaneo), da essa assunti, a disposizione di altra impresa (cd. impresa utilizzatrice) per il soddisfacimento di esigenze produttive di carattere temporaneo.

Successivamente, con la riforma del **D.Lgs. 276/2003**, il lavoro temporaneo previsto dalla L. 196/1997 è stato sostituito da una nuova fattispecie, la **somministrazione di lavoro** (ora disciplinata dal D.Lgs. 81/2015 e succ. modif.), analoga nella funzione (fornitura di lavoro da un'impresa ad un'altra), ma con una applicazione molto più estesa (in quanto può essere anche a tempo indeterminato, mentre la fornitura di lavoro ex L. 196/1997 era solo temporanea). Il D.Lgs. 276/2003 ha poi precisato i requisiti dell'**appalto** e del **distacco del lavoratore**, allo scopo di prevenire e reprimere ogni forma illecita e subdola di interposizione nelle prestazioni di lavoro a svantaggio dei prestatori. Successivamente, il D.L. 138/2011, conv. in L. 148/2011 ha introdotto il reato di **intermediazione illecita** e **sfruttamento del lavoro** (cd. legge contro il **caporalato**) nell'ambito delle disposizioni in materia di contrasto ai fenomeni del *lavoro nero*, dello sfruttamento del *lavoro in agricoltura* e del riallineamento retributivo nel settore agricolo.
Nell'ambito della disciplina sanzionatoria dei fenomeni interpositori e di intermediazione illecita, il Decreto Dignità (D.L. 87/2018, conv. in L. 96/2018) ha poi introdotto nuovamente la fattispecie della **somministrazione fraudolenta**, prevedendo una *sanzione penale*, a carico dell'utilizzatore e del somministratore, ferme le sanzioni previste per l'interposizione illecita di manodopera dall'art. 18 del D.Lgs. 276/2003.

note

8 La prestazione di lavoro

1 La prestazione di lavoro

Nozione: consiste nella **messa a disposizione** del «*proprio lavoro intellettuale o manuale alle dipendenze e sotto la direzione dell'imprenditore*» (art. 2094 c.c.).
Costituisce la **prestazione specifica** del rapporto di lavoro e rappresenta il **contenuto principale dell'obbligazione del lavoratore**.

Caratteri della prestazione
- *Lecita*
- *Possibile*
- *Determinata* o *determinabile*
- **Personale**
  - Il lavoratore *non può farsi sostituire* da altri nell'espletamento dell'attività lavorativa
  - La sostituzione del lavoratore può avvenire *eccezionalmente con l'espresso consenso del datore di lavoro* e con altri suoi dipendenti
- **Patrimoniale**
  - L'attività del prestatore è suscettibile di *valutazione economica*

Contenuto sostanziale della prestazione
- È l'**attività dedotta nel rapporto di lavoro**
- È desunta dai **seguenti elementi**
  - **Mansioni**
  - **Qualifiche**
  - **Categorie**

Obbligo di informare il lavoratore
- Il datore di lavoro ha l'**obbligo di far conoscere al prestatore**, al momento dell'assunzione, la **categoria** e la **qualifica** che gli sono state assegnate in relazione alle **mansioni** per cui è stato assunto (art. 96 disp. att. c.c.).

2 Le mansioni

Nozione: indicano l'insieme dei **compiti** e delle **concrete operazioni** che il lavoratore è chiamato ad eseguire e che possono essere pretesi dal datore di lavoro.
Individuano, in sostanza. l'oggetto specifico dell'obbligazione lavorativa ossia le attività concretamente espletate.

3 Le qualifiche

Nozione: designa lo **status professionale** del lavoratore, legalmente e contrattualmente identificato secondo il *contenuto delle mansioni*. In particolare, la qualifica esprime il *tipo* e il *livello di una figura professionale* e determina, con le mansioni, la *posizione del lavoratore* nella struttura organizzativa dell'impresa e, quindi, il suo *trattamento normativo* ed *economico*.

Determinazione
- Le qualifiche vanno **identificate secondo i criteri legali e contrattuali** di classificazione delle mansioni
- Le qualifiche devono essere **distribuite per gradi**, entro le varie categorie di dipendenti, in modo che sia prestabilito l'*ordinamento gerarchico dell'impresa*

Differenze

La **qualifica** indica l'**oggetto generico** dell'obbligazione lavorativa mentre le **mansioni** individuano l'**oggetto specifico** dell'obbligo, cioè i concreti compiti che il lavoratore esegue in base alle direttive del datore di lavoro. Es. due dipendenti di un'impresa di autotrasporti, entrambi assunti con la qualifica di autista, ma, in base alle istruzioni del datore di lavoro, uno svolge mansioni di conducente di un pullman, l'altro guida un tir.

4 Le categorie

Nozione: entità classificatorie che raggruppano vari profili professionali.

Tipologia
- **Legali**
  - Art. 2095 c.c.
  - *Dirigenti, quadri, impiegati, operai*
- **Contrattuali**
  - Contrattazione collettiva
  - *Funzionari, intermedi*

Categorie legali
- **Dirigenti**, che ricoprono nell'impresa un ruolo caratterizzato da un *elevato grado di professionalità*, autonomia e potere decisionale
- **Quadri**, che non appartengono alla categoria dei dirigenti, ma svolgono, con carattere continuativo, *funzioni di rilevante importanza* ai fini dello sviluppo e dell'attuazione degli obiettivi d'impresa
- **Impiegati**, che prestano la propria attività alle dipendenze di un imprenditore o di un privato, con *funzioni di collaborazione*, tanto di concetto che di ordine, eccettuata ogni prestazione che sia semplicemente di manodopera
- **Operai**, che svolgono *mansioni prevalentemente* (ma non esclusivamente) *manuali*

Categorie di origine contrattuale
- **Funzionari**: personale con *funzioni direttive* nei settori del credito e delle assicurazioni
- **Intermedi**: personale collocabile nel grado superiore della *categoria operaia*. Figura tipica è il *capo operaio*, preposto alla guida e al controllo di un gruppo di operai

Inquadramento unico

- ▷ **Sistema di classificazione professionale** introdotto dalla contrattazione collettiva, non più fondato sulla separazione tra impiegati e operai, ma su una *pluralità di livelli professionali*, comuni ad entrambi e ordinati in un'*unica scala*
- ▷ *Superamento parziale della distinzione tra impiegati e operai* con l'adozione di *una scala di classificazione unica* ordinata per livelli professionali
- ▷ *Riduzione del numero dei livelli* per gruppi omogenei in cui si raggruppano le mansioni ai fini retributivi
- ▷ *Promozione della professionalità dei lavoratori*, attraverso l'impegno del datore di lavoro a valorizzare la capacità professionale dei dipendenti
- ▷ *Tendenziale unificazione del trattamento economico e normativo*

5 Il mutamento delle mansioni (cd. ius variandi)

Lo *ius variandi* del datore di lavoro

- ▶ Fermo restando che il lavoratore ha diritto ad essere **adibito alle mansioni per le quali è stato assunto** (**principio di contrattualità delle mansioni**), il datore di lavoro ha il potere di modificare le mansioni del lavoratore durante lo svolgimento del rapporto di lavoro *rispetto a quanto concordato al momento dell'assunzione.*
- ▶ L'esercizio di tale potere, denominato **ius variandi**, non è arbitrario ma è sottoposto ai **limiti** previsti dall'**art. 2103 c.c.**

Art. 2103 c.c.

- ▶ Il lavoratore può essere adibito alle mansioni **corrispondenti all'inquadramento superiore che abbia successivamente acquisito** ▷ **Mobilità verticale**
- ▶ Il lavoratore può essere adibito a **mansioni riconducibili** allo **stesso livello** e **categoria legale** di inquadramento delle ultime effettivamente svolte ▷ **Mobilità orizzontale**
- ▶ Il datore di lavoro può assegnare il prestatore di lavoro a **mansioni appartenenti al livello di inquadramento inferiore** purché rientranti nella **medesima categoria legale** ▷ **Demansionamento**

Mobilità verticale

- Il lavoratore ha diritto al **maggior compenso** proporzionato alle **mansioni superiori**
- Le mansioni superiori **divengono definitive** dopo il *periodo fissato dai contratti collettivi* o, in mancanza di disposizioni del CCNL, *dopo 6 mesi continuativi* (**promozione automatica**)
- Il lavoratore **non** acquista, però, il diritto all'assegnazione definitiva se l'adibizione a mansioni superiori è originata dall'esigenza di *sostituire temporaneamente lavoratori con diritto alla conservazione del posto* (es. malattia, maternità) o se esse siano state svolte *transitoriamente*

Mobilità orizzontale

- È consentita per mansioni che appartengono allo **stesso livello e categoria legale** di quelle *effettivamente svolte* dal lavoratore prima del passaggio
  - Esemplificando: un operaio di II livello potrà essere assegnato a tutte le mansioni previste per la categoria operaia del II livello del CCNL
- La validità del mutamento delle mansioni deve essere *verificata* con riferimento alle previsioni del **contratto collettivo**
  - La precedente disciplina faceva riferimento al concetto di *mansioni equivalenti* individuabili invece grazie alla dottrina e alla giurisprudenza

Demansionamento

- È consentito per mansioni appartenenti al **livello di inquadramento inferiore** purché rientranti nella **medesima categoria legale**
  - In caso di **modifica degli assetti organizzativi** aziendali che **incide sulla posizione del lavoratore**
  - Per le ipotesi previste dai **contratti collettivi**
    - L'assegnazione a mansioni inferiori deve essere comunicata al lavoratore *per iscritto*, a pena di *nullità*
    - Il lavoratore ha diritto alla *conservazione del livello di inquadramento* e del *trattamento retributivo in godimento*, fatta *eccezione* per gli elementi retributivi collegati a particolari modalità di svolgimento della precedente prestazione lavorativa
- È consentito in base a *deroghe consensuali*, concordate direttamente a livello individuale, mediante **accordo tra datore e lavoratore**
  - Con accordo individuale è possibile concordare la modifica delle *mansioni*, della *categoria legale* e del *livello di inquadramento* e della *relativa retribuzione*

Assegnazione a mansioni inferiori sulla base di accordo individuale

- L'accordo deve avvenire in una delle **sedi protette** previste dall'**art. 2113** c.c. (es. innanzi al giudice)
- L'accordo deve perseguire l'**interesse del lavoratore** alla **conservazione dell'occupazione**, all'acquisizione di una **diversa professionalità** o al **miglioramento delle condizioni di vita**
- Il lavoratore può farsi **assistere** da un rappresentante dell'associazione sindacale cui aderisce o conferisce mandato o da un avvocato o da un consulente del lavoro

Osservazioni

Ulteriori ipotesi di assegnazione del lavoratore a mansioni inferiori sono legittimate da specifiche ipotesi normative che, già prima del D.Lgs. 81/2015, giustificavano il demansionamento in virtù della necessità di *tutelare interessi superiori* rispetto a quello di tutela della professionalità, quali la salute del lavoratore o il posto di lavoro. In tal senso, fra le diverse ipotesi si ricordano le piu rilevanti:

— *art. 7, D.Lgs. 151/2001*, che vieta al datore di lavoro di adibire le lavoratrici durante il **periodo di gestazione** *e fino a 7 mesi dopo il parto* a mansioni pregiudizievoli della salute, autorizzandolo, a tal fine, a spostare le lavoratrici anche a mansioni inferiori;

— *art. 42, comma 1, D.Lgs. 81/2008* (cd. Testo Unico della sicurezza sul lavoro), che formula il **principio di ricollocazione** *del lavoratore* divenuto, per motivi di salute, **inidoneo alla mansione**. La norma prevede che il lavoratore possa essere adibito a mansioni inferiori, *conservando la retribuzione* (corrispondente alle precedenti mansioni) e la *qualifica originaria*;

— *art. 4, comma 4, L. 68/1999*, secondo cui il **lavoratore divenuto inabile a seguito di infortunio o malattia** può essere adibito a mansioni inferiori con il riconoscimento del diritto alla conservazione del trattamento più favorevole corrispondente alle mansioni di provenienza.

6 La mobilità introaziendale

Trasferimento del lavoratore

- Il datore di lavoro può **modificare unilateralmente** la sede (unità produttiva) di assegnazione ovvero il **luogo di svolgimento della prestazione** lavorativa a parità di mansioni
- La disciplina è prevista dall'**art. 2103, comma 1, ultima parte, c.c.**

Disciplina

- Il lavoratore non può essere trasferito da un'unità produttiva ad un'altra se non per **comprovate ragioni tecniche, organizzative e produttive**
  - La norma non prende in considerazione qualsiasi trasferimento, ma solo quello posto in essere da *un'unità produttiva ad un'altra*
  - Deve sussistere una *motivazione oggettiva verificabile*, connessa all'organizzazione aziendale
- In via generale, sono assolutamente **vietati** i trasferimenti attuati allo scopo di **discriminare il lavoratore** a causa della sua adesione ad attività sindacali ovvero della sua partecipazione ad uno sciopero oppure per ragioni politiche, religiose, razziali, di lingua o di sesso, di *handicap*, di *età*, di *nazionalità* o legate all'orientamento sessuale o alle convinzioni personali (art. 15, L. 300/1970)

Differenze

La fattispecie del trasferimento non è definita dal legislatore, ma è individuata dalla giurisprudenza in uno **spostamento definitivo** (salvo successivi ulteriori trasferimenti) e *senza limiti di tempo* del luogo di lavoro del lavoratore.
Distinta dal trasferimento è la **trasferta** del lavoratore, caratterizzata da un mutamento solo *provvisorio* e *temporaneo* del luogo di adempimento della prestazione del lavoratore subordinato.

Limiti specifici al potere del datore di trasferire il lavoratore in un'altra sede

- **I dirigenti delle RSA o RSU**, i candidati e i membri di commissioni interne, che possono essere trasferiti solo con il *preventivo nulla osta delle organizzazioni sindacali* (art. 22, L. 300/1970)
- **I lavoratori con handicap** e i **lavoratori che assistono familiari con handicap**, che non possono essere trasferiti in altra sede, senza il loro consenso (art. 33, comma 5 e 6 L. 104/1992). Inoltre, i *primi* hanno diritto a scegliere, ove possibile, la sede di lavoro più vicina al proprio domicilio, mentre i *secondi* quella più vicina al domicilio della persona da assistere
- Le **lavoratrici** (e i lavoratori) che fruiscono del **congedo di maternità e paternità** hanno diritto, al loro rientro, salvo che espressamente vi rinuncino, a *rientrare nella stessa unità produttiva in cui erano occupati all'inizio del periodo di gravidanza* o in altra ubicata nel medesimo comune, e di permanervi fino al compimento di un anno di età del bambino (art. 56, D.Lgs. 151/2001)

In sintesi

Il rapporto di lavoro è la relazione giuridica che intercorre tra il datore di lavoro e il lavoratore, avente ad oggetto l'obbligo di eseguire la prestazione lavorativa.
La prestazione di lavoro subordinato consiste nella messa a disposizione del «proprio lavoro intellettuale o manuale alle dipendenze e sotto la direzione dell'imprenditore» (art. 2094 c.c.) e rappresenta il contenuto principale dell'obbligazione del lavoratore.
Tale contenuto, ossia l'attività dedotta nel rapporto, è desumibile da una serie di indici formali e precisamente dalle **mansioni**, dalle **qualifiche** e dalle **categorie**.
Le mansioni indicano l'insieme dei compiti e delle concrete e specifiche attività che il lavoratore è chiamato ad eseguire e che sono esigibili dal datore di lavoro.
La **classificazione professionale** prevista dalla contrattazione collettiva limita il potere direttivo del datore di lavoro, che è tenuto a rispettare la corrispondenza tra mansioni e assegnazioni ad un dato livello di inquadramento del lavoratore. Il datore di lavoro può però modificare le mansioni del lavoratore. Tale potere, denominato **ius variandi**, si giustifica in relazione alle esigenze dell'organizzazione del lavoro a fronte di situazioni dinamiche e imprevedibili e costituisce una delle **manifestazioni del potere direttivo del datore di lavoro**. La sua disciplina è contenuta nell'**art. 2103 c.c.**, completamente riscritto dal **D.Lgs. 81/2015**, di attuazione del Jobs Act, e a cui si deve l'introduzione di specifiche ipotesi di **demansionamento** del lavoratore (*unilaterale*, per effetto di previsioni della *contrattazione collettiva* o in virtù di *accordo individuale*).

9 Gli obblighi e i diritti del lavoratore

1 Gli obblighi del lavoratore

1.1 L'obbligo di diligenza e obbedienza

Diligenza

- Si sostanzia nell'**insieme di cure, cautele e attenzioni** che devono informare l'esecuzione della prestazione (art. 2104, comma 1, c.c.)
- È l'**obbligo** posto in capo al lavoratore per il corretto e puntuale espletamento dell'attività lavorativa

I tre parametri della diligenza

- **Natura della prestazione**
  - Consiste nella *qualità del lavoro prestato*, come risulta dalle *mansioni*, dalla *qualifica* e dal *profilo professionale*
- **Interesse nazionale**
  - Si ritiene *abrogato* a seguito della caduta del *regime corporativo*
- **Interesse dell'impresa**
  - Consiste nel *collegamento della prestazione lavorativa alle esigenze organizzative del datore di lavoro*; pertanto, il lavoratore è diligente se il lavoro svolto può *utilmente coordinarsi* con l'attività degli altri prestatori

Obbedienza

- È l'obbligo di «**osservare le disposizioni per l'esecuzione e per la disciplina del lavoro**» che l'imprenditore o i suoi collaboratori impartiscono per conformare la prestazione lavorativa alle esigenze dell'impresa (art. 2104, comma 2, c.c.)
- È un *effetto* della natura subordinata del rapporto di lavoro
- **È correlata all'esercizio del potere direttivo e disciplinare** del datore di lavoro

Osservazioni

Secondo l'orientamento giurisprudenziale prevalente, l'obbligo di diligenza si sostanzia non solo nell'esecuzione della prestazione lavorativa secondo la particolare natura di essa (**diligenza in senso tecnico**), ma anche nello svolgimento di quei **comportamenti accessori** che si rendano necessari in relazione all'interesse del datore di lavoro ai fini di un'utile prestazione (Cass. 3845/1992).

È pertanto connesso al dovere di diligenza l'obbligo del lavoratore di acquisire le *competenze professionali* indispensabili per l'espletamento della sua attività, così come quello di aggiornare la sua preparazione frequentando corsi di addestramento o di riqualificazione all'interno o all'esterno dell'azienda, sempreché essi siano predisposti e attivati dal datore di lavoro.

Va, infine, precisato che rientra nel dovere di diligenza anche l'obbligo di *custodire le materie prime e gli strumenti di lavoro* affidati al lavoratore.

1.2 L'obbligo di fedeltà (art. 2105 c.c.): divieto di concorrenza e obbligo di riservatezza

Obbligo di fedeltà

- Ha lo scopo di **tutelare l'interesse dell'imprenditore alla capacità di concorrenza e competitività** dell'impresa
- Si collega ai *principi generali di correttezza e buona fede*
- Si sostanzia nell'obbligo di tenere un **comportamento leale verso il datore di lavoro** e di tutelarne gli interessi
- Ha un contenuto negativo (obblighi di non fare): **divieto di concorrenza e obbligo di riservatezza**

Conseguenze della violazione del dovere di fedeltà

- Applicazione di *sanzioni disciplinari* per il lavoratore
- In caso di danno al datore di lavoro, *obbligo al risarcimento*

Divieto di concorrenza

- Consiste nell'**obbligo di astenersi dal trattare affari, per conto proprio o di terzi, in concorrenza con l'imprenditore**
- Ha il suo *fondamento* nel contratto di lavoro, perciò vige **solo per la durata del rapporto di lavoro**
- Si **estingue** con la **cessazione del rapporto di lavoro**

Distinzioni tra la concorrenza *ex* art. 2105 c.c. e altre fattispecie

- **Atti di concorrenza sleale** (art. 2598 c.c.)
  - Si concretizzano in *comportamenti normativamente previsti* (es.: diffusione di notizie su prodotti di un concorrente, idonee a determinarne il discredito)
  - **Non hanno natura contrattuale**
  - Danno luogo a *responsabilità extracontrattuale*
- **Patto di non concorrenza** (art. 2125 c.c.)
  - Indica *l'accordo tra datore e prestatore di lavoro*, tramite il quale il lavoratore assume l'obbligo di non compiere attività concorrenziali con il primo nel **periodo successivo alla cessazione del rapporto di lavoro**. È *valido* se:
    - è redatto per *iscritto* a *pena di nullità*
    - il vincolo è limitato a *determinate attività e luoghi*
    - ha una *durata limitata* (5 anni per i dirigenti, 3 anni per le altre categorie)
    - è previsto un *corrispettivo* per il lavoratore

Obbligo di riservatezza

- Consiste nell'obbligo di *non divulgare notizie attinenti all'organizzazione e ai metodi di produzione dell'impresa*, né di *farne uso in modo da poter recare ad essa pregiudizio*

Obbligo di riservatezza	▶ Tipologia di notizie	▷ *Rientrano* nell'obbligo le notizie tecniche e organizzative relative all'impresa ▷ Sono *escluse* dall'obbligo le notizie che rivestono interesse sindacale (es. comportamenti sindacali del datore di lavoro) o sociale (es. produzione di sostanze nocive)
	▶ Durata	▷ *Ragionevole lasso di tempo*, anche successivo alla cessazione del rapporto, in cui permane *l'interesse del datore di lavoro alla segretezza*
	▶ Tutela del datore di lavoro in caso di violazione	▷ Art. 621 c.p. (*Rivelazione del contenuto di documenti segreti*) ▷ Art. 622 c.p. (*Rivelazione del segreto professionale*) ▷ Art. 623 c.p. (*Rivelazione di segreti scientifici o commerciali*)

Osservazioni

L'obbligo di riservatezza *non esclude* che il lavoratore possa *utilizzare le competenze professionali acquisite nello svolgimento della sua attività*, essendo esso riferito solo alla diffusione di notizie (know-how, elenco clienti ecc.), la cui conoscenza esterna sia anche potenzialmente pericolosa.
Deroghe all'art. 2105 c.c. sono, inoltre, previste dalla L. 30-11-2017, n. 179 per i lavoratori che presentano **segnalazioni circostanziate di condotte illecite**, fondate su elementi di fatto *precisi* e *concordanti*, o di *violazioni del modello di organizzazione e gestione dell'ente*, di cui siano venuti a conoscenza in ragione delle funzioni svolte, secondo i modelli di organizzazione e di gestione aziendale regolamentati ex art. 6, D.Lgs. 231/2001 (cd. **whistleblowing**). In tali casi, il perseguimento dell'interesse all'integrità dell'azienda privata, nonché la prevenzione e la repressione delle malversazioni, costituisce *giusta causa di rivelazione di notizie* coperte dall'obbligo di segretezza. Se però le notizie, oggetto di segreto aziendale, professionale o d'ufficio, sono rivelate con modalità eccedenti rispetto alle finalità dell'eliminazione dell'illecito (e, in particolare, la rivelazione è avvenuta al di fuori del canale di comunicazione specificamente predisposto a tal fine), si ha violazione del relativo obbligo di segreto.

2 I diritti del lavoratore

Classificazione	▶ Diritti **patrimoniali**	▷ Diritto alla **retribuzione** ▷ Diritto al *trattamento di fine rapporto* ▷ Diritto ad eventuali *indennità speciali*
	▶ Diritti **personali**	▷ *Diritto all'integrità fisica ed alla salute* (art. 2087 c.c., art. 9 St. Lav.) ▷ *Libertà di opinione e tutela della riservatezza* (artt. 1 e 8, St. Lav.) ▷ Tutela della *dignità del lavoratore* (artt. 3, 4 e 6 St. Lav.).

Classificazione

- Diritti **personali**
  - Diritto allo *studio per i lavoratori studenti* (art. 10 St. Lav.)
  - Tutela dell'interesse dei lavoratori ad *adempiere funzioni pubbliche* (artt. 31 e 32 St. Lav.)
  - Tutela delle *attività culturali, ricreative ed assistenziali* (art. 11 St. Lav.)
- Diritti **sindacali**
  - **Generali**, inerenti alla *libertà di organizzazione* e all'*attività sindacale* e al *diritto di sciopero* costituzionalmente *garantiti* (artt. 39 e 40 Cost.) e il cui esercizio nei luoghi di lavoro è riconosciuto e tutelato dagli artt. 14-17 St. Lav
  - **Speciali**, riguardano particolari aspetti della libertà sindacale (Titolo III e IV St. Lav.), quali il diritto a costituire rappresentanze sindacali, il diritto di assemblea ecc.
- Diritto ad **eseguire la prestazione lavorativa**
  - Assume rilievo quando sussiste un *interesse professionale* all'esecuzione della prestazione (**esempio**: nell'apprendistato)

3 Le prescrizioni minime relative alle condizioni di lavoro e le misure di tutela introdotte dal Decreto Trasparenza

Fonte normativa

- Artt. 8-11, D.Lgs. 27-6-2022, n. 104
  - Attuazione della *direttiva (UE) 2019/1152*, relativa a **condizioni di lavoro trasparenti e prevedibili** nell'Unione europea

Cumulo di impieghi

- Il datore di lavoro, fermo il rispetto dell'obbligo di fedeltà *ex* art. 2105 c.c., **non può vietare** al lavoratore lo svolgimento di **altra attività lavorativa in orario al di fuori della programmazione dell'attività lavorativa concordata**, né può riservargli, per tale motivo, un trattamento meno favorevole (art. 8, D.Lgs. 104/2022)
- Il datore di lavoro **può limitare** o **negare** al lavoratore lo svolgimento di un altro e diverso rapporto di lavoro qualora sussista una delle seguenti **condizioni**
  - *Pregiudizio per la salute e la sicurezza*, compreso il rispetto della normativa in materia di durata dei riposi
  - Necessità di garantire l'*integrità di un servizio pubblico*
  - *Conflitto d'interessi* tra la diversa e ulteriore attività lavorativa e la principale, pur senza la violazione dell'obbligo di fedeltà *ex* art. 2105 c.c.

	Ambito di operatività	Lavoratori il cui rapporto di lavoro subordinato o di collaborazione coordinata e continuativa si svolga secondo *modalità organizzative* in tutto o in gran parte *imprevedibili*
Prevedibilità minima del lavoro	Il datore di lavoro non può imporre al lavoratore di svolgere l'attività lavorativa, salvo che ricorrano *entrambe* le seguenti **condizioni**	Il lavoro si svolga entro *ore e giorni di riferimento predeterminati* Il *lavoratore sia informato dal suo datore di lavoro sull'incarico o sulla prestazione da eseguire*, con un periodo di *preavviso* ragionevole In carenza di una o di entrambe le condizioni, il lavoratore ha diritto di **rifiutare** di assumere un incarico di lavoro o di rendere la prestazione, **senza subire alcun pregiudizio**, anche di natura disciplinare
	Il datore di lavoro che, conformemente ai criteri individuati dai contratti collettivi, abbia stabilito il *numero delle ore minime retribuite garantite* deve informare il lavoratore	Del *numero delle ore minime retribuite garantite su base settimanale*, nella misura indicata dai contratti collettivi, anche aziendali, stipulati dalle organizzazioni sindacali e datoriali comparativamente più rappresentative sul piano nazionale Delle *maggiorazioni retributive*, in misura percentuale rispetto alla retribuzione oraria base, spettanti per le ore lavorate in aggiunta alle ore minime retribuite garantite
Transizione a forme di lavoro più prevedibili, sicure e stabili	Finalità	**Limitare la durata** delle forme di lavoro *meno sicure*
	Il lavoratore che abbia maturato un'*anzianità di lavoro* di *almeno 6 mesi* presso lo *stesso datore di lavoro* o committente e che abbia *completato* l'eventuale *periodo di prova*, può chiedere che gli venga riconosciuta una forma di lavoro con condizioni più **prevedibili, sicure** e **stabili**, se *disponibile*	Il datore di lavoro, o il committente, deve fornire **risposta scritta motivata** entro *un mese dalla richiesta* del lavoratore In caso di **risposta negativa** da parte del datore di lavoro: il lavoratore può presentare una *nuova richiesta* dopo *almeno 6 mesi dalla precedente.* Tale facoltà può però essere esercitata a **condizione** che il lavoratore manifesti, per *iscritto*, la propria **volontà** al datore di lavoro o al committente

Formazione obbligatoria

- Quando il datore di lavoro è tenuto ad erogare ai lavoratori una **formazione** per lo svolgimento del lavoro per cui sono impiegati, tale formazione
  - Va garantita *gratuitamente* a tutti i lavoratori
  - Va **considerata come orario di lavoro** e, ove possibile, deve svolgersi durante lo stesso
- L'obbligo in esame non riguarda la *formazione professionale* o la *formazione necessaria al lavoratore per ottenere, mantenere o rinnovare una qualifica professionale*, salvo che il datore di lavoro non sia tenuto a fornirla per legge o in base alla contrattazione collettiva

Osservazioni

Nell'ambito delle prescrizioni minime relative alle condizioni di lavoro disciplinate dal D.Lgs. 104/2022, è compresa anche la disciplina del **periodo di prova** (art. 7), per la cui trattazione v. *retro*.

4 Il mobbing come violazione del diritto alla salute e alla tutela della personalità

Origine del termine mobbing

- Dal verbo «**to mob**», che in etologia designa il *comportamento aggressivo* di alcune specie animali all'interno del proprio gruppo

Individuazione del mobbing

- **Non** esiste una **definizione normativa** del mobbing
- Secondo la **dottrina** e la **giurisprudenza** (*ex multis*, Cass. 24883/2019, Cass. 12364/2020, Cass. 11521/2022), si configura il mobbing lavorativo se ricorrono
  - Una serie di **comportamenti di carattere persecutorio** – illeciti o anche leciti se considerati singolarmente – che, con intento vessatorio, siano posti in essere contro la vittima **in modo miratamente sistematico e prolungato nel tempo**, direttamente da parte del datore di lavoro o di un suo preposto o anche da parte di altri dipendenti, sottoposti al potere direttivo dei primi
  - L'**evento lesivo** della salute, della personalità o della dignità del dipendente
  - Il **nesso eziologico** tra le descritte condotte e il pregiudizio subito dalla vittima nella propria integrità psico-fisica e/o nella propria dignità
  - L'elemento soggettivo, cioè l'**intento persecutorio unificante di tutti i comportamenti lesivi**

Principali ipotesi di mobbing elaborate dalla dottrina e dalla giurisprudenza	▶ **Mobbing orizzontale**	▷ Le aggressioni e le vessazioni provengono da *colleghi di lavoro della vittima*
	▶ **Mobbing verticale**	▷ L'aggressione è provocata *dal datore di lavoro*, sia esso privato o pubblico, o altro *superiore gerarchico* del lavoratore
	▶ **Mobbing ascendente**	▷ Se predisposto dai *dipendenti contro il proprio responsabile*, di solito non il datore, bensì il soggetto da questi preposto
	▶ **Mobbing strategico**	▷ Il dipendente è oggetto ripetuto di *soprusi* da parte dei superiori *in modo deliberato e freddamente pianificato*
	▶ **Mobbing emozionale o relazionale**	▷ Si riconosce nelle *alterate relazioni interpersonali*
	▶ **Mobbing non intenzionale**	▷ *Non è evidente la volontà* di isolare o estromettere un lavoratore

Osservazioni

Con la L. 11/2009, è stato introdotto nel nostro ordinamento la figura di reato denominata comunemente «**stalking**» (ossia «fare la posta», «persecuzione»). L'art. 612bis c.p., sotto la rubrica atti persecutori, punisce «chiunque, con condotte reiterate, minaccia o molesta taluno in modo da cagionare un perdurante e grave stato di ansia o di paura ovvero da ingenerare un fondato timore per l'incolumità propria o di un prossimo congiunto o di persona al medesimo legata da relazione affettiva ovvero da costringere lo stesso ad alterare le proprie abitudini di vita». In proposito, è stato evidenziato che **mentre il mobbing attiene al luogo di lavoro, lo stalking invece attiene alla sfera privata della vittima**. Il legame fra le due fattispecie è, tuttavia, talmente evidente che si parla anche di *stalking occupazionale* quando l'attività persecutoria inizia sul luogo di lavoro e si *protrae nella sfera privata* del mobbizzato, per completare e/o rafforzare il progetto di mobbing che si sia rivelato inefficace allo scopo.

Forme frequenti di mobbing

- ▶ *Dequalificazione professionale del lavoratore*, destinato a mansioni inferiori per mortificarlo
- ▶ *Comportamenti fastidiosi od offensivi*
- ▶ Atti di generale *svilimento della persona*
- ▶ *Atti di isolamento*

Osservazioni

La giurisprudenza ha riconosciuto la sussistenza anche dello «**straining**», ovvero una forma di forma di *mobbing attenuato*, caratterizzato da una *singola azione* stressante per il lavoratore dalla quale derivino, comunque, *effetti negativi duraturi nel tempo* (Cass. 18164/2018, Cass. 15159/2019). Tuttavia, affinché si configuri lo straining e si possa riconoscere il risarcimento del danno del lavoratore, non è sufficiente che sul posto di lavoro si sia creata una mera conflittualità che generi un forte stress, in quanto è necessario che la situazione di tensione e conflittualità risulti **esorbitante** (Cass. 29059/2022).

Tutela del lavoratore mobbizzato

- **Norme civili**
  - *Art. 2087 c.c.*, che pone a carico del datore di lavoro l'obbligo di tutelare non solo la persona *fisica*, ma anche la *personalità morale* del lavoratore (responsabilità *contrattuale* del datore di lavoro)
  - *Art. 2043 c.c.*, che impone a *qualsiasi soggetto* l'obbligo di *non arrecare ad altri un danno ingiusto, a prescindere dall'esistenza di un rapporto contrattuale* (responsabilità *extracontrattuale* del datore di lavoro)
- **Norme penali**
  - *Art. 323 c.p.*, se le vessazioni, compiute nell'ambito di un *ufficio pubblico*, configurano il delitto di *abuso di ufficio*
  - *Artt. 582-583 c.p.*, nei casi più gravi, se dal *mobbing* sono derivate *lesioni*
  - *Art. 609bis c.p.*, se i comportamenti hanno assunto la veste della *violenza sessuale*

Osservazioni

La **mancanza di una specifica disciplina** del mobbing fa sì che la tutela del lavoratore mobbizzato resti demandata alla possibilità di applicare le *norme già esistenti nel vigente ordinamento giuridico*, sia **civile** che **penale**.
In particolare, sotto il *primo profilo* viene richiamato l'**art. 2087 c.c.** che consente di imputare direttamente, e in tutti i casi, la *responsabilità* del danno da mobbing al datore di lavoro, tenuto a garantire l'integrità psico-fisica dei propri dipendenti: ciò significa che egli ha anche l'obbligo di *impedire*, vigilando, eventuali atti e/o comportamenti aggressivi e vessatori posti in essere dai suoi *collaboratori* nei confronti dei loro sottoposti, ma anche dagli stessi *colleghi* del lavoratore.
Nell'ottica di rafforzare la tutela del lavoratore mobbizzato, si è da tempo evidenziata la possibilità di considerare il datore di lavoro responsabile anche ai sensi dell'art. 2043 c.c., per violazione dell'*obbligo generale di non arrecare ad altri un danno ingiusto*.
In *ambito penale*, non v'è traccia di una specifica figura incriminatrice per contrastare la pratica persecutoria definita mobbing, sicché **la via penale non appare praticabile** (Cass. 13-1-2011, n. 685), salvo che il comportamento avuto dal mobber non configuri uno specifico reato previsto dall'ordinamento.

5 I diritti del lavoratore relativi alle proprie invenzioni e opere dell'ingegno

Art. 2590 c.c.

- Riconosce al lavoratore il diritto di essere riconosciuto **autore** delle invenzioni fatte nello svolgimento del rapporto di lavoro (cd. **diritto morale d'invenzione**)
- Si applica anche alle opere di ingegno

Codice della proprietà industriale (D.Lgs. 30/2005)

- Appresta una concreta tutela al diritto del lavoratore subordinato di essere riconosciuto **autore dell'invenzione o dell'opera dell'ingegno**
- Disciplina i vari aspetti connessi ai **diritti derivanti da proprietà industriale**

Codice della proprietà industriale (D.Lgs. 30/2005)

- Si applica al **settore privato e pubblico**
- Accorpa in un unico testo normativo i vari interventi legislativi in materia, compreso il R.D. 29-6-1939, n. 1127 che, per oltre 60 anni, ha regolamentato anche le cd. *invenzioni dei lavoratori dipendenti*

Invenzioni dei lavoratori

- Si definiscono tali le invenzioni industriali per le quali **sia chiesto il brevetto entro un anno** da quando il dipendente inventore ha lasciato l'azienda privata o l'amministrazione pubblica nel cui campo di attività l'invenzione rientra
- Sono **brevettabili** le «invenzioni *nuove* che implicano un'*attività inventiva* e sono atte ad avere un'*applicazione industriale*»
- Dalla brevettazione dell'invenzione deriva la *titolarità dei diritti che da essa discendono per la durata di 20 anni*

Tipologia dei diritti derivanti dalla brevettazione

- **Diritto morale di invenzione** (art. 62)
  - Consiste nel diritto di chi ha realizzato l'invenzione di *esserne riconosciuto autore*
  - È *inalienabile e intrasferibile*
  - Può essere fatto valere anche dai *superstiti dell'inventore* deceduto
- **Diritto al brevetto** per l'invenzione industriale (art. 63, comma 2)
  - Consiste nella facoltà *esclusiva di attuare l'invenzione e di trarne profitto*
  - Spetta *all'autore* e ai suoi *aventi causa*
- **Diritti patrimoniali** (art. 63, comma 1)
  - Consistono nel diritto allo sfruttamento economico dell'invenzione
  - Sono *alienabili e trasmissibili*

Tipologia di invenzioni

- **Di servizio**
  - Si definiscono tali le invenzioni fatte *in adempimento di un contratto o di un rapporto*
  - L'**attività inventiva è oggetto del contratto di lavoro**
  - Il *lavoratore* consegue il *diritto morale all'invenzione*
  - Il *datore di lavoro*:
    - consegue i *diritti patrimoniali*
    - non deve corrispondere nulla al lavoratore
- **Di azienda**
  - Si definiscono tali le invenzioni fatte nell'*esecuzione* o nell'*adempimento di un contratto o di un rapporto di lavoro, ma l'invenzione non è prevista nell'attività dedotta in contratto*
  - L'**attività inventiva non è oggetto del contratto di lavoro**

Tipologia di invenzioni

- ▶ **Di azienda**
  - ▷ Il *lavoratore*:
    - ▶ consegue il *diritto morale all'invenzione*
    - ▶ ha diritto ad un *equo premio*, se il datore di lavoro o i suoi aventi causa ottengono il brevetto o utilizzano l'invenzione in regime di segretezza industriale
  - ▷ Il *datore di lavoro*:
    - ▶ consegue i *diritti patrimoniali*
    - ▶ deve corrispondere al lavoratore il premio
- ▶ **Occasionali**
  - ▷ Si definiscono tali le invenzioni che **esulano dalle prestazioni di lavoro**
  - ▷ Sono realizzate *al di fuori dell'orario di lavoro, ma riguardano il campo di attività del datore di lavoro*
  - ▷ Il *lavoratore* consegue:
    - ▶ il *diritto morale all'invenzione*
    - ▶ i *diritti patrimoniali*
  - ▷ Il *datore di lavoro*:
    - ▶ ha la facoltà di essere preferito ad altri nello sfruttamento economico dell'invenzione (cd. *diritto di opzione*), se il lavoratore non intende profittarne
    - ▶ deve esercitare il diritto di opzione *entro 3 mesi* dalla comunicazione del deposito della domanda di brevetto
    - ▶ deve corrispondere al lavoratore una somma di denaro

In sintesi

L'obbligazione principale del lavoratore è lo svolgimento della prestazione lavorativa.
La legge pone a carico del lavoratore ulteriori *obblighi* (cd. *integrativi*), che concorrono a definire la prestazione lavorativa e il suo modo di essere e che non costituiscono doveri accessori.
Essi sono l'obbligo di **diligenza**, l'obbligo di **obbedienza** e l'obbligo di **fedeltà**.
La diligenza e l'obbedienza non sono obblighi autonomi, ma **criteri per valutare l'adempimento dell'obbligo di lavorare** e per stabilire se il lavoratore è adempiente o inadempiente (GHERA).
Quanto all'obbligo di fedeltà, esso è generalmente collegato al **dovere di correttezza e buona fede** (artt. 1175 e 1375 c.c.).

10 I poteri e gli obblighi del datore di lavoro

1 Il potere direttivo

Nozione: si configura come **potere organizzativo** diretto a *conformare l'attività svolta da ciascun lavoratore alle esigenze dell'impresa stessa* (art. 2104 c.c.).

Articolazioni	▶ Potere **gerarchico**	▷ Designa la *posizione di supremazia* del datore di lavoro quale «capo dell'impresa» dal quale «dipendono gerarchicamente i suoi collaboratori» (art. 2086 c.c.)
	▶ Potere **conformativo**	▷ Indica il potere di *specificazione dell'attività lavorativa* attraverso la determinazione delle concrete modalità di esecuzione delle prestazioni
	▶ Potere **direttivo in senso stretto**	▷ Consiste nell'emanazione delle disposizioni concernenti l'*organizzazione del lavoro*, stabilendo una determinata disciplina tecnica del lavoro (es. orari, turni)

2 Il potere di vigilanza e di controllo. Contenuto e limiti a tutela della libertà e dignità del lavoratore

Funzione	▶ È diretto a verificare che l'esecuzione dell'attività lavorativa venga effettuata **secondo le modalità stabilite dal datore di lavoro**.	
Contenuto e limiti	▶ Può essere esercitato nei **limiti posti dallo Statuto dei Lavoratori** (artt. 2, 3, 4, 5 e 6, L. 300/1970) e dalla **legge** per evitare abusi lesivi della libertà e dignità del prestatore	
	▶ Il datore di lavoro può assumere personale (**guardie giurate**) **per specifici compiti di tutela del patrimonio aziendale**	▷ Le guardie giurate *non possono accedere* nei locali di lavoro, né contestare fatti diversi da quelli attinenti alla tutela del patrimonio aziendale (art. 2)
	▶ Il datore di lavoro può assumere personale di **vigilanza sul lavoro**	▷ Ai lavoratori *devono essere comunicati* i nominativi e le mansioni del personale di vigilanza (art. 3)

Contenuto e limiti	▶ Il datore di lavoro può installare **impianti audiovisivi e altri strumenti dai quali derivi anche la possibilità di controllo a distanza dell'attività dei lavoratori**	▷ L'utilizzo può avvenire *esclusivamente* per esigenze organizzative e produttive, per la sicurezza del lavoro e per la tutela del patrimonio aziendale e previo *accordo* con le rappresentanze o organizzazioni sindacali (art. 4)
	▶ Il datore di lavoro può **controllare lo stato di salute dei lavoratori** soltanto tramite i servizi pubblici competenti (es. INAIL)	▷ È vietato il ricorso a medici dipendenti o incaricati dal datore di lavoro (art. 5)
	▶ Il datore di lavoro può procedere a **visite personali di controllo sui lavoratori**, indispensabili per la tutela del patrimonio aziendale	▷ Sono vietate le *perquisizioni* sui lavoratori (art. 6)
	▶ Il datore di lavoro può **acquisire e gestire dati personali dei lavoratori**	▷ È vietato *indagare*, ai fini dell'assunzione o nel corso del rapporto di lavoro, anche a mezzo di terzi, sulle opinioni politiche, religiose o sindacali del lavoratore, nonché su fatti non rilevanti ai fini della valutazione dell'attitudine professionale del lavoratore (art. 8) ▷ Il *trattamento dei dati nell'ambito del rapporto di lavoro* deve avvenire nel rispetto delle norme stabilite dal Codice in materia di protezione dei dati personali (D.Lgs. 196/2003)

Osservazioni

La disciplina contenuta nell'**art. 4** dello **St. Lav.** relativa ai **controlli mediante impianti audiovisivi o altre apparecchiature automatiche** atte a **sorvegliare a distanza** l'attività dei lavoratori è stata oggetto di modifica ad opera del **D.Lgs. 151/2015** (art. 23) e del successivo intervento correttivo del **D.Lgs. 24-9-2016, n. 185** (cd. **correttivo Jobs Act**).
Successivamente, il **D.Lgs. 101/2018**, nel modificare l'art. 114, D.Lgs. 196/2003 (*Codice in materia di protezione dei dati personali*) e nel disciplinare le **garanzie in materia di controllo a distanza**, ha poi previsto un rinvio all'art. 4 dello St. Lav., stabilendo che: «*Resta fermo quanto disposto dall'art. 4, L. 20-5-1970, n. 300*».
Secondo la disciplina oggi vigente, è dunque legittimo l'uso di impianti audiovisivi e degli altri strumenti installati per *esigenze organizzative* e *produttive*, di *sicurezza del lavoro* e di *tutela del patrimonio aziendale*, anche se da esse può derivare la *possibilità di controllo a distanza* dell'attività dei lavoratori. Sono invece **vietate** le strumentazioni che servono **esclusivamente** a realizzare un controllo a distanza.
L'installazione può avvenire solo previo **accordo collettivo** (stipulato con le rappresentanze o organizzazioni sindacali), o, *in mancanza di accordo*, previa **autorizzazione** del-

la sede territoriale dell'Ispettorato nazionale del lavoro o, in alternativa, nel caso di imprese con unità produttive dislocate negli ambiti di competenza di più sedi territoriali, della sede centrale del predetto Ispettorato.
In linea di massima, soggiace a tale disciplina anche l'installazione e utilizzazione di *impianti satellitari GPS montati su auto aziendali* (circ. INL 7-11-2016, n. 2).
Non necessita invece di accordo o di autorizzazione l'installazione di strumenti utilizzati dal *lavoratore per rendere la prestazione lavorativa* e quelli di *registrazione degli accessi e delle presenze*.
In ogni caso, **tutte le informazioni raccolte** possono essere *utilizzate a tutti i fini connessi al rapporto di lavoro*, purché sia data al lavoratore *adeguata informazione* delle modalità d'uso degli strumenti e di effettuazione dei controlli e siano rispettate le **disposizioni sulla protezione dei dati personali** (D.Lgs. 196/2003).
Sotto tale ultimo profilo, con riferimento all'utilizzo da parte dell'azienda di **App sugli smartphone** per permettere ai propri lavoratori, se vi acconsentono, di timbrare il cd. cartellino/marcatempo *ai fini della rilevazione dell'inizio e della fine della prestazione lavorativa*, il Garante per la privacy ha fornito alcune indicazioni necessarie per evitare un illecito controllo a distanza dell'attività lavorativa. In particolare, il *nuovo* sistema potrà *conservare* il solo dato relativo alla *sede di lavoro*, oltre a *data e orario della timbratura virtuale*, cancellando il dato relativo alla posizione del lavoratore. Inoltre, sullo schermo del telefonino dovrà essere sempre ben visibile un'icona che indichi che la *funzione di localizzazione è attiva*. L'applicazione dovrà poi essere configurata in modo tale da *impedire* il trattamento, anche accidentale, di altri dati contenuti nel dispositivo di proprietà del lavoratore (es. sms, posta elettronica, navigazione in internet) (newsletter 10-10-2016, n. 420).

3 Il potere disciplinare (artt. 2106 c.c. e 7 St. Lav.)

3.1 Contenuto e limiti

Nozione: indica la facoltà del datore di lavoro di **irrogare sanzioni** al **lavoratore che viene meno ai propri doveri contrattuali** e, precisamente, agli *obblighi di diligenza, obbedienza* e *fedeltà*. È espressione del *potere gerarchico* del datore di lavoro.

Funzione	Ha una funzione **preventiva**, rappresentando uno strumento diretto a **ripristinare l'ordine aziendale** che il comportamento inadempiente del lavoratore ha leso	
Requisiti sostanziali	**Sussistenza e imputabilità del fatto**	Consiste nella **violazione colpevole** dei *doveri contrattuali* imposti al lavoratore dal vincolo della subordinazione (obbligo di diligenza, obbedienza, fedeltà) o di *obblighi integrativi* (es. tenere un comportamento corretto in azienda, osservare la disciplina della sicurezza del lavoro) o anche in comportamenti extraziendali, se rilevanti per il rapporto di lavoro
	Adeguatezza delle sanzioni	Consiste nella **proporzionalità tra infrazione e sanzione**

Requisiti sostanziali	▶ **Adeguatezza delle sanzioni**	▷ È un presupposto indicato dall'art. 2106 c.c., per il quale «l'inosservanza … può dar luogo all'applicazione di sanzioni disciplinari, *secondo la gravità dell'infrazione …*» ▷ Ad integrazione dell'art. 2106 c.c., l'art. 7 St. Lav. stabilisce che: ▶ la sanzione *non* può consistere in un *mutamento definitivo* del rapporto di lavoro (retrocessione di categoria e qualifica), salvo l'esistenza dei presupposti per il licenziamento (comma 4) ▶ «non può tenersi conto delle sanzioni disciplinari decorsi due anni dalla loro applicazione» (comma 8)
	▶ **Predeterminazione del codice disciplinare**	▷ Il codice disciplinare deve indicare le *sanzioni*, le *infrazioni* in relazione alle quali ciascuna di esse può essere applicata e le *procedure di contestazione* delle stesse
	▶ **Tipologia** delle sanzioni	▷ *Richiamo verbale* ▷ *Ammonizione scritta* ▷ *Multa* ▷ *Sospensione* dal lavoro e della retribuzione ▷ *Licenziamento* (cd. *disciplinare*)
Requisiti procedimentali	▶ **Pubblicità del codice disciplinare**	▷ Deve essere portato a *conoscenza* di tutti i lavoratori mediante **affissione** in luogo accessibile a tutti
	▶ Preventiva e specifica **contestazione dell'addebito** al lavoratore	▷ Devono necessariamente precedere l'adozione del provvedimento disciplinare nei confronti del lavoratore il quale non deve avere incertezze sulle questioni in ordine alle quali è tenuto a svolgere la sua *difesa*
	▶ Diritto di difesa del lavoratore	▷ Il lavoratore deve essere sentito *oralmente* (o con eventuali difese scritte) dal datore, dopo la contestazione dell'addebito, con un termine non inferiore a 5 giorni

3.2 Impugnativa delle sanzioni disciplinari

Tutele	▶ Azione giudiziaria	▷ Ricorso al Tribunale in funzione di giudice del lavoro ▷ Permanenza dell'*esecutività della sanzione*

Tutele	▶ Procedura arbitrale presso la sede territoriale dell'Ispettorato del Lavoro (art. 7 St. Lav.)	▷ **Rimedio speciale** ▷ Richiesta del lavoratore di chiedere nel *termine perentorio di 20 giorni la costituzione di un collegio di conciliazione e arbitrato*, il quale, se non riesce a comporre la controversia, deve: ▶ pronunciarsi sulla legittimità della sanzione ▶ determinare l'entità della sanzione. ▶ sospensione dell'esecutività della sanzione
	▶ Analoghe procedure arbitrali previste nei contratti collettivi	

Osservazioni

Se si attiva la **procedura arbitrale** per **accertare la illegittimità della sanzione applicata**, l'efficacia di quest'ultima è *sospesa* fino alla decisione.
Se si ricorre al **giudice del lavoro** per **ottenere l'invalidazione della sanzione disciplinare**, l'*efficacia di quest'ultima non viene sospesa.*
La differente disciplina trova la sua **ratio** nella volontà di *incentivare* la via arbitrale rispetto a quella giudiziaria.

4 Gli obblighi del datore di lavoro

Obblighi generali

- Obbligo di corrispondere la **retribuzione** nei modi e nei termini previsti dal contratto (art. 2099 c.c.), nonché il **trattamento di fine rapporto**
- Obbligo di **tutela delle condizioni di lavoro e della integrità psico-fisica del lavoratore** (art. 2087 c.c., art. 9 St. Lav. e D.Lgs. 81/2008)
- Obbligo di **tutela assicurativa o previdenziale** del lavoratore mediante le assicurazioni obbligatorie previste dalla legge (artt. 2114, 2115 c.c.)
- Obbligo di **assicurare** i dipendenti contro il rischio di *responsabilità civile verso terzi*, conseguente a colpa nello svolgimento dell'attività lavorativa
- Obbligo di far seguire **accertamenti sanitari** prima dell'assunzione e/o in costanza di rapporto nei confronti dei lavoratori addetti a mansioni per le quali sia obbligatoria la sorveglianza sanitaria
- Obbligo di **informazione** nei confronti del lavoratore al quale devono essere comunicati qualifica, mansione, periodo di ferie ecc.

5 L'obbligo di tutelare la riservatezza dei lavoratori

Fonte normativa

- **D.Lgs. 30-6-2003, n. 196** (*Codice in materia di protezione dei dati personali*)

Osservazioni

Il D.Lgs. 30-6-2003, n. 196 prevede che il trattamento dei dati personali avvenga secondo le norme del **Regolamento UE 2016/679** (relativo alla protezione delle persone fisiche con riguardo al trattamento dei dati personali, nonché alla libera circolazione di tali dati) e secondo le norme del Codice medesimo, nel rispetto della dignità umana, dei diritti e delle libertà fondamentali della persona (art. 1). Il citato Regolamento, noto come GDPR (*General Data Protection Regulation)*, è in vigore dal 24-5-2016 e, con la Direttiva UE 2017/680 — sulla protezione delle persone fisiche con riguardo al trattamento dei dati personali da parte delle autorità competenti a fini di prevenzione, indagine, accertamento e perseguimento di reati o esecuzione di sanzioni penali, nonché alla libera circolazione di tali dati — costituisce il cd. pacchetto protezione dati personali. Esso è diventato *definitivamente applicabile negli Stati solo dal 25-5-2018*. In attuazione della L. 25-10-2017, n. 163 (Legge di delegazione europea 2016-2017), poi, il quadro normativo nazionale è stato adeguato alle disposizioni del citato Regolamento con il **D.Lgs. 10-8-2018, n. 101**, in vigore *dal 19-9-2018*, che ha introdotto rilevanti modifiche al Codice. Infatti, il nuovo art. 2, D.Lgs. 196/2003 precisa che la finalità del Codice è quella di recare disposizioni per il suddetto adeguamento dell'ordinamento nazionale al Regolamento.

Applicazione del Codice in materia di protezione dei dati personali al rapporto di lavoro

- Sia per la *costituzione* che per la *gestione* del rapporto di lavoro, il datore di lavoro entra in possesso di una serie di informazioni che riguardano la **sfera personale e privata del lavoratore**
  - Dati **anagrafici**
  - Dati **biometrici**
  - Dati relativi alla **salute**
- Il trattamento deve avvenire in conformità alle **misure di garanzia** disposte, in relazione a ciascuna categoria di dati personali, dal **Garante per la protezione dei dati personali**
  - Il **Garante** è l'**Autorità di controllo** che, in applicazione dell'art. 51 del Regolamento, in generale, si occupa di constatare che i *trattamenti* siano effettuati *nel rispetto della legge*

Osservazioni

Ai fini del Regolamento UE 2016/679 (art. 4), s'intende per:

— «**dato personale**»: *qualsiasi informazione riguardante una persona fisica identificata o identificabile («interessato»)*;

— «**dati genetici**»: i dati personali relativi alle caratteristiche genetiche ereditarie o acquisite di una persona fisica, che *forniscono informazioni univoche sulla fisiologia o sulla salute di detta persona fisica* e che risultano in particolare dall'analisi di un campione biologico della persona fisica in questione;

— «**dati biometrici**»: i *dati personali* ottenuti da un *trattamento tecnico specifico* relativi alle caratteristiche fisiche, fisiologiche o comportamentali di una persona fisica, che ne consentono o confermano l'identificazione univoca (quali l'*immagine facciale o i dati dattiloscopici*);

— «**dati relativi alla salute**»: i *dati personali attinenti alla salute fisica o mentale di una persona fisica*, compresa la prestazione di servizi di assistenza sanitaria, che rivelano informazioni relative al suo stato di salute;

— «**trattamento dei dati**»: qualsiasi operazione o insieme di operazioni, compiute con o senza l'ausilio di processi automatizzati e applicate a dati personali o insiemi di dati personali, come la *raccolta*, la *registrazione*, l'*organizzazione*, la *strutturazione*, la *conservazione*, l'*adattamento* o la *modifica*, l'*estrazione*, la *consultazione*, l'*uso*, la *comunicazione mediante trasmissione*, *diffusione* o qualsiasi *altra forma di messa a disposizione*, il *raffronto* o l'*interconnessione*, la *limitazione*, la *cancellazione* o la *distruzione*.

Trattamento dei dati nell'ambito del rapporto di lavoro (artt. 111-115, D.Lgs. 196/2003)	▶ L'art. 88 del Regolamento prevede che gli Stati membri possono prevedere, con legge o tramite contratti collettivi, norme più specifiche per assicurare la **protezione dei diritti e delle libertà** con riguardo al **trattamento dei dati personali dei dipendenti nell'ambito dei rapporti di lavoro**, in particolare ai fini dell'*assunzione*, dell'*esecuzione del contratto*, della *salute e sicurezza* sul posto di lavoro ecc.	▷ Tali norme devono includere misure appropriate e specifiche a *salvaguardia della dignità umana, degli interessi legittimi e dei diritti fondamentali degli interessati*, in particolare per quanto riguarda la **trasparenza** del trattamento, il **trasferimento di dati** personali nell'ambito di un gruppo imprenditoriale o di un gruppo di imprese che svolge un'attività economica comune e i sistemi di **monitoraggio sul posto di lavoro**
	▷ Il Garante promuove l'adozione di **regole deontologiche** per i soggetti pubblici e privati interessati al trattamento dei dati personali effettuato nell'ambito del *rapporto di lavoro* per le finalità di cui all'art. 88 del Regolamento, prevedendo anche specifiche modalità per le informazioni da rendere all'interessato	▷ Il rispetto delle disposizioni contenute nelle regole deontologiche costituisce *condizione essenziale per la liceità e la correttezza del trattamento dei dati personali*
Trattamento di particolari categorie di dati (art. 2septies, D.Lgs. 196/2003)	▶ Divieti di trattamento	▷ L'art. 9, paragr. 1, del Regolamento UE 2016/679 **vieta** il trattamento dei *dati genetici* e dei *dati biometrici intesi a identificare in modo univoco una persona fisica* e dei *dati relativi alla salute o alla vita sessuale o all'orientamento sessuale della persona*, nonché dei *dati personali* che rivelino *l'origine razziale o etnica, le opinioni politiche, le convinzioni religiose o filosofiche, o l'appartenenza sindacale*

Trattamento di particolari categorie di dati (art. 2septies, D.Lgs. 196/2003)	▶ Il divieto **non si applica** in alcuni casi	▷ Quando il trattamento sia necessario per finalità di *valutazione della capacità lavorativa del dipendente* ▷ Quando l'interessato abbia prestato il proprio *consenso esplicito al trattamento per una o più finalità specifiche* (salvo nei casi in cui il diritto dell'Unione o degli Stati membri dispone che l'interessato non possa revocare il divieto) ▷ Quando il trattamento sia necessario per *tutelare un interesse vitale* dell'interessato
Trattamento di categorie particolari di dati personali necessario per motivi di interesse pubblico rilevante (art. 2sexies, D.Lgs. 196/2003)	▶ Nozione di interesse pubblico rilevante	▷ Si considera rilevante l'interesse pubblico relativo a trattamenti effettuati da soggetti che svolgono **compiti di interesse pubblico o connessi all'esercizio di pubblici poteri** (**esempio**: compiti di **igiene e sicurezza sui luoghi di lavoro**)
	▶ Ipotesi in cui è ammesso il trattamento	▷ Qualora sia *previsto dal diritto dell'Unione europea* ovvero, nell'ordinamento interno, da disposizioni di legge o di regolamento o da atti amministrativi generali che specifichino i tipi di dati che possono essere trattati, le operazioni eseguibili e il motivo di interesse pubblico rilevante, nonché le misure appropriate e specifiche per tutelare i diritti fondamentali e gli interessi dell'interessato ▷ I dati personali relativi alla salute, **privi di elementi identificativi diretti**, sono trattati, nel rispetto delle finalità istituzionali di ciascuno, dal Ministero della Salute, dall'Istituto superiore di sanità, dall'Agenzia nazionale per i servizi sanitari regionali, dall'Agenzia italiana del farmaco, dall'Istituto nazionale per la promozione della salute delle popolazioni migranti e per il contrasto delle malattie della povertà e, relativamente ai propri assistiti, dalle Regioni

Osservazioni

Per quanto riguarda il **trattamento di dati riguardanti i prestatori di lavoro** (art. 113, D.Lgs. 196/2003), restano fermi i divieti previsti dall'art. 8 dello St. Lav. e dall'art. 10 del D.Lgs. 276/2003.

L'*art. 8* della L. 300/1970 **vieta al datore di lavoro**, ai fini dell'assunzione, come nel corso dello svolgimento del rapporto di lavoro, di effettuare **indagini**, anche a mezzo di terzi, sulle *opinioni politiche, religiose o sindacali del lavoratore*, nonché su **fatti non rilevanti ai fini della valutazione dell'attitudine professionale del lavoratore**.

L'*art. 10* del D.Lgs. 276/2003 **vieta** alle agenzie per il lavoro e agli altri soggetti pubblici e privati autorizzati o accreditati di effettuare **qualsiasi indagine o comunque trattamento di dati ovvero di preselezione di lavoratori** — anche con il loro consenso — in base alle *convinzioni personali*, al *credo religioso*, al *sesso*, all'*orientamento sessuale*, alla *età*, all'*handicap*, all'*origine etnica*, allo *stato di salute* ecc., **a meno che non si tratti di caratteristiche che incidono sulle modalità di svolgimento dell'attività lavorativa o che costituiscono un requisito essenziale e determinante** ai fini dello svolgimento della stessa. È poi fatto *divieto di trattare dati personali* dei lavoratori che *non siano strettamente attinenti alle loro attitudini professionali e al loro inserimento* lavorativo.

Controllo a distanza e lavoro domestico, agile e telelavoro	▶ Controllo a distanza	▷ Viene operato un **rinvio** alla disciplina generale dell'**art. 4** della **L. 300/1970**
	▶ Lavoro domestico, telelavoro e lavoro agile	▷ Viene espressamente posto a carico del datore di lavoro l'obbligo di **garantire** al lavoratore il rispetto della sua *personalità* e della sua *libertà morale*. In particolare, considerata la speciale modalità di svolgimento della prestazione nell'ambito del *lavoro domestico*, anche il lavoratore è tenuto a mantenere la necessaria riservatezza per tutto quanto si riferisce alla vita familiare

Osservazioni

Lo *status* giuridico di datore di lavoro è caratterizzato da un insieme di situazioni attive corrispondenti a *diritti* che si configurano come *poteri giuridici* in senso proprio, esercitabili in modo discrezionale per la tutela dell'interesse dell'impresa.
Questa **posizione di supremazia** del datore, espressione del modello d'impresa basato sulla soggezione e subordinazione del prestatore accolto dal codice civile, ha comunque subito una certa attenuazione per effetto dell'evoluzione socio-economica e dell'affermazione di norme (di legge o di natura negoziale) che hanno sottoposto l'esercizio di alcuni poteri datoriali all'espletamento di procedure amministrative o di consultazione sindacale (cd. **procedimentalizzazione dei poteri dell'imprenditore**).

note

11 La retribuzione

1 L'obbligazione retributiva

Nozione: indica il **corrispettivo del lavoro prestato**, cioè il complessivo trattamento economico che spetta al lavoratore in dipendenza del rapporto di lavoro e costituisce la **prestazione fondamentale** alla quale è obbligato il datore di lavoro nei confronti del lavoratore (artt. 2094 e 2099 c.c.).

	▶ **Requisiti essenziali della retribuzione**	▷ **Proporzionalità alla quantità e qualità del lavoro** prestato, nel senso che la retribuzione *deve essere determinata tenendo presente tutti gli elementi di valutazione della prestazione di lavoro* (orario di lavoro, tipo di mansioni ▷ **Sufficienza**, nel senso che la retribuzione deve essere *idonea ad assicurare al lavoratore e alla sua famiglia un tenore di vita socialmente adeguato*
Art. 36 Cost.	▶ **Contenuto programmatico**	▷ È vincolante *nei confronti del potere legislativo*
	▶ **Funzione precettiva**	▷ È **direttamente vincolante** nei confronti dell'*autonomia privata* ▷ Consente ai giudici, in assenza di pattuizione tra le parti sulla retribuzione oppure quando essa sia stata stabilita in violazione dell'art. 36 Cost., di *ordinare al datore di lavoro di corrispondere al lavoratore un emolumento equivalente alla retribuzione minima* prevista nel contratto collettivo applicabile alla categoria o al settore produttivo a cui appartiene il prestatore di lavoro ▷ L'applicazione della predetta retribuzione (minima) è possibile anche se al datore di lavoro *non si applica il contratto collettivo* (es. non aderisce all'associazione sindacale che lo ha stipulato)
Natura giuridica	▶ **Natura corrispettiva**	▷ Caratterizza il rapporto di lavoro come *rapporto oneroso di scambio o a prestazioni corrispettive* ▷ Comporta, di regola, che la prestazione del datore di lavoro è *funzionalmente e strutturalmente* correlata alla prestazione del lavoratore (si parla in tal caso di **retribuzione diretta**)

Natura giuridica

- ▶ **Natura sociale**
  - ▷ *Eccezionalmente,* quando il datore di lavoro deve corrispondere la retribuzione in assenza della controprestazione, la retribuzione assume natura *previdenziale-alimentare* (si parla in tal caso di **retribuzione indiretta**)
- ▶ **Natura mista o complessa**
  - ▷ *Deriva dalla duplice natura corrispettiva e previdenziale*

Caratteri

- ▶ **Sufficienza**, in quanto la retribuzione deve essere tale da soddisfare le esigenze vitali del lavoratore e della sua famiglia
- ▶ **Proporzionalità** rispetto alla quantità e qualità del lavoro prestato
- ▶ **Determinatezza** o **determinabilità** (art. 2099, comma 2, c.c.)
- ▶ **Obbligatorietà**, in quanto è un *diritto irrinunciabile* del lavoratore
- ▶ **Corrispettività**, poiché la retribuzione costituisce la *controprestazione* del datore, funzionalmente correlata alla prestazione di lavoro (*nesso sinallagmatico*)
- ▶ **Continuità**, in quanto la retribuzione spetta per tutta la durata del rapporto di lavoro (eccetto che per quegli elementi della stessa corrisposti senza frequenza e periodicità)

Osservazioni

Alla retribuzione viene riconosciuto il carattere della **corrispettività**, in quanto prestazione dovuta dal datore di lavoro in dipendenza della prestazione lavorativa effettuata dal lavoratore.
Tale principio, valevole per la disciplina generale dei contratti di scambio, non è assoluto per il contratto di lavoro, perché la retribuzione in taluni casi viene corrisposta **anche in assenza della prestazione lavorativa**. Per tale motivo, la dottrina attribuisce alla retribuzione **natura giuridica mista e complessa**, cioè *non solo corrispettiva* (nel senso di compenso per il lavoro prestato), ma anche *previdenziale e in senso lato alimentare*.
Infine, la retribuzione, *in quanto periodica e consumabile, è considerata un reddito* e, *come tale, assoggettata all'imposta sul reddito delle persone fisiche* (IRPEF).

2 I sistemi di retribuzione

Forme ordinarie di retribuzione

- ▶ Retribuzione **a tempo**
  - ▷ Consiste nella corresponsione di una somma di danaro stabilita in *ragione del tempo di lavoro* (per ora, giorno, mese e anno)
  - ▷ L'orario di lavoro funge da **base** per la determinazione della retribuzione
- ▶ Retribuzione **a cottimo**
  - ▷ La retribuzione è determinata tenendo conto del *tempo impiegato* e del *rendimento* del lavoratore

Forme ordinarie di retribuzione	▶ Retribuzione **a cottimo**	▷ **Tipologie** di cottimo: ▶ **puro o pieno**, nel quale la retribuzione viene *interamente determinata in base alla produttività del lavoro* ▶ **misto**, nel quale il cottimo si configura come una *maggiorazione integrativa della retribuzione* fissa calcolata a tempo ▶ **collettivo**, nel quale la retribuzione è *legata al rendimento non misurato individualmente*, ma riferito ad un gruppo di lavoratori organizzato dall'impresa ▶ **concottimo**, che indica il trattamento retributivo *riservato ai lavoratori non cottimisti* che, in ragione delle mansioni espletate, sono condizionati al ritmo di lavoro dei cottimisti ▷ *Ipotesi* di **cottimo obbligatorio**: ▶ ipotesi in cui il lavoratore risulti vincolato all'osservanza di un determinato *ritmo produttivo* (es. catena di montaggio) (art. 2100 c.c.) ▶ ipotesi in cui la valutazione della prestazione lavorativa è fatta in base al risultato delle misurazioni dei *tempi di lavorazione* (art. 2100 c.c.) ▶ *Lavoro a domicilio*, in quanto l'attività lavorativa, svolgendosi al di fuori dell'impresa, non è direttamente controllabile dal datore nel tempo impiegato, ma solo quanto al risultato (art. 8, L. 877/1973)
Forme speciali di retribuzione	▶ Retribuzione **in natura**	▷ Ipotesi **residuale** ▷ Trova applicazione in certe forme di *lavoro domestico*, *agricolo* e nel settore della *pesca* ▷ Di regola *si aggiunge ad una retribuzione a base monetaria* ▷ **Esempi**: nel *lavoro domestico* e nel *portierato*, la fornitura di taluni beni, vitto e alloggio, è collegata alla prestazione di lavoro
Forme speciali di retribuzione	▶ **Provvigione**	▷ Consiste in una *percentuale sugli affari conclusi* dal lavoratore nei casi in cui l'oggetto della prestazione consista nel trattare affari in nome e per conto del datore di lavoro (es. rappresentanti) ▷ Può costituire solo un'*integrazione della retribuzione*, mai una forma esclusiva di remunerazione

▶ **Partecipazione agli utili e al capitale**	▷ *Può costituire in tutto o in parte la retribuzione* ▷ Non fa venir meno il carattere subordinato del rapporto di lavoro, poiché manca da parte del lavoratore la partecipazione alle perdite e un'ingerenza nella gestione dell'impresa
▶ Retribuzioni **differite**	▷ Consistono in emolumenti vari che maturano *in un determinato momento durante lo* svolgimento *del rapporto di lavoro*, ma vengono erogati in un momento successivo ▷ **Esempi**: 13ª mensilità, 14ª mensilità, trattamento di fine rapporto

Osservazioni

Nell'apprendistato vige il **divieto di cottimo**, per evitare che il giovane apprendista sia spinto a incentivare la quantità del proprio lavoro, con pregiudizio dell'attività formativa che è alla base della natura tipica del rapporto.

3 Gli elementi della retribuzione

Paga base (o minimo contrattuale)	▶ È la **retribuzione minima** prevista dai contratti collettivi nazionali di categoria per le diverse qualifiche ▶ Ne sono parte integrante i cd. *scatti di anzianità*, cioè gli aumenti periodici della retribuzione (solitamente biennali)
Elemento distinto della retribuzione (E.D.R.)	▶ Consiste in una somma pari a euro *10,33 mensili* erogata per *13 mensilità* ▶ È stato introdotto dal Protocollo d'intesa del 31-7-1992 per **tutti i lavoratori** del *settore privato*

Osservazioni

L'E.D.R. è stato introdotto per compensare l'**abolizione dell'indennità di contingenza** che è stata erogata ai lavoratori sino al 31-12-1991. Tale indennità aveva la funzione di *adeguare le retribuzioni all'aumento del costo della vita* e difatti era regolata dal meccanismo della **scala mobile**, che prevedeva un **adeguamento automatico delle retribuzioni** all'aumento dei prezzi (*inflazione*). Dall'1-1-1992 è cessata la scala mobile, sicché da questa data viene pagata solo l'indennità di contingenza maturata fino ad allora. In molti contratti collettivi, essa è stata *conglobata* nella paga base o minimo contrattuale.

Attribuzioni patrimoniali accessorie	▶ Sono corrisposte, in via saltuaria o anche continuativa, in **aggiunta alla retribuzione** normale minima

Attribuzioni patrimoniali accessorie

- **Attribuzioni retributive**: hanno carattere corrispettivo (es. maggiorazioni per lavoro straordinario, compensi per ferie non godute, mensilità supplementari)
- **Attribuzioni non retributive**: non hanno carattere corrispettivo, anche se sono di natura continuativa (es. rimborsi spese)

Osservazioni

La giurisprudenza degli anni settanta ha elaborato l'espressione «**onnicomprensività della retribuzione**» che individua una **nozione unitaria di retribuzione**, costituita non solo dall'importo erogato al lavoratore come *corrispettivo del lavoro svolto*, ma dalla somma complessiva risultante da *tutti gli emolumenti* dovuti in ragione del rapporto di lavoro aventi *carattere continuativo, periodico o costante nel tempo*. Tale concetto però è stato fortemente criticato, perché sia la legge che i contratti collettivi, ai fini dell'applicazione di determinati istituti, usano concetti di retribuzione diversi, nel senso che vi sono compresi di volta in volta differenti elementi retributivi. Proprio per tale ragione, si **è negata l'esistenza** nel nostro ordinamento di un *principio generale e inderogabile di onnicomprensività della retribuzione* (Cass. 19425/2005). Infatti, le varie indicazioni normative e contrattuali sono stabilite per diverse finalità e trovano applicazione *solo nei casi in cui sono previste*, al di fuori dei quali *non esistono criteri per definire un concetto unico di retribuzione* che va determinato di volta in volta.

4 La determinazione della retribuzione

Modalità

- Rinvio alla **contrattazione collettiva**
  - *Sostituisce il rinvio dell'art. 2099 c.c. alle norme corporative*
  - La contrattazione collettiva svolge:
    - una **funzione tariffaria** primaria
    - determina la retribuzione minima, che è inderogabile *in peius*
- Accordo delle **parti**
  - In *ipotesi residuali*, in mancanza di contratti collettivi
- Ricorso al **giudice**
  - Opera in mancanza di contratto collettivo o accordo delle parti
  - Consiste in un'*integrazione del contratto*

Osservazioni

L'ammontare della retribuzione, secondo il disposto dell'art. 36 Cost., deve essere commisurato alla quantità e qualità del lavoro svolto.

Ai fini della *concreta determinazione* della misura della retribuzione, *occorre riferirsi all'art. 2099 c.c.*

La determinazione della **retribuzione ai fini previdenziali e fiscali** avviene invece attraverso l'individuazione di quali *compensi* erogati al lavoratore compongono la **base imponibile** su cui applicare le *aliquote* per pervenire all'importo dovuto a titolo contributivo e tributario.

Il **D.Lgs. 2-9-1997, n. 314** ha armonizzato le basi imponibili ai fini previdenziali e fiscali stabilendo il criterio secondo cui occorre tener conto di *tutte le somme percepite dal lavoratore in relazione al rapporto di lavoro*, con l'esclusione di alcune voci tassativamente indicate (es. i trattamenti di famiglia).

5 L'adempimento dell'obbligazione retributiva

Adempimento dell'obbligazione retributiva	▶ Luogo	▷ *Sede di lavoro* dell'imprenditore ove il lavoratore presta la propria attività
	▶ Termine	▷ È stabilito dai *contratti collettivi*, in mancanza dagli usi ▷ Il diritto al pagamento sorge a *lavoro compiuto* (cd. principio della **postnumerazione**)
	▶ Modalità di pagamento	▷ Dall'1-7-2018 (art. 1, comma 910, L. 205/2017), è **vietato** al datore di lavoro effettuare il **pagamento in contanti** e direttamente al lavoratore. Il pagamento deve, quindi, essere effettuato attraverso una *banca* o un *ufficio postale* ▷ La **violazione** del divieto di pagamento della retribuzione in contanti è punita con una *sanzione amministrativa pecuniaria*

Osservazioni

A decorrere dall'1-7-2018, tutti i datori di lavoro (o committenti) hanno l'obbligo di corrispondere la retribuzione attraverso una banca o un ufficio postale, con uno dei seguenti mezzi: *bonifico* sul conto indicato dal lavoratore, identificato dal codice IBAN; strumenti di *pagamento elettronico*; *pagamento in contanti presso lo sportello bancario o postale* dove il datore di lavoro abbia aperto un conto corrente di tesoreria con mandato di pagamento; emissione di un *assegno consegnato direttamente al lavoratore*. In quest'ultima ipotesi, in caso di comprovato impedimento del lavoratore, l'assegno può essere consegnato ad una persona da questi delegata. Viene precisato che «l'impedimento s'intende comprovato quando il delegato a ricevere il pagamento è il coniuge, il convivente o un familiare, in linea retta o collaterale, del lavoratore, purché di età non inferiore a 16 anni».
Per quanto riguarda il campo di applicazione della disciplina in esame, si è precisato che gli strumenti di pagamento indicati si riferiscono **soltanto alle somme erogate a titolo di retribuzione**. Pertanto, l'utilizzo di detti strumenti *non è obbligatorio per la corresponsione di somme dovute a diverso titolo* (es. vitto, alloggio), che potranno, quindi, continuare ad essere corrisposte in contanti (nota INL 7369/2018).
Resta fermo l'obbligo, per il datore di lavoro, di consegnare al lavoratore un **prospetto paga**, analitico delle diverse voci che compongono la retribuzione, con l'indicazione di tutte le ritenute di legge, fiscali (IRPEF), previdenziali e assistenziali (art. 1, L. 4/1953). Al riguardo, la legge di bilancio 2018 ha precisato che «la firma apposta dal lavoratore sulla busta paga non costituisce prova dell'avvenuto pagamento della retribuzione» (art. 1, comma 912, L. 205/2017).
Il datore di lavoro può adempiere gli obblighi previsti dalla L. 4/1953, in materia di consegna del prospetto-paga, anche mediante la *consegna al lavoratore di copia delle scritturazioni* effettuate nel libro unico del lavoro. Il prospetto paga può, inoltre, essere trasmesso per via telematica al lavoratore.

6 La tutela del credito di lavoro. Il Fondo di garanzia

Aspetti generali	▶ Nel caso in cui il datore di lavoro ometta in tutto o in parte di corrispondere al lavoratore la retribuzione, sorge in capo a questi un **diritto di credito** nei confronti del primo, garantito da varie disposizioni di legge ▶ In caso di **ritardo del pagamento**, la somma dovuta al lavoratore va *rivalutata* e su tale somma vanno calcolati gli *interessi* nella misura legale (**art. 429 c.p.c.**) ▶ Le sentenze di condanna di primo grado per i crediti di lavoro sono **immediatamente esecutive** ▶ I crediti di lavoro, in caso di insolvenza del datore, sono assistiti da **privilegio** ▶ Il credito di lavoro è **limitatamente pignorabile e sequestrabile** a istanza di terzi creditori del lavoratore ▶ Per la **compensazione** tra il credito di lavoro e quanto eventualmente dovuto dal lavoratore al datore valgono gli stessi limiti del pignoramento
Fondo di garanzia	▶ È stato istituito dall'**art. 2** della **L. 297/1982** presso l'INPS ▶ Si **sostituisce al datore di lavoro** nel pagamento del **TFR** e dei **crediti retributivi** relativi agli ultimi 3 mesi del rapporto di lavoro rientranti nei 12 mesi precedenti la dichiarazione di insolvenza ▶ Tutela anche i lavoratori dipendenti di imprese insolventi operanti in più Stati membri, se essi prestano **abitualmente l'attività in Italia**

Osservazioni

L'obbligo di corrispondere la **retribuzione** al lavoratore costituisce l'obbligazione fondamentale del datore di lavoro.
Per il lavoratore si sostanzia in un **diritto soggettivo irrinunciabile** a ricevere un compenso proporzionato e sufficiente idoneo ad assicurare il sostentamento del lavoratore e della propria famiglia.
La retribuzione deve possedere, infatti, i requisiti inderogabilmente stabiliti dall'**art. 36 Cost.**, consistenti nella **proporzionalità** al lavoro prestato e nella **sufficienza** a garantirgli una vita libera e dignitosa.
Si hanno varie *forme* di retribuzione ed essa è costituita da diversi *elementi* (paga base, attribuzioni accessorie), mentre i *sistemi* di retribuzione sono sostanzialmente due, quello a *tempo* e quello a *cottimo*.

note

12 Il luogo della prestazione e l'organizzazione dell'orario di lavoro

1 Il luogo della prestazione. Il trasferimento del prestatore

Luogo di svolgimento dell'attività lavorativa	▶ Stabilito dalle parti ▶ In mancanza, dove la prestazione lavorativa deve essere **eseguita**
Trasferimento del lavoratore	▶ Il datore di lavoro, nell'esercizio dei propri poteri organizzativi e direttivi, **trasferisce definitivamente** il lavoratore da una unità produttiva ad un'altra ▶ È disciplinato dall'art. 2103 c.c. ▶ È possibile in caso di *ragioni tecniche, organizzative e produttive*
Trasferta del lavoratore	▶ È un *istituto affine* al trasferimento del lavoratore ▶ Consiste nel **mutamento provvisorio e temporaneo** del luogo di svolgimento della prestazione di lavoro

2 L'orario di lavoro

2.1 Funzione, fonti normative e criteri di organizzazione

Nozione: qualsiasi **periodo** in cui il lavoratore **è al lavoro**, a **disposizione del datore di lavoro** e nell'esercizio delle sue attività o delle sue funzioni.

Funzione	▶ Consente di stabilire	▷ La *durata della prestazione lavorativa* ▷ La *retribuzione dovuta*
	▶ Tutela **l'integrità psico-fisica del lavoratore**	
Principali fonti normative	▶ Art. 2107 c.c.	▷ *Rinvia* la determinazione dell'orario di lavoro alle *leggi speciali* e alla *contrattazione collettiva*
	▶ Art. 36 Cost.	▷ Fissa una *riserva di legge* per la durata massima della giornata lavorativa
	▶ **D.Lgs. 8-4-2003, n. 66**	▷ Attua la direttiva 93/104/CE in materia di orario di lavoro ▷ Fornisce un *assetto organico e definitivo* dell'intera materia dell'*orario di lavoro*

Criteri di organizzazione	▶ L'orario di lavoro è	▷ *Predisposto* dal *datore di lavoro* nel rispetto della legge e della contrattazione collettiva ▷ Specificato nel *regolamento aziendale* ▷ *Comunicato* al lavoratore tramite il contratto di lavoro o nella lettera di assunzione

Osservazioni

Perché una certa attività sia qualificabile come lavoro a tutti gli effetti, secondo il dettato normativo è richiesto al lavoratore di essere: *al lavoro*; *a disposizione del datore di lavoro*; occupato nell'*esercizio della sua attività o delle sue funzioni*. Tali requisiti devono intendersi *concorrenti*, e non alternativi tra loro, sicché il tempo in cui il lavoratore sia, ad esempio, reperibile, ma non si trovi «in servizio», *non* costituisce di regola **orario di lavoro**.
Con riferimento, poi, al cd. **tempo tuta**, cioè al tempo richiesto per indossare la divisa prescritta per lo svolgimento delle mansioni, occorrono alcune precisazioni. Alla luce della definizione di orario di lavoro contenuta nel D.Lgs. 66/2003, infatti, il tempo dedicato dal lavoratore ad indossare gli indumenti di lavoro (es. tute, divise, camici, dispositivi di protezione individuale) non potrebbe, di per sé, rientrare nel concetto di orario di lavoro, in quanto il lavoratore, nel momento del cambio, non prestando alcuna attività lavorativa, non si troverebbe nell'esercizio delle sue funzioni. Tuttavia, secondo l'orientamento ormai consolidato della giurisprudenza, il tempo necessario ad indossare la divisa aziendale **rientra nell'orario di lavoro quando le modalità esecutive di detta operazione sono imposte dal datore di lavoro**, che ne disciplina il tempo e il luogo di esecuzione. Qualora, invece, sia data la *facoltà* al lavoratore di scegliere il tempo e il luogo in cui indossare la divisa (anche eventualmente presso la propria abitazione, prima di recarsi al lavoro), la relativa operazione fa parte degli atti di diligenza preparatoria allo svolgimento dell'attività lavorativa e, come tale, il tempo necessario per il suo compimento non deve essere retribuito (v., ad esempio, Cass. civ. 16-5-2013, n. 11828; Cass. 13-4-2015, n. 7396). In altri termini, nel rapporto di lavoro subordinato, il tempo necessario ad indossare la divisa aziendale rientra nell'orario di lavoro **soltanto se è assoggettato al potere conformativo del datore di lavoro**, cioè se è «eterodiretto» dal datore di lavoro, che ne disciplina tempo e luogo di esecuzione (Cass. 11-1-2019, n. 505). Tale orientamento giurisprudenziale è stato confermato anche dal Ministero del lavoro, secondo il quale l'attività di vestizione e di svestizione deve essere inclusa nell'orario di lavoro solo nel caso in cui il datore di lavoro abbia **imposto** al lavoratore di indossare determinati indumenti dallo stesso forniti, con il vincolo di tenerli sul posto di lavoro. Viceversa, non sarebbe riconducibile ad orario di lavoro l'ipotesi in cui i lavoratori non siano obbligati ad indossare la divisa in azienda e non abbiano l'obbligo di dismetterla alla fine dell'orario, lasciandola in sede (interp. 23-3-2020, n. 1).

2.2 Criteri di determinazione

Orario (settimanale) normale	▶ È fissato in **40 ore settimanali** (durata legale) ▶ I contratti collettivi possono stabilire una **durata inferiore**
Orario (settimanale) multiperiodale	▶ I contratti collettivi possono riferire l'orario normale alla **durata media** delle prestazioni lavorative in un **periodo non superiore all'anno** ▶ La durata settimanale **non** deve essere quindi rispettata **settimana per settimana**, ma come **media di un certo arco temporale**

Durata massima settimanale dell'attività lavorativa

- È pari a **48 ore ogni 7 giorni**, comprese le *ore di straordinario*
  - Può essere *superato* purché sia realizzata la *compensazione* che ne consenta l'osservanza nel periodo più ampio indicato nel contratto collettivo
- Può essere **flessibile**
  - Non deve essere osservata rigidamente in ciascuna settimana
  - Deve essere rispettata *come media in un periodo non superiore a 4 mesi* (elevabile a 6 e a 12 mesi, per ragioni tecnico-organizzative)
- **È determinata dalla contrattazione collettiva**
  - Deve stabilire in concreto anche il periodo di riferimento in cui calcolare la *media delle 48 ore*
  - Può introdurre un *limite massimo settimanale*, comprensivo dello straordinario, *inferiore a 48 ore*

Orario di lavoro giornaliero e risposo giornaliero

- **Non è stabilito** dal D.Lgs. 66/2003
- Si desume **indirettamente** dall'obbligo di osservare un periodo di riposo di 11 ore ogni 24 ore
- La **durata massima** della giornata lavorativa deve ritenersi **pari a 13 ore** (24 ore da cui vanno sottratte 11 ore di riposo)

Differenze

L'**orario normale** di lavoro (40 ore stabilite dalla legge o la durata inferiore stabilita dal contratto collettivo) è un **orario rigido** che deve essere osservato in *ciascuna settimana*. L'**orario multiperiodale** è un **orario flessibile**, in quanto l'orario normale (40 ore settimanali o meno in base al contratto collettivo) deve essere osservato come *media* in un certo periodo di riferimento stabilito dallo stesso contratto collettivo. In effetti, con tale regime, il datore di lavoro può organizzare il lavoro dei dipendenti in base al ciclo di mercato, *programmando* periodi di più intensa attività produttiva con prestazioni più lunghe rispetto all'orario normale settimanale e viceversa. Il vantaggio è che la compensazione permette di ridurre il lavoro straordinario (più costoso).

3 Il lavoro straordinario

Nozione: è il lavoro prestato **oltre l'orario normale di lavoro**.

Disciplina

- Deve essere *contenuto*
- Deve essere *computato a parte*
- Comporta per il lavoratore il diritto ad una *maggiorazione retributiva e/o a riposi compensativi*
- La *durata massima* e le *modalità di attuazione* devono essere stabilite dal contratto collettivo

Limiti legali	▶ In mancanza di contrattazione collettiva il lavoro straordinario è ammesso	▷ Con *preventivo accordo* tra datore e prestatore di lavoro ▷ Per una durata massima di *250 ore annue*
Ipotesi legali di superamento del limite massimo	▶ Salvo diverse previsioni collettive, il lavoro straordinario è inoltre ammesso per	▷ *Eccezionali esigenze tecnico-produttive* e impossibilità di fronteggiarle attraverso l'assunzione di altri lavoratori ▷ *Forza maggiore* (es. evitare un danno grave e immediato alla produzione) ▷ *Eventi particolari* (es. fiere e manifestazioni)

Differenze

Il lavoro straordinario si differenzia dal **lavoro supplementare**, che consiste nel lavoro prestato *oltre l'orario contrattualmente fissato* (se inferiore a 40 ore), ma **entro l'orario legale** (entro 40 ore).

4 Le pause e i giorni festivi

Pausa giornaliera

- È prevista qualora l'**orario di lavoro giornaliero superi le 6 ore**
- Consiste in un **intervallo** con modalità e durata stabilite dalla contrattazione collettiva
- In assenza di disposizioni collettive, il datore di lavoro deve concedere, tra l'inizio e la fine dell'orario di lavoro, una pausa di almeno **10 minuti**
- Consente al lavoratore
  - ▷ Di *attenuare gli effetti* di un lavoro *ripetitivo e monotono*
  - ▷ Di *recuperare le energie psico-fisiche*
  - ▷ Di *consumare* eventualmente il *pasto*

Riposo obbligatorio settimanale

- Il lavoratore ha diritto ogni **7 giorni** a un periodo di riposo **di almeno 24 ore consecutive**
- Di regola **coincide con la domenica**, da cumulare con le ore di riposo giornaliero
- Può essere calcolato come **media** in un **periodo non superiore a 14 giorni**
- È un **diritto irrinunciabile del lavoratore**
- È **costituzionalmente garantito** (art. 36, comma 3 Cost.)

- **Giorni festivi**
  - Comportano una **sospensione dal lavoro**
  - **Festività nazionali**
    - Il primo giorno dell'anno
    - Il 6 gennaio (Epifania)
    - Il 25 aprile (ricorrenza della liberazione)
    - Il lunedì dopo Pasqua
    - Il 1° maggio (festa del lavoro)
    - Il 2 giugno (festa nazionale della Repubblica)
    - Il 15 agosto (festa dell'Assunzione della Beata Vergine)
    - Il 1° novembre (Ognissanti)
    - L'8 dicembre (festa dell'Immacolata Concezione)
    - Il 25 dicembre (Natale)
    - Il 26 dicembre (S. Stefano)
  - Disciplina
    - Per le *festività non lavorate* ai lavoratori è *dovuta la normale retribuzione giornaliera*
    - Per le *festività lavorate*, se non è previsto riposo compensativo, è dovuta la *normale retribuzione* con la *maggiorazione* prevista per lavoro festivo e *un'ulteriore retribuzione giornaliera*

5 Le ferie annuali

- **Normativa**
  - Art. 36 Cost.
    - Stabilisce che «il lavoratore ha diritto … a *ferie annuali retribuite*, e non *può rinunziarvi*»
  - Art. 2109 c.c.
    - Dispone che il lavoratore ha diritto ad un periodo annuale di ferie retribuito, *possibilmente continuativo*
- **Disciplina**
  - Le ferie devono essere **retribuite**
  - Il diritto alle ferie è **irrinunciabile** e **costituzionalmente garantito**
  - Il **godimento** delle ferie:
    - Deve essere *effettivo* e, in linea di principio, *continuativo*
    - Di regola, non può essere sostituito con un'indennità (**divieto di monetizzazione delle ferie**)

Durata	▶ Non **può essere inferiore a 4 settimane**	▷ *Almeno 2 settimane* devono essere godute *nel corso dell'anno di maturazione* ▷ *Le altre 2 settimane* devono essere godute *nei 18 mesi successivi al termine dell'anno di maturazione*

Monetizzazione lecita	▶ Nei **contratti a tempo determinato** di durata **inferiore** all'anno ▶ Nel caso di **cessazione del rapporto di lavoro** nel corso dell'anno ▶ Per i giorni di **ferie in più previsti dal contratto collettivo** rispetto al periodo minimo legale di 4 settimane

Fruizione	▶ Il momento di godimento delle ferie è **stabilito dal datore di lavoro** per ciascun lavoratore tenendo conto:	▷ Delle *esigenze dell'impresa* ▷ Degli *interessi del lavoratore*

Cessione delle ferie	▶ È possibile tra lavoratori **dipendenti dello stesso datore di lavoro** ▶ Deve essere finalizzata ad agevolare il lavoratore che ne beneficia nell'**assistenza dei figli minori che per le particolari condizioni di salute necessitano di cure costanti** ▶ È ammessa a **titolo gratuito** ▶ Deve essere fatta **nel rispetto dei diritti previsti in materia dal D.Lgs. 66/2003** (per cui non potranno essere ceduti i riposi e le ferie che il legislatore considera *obbligatori* e *irrinunciabili*)

Osservazioni

Il D.Lgs. 66/2003 ha introdotto il **divieto di monetizzazione delle ferie** e il principio dell'**effettività del loro godimento**: in pratica *non è ammissibile* che il lavoratore rinunci a fruire delle stesse ottenendo in cambio il controvalore della giornata lavorativa a titolo di maggiorazione.
Il principio dell'effettivo godimento delle ferie implica che esse siano *fruite effettivamente nell'anno di maturazione*.
Questo principio non si applica, tuttavia, a tutto il periodo spettante (4 settimane previste dalla legge o il periodo più lungo stabilito dal contratto collettivo), ma solo ad un **periodo minimo di 2 settimane**.
Le restanti due settimane di ferie possono essere godute dal lavoratore nei *18 mesi successivi al termine dell'anno di maturazione*. Se poi il contratto collettivo o individuale prevede un periodo feriale più lungo di quello legale (quattro settimane), i giorni di ferie (o settimane) in più possono essere fruiti anche *oltre i 18 mesi successivi alla maturazione*, nel rispetto di quanto convenuto contrattualmente. Tali giorni in più possono essere anche liberamente monetizzati, ove non fruiti alle scadenze stabilite dal contratto collettivo o individuale.

6 Il lavoro notturno

Periodo notturno	▶ Periodo di *almeno 7 ore consecutive* comprendenti l'*intervallo tra la mezzanotte e le 5 del mattino*

Lavoratore notturno	▶ Qualsiasi lavoratore che durante il periodo notturno svolge almeno 3 ore del tempo di lavoro giornaliero ▶ Chi, durante il periodo notturno, svolge *almeno una parte del suo orario normale di lavoro* secondo il contratto collettivo ▶ Se il contratto collettivo manca, è considerato tale chi svolge per *almeno 3 ore* lavoro notturno per un minimo di *80 giorni* lavorativi all'anno	
Durata	▶ In media **non può superare 8 ore nell'arco delle 24 ore**. ▶ I contratti collettivi (anche aziendali) possono stabilire un **periodo di riferimento più ampio** su cui calcolare la media.	
Adempimenti del datore di lavoro	▶ L'introduzione del lavoro notturno deve avvenire previa **consultazione delle rappresentanze sindacali aziendali** o in loro mancanza delle **organizzazioni territoriali dei lavoratori** ▶ Il datore di lavoro deve vigilare, a proprie spese, sullo **stato di salute** dei lavoratori notturni	
Tutela della salute dei lavoratori notturni	▶ Finalità	▷ Salvaguardare la *salute e l'integrità psicofisica* dei lavoratori
	▶ Accertamento dello stato di salute	▷ Deve avvenire tramite *controlli preventivi e periodici* adeguati al rischio cui è sottoposto il lavoratore
	▶ Sopravvenuta inidoneità al lavoro notturno	▷ Deve essere accertata dal *medico competente* o da *strutture pubbliche* ▷ Comporta l'*assegnazione del lavoratore al lavoro diurno*, in altre mansioni equivalenti, se esistenti e disponibili
Divieti ed esclusioni	▶ È **vietato** adibire al lavoro le **donne**, dalle **ore 24 alle ore 6**, dall'accertamento dello **stato di gravidanza** fino al **compimento di un anno di età del bambino**	
	▶ **Non sono obbligati** a prestare lavoro notturno	▷ La lavoratrice madre di un figlio di *età inferiore a 3 anni* o, in alternativa, il padre convivente con la stessa ▷ La lavoratrice o il lavoratore che sia l'unico genitore affidatario di un figlio convivente di *età inferiore a 12 anni* ▷ La lavoratrice madre adottiva o affidataria di un minore, nei primi 3 anni dall'ingresso del minore in famiglia, e comunque non oltre il dodicesimo anno di età o, in alternativa e alle stesse condizioni, il lavoratore padre adottivo o affidatario convivente con la stessa

Divieti ed esclusioni	▷ La lavoratrice o il lavoratore che abbia a proprio carico *una persona disabile* ▶ La **contrattazione** collettiva può prevedere che, in virtù di determinati requisiti, dei lavoratori siano **esclusi** dall'obbligo di effettuare il lavoro notturno

7 I permessi e i congedi

Nozione: sono **interruzioni** legittime dell'attività lavorativa, che possono o meno essere retribuite.

Natura giuridica	▶ Costituiscono veri e propri **diritti del lavoratore**
Funzione	▶ Sono previsti per consentire al lavoratore l'espletamento di *impegni di carattere civile e personale*
Permessi e congedi non retribuiti	▶ I **donatori di sangue** e di emocomponenti hanno diritto di astenersi dal lavoro nel giorno del prelievo (L. 584/1967, D.M. 8-4-1968 e art. 8, L. 219/2005) ▶ I **mutilati e invalidi civili** (con riduzione della capacità lavorativa superiore al 50%) possono usufruire di un congedo per cure ogni anno, per la *durata massima di 30 giorni*, anche in maniera *frazionata* (art. 7, D.Lgs. 119/2011) ▶ Le **lavoratrici gestanti** ne hanno diritto per effettuare esami prenatali, accertamenti clinici ovvero visite mediche specialistiche, nel caso in cui debbano essere eseguiti durante l'orario di lavoro (art. 14, D.Lgs. 151/2001) ▶ I **dirigenti delle rappresentanze sindacali aziendali**, per l'espletamento del mandato, hanno diritto a *permessi* in misura proporzionata alle dimensioni dell'azienda (art. 23, L. 300/1970) ▶ I **dirigenti sindacali provinciali e nazionali** hanno diritto, per la partecipazione a riunioni, a *permessi* secondo le norme del contratto collettivo (art. 30, L. 300/1970) ▶ I **consiglieri comunali, che non chiedano di essere collocati in aspettativa**, hanno diritto ad assentarsi dal servizio per il tempo necessario allo svolgimento delle loro funzioni (art. 32, L. 300/1970) ▶ In occasione di elezioni politiche e amministrative e dei referendum, i **lavoratori chiamati a svolgere funzioni presso gli uffici elettorali** (presidente, segretario, scrutatore, rappresentante di lista o di candidato) hanno diritto ad assentarsi dal lavoro per tutto il periodo corrispondente alla durata delle operazioni e i giorni di assenza sono considerati, *a tutti gli effetti*, giorni di attività lavorativa (art. 119, D.P.R. 361/1957) ▶ Il **lavoratore che contrae matrimonio** ha diritto, su richiesta, ad un *periodo di congedo* (di durata variabile a seconda della qualifica e del settore produttivo)

Permessi e congedi non retribuiti	▶ I **lavoratori-studenti**, oltre a particolari agevolazioni nei turni di lavoro e sul lavoro straordinario, hanno diritto a permessi giornalieri per sostenere prove di esame presso ogni ordine e grado di scuole (art. 10, L. 300/1970) ▶ I **dirigenti delle rappresentanze sindacali aziendali, oltre ai permessi retribuiti di cui all'art. 23, L. 300/1970**, hanno diritto ad almeno 8 giorni annui di permessi non retribuiti per convegni, congressi e iniziative sindacali in genere (art. 24, L. 300/1970) ▶ Il lavoratore **per adempiere a doveri civici** ha diritto a permessi non retribuiti (es. votazioni, comparizioni in giudizio) ▶ Oltre ai permessi accordati ai lavoratori studenti dall'art. 10 della L. 300/1970, i lavoratori con almeno *5 anni di anzianità di servizio* possono usufruire di speciali congedi non retribuiti per motivi di **formazione**, finalizzati al completamento della scuola dell'obbligo, al conseguimento del titolo di studio di secondo grado, del diploma universitario o di laurea, nonché alla partecipazione ad attività formative in genere (art. 5, L. 53/2000) ▶ I lavoratori **tossicodipendenti** assunti a tempo indeterminato e **sottoposti ad un trattamento riabilitativo** (e loro familiari se partecipano al programma di recupero) hanno diritto ad un periodo di aspettativa per la durata della terapia e comunque non superiore a 3 anni (art. 124, D.P.R. 309/1990)

Permessi e congedi per eventi particolari	▶ Fonti normative	▷ Art. 4, L. 8-3-2000, n. 53; D.M. 21-7-2000, n. 278
	▶ I lavoratori hanno diritto a	▷ *Permessi retribuiti sino a 3 giorni complessivi all'anno* (es. in caso di decesso o documentata grave infermità del coniuge) ▷ *Congedi non retribuiti sino ad un massimo di 2 anni nell'arco dell'intera vita lavorativa* (**esempio**: gravi e documentati motivi familiari)

8 I permessi e i congedi in caso di disabilità

Permessi e congedi in caso di disabilità grave	▶ Fonti normative	▷ Art. 33, L. 104/1992; artt. 33 e 42, D.Lgs. 151/2001
	▶ Lavoratori con disabilità grave	▷ Hanno diritto a **2 ore di permesso giornaliero** retribuito o, in *alternativa*, a **3 giorni di permesso mensile** retribuiti e fruibili in maniera continuativa o frazionata (art. 33, comma 6, L. 104/1992)
	▶ Lavoratori che assistono una persona con disabilità grave	▷ Hanno diritto a fruire di **3 giorni di permesso mensile** retribuito (art. 33, comma 3, L. 104/1992) ▷ La persona da assistere *non* deve essere *ricoverata a tempo pieno*

Permessi e congedi in caso di disabilità grave	▶ Lavoratori che assistono una persona con disabilità grave	▷ Rispetto alla persona da assistere, il lavoratore deve essere *coniuge, parte di un'unione civile, convivente di fatto, parente o affine entro il secondo grado* ▷ In caso di **mancanza** o **decesso** dei genitori o del coniuge o della parte di un'unione civile o del convivente di fatto, ovvero qualora gli stessi siano affetti da **patologie invalidanti** o abbiano compiuto i **65 anni di età**, il diritto è riconosciuto a *parenti o affini entro il terzo grado* della persona con disabilità in situazione di gravità ▷ Fermo restando il limite complessivo di 3 giorni, per l'**assistenza allo stesso individuo**, il diritto può essere riconosciuto, su richiesta, **a più soggetti** tra quelli previsti dalla legge, che possono fruirne in via *alternativa* tra loro ▷ Il lavoratore ha diritto di prestare **assistenza nei confronti di più persone** con disabilità in situazione di gravità, a condizione che si tratti del *coniuge* o della *parte di un'unione civile* o del *convivente di fatto* o di un *parente o affine entro il primo grado o entro il secondo grado* qualora i genitori o il coniuge della persona con disabilità in situazione di gravità abbiano compiuto i 65 anni di età o siano anch'essi affetti da patologie invalidanti o siano deceduti o mancanti ▷ Il lavoratore ha diritto a scegliere, ove possibile, la **sede di lavoro più vicina al domicilio della persona da assistere** e non può essere trasferito *senza il suo consenso* ad altra sede ▷ La lavoratrice madre o, in alternativa, il lavoratore padre possono chiedere ai rispettivi datori di lavoro di usufruire, in *alternativa al prolungamento* fino a 3 anni del *congedo parentale,* di **2 ore di permesso giornaliero retribuito**, fino al compimento del **terzo anno** di vita del bambino (artt. 33, comma 2, L. 104/1992 e 42, comma 1, D.Lgs. 151/2001)
	▶ Genitore di minore con disabilità grave	▷ In *alternativa* alle 2 ore di permesso giornaliero, ai genitori è riconosciuto il diritto a fruire, alternativamente tra loro, di **3 giorni di permesso mensile retribuito**, anche in maniera continuativa nell'ambito del mese (artt. 33, comma 3, L. 104/1992 e 42, comma 2, D.Lgs. 151/2001)

Permessi e congedi in caso di disabilità grave	▶ Congedo straordinario di 2 anni per il convivente di un soggetto disabile in situazione di gravità	▷ È riconosciuto ad una pluralità di soggetti **conviventi** con la persona da assistere, **anche** se la convivenza sia stata **instaurata successivamente** alla richiesta ▷ È riconosciuto secondo un **ordine di priorità** che tiene conto dell'eventuale decesso, mancanza o impossibilità di assistenza del soggetto deputato a prestarla. L'ordine di priorità attualmente è il seguente: *coniuge convivente/parte dell'unione civile convivente/convivente di fatto* della persona disabile; *padre o madre* della persona disabile; uno dei *figli conviventi* della persona disabile; uno dei *fratelli o sorelle conviventi della persona disabile*; un *parente o affine entro il terzo grado convivente* della persona disabile

Osservazioni

La normativa esaminata sui congedi previsti dalla legge in caso di disabilità è il frutto delle modifiche introdotte in materia dal **D.Lgs. 105/2022**.
Il decreto ha anche previsto una specifica disciplina di **tutela contro le discriminazioni**, costituite, in generale, da tutte le ipotesi di *trattamento meno favorevole*, a danno dei lavoratori che usufruiscano, o chiedano di usufruire, dei benefici previsti in relazione alla condizione di *disabilità* propria o di coloro ai quali vengano prestate assistenza e cura.
In base alla nuova disciplina: i *giudizi civili contro gli atti e i comportamenti* ritenuti *discriminatori* sono regolati dal *rito sommario di cognizione* (art. 28, D.Lgs. 150/2011); chi intende agire in giudizio per il *riconoscimento della sussistenza di una delle discriminazioni* oggetto della novella legislativa, e non ritenga di avvalersi delle procedure di conciliazione previste dai contratti collettivi, *può promuovere il tentativo di conciliazione* ai sensi dell'art. 410 c.p.c.

In sintesi

Nello svolgimento del rapporto di lavoro una particolare importanza rivestono il **luogo** in cui l'attività lavorativa deve essere prestata e la **durata** dell'attività stessa, che incidono sulla salute psicofisica e sul diritto alla vita familiare e di relazione del prestatore. Perciò l'ordinamento disciplina in maniera rigorosa il **trasferimento del lavoratore** e tutti gli aspetti connessi all'**organizzazione dell'orario di lavoro** (riposo giornaliero e settimanale, lavoro straordinario e notturno, ferie, permessi), in ossequio al dettato costituzionale (art. 36, comma 2 e 3, Cost.).
In particolare l'**orario di lavoro** è il cardine del contratto di lavoro in quanto consente di stabilire, da un lato, la *durata* della prestazione lavorativa e, dall'altro, la *retribuzione* dovuta. Inoltre, ponendosi come *limite temporale massimo* della prestazione lavorativa, ha anche la funzione di *tutelare l'integrità psicofisica del lavoratore*.
La **Costituzione**, infatti, riconosce esplicitamente la necessità di questo limite e all'uopo stabilisce una *riserva di legge* per la durata massima della giornata lavorativa (art. 36, comma 2).
A tutela del lavoratore, inoltre, sono previste ipotesi specifiche in cui il lavoratore è legittimato a sospendere l'esecuzione della prestazione conservando anche il diritto alla retribuzione. I **permessi** e i **congedi** riconosciuti dal legislatore, infatti, possono essere anche retribuiti. Tra questi rilevano, in particolare, quelli riconosciuti ai lavoratori con handicap e a coloro che assistono i familiari disabili.

note

13 Sicurezza e igiene delle condizioni di lavoro

1 Le fonti

Fonti normative

- Sul piano *internazionale* numerose convenzioni e, nel 1961, la **Carta sociale europea** hanno affermato il diritto di tutti i lavoratori alla sicurezza e all'igiene del lavoro
- La **Costituzione** stabilisce all'**art. 41** che «l'iniziativa economica non può svolgersi in contrasto con l'utilità sociale o in *modo da arrecare danno alla sicurezza, libertà e dignità umana*»
- L'**art. 2087 c.c.** fa obbligo al datore di lavoro di «*adottare nell'esercizio dell'impresa le misure che, secondo la particolarità del lavoro, l'esperienza e la tecnica, sono necessarie a tutelare l'integrità fisica e la personalità morale dei prestatori di lavoro*»
- L'**art. 9 dello Statuto dei Lavoratori** (L. 300/1970) conferisce ai lavoratori il diritto di controllare l'applicazione delle norme per la prevenzione degli infortuni e delle malattie professionali, nonché «*di promuovere la ricerca, l'elaborazione e l'attuazione di tutte le misure idonee a tutelare la loro salute e la loro integrità fisica*»
- Il **D.Lgs. 9-4-2008, n. 81** (Testo Unico della sicurezza sul lavoro) ha operato un *riordino della normativa* in materia di igiene e sicurezza, nell'obiettivo di semplificare, coordinare e razionalizzare le disposizioni esistenti in un *unico testo normativo*, abrogando le norme incompatibili, compreso il **D.Lgs. 626/1994** che per anni ha costituito la fonte normativa principale di riferimento in materia

Innovazioni del D.Lgs. 81/2008

- Applicazione della normativa in materia di salute e sicurezza sul lavoro a **tutti i settori di attività** e a **tutte le tipologie di rischio**, tenendo conto delle peculiarità di determinati rischi o settori lavorativi
- Applicazione della normativa in materia di tutela della salute e sicurezza sul lavoro a **tutti i lavoratori** e lavoratrici, sia *autonomi* che *subordinati*, nonché ai soggetti ad essi equiparati
- Innovazione delle modalità di **valutazione del rischio**, con particolare riguardo all'interazione dei rischi (cd. interferenze)
- **Riordino della normativa** in materia di *macchine, impianti, attrezzature di lavoro, opere provvisionali e dispositivi di protezione individuale* (DPI)
- *Riformulazione e razionalizzazione* dell'**apparato sanzionatorio** per le violazioni in materia
- Revisione dei requisiti, delle tutele, delle attribuzioni e delle funzioni dei **soggetti del sistema di prevenzione aziendale** (medico competente, rappresentante dei lavoratori per la sicurezza)
- *Rivisitazione e potenziamento delle funzioni* degli **organismi paritetici**, anche al fine di supportare le imprese nell'individuazione di soluzioni tecniche e organizzative dirette al *miglioramento del sistema di sicurezza sul lavoro*

Innovazioni del D.Lgs. 81/2008

- Realizzazione di un unico **centro di coordinamento a livello nazionale** delle attività e delle politiche in materia di salute e sicurezza sul lavoro, finalizzato all'emanazione di indirizzi generali uniformi e alla promozione dello scambio di informazioni
- Istituzione di un **unico sistema informativo nazionale** (SINP)
- Previsione di un **sistema di qualificazione delle imprese e dei lavoratori autonomi**, fondato sulla specifica esperienza, ovvero sulle competenze e conoscenze in materia di tutela della salute e sicurezza sul lavoro
- Razionalizzazione e coordinamento delle **strutture centrali e territoriali di vigilanza**
- **Esclusione** di qualsiasi **onere finanziario** per il lavoratore e la lavoratrice subordinati e per i soggetti ad essi equiparati in relazione all'*adozione delle misure* relative alla sicurezza e alla salute dei lavoratori e delle lavoratrici
- Introduzione dello strumento dell'**interpello** anche per quanto riguarda l'applicazione della normativa sulla salute e sicurezza nei luoghi di lavoro

Osservazioni

In data **12 dicembre 2018** Confindustria e CGIL, CISL e UIL hanno siglato un'**Intesa sui temi della salute e sicurezza sul lavoro**, di attuazione del Patto per la fabbrica (Accordo del 28 febbraio 2018).
Tra le proposte dell'Intesa rilevano quelle relative alla ritenuta necessità di migliorare il quadro normativo in materia, dando *concreta attuazione alle disposizioni di cui al D.Lgs. 81/2008*, nonché intervenendo sul T.U., modificandolo o integrandolo, nell'ottica di un **potenziamento della tutela dei lavoratori**.

2 La prevenzione e le misure generali di tutela

Finalità dell'attività di prevenzione

- Consiste *nell'azione* o nella *serie di azioni* che mirano a **cautelare dagli infortuni e ad evitarli**
- È intesa come un **processo continuativo**, cui deve essere informata l'intera attività aziendale, **finalizzato ad agire sulla fonte del rischio eliminando o riducendo**, in tal modo, *la probabilità che si verifichino eventi dannosi*
- Si articola nei due momenti dell'**analisi dei rischi** e della **predisposizione delle misure per prevenirli**

Misure generali di tutela (art. 15, D.Lgs. 81/2008)

- **Valutazione di tutti i rischi** per la salute e sicurezza
- *Programmazione della prevenzione*, mirata ad un complesso che integri in modo coerente nella prevenzione le condizioni tecniche produttive dell'azienda nonché l'influenza dei fattori dell'ambiente e dell'organizzazione del lavoro
- *Eliminazione dei rischi* e, ove ciò non sia possibile, la loro *riduzione al minimo* in relazione alle conoscenze acquisite in base al progresso tecnico
- *Rispetto dei principi ergonomici* nell'*organizzazione del lavoro*, nella *concezione dei posti di lavoro*, nella *scelta delle attrezzature* e nella *definizione dei metodi di lavoro e produzione*, in particolare al fine di ridurre gli effetti sulla salute del lavoro monotono e di quello ripetitivo
- *Riduzione dei rischi alla fonte*
- *Sostituzione di ciò che è pericoloso* con ciò che non lo è, o è meno pericoloso

Misure generali di tutela (art. 15, D.Lgs. 81/2008)	▶ *Limitazione al minimo del numero dei lavoratori* che sono, o che possono essere, *esposti al rischio* ▶ *Utilizzo limitato* degli *agenti chimici, fisici e biologici* sui luoghi di lavoro ▶ *Priorità delle misure di protezione collettiva* rispetto alle misure di protezione individuale ▶ Controllo sanitario dei lavoratori ▶ *Allontanamento del lavoratore dall'esposizione al rischio* per motivi sanitari inerenti alla sua persona e l'adibizione, ove possibile, ad altra mansione ▶ *Informazione e formazione* adeguate per lavoratori, dirigenti, preposti; rappresentanti dei lavoratori per la sicurezza ▶ *Istruzioni adeguate ai lavoratori* ▶ *Partecipazione* e *consultazione* dei lavoratori e dei rappresentanti dei lavoratori per la sicurezza ▶ *Programmazione delle misure ritenute opportune* per garantire il miglioramento nel tempo dei livelli di sicurezza, anche attraverso l'adozione di codici di condotta e di buone prassi ▶ *Misure di emergenza* da attuare in caso di primo soccorso, di lotta antincendio, di evacuazione dei lavoratori e di pericolo grave e immediato ▶ Uso di *segnali di avvertimento* e di *sicurezza* ▶ *Regolare manutenzione* di ambienti, attrezzature, impianti, con particolare riguardo ai dispositivi di sicurezza in conformità alla indicazione dei fabbricanti

Adempimenti per l'attuazione della prevenzione	▶ Effettuazione della **valutazione dei rischi**	▷ È un preciso obbligo del *datore di lavoro* (assolto con la *partecipazione* di altri soggetti) *senza possibilità di delega ad altri*
	▶ Redazione del **documento di sicurezza**	▷ Contiene una *relazione* sulla valutazione dei rischi per la sicurezza e la salute durante il lavoro ▷ Individua le *misure di prevenzione* e di protezione e i dispositivi di protezione individuale ▷ Fissa il *programma delle misure* ritenute *opportune per garantire il miglioramento dei livelli di sicurezza* ▷ È custodito presso l'azienda
	▶ Organizzazione del **servizio di prevenzione e protezione**	▷ È l'*insieme delle persone, sistemi e mezzi finalizzati alla prevenzione e protezione dai rischi in azienda*
	▶ Designazione degli **addetti alle procedure di sicurezza**	▷ Il datore è tenuto a designare: ▸ *Il responsabile del servizio* (RSPP) ▸ *Gli addetti al servizio di protezione* (ASPP)
	▶ Elaborazione dei **programmi di informazione e formazione dei lavoratori**	

3 Il soggetto responsabile e i soggetti tutelati

Datore di lavoro quale destinatario dell'obbligo di sicurezza

- È individuato «*nel soggetto titolare del rapporto di lavoro con il lavoratore o, comunque, il soggetto che, secondo il tipo* e l'assetto dell'organizzazione nel cui ambito il lavoratore presta la propria attività, *ha la responsabilità dell'organizzazione stessa o dell'unità produttiva, in quanto esercita i poteri decisionali e di spesa*»

Responsabilità di dirigenti e preposti

- Deve intendersi per **dirigente** «la persona che, in ragione delle competenze professionali e di *poteri gerarchici e funzionali* adeguati alla natura dell'incarico conferitogli, **attua le direttive** del datore di lavoro *organizzando* l'attività lavorativa e *vigilando* su di essa»
- È **preposto** «la persona che, in ragione delle competenze professionali e *nei limiti di poteri gerarchici e funzionali* adeguati alla natura dell'incarico conferitogli, **sovrintende alla attività lavorativa** e garantisce l'attuazione delle direttive ricevute, *controllandone* la corretta esecuzione da parte dei lavoratori ed *esercitando* un funzionale potere di iniziativa».
- *Dirigenti* e i *preposti* sono **responsabili nell'ambito delle rispettive attribuzioni e competenze.** Su entrambi ricade una **responsabilità diretta**, indipendentemente da un'eventuale delega di funzioni

Delega di funzioni

- **Requisiti di legittimità**
  - La delega deve risultare da *atto scritto* recante data certa
  - Il delegato deve possedere i *requisiti di professionalità ed esperienza* richiesti dalla specifica natura delle funzioni delegate
  - La delega deve attribuire al delegato i *poteri di organizzazione, gestione e controllo* richiesti dalla specifica natura delle funzioni delegate, nonché l'*autonomia di spesa* necessaria
  - La delega deve essere *accettata* dal delegato per iscritto
- Responsabilità del datore di lavoro per le funzioni delegate
  - Il datore di lavoro risponde per non aver individuato correttamente il soggetto delegato in rapporto ai compiti da svolgere (cd. **culpa in eligendo**)
  - Il datore di lavoro è responsabile per non aver vigilato sul corretto espletamento da parte del delegato delle funzioni trasferite (cd. **culpa in vigilando**)

Soggetti tutelati

- Tutti i lavoratori e lavoratrici, **subordinati e autonomi**, nonché i soggetti ad essi equiparati (sono esclusi gli addetti ai servizi domestici e familiari)

Osservazioni

Oltre al tradizionale contratto di lavoro subordinato a tempo pieno e indeterminato, la tutela in materia di sicurezza sul lavoro si applica anche a coloro che sono stati assunti con **differenti tipologie contrattuali**. In particolare, sono tutelati: i lavoratori assunti con *contratto a tempo determinato*; i lavoratori occupati in regime di *part-time*; i lavoratori che operano in regime di *apprendistato* (l'obbligo di sicurezza incombe sia sul datore di lavoro che sull'istituzione formativa ed è diversamente articolato a seconda della tipologia di apprendistato); i lavoratori assunti con contratto di *lavoro intermittente*; i lavoratori che operano in regime di *somministrazione* (in questo caso, le responsabilità e i compiti in materia di sicurezza sono ripartiti tra il datore di lavoro formale, cioè l' agenzia-somministratore, e l'utilizzatore).
Per alcuni rapporti di lavoro, poi, i lavoratori beneficiano di una **tutela parziale**, cioè si applicano soltanto alcune misure del T.U.: ad esempio, ai **lavoratori a domicilio** si applicano solo le disposizioni del T.U. concernenti l'*informazione* e la *formazione*, le *attrezzature di lavoro* e la *fornitura di DPI*.
Un caso a sé è poi rappresentato dal **telelavoro** e da ogni ipotesi in cui l'attività lavorativa è svolta *fuori dell'azienda*, grazie ai nuovi strumenti di comunicazione informatici e telematici: in tali casi, i lavoratori devono essere adeguatamente tutelati, in particolare per quanto riguarda l'uso di *videoterminali* (VDT) ed eventuali attrezzature fornite dal datore di lavoro devono essere conformi ai requisiti previsti.
Per quanto riguarda il **lavoro agile** (cd. smart working), la L. 81/2017 (art. 22) prevede l'*obbligo* di *garantire la salute e la sicurezza del lavoratore*. Il datore di lavoro deve consegnare al lavoratore e al rappresentante dei lavoratori per la sicurezza, con *cadenza almeno annuale*, un'**informativa scritta** nella quale sono individuati i *rischi generali* e i *rischi specifici* connessi alla particolare modalità di esecuzione del rapporto di lavoro. Il lavoratore che presta la propria attività con le modalità del lavoro agile è tenuto a *cooperare* all'attuazione delle misure di prevenzione predisposte dal datore di lavoro per fronteggiare i rischi connessi all'esecuzione della prestazione all'esterno dei locali aziendali. Tali principi sono contenuti anche nel **Protocollo nazionale sul lavoro in modalità agile** (art. 6).

4 Il rappresentante dei lavoratori per la sicurezza

Nozione: è la **persona eletta o designata per rappresentare i lavoratori** per quanto concerne gli aspetti della sicurezza e della salute durante il lavoro.
Possono essere eletti anche più rappresentanti per la sicurezza a seconda del numero dei dipendenti dell'azienda.

Funzioni
- *Accede* ai luoghi di lavoro in cui si svolgono le lavorazioni
- *È consultato*
  - Preventivamente e tempestivamente in ordine alla **valutazione dei rischi**, alla individuazione, programmazione, realizzazione e verifica della **prevenzione nell'azienda**
  - Sulla designazione degli addetti al **servizio di prevenzione**, all'attività di prevenzione incendi, al pronto soccorso, alla evacuazione dei lavoratori
  - In merito all'organizzazione della **formazione dei lavoratori**

Funzioni	▶ *Riceve* le informazioni e la documentazione aziendale relativamente a	▷ **Valutazione dei rischi** e relative misure preventive ▷ Sostanze e miscele pericolose, macchine, impianti, organizzazione degli ambienti di lavoro, **infortuni e malattie professionali**
	▶ *Riceve le informazioni* provenienti dai servizi di vigilanza	
	▶ Riceve *copia del documento sulla valutazione dei rischi* (il datore è tenuto a consegnarla)	
	▶ *Promuove* l'elaborazione, l'individuazione e l'attuazione delle misure di prevenzione idonee a tutelare la salute e l'integrità fisica dei lavoratori	
	▶ *Formula* osservazioni in occasioni di visite e verifiche effettuate dalle autorità competenti	
	▶ *Partecipa* alle riunioni periodiche per discutere i problemi attinenti alla prevenzione e alla protezione dei rischi	
	▶ *Fa proposte* in merito all'attività di prevenzione	
	▶ *Avverte* il responsabile dell'azienda dei rischi individuati nel corso della sua attività	
	▶ *Può fare ricorso* alle autorità competenti qualora ritenga che le misure di prevenzione e protezione dai rischi e i mezzi impiegati per attuarle non siano idonei a garantire la sicurezza e la salute dei lavoratori	
Elezione o designazione	▶ Nelle aziende **fino a 15 dipendenti**	▷ È *eletto dai lavoratori* ▷ In alternativa può essere individuato per più aziende nell'ambito territoriale o del comparto produttivo (cd. *rappresentante territoriale o di comparto*)
	▶ Nelle aziende con **più di 15 dipendenti**	▷ È eletto o designato *nell'ambito delle rappresentanze sindacali in azienda* ▷ In *mancanza,* è eletto o designato *dai lavoratori al loro interno*

Osservazioni

Il D.Lgs. 81/2008 ha introdotto anche le figure del **rappresentante dei lavoratori per la sicurezza territoriale (RLST)** (art. 48) e del **rappresentante dei lavoratori di sito produttivo** (art. 49). Il primo opera in *tutte le aziende o unità produttive del territorio* o del *comparto* di competenza, in cui *non* si è proceduto alla elezione o designazione di un rappresentante, mentre il secondo è individuato su iniziativa dei RLS per favorire la sinergia tra le rappresentanze presenti in *specifici contesti produttivi* caratterizzati dalla compresenza di più aziende o cantieri (porti, impianti siderurgici).

Il numero, le modalità di designazione o di elezione del RLS, nonché il tempo di lavoro retribuito e gli strumenti per l'espletamento delle funzioni sono demandate alla contrattazione collettiva (art. 47, comma 5, D.Lgs. 81/2008). Anche le modalità di elezione o designazione del rappresentante dei lavoratori per la sicurezza territoriale, nonché le modalità di individuazione del rappresentante dei lavoratori per la sicurezza di sito produttivo e le modalità secondo cui quest'ultimo esercita le attribuzioni previste dal T.U sono individuate dalla contrattazione collettiva (art. 48, comma 2; art. 49, comma 3, D.Lgs. 81/2008).

In particolare, in attuazione della delega alla contrattazione collettiva, contenuta nel D.Lgs. 81/2018, è stato concluso l'**Accordo interconfederale sulla rappresentanza e pariteticità in materia di salute e sicurezza**, che costituisce parte integrante dell'Intesa del 12 dicembre 2018 sui temi della salute e sicurezza sul lavoro.

5 La sorveglianza sanitaria

Funzione	▶ È finalizzata alla **tutela dello stato di salute e sicurezza dei lavoratori**, in relazione all'ambiente di lavoro, ai fattori di rischio professionali e alle modalità di svolgimento dell'attività lavorativa
Caratteristiche	▶ È **obbligatoria** soltanto se *espressamente prevista* dalla legislazione vigente ▶ Deve essere svolta esclusivamente tramite il **medico competente** ▶ È effettuata a **cura e spese del datore di lavoro**
Tipologie	▶ Visite mediche **preventive**, intese a constatare l'assenza di controindicazioni al lavoro cui il lavoratore è destinato al fine di valutare la sua idoneità alla mansione specifica ▶ Visite mediche **periodiche**, per controllare lo stato di salute dei lavoratori ed esprimere il giudizio di idoneità alla mansione specifica ▶ Visite mediche su **richiesta del lavoratore**, per verificare l'idoneità alla mansione specifica ▶ Visite mediche in occasione del **cambio della mansione**, onde verificare l'idoneità alla mansione specifica ▶ Visite mediche alla **cessazione del rapporto di lavoro**, nei casi previsti dalla normativa vigente ▶ Visita medica preventiva in fase **preassuntiva** ▶ Visita medica **precedente alla ripresa** del lavoro, a seguito di assenza per motivi di salute di durata superiore a 60 giorni continuativi
Divieti	▶ Le visite mediche **non possono essere effettuate**: ▷ Per accertare stati di gravidanza; ▷ Negli altri casi vietati dalla normativa vigente ▶ È in generale **vietato** ogni controllo sanitario effettuato per **scopo illecito**
Giudizi del medico competente	▶ Il medico competente deve comunicare per iscritto al lavoratore e al datore di lavoro il proprio giudizio di: ▷ **Idoneità**; ▷ **Idoneità parziale**, temporanea o permanente; ▷ **Inidoneità temporanea** (con la precisazione del limite di tempo); ▷ **Inidoneità permanente** ▶ Nel caso di inidoneità o idoneità parziale, il lavoratore *è adibito*, *ove possibile*, ad *altre mansioni compatibili* con il suo stato di salute

6 La vigilanza sull'osservanza delle misure di sicurezza del lavoro

Organi di vigilanza

- Le ASL (aziende sanitarie locali) e l'INL hanno una competenza generale secondo una **programmazione coordinata di interventi**, prevedendosi, a tal fine, oltre al *Comitato nazionale di coordinamento*, anche un *Comitato in ogni Regione e Provincia autonoma* che provvede a riunirsi almeno due volte l'anno e che può essere convocato anche su richiesta dell'ufficio territoriale dell'Ispettorato nazionale del lavoro (artt. 5, 7 e 13, D.Lgs. 81/2008)
- Il **Corpo nazionale dei vigili del fuoco**, per quanto concerne l'ambito di competenza specifica
- Le **Regioni e le Province autonome di Trento e Bolzano,** per le industrie estrattive le acque minerali e termali
- Le **autorità marittime, portuali e aeroportuali** hanno competenza in materia di sicurezza dei lavoratori a bordo di navi, aeromobili, in ambito portuale e aeroportuale
- I **servizi sanitari e tecnici** presso le Forze armate e di polizia

Interpello

- Consente di porre **quesiti di ordine generale** sull'applicazione della normativa in materia di salute e sicurezza
- Compete agli *organismi associativi a rilevanza nazionale* degli enti territoriali e agli *enti pubblici nazionali,* nonché, di propria iniziativa o su segnalazione dei propri iscritti, alle *organizzazioni sindacali* dei datori di lavoro e dei lavoratori comparativamente più rappresentative sul piano nazionale e ai *consigli nazionali degli ordini o collegi professionali*
- Deve essere inoltrato esclusivamente tramite posta elettronica alla **Commissione per gli interpelli** competente ad individuare la soluzione al quesito posto
- Le indicazioni fornite dalla Commissione nelle risposte ai quesiti in materia di salute e sicurezza nei rapporti di lavoro costituiscono **criteri interpretativi** e **direttivi** per l'esercizio delle attività di vigilanza

In sintesi

L'**art. 2087 c.c.** fa obbligo al datore di lavoro di «*adottare nell'esercizio dell'impresa le misure che, secondo la particolarità del lavoro, l'esperienza e la tecnica, sono necessarie a tutelare l'integrità fisica e la personalità morale dei prestatori di lavoro*».
L'art. 2087 c.c. riveste un'importanza fondamentale ai fini della responsabilità del datore di lavoro. Tale norma sancisce, infatti, il cd. **debito permanente di sicurezza** del datore di lavoro, che non è limitato soltanto all'osservanza delle specifiche misure imposte da disposizioni legislative, ma si estende a **tutti gli interventi concretamente necessari** per conseguire pienamente *la finalità di prevenire* infortuni sul lavoro e malattie professionali, *indipendentemente da valutazioni di carattere economico o produttivo.* Il datore di lavoro deve sempre riferirsi alla *migliore scienza ed esperienza in materia di sicurezza sul lavoro*: i rischi professionali si evolvono costantemente per effetto delle modificazioni nel processo produttivo e nell'ambiente di lavoro e la scienza prevenzionistica progredisce in modo da rendere disponibili ulteriori e più sofisticati interventi per rendere la stessa mansione sempre più sicura (cd. **principio della massima sicurezza tecnologicamente possibile**).
La norma svolge una fondamentale *funzione preventiva,* perché permette di chiamare in causa la responsabilità del datore di lavoro sulla base anche solo della mancata predisposizione delle necessarie misure di prevenzione e protezione, *indipendentemente dal fatto che da tale omissione sia derivata o meno una concreta lesione alla salute dei lavoratori.*

14 Il lavoro dei minori

1 La tutela delle condizioni di lavoro dei minori

1.1 Fonti normative

Evoluzione normativa

- L'**art.** 37 della **Costituzione** prevede che «la Repubblica tutela il lavoro dei minori con speciali norme e garantisce ad essi «a parità di lavoro, il diritto alla parità di retribuzione»
- In applicazione del dettato costituzionale è stata emanata la **L. 17-10-1967, n. 977** sulla «*Tutela del lavoro dei bambini e degli adolescenti*»
- Per adeguare la disciplina relativa alla protezione dei giovani sul lavoro agli indirizzi espressi in sede comunitaria (Dir. 94/33/CE), è stato emanato il **D.Lgs. 4-8-1999, n. 345** che ha apportato una serie di modifiche alla L. 977/1967

1.2 Disciplina del lavoro minorile

Ambito di applicazione (artt. 1 e 2, L. 977/1967)

- La normativa protettiva si applica ai **minori di 18 anni** di ambo i sessi, che **hanno un contratto** o un **rapporto di lavoro** anche speciale
- **Soggetti esclusi.** *Adolescenti* addetti a lavori *occasionali* o di *breve durata* concernenti
  - *Servizi domestici* prestati in ambito familiare
  - Prestazioni di lavoro *non nocivo, né pregiudizievole, né pericoloso*, nelle imprese a conduzione familiare

Differenze

Ai fini della L. 977/1967, i minori di 18 anni di età si distinguono tra:
— **bambini**, se **non hanno compiuto i 15 anni** o se sono *ancora soggetti all'obbligo scolastico;*
— **adolescenti**, se di **età compresa tra i 15 e i 18 anni** *compiuti* e *non più soggetti all'obbligo scolastico.*

1.3 Condizioni per l'accesso al lavoro

Requisiti di età e di istruzione

- Compimento del **16° anno di età** (art. 1, comma 622, L. 296/2006)
- Assolvimento dell'**obbligo di istruzione fissato in 10 anni** (L. 296/2006), anche mediante contratto *di apprendistato di primo livello* per cui è possibile lavorare a *15 anni*
- Ne discende che
  - **Non possono lavorare i bambini**
  - Possono svolgere attività di lavoro gli **adolescenti**, ma **nei limiti dei lavori vietati** e secondo le norme a tutela della loro integrità psicofisica

2 Il divieto di adibire al lavoro i bambini

Soggetti tutelati

- **Non sono ammessi al lavoro i bambini**, cioè i *minori che non hanno compiuto i 15 anni* o che sono *ancora soggetti all'obbligo scolastico*

Deroga al divieto generale

- È prevista dall'**art. 4, comma 2, L. 977/1967**
- Condizioni
  - *Autorizzazione* dell'Ispettorato territoriale del lavoro (ITL), che si intende rilasciata *decorsi 15 giorni dalla relativa istanza* (art. 12bis, comma 1, D.L. 76/2020, conv. in L. 120/2020)
  - *Assenso scritto* di chi esercita la responsabilità genitoriale
- Attività lavorative consentite
  - Di *carattere culturale, artistico, sportivo* o *pubblicitario*
  - Nel *settore dello spettacolo*
  - Non devono *pregiudicare* la *sicurezza, l'integrità psico-fisica, lo sviluppo del minore*, né la frequenza scolastica o la partecipazione a programmi di orientamento e formazione professionale

3 I lavori vietati e la tutela dell'integrità psico-fisica del lavoratore minore

***Ratio* del divieto**

- Lo svolgimento di attività pericolose è vietato per tutelare la **salute** e il pieno **sviluppo del minore** (art. 6, L. 977/1967)

Ambito di operatività del divieto

- Le attività dannose sono indicate nell'*allegato I* della L. 977/1967 (es. *lavoro di fabbricazione di esplosivi*)
- Sono considerate dannose anche le attività che espongono il lavoratore a determinati **agenti** (es. *chimici, fisici*)

Deroga al divieto

- È prevista dall'**art. 6, comma 2, L. 977/1967**
- È **consentita solo se sono rispettate le condizioni e i limiti previsti dalla legge**
- Limiti
  - Per indispensabili *motivi didattici* o di *formazione professionale*
  - Soltanto per il tempo strettamente necessario alla formazione
  - Soltanto nell'*aula* o *nel laboratorio adibiti ad attività formativa* oppure *negli ambienti di lavoro di pertinenza del datore di lavoro* dell'apprendista

Deroga al divieto

- ▶ Limiti
  - ▷ Sotto la *sorveglianza dei formatori* e nel rispetto della normativa generale in materia di sicurezza
- ▶ Condizioni
  - ▷ *Autorizzazione* della sede territoriale dell'Ispettorato del Lavoro e previo parere dell'ASL, salvo che l'attività pregiudizievole sia svolta negli istituti di istruzione e formazione professionale

Valutazione dei rischi

- ▶ È compiuta dal **datore di lavoro**
  - ▷ *Prima* di adibire il minore al lavoro e ad ogni *modifica rilevante delle condizioni di lavoro*
- ▶ Deve essere svolta considerando gli **specifici fattori di rischio per i lavoratori minori**
- ▶ Fattori di rischio
  - ▷ Sviluppo non ancora completo
  - ▷ Mancanza di esperienza e di consapevolezza sui rischi lavorativi
  - ▷ Attrezzature e sistemazione del luogo e del posto di lavoro
  - ▷ Natura, grado e durata di esposizione ad agenti chimici, fisici e biologici
  - ▷ Movimentazione manuale dei carichi
  - ▷ Sistemazione, scelta, utilizzazione e manipolazione delle attrezzature di lavoro
  - ▷ Pianificazione dei processi di lavoro e dello svolgimento del lavoro e della loro interazione sull'organizzazione generale del lavoro

Visite mediche preassuntive e periodiche

- ▶ Sono **obbligatorie** nel caso di svolgimento di **mansioni a rischio** (art. 8, L. 977/1967)
- ▶ Sono finalizzate a valutare l'**idoneità alla mansione**

4 Il rapporto di lavoro

Durata della prestazione

- ▶ Orario di lavoro
  - ▷ Per i *bambini*, nei casi eccezionali in cui siano autorizzati a prestare attività lavorativa, non può superare *le 7 ore giornaliere e le 35 ore settimanali*
  - ▷ Per gli *adolescenti*, non può superare *le 8 ore giornaliere e le 40 ore settimanali*
- ▶ Riposo settimanale
  - ▷ Deve essere assicurato *per almeno 2 giorni*, se possibile *consecutivi e comprendenti la domenica*

Durata della prestazione	▶ Pause giornaliere	▷ L'orario quotidiano non può durare senza interruzione più di *4 ore e mezza* ▷ In caso contrario, esso deve essere *interrotto* da un riposo intermedio di almeno un'ora
	▶ Ferie annuali	▷ Per i minori di anni 16, *non* possono essere *inferiori a 30 giorni* ▷ Per i minori con età superiore a 16 anni, si deve ritenere che valgono le norme previste per la generalità dei lavoratori (D.Lgs. 66/2003), salvo siano applicabili disposizioni più favorevoli di natura negoziale (un periodo feriale più lungo previsto dal CCNL o dal contratto individuale)

Osservazioni

La L. 977/1967 prevede che gli adolescenti debbano godere di un periodo minimo di ferie pari a *20 giorni*, mentre, per la generalità dei lavoratori (maggiorenni), il D.Lgs. 66/2003 stabilisce un periodo minimo più lungo di 4 settimane, corrispondenti a 28 giorni di calendario. Sembra, pertanto, più corretto ritenere che quest'ultima disposizione, più favorevole, debba a maggior ragione applicarsi ai lavoratori minorenni.

Lavoro notturno	▶ Arco temporale di riferimento	▷ Periodo di *almeno 12 ore consecutive comprendente l'intervallo tra le ore 22 e le ore 6, o tra le ore 23 e le ore 7*
	▶ Divieto generale	▷ È *vietato adibire i minori* al lavoro notturno (art. 15 L. 977/1967)
	▶ Deroghe	▷ Nel caso in cui il minore sia adibito ad attività lavorative di carattere culturale, artistico, sportivo, ma la prestazione lavorativa *non può comunque protrarsi oltre le ore 24*. In tale caso, il minore deve godere, a prestazione compiuta, di un periodo di riposo di *almeno 14 ore consecutive* (art. 17, comma 1, L. 977/1967) ▷ Gli *adolescenti* che abbiano compiuto 16 anni possono essere *eccezionalmente* adibiti al lavoro notturno quando si verifichi *un caso di forza maggiore che ostacoli il funzionamento dell'azienda* purché tale lavoro (art. 17, comma 2, L. 977/1967): ▶ sia *temporaneo* ▶ *non ammetta ritardi* ▶ *non* siano *disponibili lavoratori adulti* ▶ siano concessi periodi equivalenti di *riposo compensativo entro 3 settimane*

Osservazioni

Lo **svolgimento del rapporto di lavoro** del minore avviene secondo la *disciplina normativa del lavoro vigente* per la generalità dei lavoratori: così, ad esempio, al minore deve essere corrisposta, a parità di lavoro, una **retribuzione** pari a quella che spetterebbe ad un lavoratore maggiorenne (art. 37 Cost.).
Tuttavia, *particolari disposizioni* vigono in materia di orario di lavoro, riposo settimanale, pause, ferie e lavoro notturno.

In sintesi

Il legislatore ha inteso tutelare l'integrità psico-fisica del lavoratore minore attraverso **una normativa protettiva speciale**, per lo più *derogatoria di quella ordinaria*, in ragione delle peculiari esigenze di tutela accordata a tale categoria di lavoratori.
Già prima dell'entrata in vigore della Costituzione, con *L. 26-4-1934, n. 653*, sono state emanate disposizioni relative alla tutela del lavoro dei fanciulli.
Successivamente, la **Costituzione**, all'**art. 37**, ha previsto che «*la Repubblica tutela il lavoro dei minori con speciali norme*» e che «*la legge stabilisce i limiti d'età per il lavoro salariato*».
In applicazione dell'art. 37 Cost., è stata emanata la **L. 17 ottobre 1967, n. 977** sulla «*Tutela del lavoro dei fanciulli e degli adolescenti*», la cui disciplina è stata poi adeguata agli indirizzi espressi in sede comunitaria (dir. 94/33/CE) con il **D.Lgs. 4-8-1999, n. 345**, che ha completamente *ridefinito* l'impostazione e l'*assetto protettivo* della L. 977/1967, affermando il principio generale per cui l'*età minima di ammissione all'impiego deve coincidere con quella in cui cessano gli obblighi scolastici*.
L'obiettivo normativo è quello di *vietare il lavoro dei soggetti al di sotto dell'età adolescenziale* e, allo stesso tempo, porre le necessarie limitazioni per *proteggere i giovani che lavorano* dallo sfruttamento economico e da ogni prestazione suscettibile di nuocere alla loro sicurezza, salute o sviluppo fisico, psicologico, morale o sociale o di comprometterne l'istruzione.

note

15 La tutela dei genitori nel rapporto di lavoro

1 Il congedo di maternità

Nozione: è un periodo di **astensione obbligatoria dal lavoro**, durante il quale vige il **divieto assoluto di adibire la donna al lavoro.**

Normativa di riferimento	▶ Artt. 2, comma 1, lett. *a)*, 16-26, D.Lgs. 151/2001
Periodo di astensione obbligatoria	▶ Si estende, di regola, ai **2 mesi precedenti** la data presunta del parto fino ai **3 mesi successivi**. La lavoratrice ha però la *facoltà* di astenersi dal lavoro a partire dal *mese precedente* la data presunta del parto e *nei 4 mesi successivi* (**flessibilità** del congedo di maternità), a condizione che il medico specialista del Servizio sanitario nazionale o con esso convenzionato e il medico competente ai fini della prevenzione e tutela della salute nei luoghi di lavoro attestino che tale opzione *non arrechi pregiudizio* alla salute della gestante e del nascituro ▶ Ove il parto avvenga *oltre* la data presunta, comprende il periodo intercorrente tra la **data presunta** e la **data effettiva** del parto ▶ Qualora il parto avvenga in data anticipata rispetto a quella presunta, comprende gli *ulteriori giorni non goduti prima del parto.* In caso di parto **fortemente prematuro**, l'astensione può *anche superare* i 5 mesi complessivi ▶ In alternativa alla regola generale (2 mesi prima della data presunta del parto fino ai 3 mesi successivi), la lavoratrice ha la *facoltà* di astenersi dal lavoro **esclusivamente dopo il parto**, entro i 5 mesi successivi allo stesso, a condizione che il medico specialista del Servizio sanitario nazionale o con esso convenzionato e il medico competente ai fini della prevenzione e tutela della salute nei luoghi di lavoro attestino che tale opzione non arrechi pregiudizio alla salute della gestante e del nascituro ▶ Nel caso di **interruzione spontanea o terapeutica della gravidanza** successiva al *180° giorno* dall'inizio della gestazione, nonché in caso di **decesso del bambino alla nascita o durante il congedo di maternità**, la lavoratrice ha facoltà di riprendere l'attività lavorativa in qualunque momento, con un *preavviso* di *10 giorni* al datore di lavoro, a condizione che il medico specialista del Servizio sanitario nazionale o con esso convenzionato e il medico competente ai fini della prevenzione e tutela della salute nei luoghi di lavoro attestino che tale opzione *non arrechi pregiudizio* alla loro salute
Rinvio e sospensione del congedo di maternità	▶ In caso di **ricovero del neonato** in una struttura pubblica o privata, la madre ha diritto di chiedere la sospensione del congedo di maternità e di godere del congedo, in tutto o in parte, dalla *data di dimissione del bambino*

Estensione del divieto	▶ A 3 mesi prima della data presunta del parto se la lavoratrice svolge **attività pregiudizievoli** per la sua salute e per quella del nascituro ▶ Per *uno o più periodi*, la cui durata è determinata dall'ASL o dall'ITL nei seguenti casi: *gravi complicanze della gravidanza o preesistenti forme morbose* che potrebbero aggravarsi con lo stato di gravidanza; *condizioni di lavoro o ambientali pregiudizievoli* per la salute della lavoratrice o del nascituro; *impossibilità di adibizione della lavoratrice ad altre mansioni*
Trattamento economico	▶ Indennità *giornaliera* pari all'**80% della retribuzione** per tutto il periodo del congedo di maternità

Osservazioni

Il congedo di maternità spetta, per un *periodo massimo di 5 mesi*, anche alle lavoratrici che abbiano adottato un minore. In caso di **adozione nazionale**, il congedo deve essere fruito *durante i primi 5 mesi successivi all'effettivo ingresso* del minore nella famiglia della lavoratrice. In caso di **adozione internazionale**, il congedo può essere fruito *prima dell'ingresso del minore in Italia*, durante il periodo di permanenza all'estero richiesto per l'incontro con il minore e gli adempimenti relativi alla procedura adottiva: ferma restando la durata complessiva del congedo, questo può essere fruito entro i 5 mesi successivi all'ingresso del minore in Italia.
Nel caso, invece, di **affidamento** del minore, il congedo può essere fruito *entro 5 mesi dall'affidamento*, per un *periodo massimo di 3 mesi*.
In caso di **ricovero del neonato** in una struttura pubblica o privata, sia nel caso di adozione che nel caso di affidamento, la madre ha *diritto* di chiedere la **sospensione del congedo** di maternità e di goderne, in tutto o in parte, dalla data di dimissione del bambino.

2 Il congedo di paternità

Tipologie	▶ *Obbligatorio* ▶ *Alternativo*
Congedo di paternità obbligatorio (artt. 2, comma 1, lett. *a-bis*), 27bis, 29, comma 1, D.Lgs. 151/2001)	▶ Astensione obbligatoria dal lavoro del lavoratore, che ne fruisce in via **autonoma** rispetto al congedo di maternità ▶ È fruibile dal padre *anche durante il congedo di maternità* della madre lavoratrice ▶ Ha una durata di **10 giorni lavorativi**, salvo il caso di *parto plurimo* in occasione del quale la durata è aumentata a *20 giorni lavorativi* ▶ È fruibile dai **2 mesi precedenti la data presunta** del parto ed **entro i 5 mesi successivi**. Entro lo stesso arco temporale, il congedo è fruibile anche in caso di *morte perinatale* del figlio ▶ Il congedo si applica anche al **padre adottivo** o **affidatario** ▶ Per l'**esercizio del diritto**, il padre deve *comunicare* al datore di lavoro, in forma scritta, i giorni in cui intende fruire del congedo, con un anticipo non minore di 5 giorni, ove possibile in relazione all'evento nascita, sulla base della data presunta del parto, fatte salve le condizioni di miglior favore previste dalla contrattazione collettiva ▶ Per i giorni di congedo obbligatorio, al padre spetta un'indennità pari al **100% della retribuzione**

Congedo di paternità alternativo (artt. 2, comma 1, lett. *b*), 28, 29 comma 2, D.Lgs. 151/2001)	▶ Astensione dal lavoro del lavoratore, **in alternativa al congedo di maternità** ▶ Il diritto di astenersi dal lavoro è riconosciuto per *tutta la durata del congedo di maternità* o per la parte *residua* che sarebbe spettata alla lavoratrice, in caso di **morte** o di **grave infermità della madre** ovvero di **abbandono**, nonché in caso di **affidamento esclusivo** del bambino al padre ▶ Per i giorni di congedo alternativo, al padre spetta un'indennità pari all'**80% della retribuzione**

Osservazioni

Alla luce delle modifiche introdotte dal D.Lgs. 105/2022, per «congedo di paternità» si intende l'*astensione dal lavoro del lavoratore* che ne fruisce in via **autonoma** rispetto alla madre lavoratrice (congedo di paternità obbligatorio). Tale congedo si configura come un diritto **aggiuntivo a quello della madre** e spetta indipendentemente dal diritto della madre al proprio congedo di maternità.
Il congedo di paternità di cui all'art. 28 del D.Lgs. 151/2001 è invece stato ridenominato «**alternativo**», in quanto previsto in *alternativa* al congedo di maternità: a differenza del congedo di paternità obbligatorio, il congedo di paternità alternativo non è quindi un diritto autonomo rispetto a quello della madre.

3 I congedi parentali

Nozione: consiste nel diritto riconosciuto a ciascuno genitore, per ogni bambino nei *primi suoi 12 anni di vita*, di **astenersi dal lavoro** entro limiti massimi, complessivo e individuali, di fruizione.

Normativa di riferimento	▶ Artt. 32-36, 38, D.Lgs. 151/2001
Limite massimo complessivo di fruizione	▶ **10 mesi** ▶ **11 mesi**, qualora il padre lavoratore eserciti il diritto di astenersi dal lavoro per un *periodo continuativo o frazionato non inferiore a 3 mesi*
Limiti massimi individuali di fruizione	▶ **6 mesi alla madre**, trascorso il periodo di congedo di maternità ▶ **6 mesi al padre**, dalla nascita del figlio; il limite massimo sale a **7 mesi**, qualora il lavoratore eserciti il diritto di *astenersi* dal lavoro *per un periodo continuativo o frazionato non inferiore a 3 mesi* ▶ **11 mesi**, nel caso vi sia **un solo genitore** o sia stato disposto l'**affidamento esclusivo** del figlio
Importo dell'indennità e periodo massimo complessivo indennizzabile tra i genitori	▶ Per i periodi di congedo parentale, fino al dodicesimo anno di vita del figlio, a ciascun genitore lavoratore spetta, per 3 mesi, non trasferibili, un'indennità pari al 30% della retribuzione (quindi, **3 mesi alla madre + 3 mesi al padre**). Tuttavia, la **legge di bilancio 2023** (art. 1, comma 359, L. 197/2022) ha stabilito che, per il genitore che termina il periodo di congedo di maternità o in alternativa di paternità successivamente al 31 dicembre 2022, l'indennità è **elevata**, in alternativa tra i genitori, per la durata massima di un mese fino al sesto anno di vita del bambino, alla misura dell'**80%** della retribuzione (art. 34, comma 1, primo periodo, D.Lgs. 151/2001)

Importo dell'indennità e periodo massimo complessivo indennizzabile tra i genitori	▶ 30% della retribuzione per **un** **ulteriore periodo di 3 mesi** ad entrambi i genitori, ma in *alternativa* tra loro (art. 34, comma 1, secondo periodo, D.Lgs. 151/2001) ▶ 30% della retribuzione per **9 mesi** di congedo, qualora vi sia **un solo genitore** (art. 34, comma 1, terzo e quarto periodo, D.Lgs. 151/2001)
Prolungamento del congedo parentale	▶ Per ogni minore con handicap in situazione di gravità, la lavoratrice madre o, in *alternativa*, il lavoratore padre, hanno diritto, **entro il compimento del dodicesimo anno di vita del bambino**, al prolungamento del congedo parentale per un **periodo massimo non superiore a 3 anni**, a condizione che il bambino *non* sia ricoverato a tempo pieno presso istituti specializzati, salvo che, in tal caso, sia richiesta dai sanitari la presenza del genitore ▶ Per *tutto* il periodo di prolungamento del congedo parentale, è riconosciuta un'indennità pari al **30% della retribuzione** ▶ In *alternativa* al prolungamento del congedo parentale, possono essere fruiti i riposi e i permessi previsti dal D.Lgs. 151/2001 (art. 42) in caso di figli con handicap grave

4 I congedi per la malattia del figlio

Normativa di riferimento	▶ Artt. 47-52, D.Lgs. 151/2001
Ipotesi e durata	▶ Spettano, *alternativamente*, ad entrambi i genitori ▶ Per **figli di età inferiore a 3 anni**, per periodi *corrispondenti alla malattia* di ciascun figlio ▶ Per **figli di età superiore a 3 anni e fino a 8 anni**, nel limite di *5 giorni lavorativi all'anno* per *ogni figlio*

5 I riposi giornalieri

Riposi giornalieri per la madre lavoratrice (cd. permessi per allattamento)	▶ Spettano **durante il primo anno di vita del bambino** ▶ Hanno la **durata massima di 2 ore al giorno**, se l'orario di lavoro è **pari** o **superiore** a 6 ore giornaliere ▶ Hanno la **durata massima di 1 ora al giorno**, se l'orario di lavoro è **inferiore** a 6 ore giornaliere ▶ Sono **retribuiti**
Riposi giornalieri per il padre lavoratore	▶ Hanno la **stessa durata** dei riposi giornalieri riconosciuti alla madre ▶ Spettano nei seguenti casi: ▷ *Affidamento* dei figli al solo padre ▷ In alternativa alla madre lavoratrice dipendente che *non* se ne avvale ▷ La madre *non sia lavoratrice dipendente* o sia *casalinga* ▷ *Morte* o *grave infermità* della madre

Riposi per parti plurimi	▶ Consistono in **periodi di riposo raddoppiati** ▶ Spettano alla **madre** lavoratrice e al **padre** lavoratore

6 La tutela della genitorialità per i lavoratori parasubordinati

Indennità di maternità	▶ È corrisposta per il periodo di **astensione dal lavoro** che va da **2 mesi antecedenti** alla data del parto fino ai **3 mesi successivi** alla data stessa ▶ È dovuta *a prescindere dalla effettiva astensione dall'attività lavorativa* ▶ Compete *anche in caso di mancato versamento* alla gestione dei relativi *contributi previdenziali* da parte del committente (art. 64ter T.U.) ▶ Si calcola in **misura percentuale al reddito**

Osservazioni

Il congedo di maternità è corrisposto, fermi restando i requisiti reddituali vigenti, a condizione che, nei confronti delle lavoratrici interessate, risulti attribuita *1 mensilità della contribuzione* dovuta alla gestione separata nei 12 mesi precedenti la data di inizio dell'evento o di inizio del periodo indennizzabile (art. 2bis, D.Lgs. 81/2015).

Indennità di paternità	▶ È corrisposta per i **3 mesi successivi alla data del parto** o per il **periodo residuo** che sarebbe spettato alla madre lavoratrice (art. 3, D.M. 4-4-2002) ▶ Spetta nei seguenti casi: ▷ **Morte o grave infermità** della madre; ▷ **Abbandono** del figlio da parte della madre; ▷ **Affidamento esclusivo** del figlio al padre ▶ Si calcola in **misura percentuale al reddito**

Osservazioni

Le *indennità di maternità e paternità* sono pari all'**80% di 1/365 del reddito** prodotto nel 12 mesi precedenti l'inizio del periodo indennizzabile.

Indennità per congedo parentale	▶ È corrisposta per un periodo pari a **3 mesi ciascuno entro i primi 12 anni di vita del bambino.** Entro lo stesso termine, i genitori hanno diritto, in *alternativa* tra loro, ad **ulteriori 3 mesi** di congedo. I trattamenti economici per congedo parentale, ancorché fruiti in altra gestione o cassa di previdenza, non possono *complessivamente* superare, tra entrambi i genitori, il **limite complessivo di 9 mesi** (art. 8, comma 4, L. 81/2017) ▶ Si calcola in **misura percentuale** al reddito

Osservazioni

Il congedo parentale è corrisposto, fermi restando i requisiti reddituali vigenti, *a condizione che, nei confronti dei soggetti interessati, risulti attribuita 1 mensilità della contribuzione* dovuta alla gestione separata *nei 12 mesi precedenti* la data di inizio dell'evento o di inizio del periodo indennizzabile (art. 2bis, D.Lgs. 81/2015).

7 La tutela della genitorialità per i lavoratori autonomi

Indennità di maternità

- È corrisposta per i **2 mesi precedenti** la data effettiva del parto e per i 3 **mesi successivi** alla data stessa
- È corrisposta anche per i **periodi antecedenti i 2 mesi prima del parto**, nel caso di *gravi complicanze della gravidanza* o di *persistenti forme morbose* che, sulla base di accertamenti medici della ASL, si *presume* possano essere aggravate dallo stato di gravidanza
- È **erogata dall'INPS**
- L'importo dell'indennità di maternità è pari all'80% (art. 68, commi 1 e 2, D.Lgs. 151/2001)
  - Della *retribuzione minima giornaliera per gli operai agricoli a tempo indeterminato* in relazione all'anno precedente il parto per le lavoratrici agricole
  - Del *salario minimo giornaliero* nella misura risultante, per la *qualifica di impiegato*, per le artigiane e per le commercianti

Osservazioni

Anche le **libere professioniste** iscritte alla Cassa previdenziale di appartenenza hanno diritto all'indennità di maternità per i *2 mesi antecedenti la data effettiva del parto e i 3 mesi successivi a tale evento.* Tuttavia, il D.Lgs. 105/2022 ha previsto che l'indennità è corrisposta anche per i **periodi antecedenti i 2 mesi prima del parto** in caso di *gravi complicanze della gravidanza* o di *persistenti forme morbose* che, sulla base di accertamenti medici della ASL, si *presume* possano essere aggravate dallo stato di gravidanza (art. 70, comma 1, D.Lgs. 151/2001).

Congedo parentale

- Il diritto al congedo parentale e al relativo trattamento economico è riconosciuto alle lavoratrici e ai lavoratori autonomi limitatamente ad un periodo di **3 mesi**, da effettuare **entro il primo anno di vita del bambino** (art. 69 T.U.)

Indennità di paternità

- È corrisposta, per il periodo in cui sarebbe spettata alla madre lavoratrice autonoma o dipendente o per la parte residua, nei seguenti casi
  - *Morte* della madre
  - *Grave infermità* della madre
  - *Abbandono del figlio* da parte della madre
  - *Affidamento esclusivo* del figlio *al padre*

8 Il lavoro notturno e la salute sul lavoro delle lavoratrici gestanti, puerpere o in allattamento

Disciplina del lavoro notturno

- ▶ Fonti normative
  - ▷ Art. 11, comma 2, D.Lgs. 66/2003; art. 53, D.Lgs. 151/2001
- ▶ Divieto di adibizione al lavoro delle donne lavoratrici
  - ▷ *Dalle ore 24 alle ore 6*
  - ▷ *Dall'accertamento dello stato di gravidanza e fino al compimento di un anno di età del bambino*

Osservazioni

Non sono **obbligati** a prestare lavoro notturno:
— la *lavoratrice madre* di un figlio di *età inferiore a 3 anni* o, in alternativa, il *lavoratore padre convivente* con la stessa;
— la lavoratrice o il lavoratore che sia l'*unico genitore affidatario* di un figlio convivente di *età inferiore a 12 anni*;
— la lavoratrice *madre adottiva o affidataria* di un minore, nei primi 3 anni dall'ingresso del minore in famiglia, e comunque non oltre il dodicesimo anno di età o, in alternativa e alle stesse condizioni, il lavoratore *padre adottivo o affidatario convivente* con la stessa;
— la lavoratrice o il lavoratore che abbia a proprio carico un *soggetto disabile*.

Tutela della salute della lavoratrice

- ▶ Fonte normativa
  - ▷ Art. 6, D.Lgs. 151/2001
- ▶ Beneficiarie
  - ▷ Lavoratrici durante il periodo di *gravidanza e fino a 7 mesi di età del figlio*
  - ▷ Lavoratrici che hanno ricevuto bambini in *adozione o in affidamento, fino al compimento dei 7 mesi di età*
- ▶ Onere per le lavoratrici
  - ▷ Devono informare il datore di lavoro del loro *status*
- ▶ Obblighi del datore di lavoro
  - ▷ Effettuare una **specifica valutazione dei rischi** aziendali con particolare riguardo ai fattori di pericolo per la salute della lavoratrice e del bambino
  - ▷ Informare le lavoratrici e i dipendenti dei risultati della valutazione
  - ▷ Adottare le più opportune misure di *prevenzione* e *sicurezza*
- ▶ La lavoratrice, in caso di rischi per la salute propria o del nascituro, ha diritto ad **una modifica temporanea delle condizioni o dell'orario di lavoro** ovvero ad essere assegnata ad **altre mansioni** sino alla **sospensione dell'obbligo lavorativo**

9 Il divieto di licenziamento, le dimissioni e il diritto al rientro

Divieto di licenziamento

- Fonte normativa
  - Art. 54, D.Lgs. 151/2001
- Opera **dall'inizio del periodo di gravidanza fino al termine dei periodi di interdizione dal lavoro**, nonché fino al **compimento di un anno di età** del bambino
- Si **applica** anche
  - Al lavoratore nel periodo di fruizione del **congedo di paternità** (sia obbligatorio, sia alternativo) e *fino ad un anno di età* del bambino
  - Alla lavoratrice o al lavoratore, se il licenziamento è causato dalla domanda o dalla fruizione del **congedo parentale o per malattia del figlio**
  - Nei casi di *affidamento* e di *adozione*, fino ad un anno dall'ingresso del minore nel nucleo familiare, e in caso di adozione *internazionale*, opera dal momento della comunicazione della proposta di incontro con il minore o della comunicazione dell'invito a recarsi all'estero per ricevere la proposta di abbinamento
- Se violato, il licenziamento è **nullo**

Casi di esclusione del divieto di licenziamento

- **Colpa grave** della lavoratrice
- **Cessazione dell'attività dell'azienda**
- **Ultimazione della prestazione** per la quale la lavoratrice è stata assunta
- Risoluzione del rapporto di lavoro per **scadenza del termine**
- **Esito negativo della prova**

Disciplina delle dimissioni e delle risoluzioni consensuali

- Fonte normativa
  - Art. 55, D.Lgs. 151/2001
- Campo di applicazione
  - Durante il periodo di *gravidanza*
  - Durante i *primi 3 anni di vita* del bambino o nei *primi 3 anni di accoglienza* del minore adottato o in affidamento, o, in caso di adozione internazionale, nei primi 3 anni decorrenti dalle comunicazioni relative alla proposta di abbinamento
- Convalida
  - La risoluzione consensuale del rapporto o la richiesta di dimissioni presentate devono essere **convalidate** (dell'Ispettorato del lavoro)
  - La convalida costituisce **condizione sospensiva** per l'efficacia della cessazione del rapporto di lavoro

Disciplina delle dimissioni e delle risoluzioni consensuali	▶ **Convalida**	▷ L'*istruttoria* finalizzata al rilascio della convalida può essere effettuata attraverso *strumenti di* **comunicazione da remoto**, che consentano in ogni caso l'identificazione degli interessati o dei soggetti dagli stessi delegati e l'*acquisizione della volontà espressa*: in tali ipotesi, il provvedimento finale o il verbale si *perfeziona* con la sola **sottoscrizione del funzionario** incaricato (art. 12bis, comma 2, D.L. 76/2020, conv. in L. 120/2020)

Osservazioni

Le dimissioni presentate dal lavoratore o dalla lavoratrice, dall'inizio della gravidanza fino ad un anno di età del bambino (periodo in cui sussiste il *divieto di licenziamento*), *non* sono soggette a *preavviso*.

Diritti successivi al periodo di congedo	▶ *Conservazione* del posto di lavoro ▶ *Rientro* nella stessa unità produttiva, salvo rinuncia ▶ Adibizione alle *stesse mansioni o a mansioni equivalenti* ▶ Diritto a beneficiare di eventuali *miglioramenti delle condizioni di lavoro* stabilite dai contratti collettivi, da leggi o regolamenti che sarebbero spettati durante l'assenza

10 Il congedo per le donne vittime di violenza di genere

Nozione: è il diritto di astenersi dal lavoro riconosciuto alle **donne lavoratrici** inserite in **percorsi di protezione** debitamente *certificati* dai *servizi sociali* del Comune di residenza, dai *centri antiviolenza* o dalle *case rifugio.*

Fonte normativa	▶ Art. 24, D.Lgs. 80/2015	
Campo di applicazione	▶ Il congedo è **riconosciuto** alle lavoratrici:	▷ **Subordinate**, sia del settore privato che pubblico ▷ Titolari di **rapporto di collaborazione coordinata e continuativa** (co.co.co.) ▷ **Domestiche** ▷ **Autonome**
Disciplina	▶ Il diritto di *astenersi* dal lavoro, o alla *sospensione* del rapporto di collaborazione in caso di co.co.co., spetta per un **periodo massimo di 3 mesi** ▶ L'astensione può essere fruita **su base oraria o giornaliera** nell'arco temporale di **3 anni**	

Disciplina	▶ Ai fini dell'esercizio del diritto, la lavoratrice deve **comunicare** al datore di lavoro, o al committente, la **data di inizio e di fine** del congedo, attestando con l'apposita certificazione l'inserimento nel percorso di protezione, con almeno **7 giorni di preavviso**, salvo i casi di oggettiva impossibilità ▶ Per le lavoratrici subordinate, il periodo è **computato** ai fini dell'anzianità di servizio a tutti gli effetti, della maturazione delle ferie, della 13ª e del TFR

Osservazioni

Le lavoratrici subordinate possono chiedere la **trasformazione del rapporto di lavoro** da tempo pieno in *part-time*: l'esercizio di tale diritto è subordinato, però, alla sussistenza di **posti disponibili in organico**.
La lavoratrice può, poi, trasformare nuovamente, semplicemente richiedendolo, il part-time in rapporto di lavoro a tempo pieno.

Indennità	▶ È corrisposta dal datore di lavoro secondo le **modalità previste per la corresponsione dei trattamenti economici di maternità** ▶ È pari all'**ultima retribuzione**, con riferimento alle voci fisse e continuative del trattamento

In sintesi

Il nostro ordinamento ha da sempre tutelato l'assolvimento dei compiti di maternità e cura dei figli ritenendo essenziale la *funzione familiare* svolta dalla donna. Per evitare però che, attraverso una normativa protezionistica speciale, potessero derivare per la madre lavoratrice conseguenze discriminatorie e penalizzanti, la **Costituzione** ha sancito, all'**art. 37**, la *parità* normativa e retributiva fra lavoratori e lavoratrici. Alla donna devono comunque essere assicurate condizioni di lavoro che garantiscano una speciale adeguata protezione al bambino e alla lavoratrice in quanto madre. La Costituzione, in sostanza, da un lato, afferma che la *specialità* della tutela riguarda la lavoratrice madre (*tutela differenziata*) e, dall'altro, stabilisce il principio fondamentale (e generale) di uguaglianza fra i due sessi (*tutela paritaria o parità di trattamento*).
La normativa prevede speciali garanzie e diritti idonei ad assicurare l'*essenziale funzione familiare* della donna e rispondenti all'esigenza di tutela della maternità: allorché il legislatore si occupa della lavoratrice *nella sua qualità di madre* torna, infatti, ad essere giustificato e opportuno un intervento protettivo, dal momento che la tutela della maternità e dell'infanzia rappresenta nell'ordinamento giuridico *un valore prioritario*.
Il D.Lgs. 151/2001 (*Testo Unico per la tutela ed il sostegno della maternità e della paternità*), che attualmente disciplina la tutela della genitorialità, ha riconosciuto anche al **padre lavoratore** la possibilità di fruire delle forme di tutela previste dalla legge per le *lavoratrici madri* favorendo, dunque, anche grazie ad una *più equa ripartizione dei carichi familiari*, pari *possibilità di carriera* tra lavoratori e lavoratrici.
Dopo diversi interventi legislativi emanati negli anni, che hanno riconosciuto ai padri lavoratori, seppur a volte in maniera transitoria, diverse forme di tutela, rilevante è poi il **D.Lgs. 105/2022**, di recepimento della *Direttiva (UE) 2019/1158 del 20 giugno 2019*, relativa all'equilibrio tra attività professionale e vita familiare per i genitori e i prestatori di assistenza. Tale provvedimento ha modificato significativamente la disciplina del congedo di paternità e dei congedi parentali, nell'intento di migliorare la **conciliazione tra attività lavorativa e vita privata** per i genitori (e in generale per i prestatori di assistenza), di conseguire la **condivisione delle responsabilità di cura** tra uomini e donne e di promuovere la **parità di genere**, in ambito lavorativo e familiare.

16 La tutela contro le discriminazioni nel rapporto di lavoro

1 La parità di genere e le pari opportunità

1.1 Codice delle pari opportunità (D.Lgs. 11-4-2006, n. 198)

Codice delle pari opportunità tra uomo e donna

- Finalità
  - *Prevenzione* e *rimozione* di ogni forma di discriminazione fondata sul sesso in *tutti* i campi della vita civile, sociale, economica ecc.
  - Introduzione di «misure volte ad **eliminare ogni discriminazione basata sul sesso**, che abbia come conseguenza o come scopo di compromettere o di impedire il riconoscimento, il godimento o l'esercizio dei diritti umani e delle libertà fondamentali in campo politico, economico, sociale, culturale e civile o in ogni altro campo»

1.2 Organizzazione amministrativa per la promozione delle pari opportunità

Organizzazione amministrativa

- È costituita dall'insieme delle **istituzioni** che presiedono alle **politiche delle pari opportunità**
- **Presidente del Consiglio dei Ministri**
  - Svolge funzioni di promozione e coordinamento delle politiche di pari opportunità
- **Comitato nazionale** per l'attuazione della parità di trattamento e l'uguaglianza di opportunità tra lavoratori e lavoratrici
  - Promuove la *rimozione* dei comportamenti discriminatori per sesso e di *ogni altro ostacolo* che *limiti* l'uguaglianza fra uomo e donna nell'*accesso al lavoro* e *sul lavoro*, nella *promozione* e nella *formazione professionale*, nelle *condizioni di lavoro* (compresa la retribuzione), nonché in relazione alle *forme pensionistiche complementari collettive*
- **Consigliere e consiglieri di parità**
  - Svolgono funzioni di *promozione* e *controllo* dell'attuazione dei principi di uguaglianza di opportunità e di non discriminazione tra uomini e donne nel lavoro

Osservazioni

Nell'ambito dell'organizzazione amministrativa opera, presso la Presidenza del Consiglio dei Ministri (Dipartimento per i diritti e le pari opportunità), la **Commissione per le pari opportunità fra uomo e donna** che fornisce **consulenza e supporto tecnico-scientifico** nell'elaborazione e nell'attuazione delle politiche di genere, sui provvedimenti di competenza dello Stato.

1.3 Promozione delle pari opportunità: le azioni positive

Nozione: *misure per promuovere le pari opportunità* tra uomo e donna e per **realizzare la parità** tra lavoratori e lavoratrici.

Scopo delle azioni positive

- *Eliminare le disparità* nella formazione scolastica e professionale, nell'accesso al lavoro, nella progressione in carriera, nella vita lavorativa ecc.
- *Favorire la diversificazione delle scelte professionali delle donne*, anche nel campo del lavoro autonomo e imprenditoriale
- *Superare condizioni, organizzazione* e *distribuzione del lavoro pregiudizievoli* per l'avanzamento professionale, di carriera ed economico della donna
- *Promuovere l'inserimento della donna* in attività professionali ove è sotto rappresentata
- *Favorire*, anche mediante diversa organizzazione delle condizioni e tempo del lavoro, *l'equilibrio e la migliore ripartizione tra responsabilità familiari e professionali dei due sessi*
- *Valorizzare* il *contenuto professionale delle mansioni* a più forte presenza femminile

Osservazioni

Nell'ambito della promozione delle pari opportunità, rileva la **certificazione della parità di genere**, introdotta dalla L. 162/2021, a decorrere dal *1° gennaio 2022*, al fine di attestare le politiche e le misure *concrete* adottate dai datori di lavoro per **ridurre il divario di genere** in relazione alle *opportunità di crescita* in azienda, alla *parità salariale a parità di mansioni*, alle politiche di *gestione delle differenze di genere* e alla *tutela della maternità* (art. 46bis, D.Lgs. 198/2006).
Le aziende possono conseguire la certificazione in base ad alcuni **parametri minimi** (D.M. 29-4-2022): la certificazione è rilasciata dagli *organismi di valutazione della conformità* accreditati in questo ambito.
L'azienda che consegua la certificazione accede ad una serie di **benefici** (es. benefici *contributivi*).

1.4 Tipologie di discriminazioni

Discriminazione diretta (art. 25, comma 1, D.Lgs. 198/2006)

- Qualsiasi *disposizione, criterio, prassi, atto, patto o comportamento*, nonché l'*ordine* di porre in essere un atto o un comportamento, che produca un **effetto pregiudizievole** discriminando le candidate e i candidati, in fase di selezione del personale, le lavoratrici o i lavoratori **in ragione del loro sesso** e, comunque, il trattamento meno favorevole rispetto a quello di un'altra lavoratrice o di un altro lavoratore in situazione analoga

Discriminazione indiretta (art. 25, comma 2, D.Lgs. 198/2006)	▶ Si verifica quando una *disposizione, un criterio, una prassi, un atto, un patto o un comportamento*, compresi quelli di natura organizzativa o incidenti sull'orario di lavoro, **apparentemente neutri**, mettono o possono mettere i candidati in fase di selezione e i lavoratori di un determinato sesso in una **posizione di particolare svantaggio rispetto a lavoratori dell'altro sesso**, salvo che riguardino *requisiti essenziali allo svolgimento dell'attività lavorativa*, purché l'obiettivo sia legittimo e i mezzi impiegati per il suo conseguimento siano appropriati e necessari
Molestie (art. 26, comma 1, D.Lgs. 198/2006)	▶ Comportamenti indesiderati, posti in essere per **ragioni connesse al sesso**, aventi lo scopo o l'effetto di *violare la dignità* di una lavoratrice o di un lavoratore e di creare un clima intimidatorio, ostile, degradante, umiliante o offensivo
Molestie sessuali (art. 26, comma 2, D.Lgs. 198/2006)	▶ Comportamenti indesiderati **a connotazione sessuale**, espressi in forma *fisica, verbale o non verbale*, aventi lo scopo o l'effetto di *violare la dignità* di una lavoratrice o di un lavoratore e di creare un *clima intimidatorio, ostile, degradante, umiliante o offensivo*
Discriminazioni di reazione (art. 26, comma 3, D.Lgs. 198/2006)	▶ Trattamenti sfavorevoli da parte del datore di lavoro che costituiscono una **reazione ad un reclamo o ad una azione** volta ad ottenere il *rispetto del principio di parità di trattamento* tra uomini e donne
Discriminazioni collettive	▶ Comportamenti discriminatori, diretti o indiretti, che riguardano una **pluralità di soggetti**, anche se non sono individuabili, in modo immediato e diretto, le lavoratrici o i lavoratori lesi dalle discriminazioni
Ulteriori ipotesi (artt. 25, comma 2bis, 26, comma 2bis, D.Lgs. 198/2006)	▶ Ogni trattamento o modifica dell'organizzazione delle condizioni e dei tempi di lavoro che, in ragione del *sesso*, dell'*età anagrafica*, delle *esigenze di cura personale o familiare*, dello *stato di gravidanza*, nonché di *maternità o paternità* (anche adottive), ovvero in ragione della *titolarità* e dell'*esercizio dei relativi diritti*, pone o può porre il lavoratore in almeno una delle seguenti condizioni: **posizione di svantaggio** rispetto alla generalità degli altri lavoratori; **limitazione delle opportunità** di *partecipazione alla vita o alle scelte aziendali* e dell'accesso ai meccanismi di avanzamento e di progressione nella *carriera* ▶ Trattamenti meno favorevoli subiti da una lavoratrice o da un lavoratore per il fatto di **aver rifiutato** le molestie e le molestie sessuali o di esservisi **sottomessi**

Osservazioni

Gli atti, i patti o i provvedimenti concernenti il rapporto di lavoro dei lavoratori o delle lavoratrici vittime di molestie, molestie sessuali o di trattamenti meno favorevoli per aver rifiutato le molestie e le molestie sessuali sono **nulli**, se adottati in *conseguenza* del rifiuto o della sottomissione ai comportamenti medesimi (art. 26, comma 3, D.Lgs. 198/2006). La lavoratrice o il lavoratore, che **agisce in giudizio** per la dichiarazione delle discriminazioni per molestia o molestia sessuale poste in essere in violazione dei divieti, *non* può essere *sanzionato, demansionato, licenziato, trasferito o sottoposto ad altra misura orga-*

nizzativa avente effetti negativi, diretti o indiretti, sulle condizioni di lavoro, determinati dalla denuncia stessa.

Il **licenziamento ritorsivo o discriminatorio** del soggetto denunciante è **nullo**; sono altresì nulli il *mutamento di mansioni* (art. 2103 c.c.) e qualsiasi altra misura ritorsiva o discriminatoria adottata nei confronti del denunciante. Tali tutele, tuttavia, in alcuni casi non sono garantite: ad **esempio**, quando sia stata accertata l'*infondatezza della denuncia* (art. 26, comma 3bis, D.Lgs. 198/2006).

Ai sensi dell'**art. 2087 c.c.**, i datori di lavoro sono comunque tenuti ad assicurare condizioni di lavoro che garantiscano l'*integrità fisica e morale* e la *dignità* dei lavoratori, anche concordando con le organizzazioni sindacali dei lavoratori le iniziative più opportune al fine di **prevenire il fenomeno delle molestie sessuali nei luoghi di lavoro** (art. 26, comma 3ter, D.Lgs. 198/2006).

1.5 Divieti di discriminazione: ambito di operatività

Accesso al lavoro (art. 27, D.Lgs. 198/2006)

- È vietata qualsiasi discriminazione per quanto riguarda l'**accesso al lavoro**, in forma subordinata, autonoma o in qualsiasi altra forma, compresi i *criteri di selezione* e le *condizioni di assunzione*, nonché la *promozione*, indipendentemente dalle modalità di assunzione e qualunque sia il settore o il ramo di attività, a tutti i livelli della gerarchia professionale
- Eventuali **deroghe** sono ammesse soltanto per mansioni di lavoro *particolarmente pesanti* individuate dalla contrattazione collettiva oppure quando condizionare l'assunzione all'appartenenza ad un determinato sesso è essenziale alla natura del lavoro o della prestazione (es. attività della moda)

Retribuzione (art. 28, D.Lgs. 198/2006)

- È vietata qualsiasi discriminazione, diretta e indiretta, concernente un *qualunque aspetto o condizione delle retribuzioni*, per quanto riguarda uno *stesso lavoro* o un lavoro al quale è attribuito un valore uguale

Prestazione lavorativa e progressione di carriera (art. 29, D.Lgs. 198/2006)

- È vietata qualsiasi discriminazione fra uomini e donne per quanto riguarda l'**attribuzione delle qualifiche**, delle **mansioni** e la **progressione nella carriera**

Accesso alle prestazioni previdenziali (art. 30, D.Lgs. 198/2006)

- Le lavoratrici in possesso dei requisiti per aver *diritto alla pensione di vecchiaia* hanno **diritto di proseguire** il rapporto di lavoro fino agli stessi limiti di età previsti per gli uomini da disposizioni legislative, regolamentari e contrattuali

Accesso alle prestazioni pensionistiche complementari collettive (art. 30bis, D.Lgs. 198/2006)

- Sono consentiti differenti trattamenti solo entro *limiti* ben determinati

Accesso agli impieghi pubblici (art. 31, D.Lgs. 198/2006)	▶ La donna può accedere a **tutte le cariche**, professioni e impieghi pubblici, nei vari ruoli, carriere e categorie, **senza limitazione di mansioni e di svolgimento della carriera**, salvi i requisiti stabiliti dalla legge

Osservazioni

Un aspetto specifico della tutela contro le discriminazioni nel rapporto di lavoro è il **divieto di licenziamento per causa di matrimonio** della lavoratrice, ad *esclusione* delle addette al *lavoro familiare* e *domestico* (art. 35, D.Lgs. 198/2006).
Il divieto opera nel periodo intercorrente *dal giorno della richiesta delle pubblicazioni di matrimonio*, in quanto segua la celebrazione, *a un anno dopo la celebrazione stessa*.
Il licenziamento intimato in tale periodo **si presume illecito** e, pertanto, è *nullo*: la lavoratrice ha diritto ad essere **riammessa in servizio** e a vedersi corrispondere la retribuzione non percepita *dal giorno del recesso a quello del reintegro* in azienda.
La **presunzione di illiceità** può essere *superata* dal datore di lavoro che dimostri che il licenziamento è stato intimato per una *causa legittima* tra quelle individuate dal Codice delle pari opportunità, come ad esempio la colpa grave della lavoratrice costituente **giusta causa** per la risoluzione del rapporto di lavoro (art. 35, comma 5, D.Lgs. 198/2006).

1.6 Tutela giudiziaria contro le discriminazioni di genere

Discriminazione individuale	▶ Il **lavoratore** può ricorrere *direttamente* all'autorità giudiziaria
Discriminazione collettiva	▶ Il **consigliere** può agire *direttamente*, ma prima di promuovere l'azione giudiziaria, può anche tentare una **soluzione conciliativa** che consiste ▷ Nella richiesta all'autore della discriminazione di predisporre un piano per rimuoverla ▷ Se il piano è idoneo, il consigliere promuove il tentativo di conciliazione
Azione individuale del lavoratore	▶ Può essere preceduta dal *tentativo di conciliazione* ▶ Avviene con ricorso al *Tribunale* ▶ È possibile la *delega* al consigliere
Azione del consigliere di parità	▶ È esercitata in caso di *discriminazione collettiva* ▶ È *alternativa* alla *soluzione conciliativa* o all'*esito negativo* della stessa ▶ Avviene con *ricorso al Tribunale*
Autorità giudiziaria competente e rito applicabile	▶ **Giudice del lavoro** con applicazione delle regole del *processo del lavoro* (art. 414 e ss. c.p.c.) ▶ **Giudice amministrativo** con applicazione del *rito abbreviato* (art. 119 Codice processo amministrativo)
Procedimenti d'urgenza	▶ Sono diretti alla *rimozione tempestiva della discriminazione* ▶ Possono essere attivati sia dal *lavoratore* che dal *consigliere di parità*

Procedimenti d'urgenza	▶ Sono di competenza del giudice del lavoro e presentano le seguenti **caratteristiche**	▷ Presentazione di un *ricorso al Tribunale* ▷ *Convocazione delle parti* da parte del giudice per assumere *sommariamente* le informazioni ▷ Se il giudice ritiene *sussistente la discriminazione*, ordina all'autore la *cessazione del comportamento illegittimo* e la *rimozione degli effetti* ▷ Su richiesta della parte lesa, il giudice può condannare l'autore della discriminazione al *risarcimento del danno non patrimoniale*
Onere della prova	▶ Se il lavoratore fornisce *elementi di fatto* desunti anche da *dati di carattere statistico* relativi alle assunzioni, ai regimi retributivi ecc., idonei a fondare in *termini precisi e concordanti la presunzione dell'esistenza della discriminazione*, spetta al datore di lavoro provare che essa *non sussiste*	

Osservazioni

La tutela giudiziaria è riconosciuta anche nei casi di cd. **vittimizzazione** (art. 41bis, D.Lgs. 198/2006) ovvero contro i *comportamenti pregiudizievoli* posti in essere nei confronti della persona lesa da una discriminazione o di *qualunque altra persona*, quale *reazione ad una qualsiasi attività diretta ad ottenere il rispetto del principio di parità di trattamento tra uomini e donne.*

2 Parità di trattamento tra le persone indipendentemente dalla razza e dall'origine etnica

Nozione: *assenza* di qualsiasi discriminazione, diretta o indiretta, a causa della *razza* o dell'*origine etnica*.

Normativa	▶ **D.Lgs. 215/2003:** Attuazione della *direttiva 2000/43/CE* per la *parità di trattamento* tra le persone indipendentemente dalla razza e dall'origine etnica
***Ratio* e ambito di operatività**	▶ Disposizioni relative all'attuazione della **parità di trattamento** tra le persone *indipendentemente dalla razza e dall'origine etnica* ▶ Misure necessarie affinché le differenze di razza o di origine etnica **non siano causa di discriminazione**, anche in un'ottica che tenga conto del diverso impatto che le stesse forme di discriminazione possono avere su *donne* e *uomini*, nonché dell'esistenza di *forme di razzismo* a carattere *culturale* e *religioso* ▶ Si applica a **tutte le persone**, sia nel settore *pubblico* che *privato*
Effetti del principio della parità di trattamento	▶ Tale principio comporta che *non* sia praticata alcuna *discriminazione diretta o indiretta*

Ambito di operatività della tutela giurisdizionale del principio di parità di trattamento (art. 3, D.Lgs. 215/2003)	▶ *Accesso all'occupazione e al lavoro*, sia autonomo che dipendente, compresi i criteri di selezione e le condizioni di assunzione ▶ *Occupazione e condizioni di lavoro*, compresi gli avanzamenti di carriera, la retribuzione e le condizioni del licenziamento ▶ *Accesso* a tutti i tipi e livelli di *orientamento e formazione professionale*, *perfezionamento* e *riqualificazione professionale*, inclusi i tirocini professionali ▶ *Affiliazione e attività nell'ambito di organizzazioni di lavoratori*, di *datori di lavoro* o di *altre organizzazioni professionali* e prestazioni erogate dalle medesime organizzazioni ▶ *Protezione sociale* ▶ *Assistenza sanitaria* ▶ *Prestazioni sociali* ▶ *Istruzione* ▶ *Accesso a beni e servizi*, incluso l'alloggio
Discriminazione diretta (art. 2, comma 1, lett. *a)*, D.Lgs. 215/2003)	▶ Si verifica quando, per la razza o l'origine etnica, una persona è **trattata meno favorevolmente** di quanto sia, sia stata o sarebbe trattata un'altra in *situazione analoga*
Discriminazione indiretta (art. 2, comma 1, lett. *b)*, D.Lgs. 215/2003)	▶ Si verifica quando una disposizione, un criterio, una prassi, un atto, un patto o un comportamento, **apparentemente neutri**, possono mettere le persone di una determinata razza o origine etnica in una **posizione di particolare svantaggio** rispetto ad altre persone
Ulteriori ipotesi di discriminazione (art. 2, commi 3 e 4, D.Lgs. 215/2003)	▶ **Molestie** ovvero quei comportamenti indesiderati, posti in essere per motivi di razza o di origine etnica, aventi lo scopo o l'effetto di violare la dignità di una persona e di creare un *clima intimidatorio, ostile, degradante, umiliante o offensivo* ▶ **Ordine di discriminare** persone a causa della razza o dell'origine etnica
Ipotesi che non costituiscono discriminazione (art. 3, commi 3 e 4, D.Lgs. 215/2003)	▶ Differenze di trattamento dovute a *caratteristiche connesse* alla razza o all'origine etnica di una persona, qualora, per la **natura di un'attività lavorativa** o per il **contesto** in cui essa viene espletata, si tratti di caratteristiche che costituiscono un *requisito essenziale* e *determinante* ai fini dello svolgimento dell'attività medesima ▶ Differenze di trattamento che, pur risultando indirettamente discriminatorie, siano **giustificate oggettivamente da finalità legittime** perseguite attraverso mezzi appropriati e necessari

Osservazioni

Il D.Lgs. 215/2003 **non riguarda** le **differenze di trattamento basate sulla nazionalità** e *non* pregiudica le disposizioni nazionali e le condizioni relative all'ingresso, al soggiorno, all'accesso all'occupazione, all'assistenza e alla previdenza dei cittadini dei Paesi terzi e degli apolidi nel territorio dello Stato, né qualsiasi trattamento, adottato in base alla legge, derivante dalla condizione giuridica dei predetti soggetti (art. 3, comma 2).

3 Parità di trattamento fra le persone indipendentemente dalla religione, dalle convinzioni personali, dagli handicap, dall'età, dalla nazionalità e dall'orientamento sessuale

Nozione: *assenza* di qualsiasi discriminazione diretta o indiretta a causa della *religione*, delle *convinzioni personali*, degli *handicap*, dell'*età*, della *nazionalità* o dell'*orientamento sessuale*.

Normativa	▶ **D.Lgs. 216/2003:** Attuazione della *direttiva 2000/78/CE* per la *parità di trattamento in materia di occupazione e di condizioni di lavoro* e della *direttiva n. 2014/54/UE* relativa alle misure intese ad agevolare l'*esercizio dei diritti* conferiti ai lavoratori *nel quadro della libera circolazione dei lavoratori*
***Ratio* e ambito di operatività**	▶ Disposizioni relative all'attuazione della *parità di trattamento* fra le persone indipendentemente dalla *religione*, dalle *convinzioni personali*, dagli *handicap*, dall'*età*, dalla *nazionalità* e *dall'orientamento sessuale*, per quanto concerne l'**occupazione** e le **condizioni di lavoro** ▶ Misure necessarie affinché le differenze di religione, handicap, età, nazionalità ecc. **non siano causa di discriminazione**, in un'ottica che tenga conto anche del diverso *impatto* che le stesse forme di discriminazione possono avere su *donne* e *uomini* ▶ Si applica a tutte le persone, sia nel *settore pubblico* che *privato*
Effetti del principio della parità di trattamento	▶ Tale principio comporta che *non* sia praticata alcuna *discriminazione diretta o indiretta*
Ambito di operatività della tutela giurisdizionale del principio di parità di trattamento (art. 3, D.Lgs. 216/2003)	▶ *Accesso all'occupazione e al lavoro*, sia autonomo che dipendente, compresi i criteri di selezione e le condizioni di assunzione ▶ *Occupazione e condizioni di lavoro*, compresi gli avanzamenti di carriera, la retribuzione e le condizioni del licenziamento, la salute e la sicurezza, il reintegro professionale o il ricollocamento ▶ Accesso a tutti i tipi e livelli di *orientamento* e *formazione professionale*, *perfezionamento* e *riqualificazione professionale*, inclusi i tirocini professionali ▶ *Affiliazione e attività nell'ambito di organizzazioni di lavoratori*, di *datori di lavoro* o di *altre organizzazioni professionali* e prestazioni erogate dalle medesime organizzazioni ▶ Accesso all'*alloggio* ▶ Accesso a *vantaggi sociali e fiscali* ▶ *Assistenza* fornita dagli *uffici di collocamento* ▶ *Iscrizione alle organizzazioni sindacali* ed *eleggibilità negli organi di rappresentanza* dei lavoratori

Discriminazione diretta (art. 2, comma 1, lett. *a*), D.Lgs. 216/2003)	▶ Si verifica quando, per *religione*, per *convinzioni personali*, per *handicap*, per *età*, per *nazionalità* o per *orientamento sessuale*, una persona è **trattata meno favorevolmente** di quanto sia, sia stata o sarebbe trattata un'altra in una *situazione analoga*
Discriminazione indiretta (art. 2, comma 1, lett. *b*), D.Lgs. 216/2003)	▶ Si verifica quando una disposizione, un criterio, una prassi, un atto, un patto o un comportamento, **apparentemente neutri**, possono mettere le persone che professano una determinata religione o ideologia di altra natura, le persone portatrici di handicap, le persone di una particolare età o nazionalità o di un orientamento sessuale in una **situazione di particolare svantaggio** rispetto ad altre persone
Ulteriori ipotesi (art. 2, commi 3 e 4, D.Lgs. 216/2003)	▶ **Molestie** ovvero quei comportamenti indesiderati, posti in essere per uno dei motivi indicati dal D.Lgs. 216/2003, aventi lo scopo o l'effetto di violare la dignità di una persona e di creare un *clima intimidatorio, ostile, degradante, umiliante o offensivo* ▶ **Ordine di discriminare** persone a causa della *religione*, delle *convinzioni personali*, dell'*handicap*, dell'*età*, della *nazionalità* o dell'*orientamento sessuale*
Ipotesi che non costituiscono atti di discriminazione (art. 3, commi 3, 5 e 6, D.Lgs. 216/2003)	▶ Nell'ambito del rapporto di lavoro o dell'esercizio dell'attività di impresa, le differenze di trattamento dovute a *caratteristiche connesse alla religione*, alle *convinzioni personali*, all'*handicap*, all'*età*, alla *nazionalità* o all'*orientamento sessuale* di una persona, qualora, per la *natura dell'attività lavorativa* o per il *contesto* in cui essa viene espletata e purché la finalità sia *legittima*, tali caratteristiche costituiscano un requisito essenziale e determinante ai fini dello svolgimento dell'attività medesima ▶ Le *differenze* di trattamento basate sulla *professione di una determinata religione* o di determinate *convinzioni personali* che siano praticate nell'ambito di enti religiosi o altre organizzazioni pubbliche o private, qualora tale religione o tali convinzioni personali, per la natura delle attività professionali svolte da detti enti o organizzazioni o per il contesto in cui esse sono espletate, costituiscano requisito essenziale, legittimo e giustificato ai fini dello svolgimento delle medesime attività ▶ Le differenze di trattamento che, pur risultando indirettamente discriminatorie, siano giustificate oggettivamente da finalità legittime perseguite attraverso mezzi appropriati e necessari

Osservazioni

La disciplina del D.Lgs. 216/2003 **fa salve** tutte le disposizioni vigenti in materia di: *condizioni di ingresso, soggiorno* ed *accesso all'occupazione*, all'*assistenza* e alla *previdenza dei cittadini dei Paesi terzi* e degli apolidi nel territorio dello Stato; *sicurezza* e *protezione sociale*; *sicurezza pubblica, tutela dell'ordine pubblico, prevenzione dei reati* e *tutela della salute*; *stato civile* e prestazioni che ne derivano; *forze armate*, limitatamente ai fattori di età e di handicap.

4 La tutela giudiziaria contro le discriminazioni per ragioni di razza e origine etnica, per religione, convinzioni personali, handicap, età, nazionalità e orientamento sessuale

Disciplina	▶ Art. 28, D.Lgs. 150/2011
Ambito di applicazione (art. 4, D.Lgs. 215/2003 e art. 4, D.Lgs. 216/2003)	▶ Controversie dirette a far accertare atti e comportamenti discriminatori per ragioni di *razza* e di *origine etnica*, nonché di *religione, convinzioni personali, handicap, età, nazionalità e orientamento sessuale*
Domanda giudiziale	▶ Si propone con *ricorso al Tribunale* del luogo in cui il ricorrente ha il domicilio
Onere di provare l'insussistenza della discriminazione	▶ Se il lavoratore fornisce elementi di fatto idonei a fondare, in termini precisi e concordanti, la *presunzione* dell'esistenza di atti, patti o comportamenti discriminatori, l'onere di provare l'insussistenza della discriminazione **spetta alla controparte convenuta in giudizio**
Legittimazione ad agire per le discriminazioni legate a motivi di razza e di origine etnica (art. 5, D.Lgs. 215/2003)	▶ Spetta alle *associazioni* e agli *enti impegnati nel campo della lotta alle discriminazioni* e della promozione della parità di trattamento, *in nome* e *per conto* o *a sostegno* del soggetto passivo della discriminazione
Legittimazione ad agire per le discriminazioni legate a motivi di religione, convinzioni personali, handicap, età, nazionalità e orientamento sessuale (art. 5, D.Lgs. 216/2003)	▶ Spetta alle *organizzazioni sindacali*, alle *associazioni e alle organizzazioni rappresentative del diritto o dell'interesse leso*, in nome e per conto o a sostegno del soggetto passivo della discriminazione e dei suoi familiari

Osservazioni

Sia nel caso di discriminazioni legate a motivi di razza e di origine etnica sia in quello di discriminazioni legate a motivi di religione, convinzioni personali, handicap, età, nazionalità e orientamento sessuale, i soggetti previsti dai rispettivi decreti legislativi sono legittimati ad agire anche nei casi di **discriminazione collettiva**, qualora *non* siano individuabili, in modo diretto e immediato, le persone lese dalla discriminazione.

5 Ufficio per il contrasto delle discriminazioni

Funzioni (artt. 7, D.Lgs. 215/2003; 5bis, D.Lgs. 216/2003)	▶ Svolge, in modo autonomo e imparziale, *attività di promozione della parità* e di *rimozione* di qualsiasi forma di *discriminazione* fondata sulla **razza** o sull'**origine etnica**, anche in un'ottica che tenga conto del diverso impatto che le stesse discriminazioni possono avere su *donne* e *uomini*, nonché dell'*esistenza di forme di razzismo a carattere culturale e religioso* ▶ Svolge, in modo autonomo e imparziale, attività di *promozione della parità* e di *rimozione* di qualsiasi forma di *discriminazione* nei confronti dei lavoratori che esercitano il **diritto alla libera circolazione all'interno dell'Unione europea**

In sintesi

Il nostro ordinamento prevede una normativa finalizzata alla *prevenzione* e alla *rimozione*, in tutti gli ambiti, di ogni forma di *discriminazione fondata sul sesso*: tra i campi nei quali deve essere assicurata la **parità di trattamento e di opportunità tra donne e uomini** sono compresi quelli dell'*occupazione*, del *lavoro* e della *retribuzione*.
L'uguaglianza fra i lavoratori dei due sessi è un principio fondamentale previsto dalla **Costituzione** (**art. 37**), sul quale si è poi basata tutta l'evoluzione normativa della tutela contro le discriminazioni che ha portato, nel 2006, all'emanazione del **Codice delle pari opportunità tra uomo e donna**, che oggi costituisce il punto di riferimento normativo in materia.
Tuttavia, sotto l'impulso della normativa europea, il nostro ordinamento è andato ben oltre all'attuazione del principio di parità, offrendo una tutela ad ampio raggio. In tale contesto rilevano le normative del 2003, dirette a fornire un'adeguata **tutela contro le discriminazioni** fondate sui più diversi motivi, dalle convinzioni religiose a quelle personali, dall'età e dalla nazionalità alle condizioni di salute, fino all'orientamento sessuale, che si *aggiungono* agli strumenti di tutela previsti contro le discriminazioni di genere.

note

17 I contratti di lavoro speciali

1 Il concetto di specialità: ambito di operatività

Nozione: si tratta di tipologie contrattuali che, pur essendo riconducibili alla fattispecie del lavoro subordinato, **differiscono dal modello del contratto a tempo pieno e indeterminato**, sia esso tradizionale che a tutele crescenti, con la conseguenza che la **disciplina generale del rapporto di lavoro subordinato trova applicazione soltanto se compatibile** (art. 2239 c.c.).

Tipologie	▶ **Apprendistato**	▷ Specialità derivante dalla **causa** del contratto
	▶ Lavoro a **tempo parziale** ▶ Lavoro **intermittente**	▷ Specialità derivante dalla **durata ridotta o flessibile** della prestazione di lavoro
	▶ Lavoro a **domicilio** ▶ **Telelavoro** ▶ Lavoro **sportivo** ▶ Lavoro **giornalistico** ▶ Lavoro **nello spettacolo** ▶ Lavoro **domestico** ▶ **Portierato**	▷ Specialità derivante dal **contesto** in cui la prestazione di lavoro è resa o dall'**oggetto** dell'attività di lavoro
	▶ **Somministrazione** di lavoro ▶ Lavoro alle dipendenze delle **Pubbliche Amministrazioni**	▷ Specialità derivante dall'**imputazione soggettiva** dell'attività svolta dal lavoratore
	▶ Lavoro a **tempo determinato**	▷ Specialità derivante dal fatto che al contratto viene apposta una **scadenza**

Osservazioni

I contratti speciali di lavoro sono stati oggetto negli ultimi anni di continui interventi del legislatore, talvolta addirittura di radicale riforma, ma che spesso non hanno sortito concreti risultati rispetto agli obiettivi perseguiti.
Con il **D.Lgs. 15-6-2015, n. 81**, è stata operata una **revisione della disciplina delle varie tipologie contrattuali speciali**, allo scopo di renderle maggiormente coerenti con le attuali esigenze del contesto occupazionale e produttivo. Si è pertanto proceduto ad un significativo riordino dei contratti di lavoro anche *sopprimendo* talune tipologie (*lavoro ripartito*): il provvedimento rappresenta così la **principale fonte di regolamentazione** dei contratti speciali di lavoro.

2 Il contratto di apprendistato

Nozione: è un contratto di lavoro a **tempo indeterminato** finalizzato alla *formazione* e all'*occupazione dei giovani.*

Fonte normativa ▶ Artt. 41-47, D.Lgs. 81/2015

Tipologie

▶ Apprendistato per la qualifica e per il diploma professionale, il diploma di istruzione secondaria superiore e il certificato di specializzazione tecnica superiore (**apprendistato di primo livello**)

- ▷ Possono essere assunti i *giovani dai 15 anni di età compiuti e fino al compimento dei 25 anni di età*
- ▷ È attuabile in *tutti i settori* di attività
- ▷ Può essere utilizzato anche per l'**assolvimento dell'obbligo di istruzione**
- ▷ La *durata* è in funzione della qualifica o del diploma da conseguire, e non può essere superiore a 3 anni, o a 4 anni nel caso di diploma quadriennale regionale, relativamente agli *aspetti formativi*

▶ Apprendistato professionalizzante (**apprendistato di secondo livello**)

- ▷ Possono essere assunti i *giovani di età compresa dai 18 ai 29 anni di età*, ovvero dai 17 anni se già in possesso di una qualifica professionale
- ▷ È attuabile in *tutti i settori* di attività privati e pubblici
- ▷ È finalizzato al **conseguimento di una qualifica professionale a fini contrattuali**
- ▷ La *durata* è in funzione dell'*età* dell'apprendista e della *qualifica professionale* da conseguire, nel limite di *3 anni*, ovvero di *5 anni* per le qualifiche professionali dell'artigianato, relativamente agli aspetti formativi

▶ Apprendistato di alta formazione e di ricerca (**apprendistato di terzo livello**)

- ▷ Possono essere assunti i *giovani di età compresa dai 18 ai 29 anni di età* in possesso di diploma di istruzione secondaria superiore
- ▷ È attuabile in *tutti i settori* di attività privati e pubblici
- ▷ È finalizzato al **conseguimento di titoli di studio universitari** e dell'alta formazione, compresi i dottorati di ricerca, la *specializzazione tecnica superiore*, nonché al *praticantato* per l'accesso agli ordini professionali

Osservazioni

Nelle imprese con organico *superiore a 9 dipendenti*, l'assunzione degli apprendisti è soggetta al limite di **contingentamento** rispetto ai lavoratori specializzati in organico, nel senso che il datore di lavoro è tenuto a mantenere un determinato **rapporto tra apprendisti e maestranze qualificate** (art. 42, comma 7, D.Lgs. 81/2015).

Inoltre, per i datori di lavoro che occupano *almeno 50 dipendenti*, l'assunzione di *nuovi* apprendisti con contratto di *apprendistato professionalizzante* è subordinata alla prosecuzione *a tempo indeterminato*, al termine del periodo di formazione, nei 36 mesi precedenti la nuova assunzione, di *almeno il 20%* degli apprendisti dipendenti dallo stesso datore di lavoro (cd. **requisito di stabilizzazione**) (art. 42, comma 8, D.Lgs. 81/2015). Se il requisito di stabilizzazione *non* è soddisfatto, il datore di lavoro può assumere soltanto un *ulteriore apprendista*. In caso di *violazione* del limite di stabilizzazione, *tutti* gli apprendisti assunti in più sono considerati lavoratori subordinati **a tempo indeterminato** sin dalla data di costituzione del rapporto.

Disciplina legale del rapporto di lavoro

- Il contratto di apprendistato deve essere stipulato in **forma scritta** ai fini probatori e deve indicare per iscritto il **piano formativo individuale previsto per l'apprendista, in cui è declinato il complessivo percorso di studio e di lavoro**
  - Il datore di lavoro ha l'obbligo di garantire la presenza di un **tutor o referente aziendale**
  - La regolamentazione degli aspetti formativi, fatti salvi i criteri stabiliti dalla legge, è rimessa alla *legislazione regionale e alla contrattazione collettiva*, nel rispetto degli *standard formativi* definiti in via generale
  - Per l'*apprendistato di terzo livello*, in assenza di regolamentazioni regionali, la formazione è disciplinata dalle disposizioni di legge che definiscono gli *standard formativi*, fatte salve comunque le *convenzioni* che si applicano fino alla regolamentazione regionale
  - In caso di *mancata attività di formazione*, il datore di lavoro deve *restituire, maggiorati, i benefici contributivi* connessi all'assunzione di apprendisti
- Vige il **divieto di cottimo** per tutte le tipologie di apprendistato
- L'**inquadramento dell'apprendista** è di regola determinato in base alle declaratorie del contratto collettivo di categoria
- Una particolare disciplina è dettata per il **recesso** del datore di lavoro in considerazione della funzione formativa del contratto
  - **Durante** il periodo di apprendistato, il datore di lavoro può *recedere dal contratto*, solo in presenza di *una giusta causa o di un giustificato motivo*, trovando applicazione la disciplina sui licenziamenti illegittimi
  - *Nell'apprendistato di primo e terzo livello*, costituisce giustificato motivo di licenziamento il *mancato raggiungimento degli obiettivi formativi*
  - Al **termine** del periodo di apprendistato, le parti possono *recedere dal contratto con preavviso* decorrente dal medesimo termine. Se nessuna delle parti recede, il rapporto *prosegue come ordinario rapporto di lavoro subordinato a tempo indeterminato*

Osservazioni

Per l'importante ruolo di *avvicinamento* fra mondo dell'*istruzione* e della *formazione* e mondo del *lavoro*, va fatto cenno ai **tirocini formativi e di orientamento**, introdotti dalla L. 196/1997 in sostituzione delle precedenti tipologie di *stage* variamente denominate. Con il tirocinio **non si realizza un rapporto di lavoro**: esso, infatti, consiste in un periodo di *formazione on the job*, che determina l'inserimento *temporaneo* di un soggetto all'interno di un'azienda, con l'obiettivo di favorire la conoscenza e la sperimentazione della realtà lavorativa, attraverso una *formazione professionale* e un *addestramento pratico* direttamente sul luogo di lavoro.
Il tirocinio coinvolge *tre soggetti*: il **soggetto promotore**, che procede all'attivazione dello stage; l'**azienda ospitante**; il **tirocinante**, quale beneficiario dell'esperienza formativa.
La disciplina dei tirocini è definita da ciascuna Regione secondo le *Linee guida nazionali* e si attiva mediante **convenzione** tra soggetto promotore e azienda o ente ospitante.

3 Il lavoro a tempo parziale (cd. part-time)

3.1 Caratteristiche e tipologie

Nozione: si intende il rapporto di lavoro subordinato caratterizzato da un **orario di lavoro inferiore rispetto all'orario a tempo pieno** (pari a 40 ore settimanali o al minore orario fissato dal contratto collettivo).

Fonte normativa	▶ Artt. 4-12, D.Lgs. 81/2015	
Tipologie	▶ Part-time di tipo **orizzontale**	▷ La riduzione dell'orario di lavoro rispetto al tempo pieno avviene in relazione all'*orario normale giornaliero* di lavoro ▷ **Esempio:** si lavora tutti i giorni della settimana lavorativa, ma in ciascun giorno per un minor numero di ore
	▶ Part-time di tipo **verticale**	▷ L'attività lavorativa è svolta a tempo pieno, ma *limitatamente a periodi predeterminati* ▷ **Esempio:** si lavora a tempo pieno, ma solo alcuni giorni della settimana
	▶ Part-time di tipo **misto**	▷ Consiste in una *combinazione* delle due precedenti tipologie ▷ **Esempio:** si lavora tutti i giorni della settimana lavorativa, ma il lunedì, martedì e mercoledì ad orario pieno, mentre il giovedì e il venerdì ad orario ridotto

Osservazioni

Si tenga presente che il D.Lgs. 81/2015 *non* prevede alcuna tipologia specifica di part-time, ma prevede soltanto che, nel rapporto di lavoro subordinato, anche a tempo determinato, l'assunzione può avvenire a tempo pieno o a tempo parziale.
Le specifiche tipologie di part-time, infatti, erano previste dalla normativa previgente (D.Lgs. 61/2000), mentre nel vigente dettato normativo hanno perso la loro specifica autonomia.

3.2 Forma scritta e contenuto del contratto

Forma scritta ad probationem	▶ Il contratto deve essere redatto in **forma scritta** per provare l'esistenza di un rapporto a tempo parziale	
Contenuto del contratto	▶ Nel contratto devono essere puntualmente indicate la **durata** della prestazione lavorativa e la **collocazione temporale dell'orario** con riferimento al giorno, alla settimana, al mese e all'anno	
Regime sanzionatorio	▶ **Difetto di prova** in ordine alla stipulazione in **forma scritta** del contratto	▷ Il lavoratore può chiedere giudizialmente che sia dichiarata la sussistenza di un **rapporto di lavoro a tempo pieno**, fermo restando, per il periodo antecedente alla data della pronuncia, il diritto alla *retribuzione* e al *versamento dei contributi* previdenziali dovuti per le prestazioni effettivamente rese
	▶ **Difetto di indicazione della durata** della prestazione lavorativa	▷ Il lavoratore può chiedere giudizialmente che sia dichiarata la sussistenza di un **rapporto di lavoro a tempo pieno** a partire dalla pronuncia ▷ Per il periodo antecedente alla pronuncia, il lavoratore ha diritto, in *aggiunta alla retribuzione* per le prestazioni effettivamente rese, a un'ulteriore somma a titolo di *risarcimento del danno*
	▶ **Difetto di indicazione della collocazione** della prestazione lavorativa	▷ Il *giudice determina le modalità temporali di svolgimento della prestazione lavorativa a tempo parziale*, tenendo conto delle responsabilità familiari del lavoratore interessato e della sua necessità di integrazione del reddito mediante lo svolgimento di altra attività lavorativa, nonché delle esigenze del datore di lavoro ▷ Per il periodo antecedente alla pronuncia, il lavoratore ha diritto, in *aggiunta alla retribuzione* per le prestazioni effettivamente rese, a un'ulteriore somma a titolo di *risarcimento del danno*

3.3 Disciplina del rapporto

Principio di non discriminazione

- ▶ Il lavoratore **non deve ricevere un trattamento meno favorevole** rispetto al lavoratore a tempo pieno di *pari* inquadramento
- ▶ Il lavoratore ha i **medesimi diritti** di un lavoratore a tempo pieno *comparabile*

Principio di proporzionalità

- Il lavoratore ha diritto ad un **trattamento economico e normativo riproporzionato** in ragione della ridotta entità della prestazione lavorativa
- I contratti collettivi possono **modulare** la durata del periodo di prova, del periodo di preavviso in caso di licenziamento o dimissioni e quella del periodo di conservazione del posto di lavoro in caso di malattia e infortunio in relazione all'articolazione dell'orario di lavoro

Trasformazione del rapporto di lavoro

- **Da part-time in rapporto a tempo pieno**
  - Il lavoratore part-time **non ha un diritto alla trasformazione** del proprio rapporto di lavoro
  - Il lavoratore ha **soltanto un diritto di precedenza** alla trasformazione del proprio rapporto di lavoro, cioè il diritto di essere *preferito* ad altri lavoratori in caso di nuove assunzioni a tempo pieno da parte del datore di lavoro, per l'espletamento delle *stesse mansioni*, o di *mansioni di pari livello e categoria legale* rispetto a quelle oggetto del rapporto di lavoro a tempo parziale. Il diritto di precedenza è però riconosciuto soltanto ai lavoratori che, *assunti in origine a tempo pieno*, hanno **successivamente trasformato** il rapporto in part-time, mentre *non* è riconosciuto ai lavoratori *assunti già in origine con il part-time*
  - Se la richiesta di trasformazione **proviene dal datore di lavoro**, il lavoratore ha *facoltà* di scegliere e il rifiuto *non* può costituire giustificato motivo di licenziamento
- **Da tempo pieno in rapporto part-time**
  - La regola generale è che le parti *possono* accordarsi per la trasformazione del rapporto di lavoro con atto scritto, ma il lavoratore **non ha diritto alla trasformazione**, neanche in caso di programmate assunzioni di personale a tempo parziale da parte dell'azienda. Tuttavia, è prevista una **deroga** alla regola generale: **hanno diritto** alla trasformazione del rapporto a tempo pieno in part-time i lavoratori affetti da *patologie oncologiche* o *cronico-degenerative ingravescenti*, nonché i *lavoratori genitori* (in sostituzione del congedo parentale)

Trasformazione del rapporto di lavoro

- **Da tempo pieno in rapporto part-time**
  - È riconosciuta una **priorità** nella trasformazione del contratto di lavoro a tempo pieno in part-time ai lavoratori che hanno il *coniuge*, la *parte di un'unione civile* o il *convivente di fatto*, i *figli* o i *genitori* affetti da patologie oncologiche o da gravi patologie cronico-degenerative ingravescenti, o che *assistono* una persona convivente con totale e permanente inabilità lavorativa con connotazione di gravità, che abbia necessità di assistenza continua, in quanto *non in grado* di compiere gli atti quotidiani della vita

Osservazioni

Nelle ipotesi in cui è riconosciuta una *priorità* nella trasformazione del contratto, la lavoratrice (o il lavoratore) che richieda tale trasformazione non può essere: *sanzionata, demansionata, licenziata, trasferita o sottoposta ad altra misura organizzativa avente effetti negativi*, diretti o indiretti, *sulle condizioni di lavoro* (art. 8, comma 5bis, D.Lgs. 81/2015).

3.4 Lavoro supplementare, straordinario e clausole elastiche

Lavoro supplementare

- Si intende il lavoro svolto, su richiesta del datore di lavoro, **oltre l'orario concordato fra le parti**, anche in relazione alle giornate, alle settimane o ai mesi, ma **entro i limiti dell'orario normale di lavoro** (40 ore)
- È disciplinato dalla **contrattazione collettiva**
  - In *mancanza di disciplina collettiva:*
    - il datore di lavoro può richiedere al lavoratore lo svolgimento di prestazioni di lavoro supplementare in *misura non superiore al 25% delle ore di lavoro settimanali concordate*
    - il lavoratore può *rifiutare* lo svolgimento del lavoro supplementare per *comprovate esigenze* lavorative, di salute, familiari o di formazione professionale
- È **retribuito con una maggiorazione del 15%** della retribuzione oraria

Lavoro straordinario

- Si intende il lavoro svolto **oltre l'orario normale di lavoro** (40 ore)
- È disciplinato dalla **normativa generale** (D.Lgs. 66/2003)

Clausole elastiche

- Sono concordate per **iscritto** dalle parti per consentire una *maggiore flessibilità* dello svolgimento del rapporto
- Consistono in una **variazione della collocazione temporale della prestazione lavorativa o della durata, in aumento, della prestazione**

Clausole elastiche

- Il **rifiuto del lavoratore** di concordare variazioni dell'orario di lavoro non costituisce giustificato motivo di licenziamento
- Il lavoratore ha diritto ad un **preavviso di 2 giorni lavorativi, salvo un diverso termine concordato tra le parti**
- Il lavoratore ha facoltà di **revocare il consenso** prestato alla clausola elastica solo se ricorrono le circostanze previste dalla legge (es. lavoratore affetto da patologie oncologiche)
- La **violazione** delle regole legali o del contratto collettivo comporta il diritto del lavoratore ad un *risarcimento del danno*, in aggiunta alla normale retribuzione
- Sono disciplinate dalla **contrattazione collettiva**
  - In mancanza di disciplina collettiva:
    - esse possono comunque essere pattuite per iscritto dalle parti ma *innanzi alle commissioni di certificazione*
    - l'aumento della durata della prestazione *non può essere superiore al 25% della normale prestazione* annua a tempo parziale
    - il lavoratore ha diritto ad una *maggiorazione del 15% della retribuzione*

4 Il lavoro intermittente

Nozione: contratto mediante il quale **un lavoratore si pone a disposizione di un datore di lavoro, che ne utilizza la prestazione quando ne ha effettivamente bisogno**. È anche denominato **lavoro a chiamata** o **job on call**.

Fonte normativa
- Artt. 13-18, D.Lgs. 81/2005

Lavoro intermittente con obbligo di disponibilità
- Il lavoratore **si obbliga a restare a disposizione del datore di lavoro** per effettuare prestazioni lavorative quando richiesto dal datore

Lavoro intermittente senza obbligo di disponibilità
- Il lavoratore **non si impegna contrattualmente ad accettare la chiamata del datore di lavoro**

Campo di applicazione
- Causali oggettive
  - Prestazioni di *carattere discontinuo o intermittente* per esigenze stabilite nei contratti collettivi
  - Prestazioni rese per periodi *predeterminati nell'arco della settimana, del mese e dell'anno*

Campo di applicazione	▶ Causali soggettive	▷ Prestazioni rese da soggetti con *meno di 24 anni* di età ▷ Prestazioni rese da lavoratori con *più di 55 anni* di età

Osservazioni

In ogni caso, con l'eccezione dei settori del turismo, dei pubblici esercizi e dello spettacolo, è ammesso ricorrere al lavoro intermittente, per *ciascun lavoratore con il medesimo datore di lavoro*, per un **periodo complessivamente non superiore a 400 giornate di effettivo lavoro nell'arco di 3 anni solari**. In caso di **superamento del predetto periodo**, il rapporto si **trasforma in un rapporto di lavoro a tempo pieno e indeterminato** (art. 13, comma 3, D.Lgs. 81/2015).

Contratto di lavoro	▶ Deve essere redatto per **iscritto ai fini della prova**	
	▶ Deve contenere, oltre alle informazioni di cui al D.Lgs. 152/1997, i seguenti elementi	▷ La **natura variabile della programmazione del lavoro**, durata e ipotesi, oggettive o soggettive, che consentono la stipulazione del contratto ▷ Il *luogo* e le *modalità della disponibilità* eventualmente garantita dal lavoratore ▷ Il *trattamento economico e normativo* spettante al lavoratore per la prestazione eseguita, con l'indicazione dell'ammontare delle eventuali ore retribuite garantite al lavoratore e della retribuzione dovuta per il lavoro prestato in *aggiunta alle ore garantite* nonché la relativa indennità di disponibilità, ove prevista ▷ Le *forme* e le *modalità* con cui il datore di lavoro è legittimato a *richiedere l'esecuzione della prestazione di lavoro* e del relativo *preavviso* di chiamata del lavoratore, nonché le modalità di rilevazione della prestazione ▷ I *tempi* e le *modalità di pagamento della retribuzione* e dell'*indennità di disponibilità* ▷ Le *misure di sicurezza necessarie* in relazione al tipo di attività dedotta in contratto ▷ Le *eventuali fasce orarie* e i *giorni predeterminati* in cui il lavoratore è tenuto a svolgere le prestazioni lavorative

Disciplina e caratteristiche del rapporto	▶ La prestazione è effettuata solo su **richiesta del datore di lavoro**	
	▶ Per il periodo di attività	▷ Il lavoratore ha diritto al **normale trattamento economico e normativo**

Disciplina e caratteristiche del rapporto

- Per il periodo di inattività
  - Se il lavoratore è *obbligato contrattualmente a rispondere alle chiamate del datore di lavoro:*
    - ha *diritto all'indennità di disponibilità*
    - se *rifiuta senza giustificazione alla chiamata* può essere licenziato
- Indennità di disponibilità
  - *È stabilita dai contratti collettivi, in misura non inferiore a quella prevista con decreto ministeriale*
  - *Non spetta in caso di temporanea impossibilità della prestazione lavorativa* (es. malattia) comunicata al datore di lavoro tempestivamente
  - *Non spetta per la durata di 15 giorni* in caso di mancata comunicazione al datore di lavoro della causa e durata dell'impedimento allo svolgimento della prestazione

Divieti

- Per la **sostituzione di lavoratori che esercitano il diritto di sciopero**
- In unità produttive nelle quali si sia proceduto, nei sei 6 mesi precedenti, **a licenziamenti collettivi**, a sospensioni ovvero a **riduzioni dell'orario di lavoro** che interessino lavoratori adibiti alle stesse mansioni cui si riferisce il contratto di lavoro intermittente
- Da parte delle **imprese che non abbiano effettuato la valutazione dei rischi per la sicurezza sul lavoro**

Principio di non discriminazione

- Per il periodo di attività il lavoratore ha diritto ad un **trattamento economico e normativo complessivamente non meno favorevole rispetto a quello di un lavoratore di pari livello** e a parità di mansioni svolte

Principio di proporzionalità

- Il trattamento economico e normativo deve essere **riproporzionato in ragione della prestazione lavorativa effettivamente eseguita**, in particolare per quanto riguarda l'importo della retribuzione globale e delle singole componenti di essa, nonché delle ferie e dei trattamenti per malattia, infortunio sul lavoro, malattia professionale, maternità, congedi parentali

Osservazioni

Una assoluta peculiarità del lavoro intermittente è che, per tutto il periodo durante il quale il lavoratore è disponibile a rispondere alla chiamata del datore di lavoro, *non è titolare di alcun diritto riconosciuto ai lavoratori subordinati*, né matura alcun trattamento economico e normativo, fatta eccezione per l'indennità di disponibilità nel caso in cui abbia assunto l'obbligo di risposta.

5 Il lavoro a domicilio

Nozione: è il **lavoro retribuito svolto con vincolo di subordinazione presso il domicilio del lavoratore o in locali di cui questi abbia disponibilità**, utilizzando materie prime o accessorie e attrezzature proprie o dello stesso datore di lavoro.

Fonte normativa

- L. 18-12-1973, n. 877

Disciplina del rapporto

- Il datore di lavoro **può assumere direttamente** un lavoratore a domicilio, secondo la disciplina generale prevista per i lavoratori dipendenti
- Il datore deve **registrare sul libro unico del lavoro** il nominativo e il relativo domicilio dei lavoratori esterni alla unità produttiva, nonché la misura della loro retribuzione
- Il lavoratore può esercitare la prestazione lavorativa per conto di uno o più imprenditori
  - Vige il *divieto di eseguire lavori in concorrenza* con il datore di lavoro quando al lavoratore è affidata una quantità di lavoro tale da procurargli una *prestazione continuativa* corrispondente all'orario normale di lavoro
- La **retribuzione** viene corrisposta sulla base di tariffe di **cottimo pieno** risultanti dai contratti collettivi di categoria

6 Il telelavoro

Nozione: è una forma di *lavoro svolto a distanza*, ovvero *al di fuori dell'azienda* e degli altri luoghi in cui tradizionalmente viene prestata l'attività lavorativa ma, al contempo, *funzionalmente e strutturalmente collegato ad essa grazie all'ausilio di strumenti di comunicazione informatici e telematici*. Il telelavoro, pertanto, costituisce una **particolare modalità di esecuzione della prestazione lavorativa**, caratterizzata dal fatto che l'attività lavorativa è eseguita mediante le *tecnologie dell'informazione* ed è prestata in un **luogo diverso dalla sede dell'impresa**.

Fonte normativa

- Nel **settore privato**, l'introduzione e la regolamentazione del telelavoro sono rimesse esclusivamente alla **contrattazione collettiva**
- Nel **settore pubblico**, è contenuta nel **D.P.R. 8-3-1999, n. 70**

Osservazioni

Al fine di favorire l'applicazione del telelavoro, il **D.Lgs. 80/2015** ha previsto uno specifico **beneficio per i datori di lavoro privati** che vi facciano ricorso *per motivi legati ad esigenze di conciliazione dei tempi di vita e di lavoro* in forza di *accordi collettivi*, consistente nella possibilità di *escludere* i lavoratori ammessi al telelavoro *dal computo dei limiti numerici* previsti da leggi e contratti collettivi per l'*applicazione di particolari normative e istituti*.

Elementi caratterizzanti	▶ **Delocalizzazione** dell'attività lavorativa ▶ **Interdipendenza funzionale** tra i soggetti ▶ **Interconnessione operativa**

Osservazioni

Non configurando una tipologia contrattuale specifica, il telelavoratore può essere titolare di un rapporto di lavoro **autonomo, parasubordinato o subordinato** in relazione alle **modalità concrete di esecuzione** della prestazione lavorativa. In quest'ultima fattispecie, il *coordinamento spazio temporale* tra la prestazione di lavoro e il resto dell'organizzazione aziendale — che costituisce un elemento essenziale al fine della configurabilità del rapporto di lavoro subordinato *ex* art. 2094 c.c. — si realizza attraverso un *coordinamento informatico e telematico*, che consente al telelavoratore di espletare le proprie mansioni come se fossero svolte all'interno dell'azienda. La distanza che intercorre tra i soggetti del rapporto, inoltre, presuppone che l'esercizio del potere datoriale di controllo dell'attività di lavoro avvenga nel pieno rispetto delle norme di tutela della *vita personale* e *privata* del telelavoratore: in particolare, è espressamente previsto che il datore di lavoro deve **garantire al lavoratore il rispetto della sua personalità e della sua libertà morale** (art. 115, comma 1, D.Lgs. 196/2003).

7 Il lavoro sportivo

Nozione: rapporto di lavoro **intercorrente tra società sportive e sportivi professionisti** ovvero gli atleti, gli allenatori, i direttori tecnico-sportivi e i preparatori atletici, che esercitano l'attività sportiva a titolo oneroso con carattere di continuità nell'ambito delle discipline regolamentate dal *CONI*.

Fonte normativa	▶ L. 23-3-1981, n. 91
Disciplina del lavoro subordinato sportivo	▶ La prestazione a titolo oneroso dell'atleta costituisce, **di regola**, oggetto di un contratto di **lavoro subordinato** ▶ L'**assunzione** può avvenire in modo **diretto** e per **atto scritto** conforme al contratto-tipo predisposto ogni 3 anni dalla federazione sportiva nazionale ▶ Il contratto di lavoro sportivo può essere *a tempo indeterminato* oppure a *tempo determinato*. In caso di contratto a tempo determinato, la durata del contratto non può essere superiore a 5 anni dalla data di inizio del relativo rapporto. È in ogni caso esclusa l'applicazione della normativa generale sul contratto a termine ▶ La società ha l'**obbligo di depositare** il contratto presso la federazione sportiva nazionale per l'approvazione ▶ Le eventuali clausole contenenti **deroghe peggiorative** sono sostituite di **diritto** da quelle del contratto-tipo ▶ Nel contratto individuale deve essere prevista la clausola contenente l'obbligo dello sportivo **al rispetto delle istruzioni tecniche** e delle **prescrizioni impartite** per il conseguimento degli scopi agonistici ▶ Il contratto **non può contenere clausole di non concorrenza** o, comunque, limitative della libertà professionale dello sportivo per il periodo successivo alla risoluzione del contratto stesso né può essere integrato, durante lo svolgimento del rapporto, con tali pattuizioni

Ipotesi in cui il lavoro sportivo ha natura autonoma	▶ L'attività sia svolta nell'ambito di una *singola manifestazione* sportiva o di *più manifestazioni* tra loro collegate in un *breve periodo di tempo* ▶ L'atleta *non* sia *contrattualmente vincolato* per ciò che riguarda la *frequenza* a sedute di preparazione o allenamento ▶ La prestazione oggetto del contratto, pur avendo carattere continuativo, *non supera 8 ore settimanali* oppure *5 giorni ogni mese* ovvero *30 giorni ogni anno*

Osservazioni

A decorrere dal *1° luglio 2023*, la L. 91/1981 sarà abrogata e la relativa disciplina sarà sostituita da quella prevista dal **D.Lgs. 28-2-2021, n. 36**, contenente disposizioni di *riordino* e *riforma* in materia di lavoro sportivo (art. 16, comma 1, lett. *a)*, D.L. 29-12-2022, n. 198).

8 Il lavoro giornalistico

Nozione: in mancanza di una definizione legale e contrattuale di attività giornalistica, la giurisprudenza ha qualificato come tale la prestazione di **lavoro intellettuale** volta alla *raccolta, al commento e alla elaborazione di notizie destinate a formare oggetto di comunicazione interpersonale attraverso gli organi di informazione, svolta con obiettività, pur sussistendo una valutazione critica* (Cass. 889/1996).

Fonte normativa	▶ L'attività giornalistica è disciplinata dalla L. 69/1963, dalla L. 416/1981, dalla L. 62/2001 e dal contratto collettivo di categoria	
Caratteristiche	▶ L'attività giornalistica di regola è oggetto di un rapporto di **lavoro subordinato con aziende editrici di quotidiani o periodici** (comprese le emittenti televisive di Stato o private) o con agenzie di informazione per la stampa ▶ Il rapporto di lavoro si caratterizza per una *attenuazione del vincolo di subordinazione* in ragione dei margini di **autonomia** e **discrezionalità** del lavoratore nella scelta e diffusione delle notizie	
Cessazione del rapporto di lavoro	▶ Dimissioni	▷ Devono essere rassegnate nel rispetto del *periodo di preavviso* ▷ È prevista tuttavia la cd. **clausola di coscienza**, ossia la possibilità di rassegnarle per *giusta causa con diritto all'indennità sostitutiva del preavviso*, in caso, ad esempio, di *significativo mutamento dell'indirizzo politico dell'impresa*
	▶ Licenziamento per giustificato motivo	▷ *Esclude* l'osservanza di un periodo di *preavviso lavorato* ▷ È pertanto prevista la corresponsione dell'**indennità sostitutiva**

Free lance	▶ A differenza del giornalista, è un **lavoratore autonomo** ▶ Il rapporto che lo lega all'editore **non è stabile**, in quanto si costituisce di volta in volta in relazione al singolo servizio per il quale riceve il corrispettivo concordato

9 Il lavoro nello spettacolo

Caratteristiche	▶ Il contratto individuale di lavoro subordinato è definito anche **scrittura artistica** o **contratto di ingaggio** ▶ L'assunzione avviene in modo **diretto** come per la generalità dei lavoratori ▶ Il rapporto di lavoro è disciplinato in gran parte dalla **contrattazione collettiva** e può essere a tempo determinato o parziale ▶ Particolari regole sono dettate a tutela delle prestazioni dei **lavoratori minori** di età

10 Il lavoro domestico

Nozione: è un rapporto di lavoro subordinato, in cui l'attività lavorativa viene espletata **presso l'abitazione del datore di lavoro** per il soddisfacimento di bisogni personali o familiari di quest'ultimo.

Fonti normative	▶ Artt. 2240-2246 c.c. ▶ L. 2-4-1958, n. 339
Addetti ai servizi personali domestici	▶ Sono i **lavoratori d'ambo i sessi** che prestano a qualsiasi titolo la loro opera per il funzionamento della vita familiare, sia che si tratti di personale con qualifica specifica, sia che si tratti di personale adibito a mansioni generiche

Aspetti principali della disciplina del rapporto	▶ Costituzione	▷ *Assunzione diretta* ▷ *Obbligo di comunicazione* dell'assunzione ▷ È previsto un *periodo di prova* regolarmente *retribuito*
	▶ Orario di lavoro	▷ È *concordato* tra le parti, nel rispetto del contratto collettivo
	▶ Trattamento economico	▷ Il lavoratore che coabita con il datore di lavoro ha diritto: ▶ alla *retribuzione in denaro* ▶ al *vitto* e all'*alloggio*
	▶ Estinzione	▷ Si applica il regime di **libera recedibilità** da parte del datore di lavoro (*licenziamento ad nutum*) ▷ Il lavoratore ha diritto all'*indennità di fine rapporto* e all'*indennità in caso di morte*

11 Il lavoro dei portieri

Nozione: il portiere è il **lavoratore subordinato** preposto a servizi di *vigilanza, custodia* e *pulizia* di uno **stabile condominiale**, abitato, cioè, da più proprietari o affittuari.

Fonte normativa	▶ D.P.R. 31-12-1971, n. 1403 ▶ Contrattazione collettiva ▶ La normativa generale sul lavoro subordinato si applica *solo in quanto compatibile*
Soggetti esclusi dalla disciplina	▶ I portieri che attendono al **servizio di una casa di abitazione di una sola famiglia**, in quanto sono soggetti alle norme sul *lavoro domestico* ▶ I **custodi di stabilimenti industriali** o *imprese commerciali*, poiché parificati al restante personale dell'azienda ▶ I *portieri dell'albergo*, in quanto inquadrati tra il personale alberghiero
Contenuto della prestazione lavorativa	▶ **Vigilanza** dello stabile ▶ **Apertura e chiusura del portone** o cancello d'ingresso ▶ **Pulizia** delle *scale*, dell'*ingresso* e dei *locali accessori* ▶ Distribuzione della **corrispondenza** ▶ Altri specifici compiti dettagliatamente indicati nel **contratto collettivo** (es. sorveglianza dell'uso del citofono)

12 Il lavoro alle dipendenze delle Pubbliche Amministrazioni

12.1 Caratteristiche e disciplina applicabile dopo la privatizzazione

Nozione: tradizionalmente definito **impiego pubblico**, è il rapporto per cui una persona fisica pone, volontariamente e dietro corrispettivo, la propria attività, in via continuativa, **alle dipendenze di una Pubblica Amministrazione**, assumendo uno specifico *status* con particolari diritti e doveri.

Caratteristiche	▶ **Volontario**: sia per la costituzione che per la continuazione del rapporto, è *richiesta non solo la volontà della P.A.*, ma *anche* quella del *dipendente* ▶ **Strettamente personale**: la specifica capacità intellettuale e tecnica necessaria per ogni singolo ufficio e la fiducia che l'ente deve avere nella persona cui affida la cura dei propri interessi comportano che il rapporto sia costituito *intuitu personae* ▶ **Bilaterale:** dallo stesso discendono **diritti e obblighi reciproci** per ciascuna delle parti ▶ Di **subordinazione gerarchica**: la subordinazione gerarchica e disciplinare costituisce l'elemento che **distingue l'impiego dall'incarico professionale** (*locatio operis*)

Processo di privatizzazione dell'impiego pubblico	▶ Per lungo tempo è stato assoggettato ad una *disciplina interamente pubblicistica*; successivamente, vi è stato un processo di **privatizzazione** ▶ Il **processo di privatizzazione dell'impiego pubblico** ha preso corpo con il **D.Lgs. 29/1993**, con cui, fatte salve determinate *eccezioni*, la disciplina dei pubblici impiegati è stata assoggettata a quella *del lavoro privato* e alla contrattazione collettiva ▶ Il provvedimento è poi confluito nel **D.Lgs. 165/2001**, contenente *norme generali sull'ordinamento del lavoro alle dipendenze delle amministrazioni pubbliche*, che tuttora costituisce il **Testo unico del pubblico impiego**
Campo di applicazione della privatizzazione	▶ **Tutte le amministrazioni dello Stato**, ivi compresi gli istituti e scuole di ogni ordine e grado e le *istituzioni educative*, le *aziende e amministrazioni dello Stato ad ordinamento autonomo*, le *Regioni*, le *Province*, i *Comuni*, le *Comunità montane* e loro consorzi e associazioni, le *istituzioni universitarie*, gli *istituti autonomi case popolari*, le *Camere di commercio, industria, artigianato,* ed *agricoltura* e loro associazioni, tutti gli *enti pubblici non economici nazionali, regionali e locali*, e le *amministrazioni, le aziende* e gli *enti del servizio sanitario nazionale*, l'Agenzia per la rappresentanza negoziale delle pubbliche amministrazioni (*ARAN*), le *Agenzie* di cui al D.Lgs. 300/1999 e il CONI. Sono **escluse dalla privatizzazione** alcune categorie di pubblici dipendenti (tassativamente indicate), a causa della *peculiarità* delle funzioni svolte da tali soggetti. Per tali categorie **non opera** neppure il **trasferimento della giurisdizione dal G.A. al G.O.** (**esempio**: *forze di polizia, magistrati, docenti universitari*)

12.2 Principali riforme del pubblico impiego

Riforma Brunetta (D.Lgs. 150/2009)	▶ In risposta all'esigenza di sviluppare meccanismi meritocratici nella P.A. e reagire alla scarsa qualità dei servizi offerti (cd. **campagna antifannulloni**), in attuazione della Legge delega 15/2009 è stato emanato il **D.Lgs. 150/2009** che ha come **punti salienti**	▷ La *trasparenza* e la *valutazione della performance lavorativa* ▷ La *valorizzazione del merito* e gli *strumenti di premialità* ▷ Le *innovazioni in materia di dirigenza*, della quale vengono rafforzati i poteri, e di *contrattazione collettiva* ▷ Un innovativo (e rafforzato) sistema di *sanzioni disciplinari* e di *responsabilità dei pubblici dipendenti*
Manovre economiche del 2012 e del 2013	▶ Hanno profondamente inciso sull'assetto del lavoro pubblico le normative dirette	▷ **A ridurre i costi del settore pubblico** (in particolare, il D.L. 95/2012, conv. in L. 135/2012, cd. **spending review**, e il D.L. 101/2013, conv. in L. 125/2013, cd. **decreto salva precari**) ▷ Al **recupero della legalità e integrità** nell'azione e nell'organizzazione degli apparati pubblici (in tale contesto, tra le altre, la L. 190/2012, cd. **legge anticorruzione**, e il D.P.R. 62/2013, recante il **Codice di comportamento dei pubblici dipendenti**)

- Con la **Legge delega 124/2015,** le PP.AA. vengono nuovamente investite da un (ennesimo) percorso di riforme che, in base alle tempistiche stabilite nella legge stessa, hanno inciso sia sull'organizzazione che sull'attività della P.A. prospettandosi così un ampio *restyling del Pubblico impiego*
- In attuazione della delega contenuta nella L. 124/2015, sono stati approvati il **D.Lgs. 74/2017** e il **D.Lgs. 75/2017**
- Il **D.Lgs. 74/2017** ha novellato il D.Lgs. 150/2009, nell'ottica di ottimizzare la produttività del lavoro pubblico e di garantirne l'efficienza e la trasparenza, attraverso la semplificazione delle norme in materia di valutazione dei pubblici dipendenti e la razionalizzazione dei sistemi di valutazione

Riforma Madia

- Il **D.Lgs. 75/2017** ha inciso sul D.Lgs. 165/2001, introducendo alcune novità, tra le quali
  - Progressivo **superamento del concetto di «dotazione organica»** mediante il nuovo strumento del «Piano Triennale dei fabbisogni»
  - **Accelerazione all'azione disciplinare** e previsione di **nuove infrazioni disciplinari** che comportano il *licenziamento*
  - **Valorizzazione dell'esperienza professionale** acquisita da coloro che hanno avuto rapporti di *lavoro flessibile* con le amministrazioni, ai fini dell'accesso al lavoro pubblico, e della conoscenza delle *lingue straniere come requisito per accedere ai concorsi* o comunque *titolo di merito valutabile* dalle commissioni giudicatrici
  - Previsione che, in caso di **licenziamento illegittimo**, ai sensi dell'art. 18 L. 300/1970, l'*indennizzo* contestuale al reintegro nel posto di lavoro non potrà oltrepassare le *24 mensilità*
  - Maggiore attenzione al tema dell'**integrazione dei soggetti disabili** nel mondo del lavoro

Legge «concretezza»

- La **L. 56/2019** ha introdotto rilevanti novità, tra le quali
  - Istituzione del «**Nucleo della concretezza**», ossia un *team di professionisti*, avente il compito di recarsi presso le amministrazioni in difficoltà per accompagnarle in *percorsi di miglioramento* delle prestazioni alla collettività
  - Predisposizione di nuove norme di **contrasto all'assenteismo**, con l'introduzione di sistemi di *verifica biometrica* dell'identità e di videosorveglianza per gli accessi
  - Previsione di specifiche procedure destinate a favorire il **ricambio generazionale** (*turn over*) nelle Pubbliche Amministrazioni

Legge «concretezza»	▶ La **L. 56/2019** ha introdotto rilevanti novità, tra le quali	▷ Introduzione di specifiche misure dirette a **incrementare le assunzioni mirate** (es. favorendo l'ingresso nei pubblici uffici di nuove figure quali *esperti in digitalizzazione*, in *gestione dei fondi strutturali*, in *semplificazione amministrativa*, in *controllo di gestione*) ▷ Introduzione di alcuni cambiamenti in materia di **composizione delle commissioni esaminatrici dei concorsi pubblici** (es. mediante l'istituzione di un *Albo nazionale* dei componenti delle commissioni)

Decreto reclutamento (D.L. 80/2021, conv. in L. 113/2021)	▶ Misure per il **rafforzamento della capacità amministrativa** della P.A. funzionale all'attuazione del Piano Nazionale di Ripresa e Resilienza (**PNRR**) ▶ Tra gli ambiti maggiormente incisi vi sono i seguenti: disciplina delle **progressioni** (art. 52, D.Lgs. 165/2001); **mobilità individuale** dei pubblici dipendenti; **accesso alla dirigenza pubblica** ▶ Istituzione del **Piano integrato di attività ed organizzazione** (art. 6, D.L. 80/2021), funzionale ad assicurare la *qualità* e la **trasparenza** dell'attività amministrativa e a *migliorare la qualità dei servizi* offerti ai cittadini e alle imprese ▶ **Portale del Reclutamento** (istituto già previsto dalla Legge «concretezza»), al quale tutti i cittadini potranno registrarsi per la *ricerca* e il *reclutamento dei profili* (tecnici e gestionali) necessari alle pubbliche amministrazioni per la realizzazione dei progetti previsti dal PNRR
Decreto PNRR 2 (D.L. 36/2022, conv. in L. 79/2022)	▶ Previsione di **ulteriori misure attuative del PNRR** (es.: è stato implementato il Portale del reclutamento; è stata prevista una *revisione dell'istituto della mobilità orizzontale*, mediante la creazione di un **sistema di pubblicità unico e trasparente** con gli avvisi per tutti i posti disponibili nelle amministrazioni centrali e locali, che saranno inseriti in un'apposita sezione del portale del reclutamento

12.3 Fonti del pubblico impiego

Principali fonti	▶ I rapporti di lavoro dei dipendenti delle amministrazioni pubbliche sono disciplinati dalle disposizioni del capo I, titolo II, del libro V del **codice civile** e dalle **leggi sui rapporti di lavoro subordinato nell'impresa**, fatte salve le diverse **disposizioni contenute nel D.Lgs. 165/2001** ▶ Ha notevole importanza anche la **contrattazione collettiva nazionale**, determinando i *diritti* e gli *obblighi* direttamente pertinenti al rapporto di lavoro, nonché le *materie relative alle relazioni sindacali* ▶ Esistono poi autonomi livelli di **contrattazione collettiva integrativa**, diretta ad assicurare livelli di *efficienza* e *produttività dei servizi pubblici*, incentivando l'impegno e la qualità della *performance* dei pubblici dipendenti

Osservazioni

L'**Agenzia per la rappresentanza negoziale delle pubbliche amministrazioni** (**ARAN**) ha la *rappresentanza legale delle pubbliche amministrazioni* ed esercita, a livello nazionale, ogni attività relativa alle *relazioni sindacali*, alla *negoziazione dei contratti collettivi* e all'*assistenza* delle pubbliche amministrazioni ai fini dell'uniforme applicazione dei contratti collettivi.

12.4 Accesso al pubblico impiego

Modalità

- Agli impieghi pubblici si accede mediante **concorso**, salvi i casi stabiliti dalla legge
- L'**assunzione** nelle pubbliche amministrazioni avviene
  - Tramite **procedure selettive** volte all'accertamento della professionalità richiesta
  - Mediante **avviamento degli iscritti nelle liste di collocamento,** per le qualifiche e i profili per i quali è richiesto il solo requisito della scuola dell'obbligo
- Sono, poi, fatte salve le **assunzioni obbligatorie** dei soggetti appartenenti alle categorie protette (L. 68/1999)

Osservazioni

Il **concorso pubblico** rappresenta la **forma ordinaria di accesso ai pubblici uffici**, quale procedura diretta ad una rigorosa *selezione del personale più adatto alle mansioni da espletare* e, perciò, strumentale alla efficienza della P.A. (Corte cost. 27-2-2020, n. 36). Le eccezioni alla regola del concorso sono possibili, ma solo se *strettamente funzionali al buon andamento della P.A.* e se ricorrono peculiari e straordinarie *esigenze di interesse pubblico* (Corte cost. 9-3-2020, n. 43).

12.5 Tipologie contrattuali

Tipologie contrattuali ordinarie e flessibili

- La **regola** è che la P.A. assume esclusivamente con **contratti di lavoro subordinato a tempo indeterminato**, seguendo le ordinarie procedure di reclutamento.
- Per rispondere a **comprovate esigenze di carattere esclusivamente temporaneo o eccezionale**, le P.A. possono tuttavia
  - Stipulare **contratti di lavoro a tempo determinato**
  - Stipulare **contratti di formazione e lavoro**
  - Stipulare **contratti di somministrazione di lavoro a tempo determinato**
  - Avvalersi delle **forme contrattuali flessibili** previste dal codice civile e dalle altre leggi sui rapporti di lavoro nell'impresa, esclusivamente nei *limiti* e con le *modalità in cui se ne prevede l'applicazione alle PP.AA.*

Osservazioni

Nel Pubblico Impiego possono aversi anche impieghi **part-time** e in **regime di telelavoro**, nonché l'**apprendistato**.
La P.A., infine, può ricorrere ad **incarichi individuali esterni**, affidati a soggetti non facenti parte del personale in servizio.
Tali contratti possono essere stipulati per fare fronte a *specifiche esigenze non fronteggiabili con il personale in servizio*, mediante l'utilizzo di soggetti esperti aventi particolare e comprovata specializzazione, anche universitaria.

12.6 Doveri del pubblico dipendente

Tipologia di doveri

- Doveri di stampo prettamente **pubblicistico**, riconducibili a
  - *Dovere di fedeltà alla Repubblica* (art. 51 Cost.).
  - *Principi di imparzialità e buon andamento* (art. 97 Cost.)
  - *Carattere democratico della Repubblica* (art. 1 Cost.), che impongono di favorire rapporti di fiducia fra amministrazione e cittadino
- Tra i principali doveri del pubblico dipendente rientra anche quello di **esclusività**, in base al quale, salvo alcune deroghe, il pubblico impiegato è tenuto a *riservare* tutta la sua attività lavorativa all'amministrazione (art. 98 Cost.), non potendo svolgere attività commerciali, imprenditoriali, industriali, artigiane e professionali in costanza di rapporto di lavoro
- **Doveri di diligenza, obbedienza e fedeltà** (artt. 2104 e 2105 c.c.) che hanno **carattere generale**, in quanto applicabili anche al rapporto di lavoro privato

Codice di comportamento dei pubblici dipendenti (D.P.R. 62/2013)

- È diretto ad assicurare la **qualità dei servizi**, la **prevenzione della corruzione**, il rispetto dei doveri costituzionali di **diligenza, lealtà, imparzialità e servizio esclusivo** alla cura dell'interesse pubblico
- Definisce i **doveri minimi** di diligenza, lealtà, imparzialità e buona condotta che i pubblici dipendenti sono tenuti ad osservare e introduce, tra l'altro, stringenti divieti a carico dei dipendenti che, per compiere atti del proprio ufficio, *non* possono *chiedere, sollecitare* e *accettare regali o altre utilità*, salvo i *regali di modico valore* effettuati *occasionalmente* nell'ambito delle normali relazioni di cortesia e delle consuetudini internazionali
- Deve essere a sua volta **integrato** con un **codice di comportamento adottato a livello di ogni singola amministrazione**

12.7 Tutela del dipendente pubblico che segnala illeciti: il whistleblowing

Nozione: indica, generalmente, la condotta di **chi denuncia attività illecite o fraudolente** all'interno di un'organizzazione pubblica o privata.

Ambito di operatività

- Il whistleblowing, inizialmente previsto soltanto per il Pubblico Impiego dalla L. 190/2012 (Legge anticorruzione), è stato esteso *anche al settore privato dalla L. 30-11-2017, n. 179*

Fonte normativa	▶ Art. 54bis, D.Lgs. 165/2001
Tutela del pubblico dipendente	▶ Il pubblico dipendente che, nell'interesse dell'integrità della pubblica amministrazione, **segnala** al Responsabile della prevenzione della corruzione e della trasparenza ovvero all'Autorità nazionale anticorruzione (A.N.AC.), o denuncia all'autorità giudiziaria ordinaria o a quella contabile, **condotte illecite** di cui è venuto a conoscenza *in ragione del proprio rapporto di lavoro* non può essere *sanzionato, demansionato, licenziato, trasferito*, o sottoposto ad altra misura organizzativa avente effetti negativi, diretti o indiretti, sulle condizioni di lavoro determinata dalla segnalazione ▶ L'adozione di misure ritenute ritorsive nei confronti del segnalante va **comunicata all'A.N.AC.** o dall'interessato o dalle organizzazioni sindacali maggiormente rappresentative nell'amministrazione nella quale le stesse sono state poste in essere. L'A.N.AC., a sua volta, deve informare il Dipartimento della Funzione pubblica o gli altri organismi di garanzia o di disciplina per le attività e gli eventuali provvedimenti di competenza ▶ L'**identità** del segnalante **non può essere rivelata**: questo vale sia per il procedimento disciplinare, che per quello penale e contabile

12.8 Diritti del pubblico dipendente

Tipologia di diritti	▶ Diritti **patrimoniali**	▷ Il più importante è il diritto alla **retribuzione**, quale *prestazione periodica in denaro* cui la P.A. è tenuta verso i propri dipendenti, come corrispettivo del servizio prestato e, quindi, commisurata alla quantità e alla qualità del lavoro svolto dall'impiegato. Nel Pubblico Impiego la retribuzione si *articola*, in genere, in un **trattamento fondamentale**, comprensivo delle voci a carattere fisso e continuativo, e in un **trattamento accessorio**, costituito da emolumenti eventuali e occasionali ▷ *Diritto all'ufficio* inteso come diritto alla *permanenza nel rapporto di lavoro* ▷ *Diritto allo svolgimento delle mansioni* (cd. diritto alla funzione) per le quali è stato *assunto*, o *equivalenti* nell'ambito dell'area di inquadramento ovvero *corrispondenti alla qualifica superiore* che abbia successivamente acquisito per effetto di procedure selettive
	▷ Diritti **non patrimoniali**	▷ *Diritto alla progressione*, che concerne la disciplina relativa ai passaggi interni dei dipendenti pubblici sia fra nuove aree funzionali che all'interno della stessa area ▷ *Diritto al riposo*, in base al quale il lavoratore ha diritto a godere delle ferie e ad assentarsi per *motivi particoli* (mediante permessi o in caso di *malattia*)

Tipologia di diritti	▷ Diritti **non patrimoniali**	▷ *Diritto alla riservatezza*, per cui alla P.A. è imposto il rispetto di particolari condizioni per il trattamento da parte di soggetti pubblici di dati sensibili, in particolare quelli idonei a rivelare lo *stato di salute* ▷ *Diritto alle pari opportunità* tra uomini e donne sul luogo di lavoro, che impone alle PP.AA. un *ruolo propositivo e propulsivo* ai fini della promozione ed attuazione concreta di tale principio, attraverso la rimozione di forme esplicite e implicite di discriminazione ▷ *Diritto di accesso* agli atti e ai documenti che riguardano la propria posizione lavorativa ▷ *Diritti sindacali*: l'art. 51, D.Lgs. 165/2001 estende a tutte le Pubbliche Amministrazioni, a prescindere dal numero dei dipendenti, lo **Statuto dei lavoratori** (L. 20-5-1970, n. 300)

12.9 Responsabilità disciplinare

Presupposti	▶ Deriva dalla *violazione dei doveri inerenti al rapporto d'impiego* da parte del dipendente ▶ Al fine di integrare un **illecito disciplinare**, occorre un'azione o un'omissione, compiuta in violazione di legge, regolamento o contratto e, in particolare, dei doveri previsti da quest'ultimo
Fonte normativa	▶ Artt. 55-55octies, D.Lgs. 165/2001: la violazione dolosa o colposa di queste disposizioni costituisce *illecito disciplinare* in capo ai dipendenti preposti alla loro applicazione

Procedimento disciplinare	▶ Segue due strade, a seconda della *gravità* dell'infrazione posta in essere dal dipendente	▷ Per le **infrazioni di minore gravità**, ossia quelle per le quali è prevista l'irrogazione della sanzione del rimprovero verbale, il procedimento disciplinare è di *competenza del responsabile della struttura presso cui presta servizio il dipendente*. Per le richiamate infrazioni trova applicazione la disciplina del CCNL di riferimento ▷ Per le **infrazioni punibili con sanzione superiore al rimprovero verbale**, viceversa, ciascuna amministrazione, secondo il proprio ordinamento e nell'ambito della propria organizzazione, deve individuare l'*ufficio per i procedimenti disciplinari* (UPD) competente, ferma restando la possibilità, previa convenzione, di provvedere ad una *gestione unificata* delle funzioni dell'UPD da parte di più amministrazioni

Procedimento disciplinare	Deve concludersi *entro 120 giorni* dalla contestazione dell'addebito al dipendente	
Licenziamento disciplinare	Illeciti per i quali è previsto	▷ **Falsa attestazione della presenza in servizio** ▷ **Assenza priva di valida giustificazione** per un numero di giorni, anche non continuativi, *superiore a 3 nell'arco di un biennio* o, comunque, *per più di 7 giorni nel corso degli ultimi 10 anni* ovvero mancata ripresa del servizio, in caso di assenza ingiustificata, entro il termine fissato dalla P.A. ▷ **Ingiustificato rifiuto del trasferimento** disposto dall'Amministrazione per *motivate esigenze di servizio* ▷ **Falsità documentali o dichiarative** commesse ai fini o in occasione dell'*instaurazione del rapporto di lavoro* ovvero di *progressioni di carriera* ▷ Reiterazione nell'ambiente di lavoro di **gravi condotte aggressive o moleste** o minacciose o ingiuriose o comunque *lesive dell'onore e della dignità personale altrui* ▷ **Condanna penale definitiva**, in relazione alla quale è prevista l'*interdizione perpetua dai pubblici uffici* ovvero l'*estinzione*, comunque denominata, *del rapporto di lavoro* ▷ **Gravi o reiterate violazioni dei codici di comportamento** ▷ Commissione dolosa, o gravemente colposa, dell'infrazione di cui all'articolo 55sexies, co. 3, D.Lgs. 165/2001, ossia il **mancato esercizio o la decadenza dall'azione disciplinare** dovuti ad omissione e ritardo ▷ **Reiterata violazione di obblighi concernenti la prestazione lavorativa**, che abbia determinato l'applicazione, in sede disciplinare, della *sospensione dal servizio* per un periodo complessivo *superiore ad 1 anno nell'arco di un biennio* ▷ **Insufficiente rendimento**

12.10 Estinzione del rapporto di impiego

Disciplina pattizia	▶ La cessazione del rapporto di lavoro a tempo indeterminato ha luogo per:	▷ *Licenziamento disciplinare* (con o senza preavviso) ▷ Compimento del *limite di età*, ai sensi delle norme di legge in vigore ▷ *Dimissioni* del dipendente ▷ *Decesso* del dipendente ▷ Superamento del *periodo di comporto* in caso di malattia
	▶ Altra ipotesi di risoluzione è quella consequenziale all'*annullamento della procedura di reclutamento*	
Disciplina pubblicistica	▶ Ha **carattere residuale**	
	▶ Prevede alcune *ipotesi di decadenza* dall'impiego per	▷ *Perdita della cittadinanza italiana* ▷ *Accettazione di una missione o altro incarico da un'autorità straniera* senza autorizzazione del Ministro competente ▷ *Mancata cessazione della situazione di incompatibilità tra obblighi di servizio e attività svolte dal dipendente,* nonostante la diffida ricevuta
Disciplina privatistica	▷ Trovano applicazione le norme del *codice civile* e delle *leggi speciali*, con conseguente ammissibilità del licenziamento	▷ Per *giusta causa* (art. 2119 c.c.) ▷ Per *giustificato motivo soggettivo o oggettivo*

Osservazioni

In caso di illegittimità del licenziamento, il giudice, con la sentenza con la quale annulla o dichiara nullo il licenziamento, condanna l'Amministrazione alla *reintegrazione* del lavoratore nel posto di lavoro e al *pagamento di un'indennità risarcitoria* (art. 63, comma 2, D.Lgs. 165/2001): si tratta dell'applicazione della cd. **tutela reale nel lavoro pubblico**, introdotta nel corpus del Testo Unico pubblico impiego sulla scorta del criterio di delega della L. 124/2015, che auspicava la risoluzione delle antinomie tra settore pubblico e privato in tema di licenziamento. Tale previsione, introdotta dalla riforma Madia, sembra aver conferito un assetto definitivo alla dibattuta questione dell'applicabilità o meno dell'art. 18 dello Statuto dei lavoratori (circa la tutela del lavoratore in caso di licenziamento illegittimo) nel pubblico impiego.

18 Le cause di sospensione del rapporto di lavoro e gli ammortizzatori sociali

1 Le cause di sospensione per fatto del lavoratore

Cause più rilevanti (artt. 2110 e 2111 c.c.)	▶ Malattia ▶ Infortunio ▶ Gravidanza ▶ Puerperio ▶ Richiamo alle armi
Disciplina	▶ Il lavoratore ha diritto alla **conservazione del posto di lavoro** per il periodo stabilito dalla legge ▶ I periodi di assenza dal lavoro sono computati nell'**anzianità di servizio** ▶ Il lavoratore ha diritto alla **retribuzione** o ad un'**indennità**
Periodo di comporto	▶ È il periodo di tempo stabilito dalla legge, o dal contratto collettivo di lavoro, corrispondente alla durata della sospensione del rapporto di lavoro, durante il quale **vige il divieto di licenziamento del lavoratore**

2 La malattia del lavoratore

Nozione: è l'**alterazione dello stato di salute del lavoratore** che gli **impedisce di effettuare la prestazione lavorativa**.

Diritti del lavoratore	▶ Alla **conservazione del posto di lavoro**	▷ La durata è fissata dal contratto collettivo (cd. *periodo di comporto*)
	▶ Alla **retribuzione**	▷ La corresponsione della retribuzione è a **carico del datore di lavoro**, per gli *impiegati* o quadri (con esclusione di quelli del settore del commercio)
	▶ All'**indennità di malattia**	▷ La corresponsione dell'indennità di malattia è a **carico dell'INPS**, per i lavoratori ai quali non spetta la retribuzione a carico del datore di lavoro
Adempimenti	▶ Sono finalizzati a **giustificare l'assenza** dal lavoro e a **provare l'esistenza** della malattia per avere diritto al trattamento economico	
	▶ Essi consistono essenzialmente	▷ Nella comunicazione tempestiva del lavoratore al datore di lavoro dello *stato di malattia* ▷ Nel rilascio del *certificato di malattia* da parte del medico curante, che provvede anche a trasmetterlo *telematicamente all'INPS*

Obblighi del lavoratore	▶ Il lavoratore deve essere **reperibile** presso il domicilio comunicato al datore di lavoro o all'INPS **durante il periodo della malattia in determinate fasce orarie** per consentire il controllo sul suo stato di salute (cd. *fasce di reperibilità*)	▷ Sono **esclusi** dall'obbligo di rispettare le fasce di reperibilità i lavoratori affetti da patologie gravi che richiedono terapie salvavita o da stati patologici sottesi o connessi ad una riduzione della capacità lavorativa nella misura pari o superiore al 67%
	▶ **L'assenza ingiustificata** comporta la perdita dell'indennità per un periodo di volta in volta definito	

Osservazioni

La L. 81/2017 (cd. Jobs Act del lavoro autonomo) ha stabilito che la **malattia dei lavoratori autonomi** che prestano la loro attività in via continuativa per il committente *non comporta l'estinzione del rapporto di lavoro* (art. 14, L. 81/2017). Su richiesta del lavoratore autonomo, l'esecuzione della prestazione può essere *sospesa*, senza diritto al corrispettivo, per un *periodo non superiore a 150 giorni* per anno solare, fatto salvo il venir meno dell'interesse del committente. Inoltre, nel caso di malattia tale da impedire lo svolgimento dell'attività lavorativa per oltre 60 giorni, il *versamento dei contributi previdenziali e dei premi assicurativi è sospeso* per l'intera durata della malattia fino ad *un massimo di 2 anni* (decorsi i 2 anni, il lavoratore è tenuto a versare i contributi e i premi maturati durante il periodo di sospensione in un numero di rate mensili pari a 3 volte i mesi di sospensione).
Anche i **lavoratori parasubordinati** iscritti alla *gestione separata INPS*, purché non pensionati né iscritti ad altra forma previdenziale obbligatoria, in caso di malattia, hanno diritto alla tutela a carico dell'Istituto. È riconosciuta un'*indennità di malattia* sia in caso di *degenza ospedaliera* sia in caso di *non degenza ospedaliera*, subordinatamente ad un requisito reddituale e ad un requisito retributivo.

3 I permessi e i congedi

Principali ipotesi di permessi e congedi	▶ Permessi e congedi **retribuiti** per finalità varie (*donatori di sangue, lavoratori-studenti, dirigenti delle rappresentanze sindacali aziendali*) ▶ Permessi e congedi **non retribuiti** per finalità varie (per *adempimenti di doveri civici, dirigenti delle rappresentanze sindacali aziendali*) ▶ Congedi per *eventi particolari* e per la *formazione professionale* ▶ **Congedi parentali** ▶ Congedi e permessi per *portatori di handicap* e per coloro che *assistono soggetti con handicap*

4 Il sistema degli ammortizzatori sociali: funzione e tipologie

Funzione	▶ Consistono in appositi strumenti che forniscono **una tutela del reddito** dei lavoratori durante periodi di *riduzione o cessazione dell'attività lavorativa* ▶ Si tratta di **misure di natura economica** che *integrano il reddito di lavoro*, che si è ridotto a causa della sospensione dell'attività, o che *sostengono il lavoratore* improvvisamente privato della retribuzione a causa della cessazione del rapporto	
Tipologie	▶ Strumenti che intervengono in **costanza di rapporto**	▷ Il **rapporto di lavoro non è cessato**, ma soltanto sospeso o *ridotto*, con conseguente *sospensione o riduzione* della retribuzione ▷ Si collocano in tale ambito, ad **esempio**, le *integrazioni salariali*
	▶ Strumenti che intervengono in caso di **disoccupazione**	▷ Il **rapporto di lavoro è definitivamente cessato** ▷ Si colloca in tale ambito la NASPI
	▶ Ammortizzatori sociali **in deroga**	▷ Trattamenti a sostegno del reddito, concessi ai lavoratori **in deroga** alla normativa vigente

Osservazioni

Il sistema degli ammortizzatori sociali è stato oggetto di numerose riforme che, negli anni, ne hanno modificato la disciplina. L'ultima importante risistemazione della materia è avvenuta con la **legge di bilancio 2022** (L. 234/2021), le cui disposizioni, che saranno di seguito esaminate, si applicano per i trattamenti di integrazione salariale relativi a periodi di sospensione o di riduzione dell'attività lavorativa decorrenti **dal 1° gennaio 2022**.

5 Le integrazioni salariali

Finalità e funzione	▶ Rispondono all'esigenza di **tutelare la posizione contrattuale del prestatore di lavoro** di fronte alle *situazioni variabili dell'impresa*, garantendo il diritto alla retribuzione dalle vicende che possono incidere negativamente sul rapporto di lavoro (cd. **principio della continuità del salario**) ▶ Hanno la **funzione** di integrare la retribuzione durante il periodo di **sospensione o riduzione dell'attività produttiva** attraverso la corresponsione di un trattamento economico (integrazione salariale) a compensazione del reddito perso a causa della riduzione dell'orario di lavoro
Tipologie	▶ Interventi **ordinari** di integrazione salariale (**CIGO**) ▶ Interventi **straordinari** di integrazione salariale (**CIGS**)

Disciplina comune ad entrambi gli interventi	▶ Fonte normativa	▷ D.Lgs. 148/2015
	▶ **Campo di applicazione**	▷ **Tutti i lavoratori subordinati**, sia a tempo *pieno* che *parziale*, compresi i lavoratori con contratto di *apprendistato* e i *lavoratori a domicilio*, che abbiano un'**anzianità di effettivo lavoro** di **almeno 30 giorni** presso l'unità produttiva per la quale è richiesto il trattamento di integrazione salariale ▷ Sono **esclusi i dirigenti**
	▶ **Misura del trattamento**	▷ **Pari all'80% della retribuzione globale** che sarebbe spettata al lavoratore per le ore di lavoro non prestate, comprese fra le ore zero e il limite dell'orario contrattuale ▷ Non può superare l'*importo massimo mensile* stabilito dal D.Lgs. 148/2015 ▷ È calcolata e *rivalutata annualmente dall'INPS* secondo gli indici ISTAT ▷ *Prescinde dalla retribuzione mensile* di riferimento dei lavoratori
	▶ **Durata massima complessiva**	▷ **Pari a 24 mesi** in un *quinquennio mobile*, con la possibilità di arrivare a *36 mesi* in caso di stipula di un contratto di solidarietà (CDS) ▷ **Esempio**: 12 mesi di CIGO + 12 mesi di CIGS, 12 mesi di CIGO + 24 mesi di CDS
	▶ Gestione degli interventi	▷ Per **determinare le soglie dimensionali** ai fini dell'accesso alle prestazioni di integrazione al reddito vanno compresi nel calcolo *tutti i lavoratori*, inclusi i *dirigenti*, i *lavoratori a domicilio* e gli *apprendisti*, che prestano la propria opera con vincolo di subordinazione sia all'*interno* sia all'*esterno dell'azienda* ▷ I trattamenti ordinari e straordinari di integrazione salariale afferiscono, rispettivamente, alla **Gestione prestazioni temporanee** dei lavoratori dipendenti e alla **Gestione degli interventi assistenziali e di sostegno alle gestioni previdenziali**, istituite presso l'*INPS*

Modalità di erogazione e termine per il rimborso delle prestazioni

- Il pagamento delle integrazioni salariali è **effettuato dall'impresa** e il relativo importo è poi **rimborsato dall'INPS** all'impresa o *conguagliato* da questa
- In presenza di serie e documentate *difficoltà finanziarie* dell'impresa, può essere autorizzato il **pagamento diretto da parte dell'INPS**: nel caso di integrazioni salariali *ordinarie*, il pagamento diretto è autorizzato dall'Istituto medesimo; nel caso di integrazioni salariali *straordinarie*, è il Ministero del lavoro che, contestualmente al trattamento di integrazione salariale, rilascia l'autorizzazione. In queste ipotesi, il datore di lavoro è però tenuto ad **inviare all'INPS tutti i dati necessari per il pagamento** dell'integrazione salariale entro la fine del *secondo mese successivo* a quello in cui è collocato il periodo di integrazione salariale, ovvero, *se posteriore*, entro il termine di *60 giorni dalla comunicazione del provvedimento di autorizzazione*. Trascorsi inutilmente tali termini, il pagamento della prestazione e gli oneri ad essa connessi rimangono *a carico del datore di lavoro* inadempiente

Compatibilità con lo svolgimento di attività lavorativa

- Il lavoratore che, durante il periodo di integrazione salariale, svolga attività di lavoro **subordinato** di durata **superiore a 6 mesi** nonché di **lavoro autonomo**, per le giornate di lavoro effettuate **non ha diritto al trattamento**
- Qualora il lavoratore svolga attività di lavoro *subordinato* a tempo determinato **pari o inferiore a 6 mesi**, il trattamento è **sospeso** per la durata del rapporto di lavoro

Decadenza dal trattamento di integrazione salariale

- Il lavoratore **decade dal diritto** al trattamento di integrazione salariale nel caso in cui **non** abbia provveduto a dare **preventiva comunicazione** all'INPS dello svolgimento dell'attività di lavoro intrapresa

Osservazioni

Il **quinquennio mobile** si sostanzia in un lasso temporale pari a *5 anni*, che viene *calcolato a ritroso* — a decorrere dall'ultimo giorno di trattamento richiesto da ogni azienda per ogni singola unità produttiva — e che costituisce un *periodo di osservazione* nel quale verificare il numero di mesi di trattamento di integrazione salariale già concesso che, cumulato al periodo di tempo oggetto di richiesta, non deve superare il limite massimo di 24 mesi. Trattandosi di un **parametro mobile** e non fisso, l'inizio del periodo di osservazione si sposta con lo scorrere del tempo — anche in costanza di utilizzo del trattamento — ed è diverso per ogni singola azienda in ragione dell'ultimo giorno di trattamento richiesto.

5.1 Cassa integrazione guadagni ordinaria (CIGO)

Fonte normativa

- Artt. 9-18, D.Lgs. 148/2015

Campo di applicazione

- **Imprese industriali**
- Determinate categorie di cooperative
- Determinate categorie di imprese artigiane

Causali di intervento	▶ **Situazioni aziendali**, dovute ad *eventi transitori* e *non imputabili* all'imprenditore o ai dipendenti, incluse le intemperie stagionali ▶ **Situazioni temporanee di mercato**

Osservazioni

La **transitorietà** della situazione aziendale e la **temporaneità** della situazione di mercato sussistono quando è *prevedibile la ripresa della normale attività lavorativa.*
La **non imputabilità** all'impresa o ai lavoratori della situazione aziendale consiste nella *involontarietà* e nella *non riconducibilità ad imperizia e negligenza delle parti* (D.M. 15-4-2016, n. 95442).

Durata del trattamento economico	▶ Ai lavoratori è corrisposta un'**indennità** per un periodo massimo di **13 settimane** continuative, *prorogabili* trimestralmente fino ad un massimo complessivo di **52 settimane** continuative ▶ In caso di **più interventi non consecutivi**, il limite è sempre di *52 settimane*, da computarsi però *in un biennio mobile* ▶ Nell'arco temporale previsto dalla legge (52 settimane), le **ore di CIGO autorizzabili** non possono superare *1/3 delle ore normalmente lavorabili nel biennio mobile* ▶ Al termine del periodo massimo vi deve essere la **ripresa dell'attività** e, pertanto, i lavoratori sospesi devono rientrare nel posto di lavoro

Procedura	▶ **Fase di consultazione sindacale**	▷ Il datore di lavoro deve **comunicare** alle rappresentanze sindacali (RSA/RSU) e alle organizzazioni sindacali di categoria: ▸ la *durata* prevedibile della contrazione o sospensione e le relative *cause* ▸ il *numero dei lavoratori interessati* ▷ In seguito alla comunicazione del datore di lavoro, le rappresentanze sindacali possono chiedere un *esame congiunto*, anche in via telematica, in ordine alla ripresa della normale attività produttiva ▷ L'intera procedura deve esaurirsi *entro 25 giorni* dalla data della comunicazione, ridotti a *10 per le imprese fino a 50 dipendenti*
	▶ **Fase amministrativa**	▷ Il datore di lavoro deve presentare la **domanda** di ammissione al trattamento da inviare all'INPS in via telematica entro *15 giorni* dall'inizio della sospensione o riduzione dell'attività, fatte salve le domande per eventi oggettivamente non evitabili (es. maltempo), per le quali si applica il termine della fine del mese successivo a quello in cui si è verificato l'evento

Procedura	▶ **Fase amministrativa**	▷ Nella domanda devono essere indicati la *causa* della sospensione o riduzione dell'attività lavorativa, la presumibile *durata*, il *numero dei lavoratori interessati* e le *ore di effettivo lavoro*
Concessione	▶ Le integrazioni salariali ordinarie sono concesse dall'INPS	

5.2 Cassa integrazione guadagni straordinaria (CIGS)

Fonte normativa	▶ Artt. 19-25ter, D.Lgs. 148/2015	
Campo di applicazione (art. 20, commi 3bis e 3ter, D.Lgs. 148/2015)	▶ *Indipendentemente* dal settore lavorativo, **tutti i datori di lavoro non coperti dai fondi di solidarietà** bilaterali, bilaterali alternativi e dal fondo territoriale intersettoriale delle Province autonome di Trento e Bolzano	▷ Datori di lavoro che, nel semestre precedente la data di presentazione della domanda, hanno occupato **mediamente più di 15 dipendenti**
	▶ A tutte le **imprese del trasporto aereo** e di **gestione aeroportuale** e le *società da queste derivate*, nonché le imprese del **sistema aeroportuale** e i **partiti** e **movimenti politici** e le loro rispettive articolazioni e sezioni territoriali, a condizione che risultino *iscritti nel relativo registro*	▷ A *prescindere* dal numero dei dipendenti
Causali di intervento	▶ **Riorganizzazione aziendale**, anche per realizzare *processi di transizione*	▷ **Esempio**: processi finalizzati ad un *aggiornamento tecnologico* o *digitale*
	▶ **Crisi aziendale**	▷ Sono compresi i casi di crisi per *andamento involutivo o negativo* degli indicatori economici-finanziari e di crisi determinata da *evento improvviso* e *imprevisto* (circ. Min. Lav. 24/2015)
	▶ **Contratto di solidarietà difensiva**	

Presupposto necessario per l'erogazione del trattamento	▶ Predisposizione, da parte del datore di lavoro, di un **programma** da presentare ai sindacati in sede di (eventuale) esame congiunto	▷ Il **programma di riorganizzazione aziendale** deve presentare un *piano di interventi* volto a fronteggiare le inefficienze della struttura gestionale o produttiva ovvero a *gestire processi di transizione* e deve contenere indicazioni sugli investimenti e sull'eventuale attività di formazione dei lavoratori. Tale programma deve, in ogni caso, essere finalizzato a un consistente **recupero occupazionale** del personale interessato alle sospensioni o alle riduzioni dell'orario di lavoro ▷ Il **programma di crisi aziendale** deve contenere un *piano di risanamento* volto a fronteggiare gli squilibri di natura produttiva, finanziaria, gestionale o derivanti da condizionamenti esterni. Il piano deve indicare gli **interventi correttivi** da affrontare e gli obiettivi *concretamente* raggiungibili finalizzati alla *continuazione dell'attività aziendale* e alla *salvaguardia occupazionale*
Durata del trattamento economico	▶ Riorganizzazione aziendale	▷ Ai lavoratori l'indennità spetta per una **durata massima di 24 mesi**, anche continuativi in un *quinquennio mobile*
	▶ Crisi aziendale	▷ Ai lavoratori l'indennità spetta per una **durata massima di 12 mesi**, anche continuativi ▷ In caso di periodi *non continuativi*, una nuova domanda di CIGS può essere presentata solo dopo che sia decorso un periodo pari a *2/3* di quello concesso e fruito
	▶ Contratto di solidarietà	▷ Ai lavoratori l'indennità spetta per una **durata massima di 24 mesi**, anche continuativi, in un *quinquennio mobile*

Osservazioni

Dal *24 ottobre 2017*, per le causali di riorganizzazione aziendale e crisi aziendale, possono essere autorizzate sospensioni del lavoro *soltanto nel limite dell'80%* delle ore lavorabili nell'unità produttiva nell'arco di tempo di cui al programma autorizzato (artt. 22, comma 4, D.Lgs. 148/2015).

Procedura	▶ **Fase di consultazione sindacale**	▷ Il datore di lavoro deve **comunicare** alle rappresentanze sindacali (RSA/RSU) e agli organismi territoriali dei sindacati più rappresentativi a livello nazionale: ▶ La *durata* prevedibile della contrazione, o sospensione, e le relative *cause* ▶ Il *numero dei lavoratori interessati* ▷ Entro 3 giorni dalla comunicazione, su richiesta di una delle parti, può essere convocato un incontro per un **esame congiunto**, da tenersi anche *in via telematica*, della situazione avente a oggetto: ▶ il *programma che l'impresa intende attuare* ▶ la *durata prevedibile* ▶ il *numero dei lavoratori interessati* ▶ le *ragioni che non rendono praticabili forme alternative di riduzioni di orario* (le parti devono espressamente *dichiarare* la *non percorribilità della causale di contratto di solidarietà*) ▶ le *misure previste* per la gestione delle eventuali eccedenze di personale ▶ i *criteri di scelta* dei lavoratori da sospendere ▶ le modalità della *rotazione* tra i lavoratori o le ragioni tecnico-organizzative della mancata adozione di meccanismi di rotazione
	▶ **Accordo di ricollocazione e assegno di ricollocazione**	▷ È un accordo tra azienda e organizzazioni sindacali, che può essere concluso alla chiusura della fase di consultazione sindacale nel caso in cui le causali di intervento di CIGS siano state la *riorganizzazione* o la *crisi aziendale* ▷ È finalizzato alla **ricollocazione del personale** che risulti in esubero e, quindi, a **limitare i licenziamenti** ▷ Deve indicare gli *ambiti aziendali* e i *profili professionali* a rischio di esubero ▷ I lavoratori rientranti negli ambiti e nei profili a rischio di esubero possono richiedere all'ANPAL l'attribuzione anticipata dell'**assegno di ricollocazione** (cd. *AdR CIGS*), conservando il diritto a percepire il trattamento di CIGS

Procedura	▶ **Fase amministrativa**	▷ Il datore di lavoro deve presentare, per via telematica, la **domanda** al Ministero del Lavoro entro *7 giorni* dalla fine della fase di consultazione sindacale ▷ La sospensione o la riduzione dell'orario, così come concordata tra le parti, ha *inizio entro 30 giorni* dalla data di presentazione della domanda ▷ Il trattamento viene *concesso* con *decreto* del Ministero del Lavoro *entro 90 giorni* dalla presentazione della domanda

Condizionalità e formazione

- I lavoratori beneficiari di integrazioni salariali straordinarie, allo scopo di *mantenere* o *sviluppare* le competenze in vista della conclusione della procedura di sospensione o riduzione dell'attività lavorativa e in connessione con la domanda di lavoro espressa dal territorio, **partecipano** a iniziative di carattere *formativo* o di *riqualificazione*
- La **mancata partecipazione**, senza giustificato motivo, alle iniziative comporta l'irrogazione di *sanzioni*, che vanno dalla **decurtazione** di una mensilità di trattamento di integrazione salariale **fino alla decadenza** dallo stesso

6 I contratti di solidarietà difensiva

Nozione: sono **accordi sindacali** (contratti collettivi *aziendali*) aventi la finalità di **evitare in tutto o in parte la diminuzione dei livelli occupazionali** attraverso una **generalizzata diminuzione dell'orario di lavoro dei lavoratori** occupati nell'impresa che determina una riduzione della retribuzione compensata attraverso l'erogazione di un trattamento economico (integrazione salariale) a copertura delle ore non lavorate.

Finalità

- Sono definiti di **solidarietà difensiva** poiché introducono e disciplinano una diminuzione dell'orario di lavoro che, a fronte della diminuzione delle esigenze produttive, **consente di evitare licenziamenti per eccedenza di personale**
- A decorrere dal 24 settembre 2015, la stipulazione di un contratto di solidarietà difensiva è diventata anche una specifica **causale dell'intervento di CIGS** con conseguente applicazione della medesima disciplina

Riduzione dell'orario di lavoro

- La **riduzione media** oraria non può essere superiore all'**80%** dell'orario *giornaliero, settimanale o mensile* dei lavoratori interessati al contratto di solidarietà
- Per *ciascun lavoratore*, la **percentuale di riduzione complessiva** dell'orario di lavoro non può essere superiore al **90%** nell'arco dell'intero periodo per il quale il contratto di solidarietà è stipulato

7 I contratti di solidarietà espansiva

Nozione: sono **accordi** stipulati tra imprese e rappresentanze sindacali, nei quali viene stabilita una generalizzata diminuzione dell'orario di lavoro dei lavoratori occupati nell'impresa in virtù di un **intento di solidarietà sociale**.

Finalità

- Sono definiti di **solidarietà espansiva** in quanto mirano a favorire, a fronte della riduzione dell'orario di lavoro, l'**assunzione di nuovo personale**, al fine di *incrementare* l'organico aziendale.

Osservazioni

In luogo dei contratti di solidarietà espansiva, il D.L. 34/2019, conv. in L. 58/2019 (art. 26quater) ha introdotto, in *via sperimentale*, l'istituto del **contratto di espansione**, novellando integralmente l'art. 41, D.Lgs.148/2015. L'applicazione dell'istituto, prevista *inizialmente per il biennio 2019-2020*, è stata poi prorogata, per l'*anno* 2021, dalla legge di bilancio 2021 (art. 1, comma 349, L. 178/2020) e, per gli anni *2022* e *2023*, dalla legge di bilancio 2022 (art. 1, comma 215, L. 234/2021), che vi hanno anche apportato modifiche, **ampliandone** l'ambito di operatività.

8 Il contratto di espansione

Ambito di operatività: evoluzione legislativa

- È nato come strumento rivolto alle *imprese*, con un *organico superiore alle 1000 unità lavorative*, che si siano trovate nella necessità di intraprendere percorsi di **reindustrializzazione** e **riorganizzazione**, con conseguenti modifiche strutturali dei processi aziendali
- *Esclusivamente per l'anno 2021*, la legge di bilancio 2021 aveva esteso la possibilità di ricorrere al contratto di espansione anche alle imprese che avessero un *minimo di 500 unità lavorative* in organico e, limitatamente ad alcuni effetti a *250 unità lavorative*
- Per gli **anni 2022 e 2023**, la legge di bilancio 2022 (art. 1, comma 215, L. 234/2021) ha previsto che il limite minimo di unità lavorative in organico **non può essere inferiore a 50**, anche calcolate complessivamente nelle ipotesi di aggregazione stabile di imprese con un'unica finalità produttiva o di servizi

Procedura

- Ai fini della stipula del contratto di espansione, l'impresa interessata in possesso dei requisiti di legge deve avviare una procedura di **consultazione sindacale**, analoga a quella prevista per la CIGS
- La **stipula** del contratto di espansione avviene in *sede governativa*, presso il Ministero del Lavoro, con le associazioni sindacali comparativamente più rappresentative sul piano nazionale o con le loro rappresentanze sindacali aziendali ovvero con la rappresentanza sindacale unitaria

Contenuto del contratto e opzione per le aziende

- Il contratto di espansione deve **contenere** una serie di elementi (es. *numero dei lavoratori da assumere* e indicazione dei *profili professionali compatibili con i piani di reindustrializzazione o riorganizzazione*), tra cui rileva il **progetto di formazione e riqualificazione**

Contenuto del contratto e opzione per le aziende

▶ Con riguardo al personale in forza difficilmente utilizzabile in modo produttivo in conseguenza dello sviluppo tecnologico avviato, le imprese hanno **due opzioni**

▷ **Uscita anticipata dei lavoratori prossimi alla pensione** (cd. *scivolo pensionistico*), attraverso la *risoluzione del rapporto di lavoro*. La procedura si deve concludere con la non opposizione da parte dei lavoratori che vi aderiscono e con il *consenso all'uscita anticipata* da parte di questi, attraverso la sottoscrizione di apposito accordo **(accordo di non opposizione)**

▷ Per i lavoratori che *non possono aderire allo scivolo pensionistico*, al fine di garantire loro un'adeguata *attività formativa* finalizzata alla riqualificazione e all'aggiornamento delle loro competenze professionali, l'impresa può procedere a **riduzioni orarie**, tramite le quali avviene la formazione e tutelabili attraverso il ricorso al **trattamento straordinario di integrazione salariale**. La riduzione media oraria *non può essere superiore al 30%* dell'orario giornaliero, settimanale o mensile dei lavoratori interessati al contratto di espansione. Per ciascun lavoratore, la percentuale di riduzione complessiva dell'orario di lavoro *può essere concordata, ove necessario, fino al 100%* nell'arco dell'intero periodo per il quale il contratto di espansione è stipulato. L'intervento straordinario di integrazione salariale può essere richiesto per un **periodo non superiore a 18 mesi**, anche non continuativi

9 I fondi di solidarietà bilaterali

Istituzione e finalità

▶ L'**istituzione** dei fondi è rimessa alla **contrattazione collettiva** allo **scopo** di assicurare una **tutela economica in costanza di rapporto di lavoro** nei casi di *riduzione o sospensione dell'attività lavorativa*

▶ I fondi di solidarietà sono **istituiti presso l'INPS**, di cui costituiscono apposite gestioni

Disciplina

▶ Le organizzazioni sindacali e imprenditoriali comparativamente più rappresentative a livello nazionale stipulano *accordi* e *contratti collettivi*, anche intersettoriali, aventi ad oggetto la costituzione di fondi di solidarietà bilaterali per i datori di lavoro che **non rientrano nell'ambito di applicazione della CIGO**, con la finalità di assicurare ai lavoratori una *tutela in costanza di rapporto di lavoro* nei casi di riduzione o sospensione dell'attività lavorativa per le *causali ordinarie e straordinarie*

Disciplina	▶ La costituzione dei fondi è **obbligatoria** per i *datori di lavoro* che occupano **almeno un lavoratore dipendente** ▶ I fondi di solidarietà assicurano la prestazione di un **assegno di integrazione salariale** (art. 30, D.Lgs. 148/2015) e stabiliscono la **durata** della prestazione in misura *almeno pari ai trattamenti di integrazione salariale*, a seconda della *soglia dimensionale* dell'impresa e della *causale* invocata e, comunque, nel rispetto delle durate massime complessive previste dal D.Lgs. 148/2015 (art. 4) ▶ I fondi possono avere **finalità ulteriori**, tra le quali ad esempio: ▷ Assicurare ai lavoratori **prestazioni integrative**, in termini di *importi* o *durate*, rispetto alle prestazioni previste dalla legge **in caso di cessazione del rapporto di lavoro**, ovvero prestazioni integrative, in termini di *importo*, **rispetto a trattamenti di integrazione salariale** previsti dalla normativa vigente ▷ Prevedere un **assegno straordinario** per il sostegno al reddito, riconosciuto nel quadro dei processi di *agevolazione all'esodo*, a lavoratori che raggiungano i requisiti previsti per il pensionamento di vecchiaia o anticipato nei successivi 5 anni

Osservazioni

La disciplina esposta è il frutto delle modifiche introdotte dalla legge di bilancio 2022. I fondi già costituiti alla data del 1° gennaio 2022 devono adeguarsi a queste disposizioni entro il *30-6-2023*: in mancanza, i datori di lavoro del relativo settore confluiscono, a decorrere dal *1° luglio 2023*, nel **Fondo di integrazione salariale** (FIS) (art. 29, D.Lgs. 148/2015), al quale sono trasferiti i contributi già versati o comunque dovuti dai datori di lavoro (art. 26, comma 7bis, D.Lgs. 148/2015; art. 9, comma 3, D.L. 29-12-2022, n. 198).
Il FIS deriva dalla trasformazione del Fondo residuale di solidarietà istituito dalla Legge Fornero (L. 92/2012), nel quale confluivano le parti sociali (imprese e sindacati) che non avessero provveduto alla costituzione dei fondi di solidarietà bilaterali.
Sono **soggetti alla disciplina del FIS** i datori di lavoro che: occupano *almeno un dipendente*; *non* rientrano nell'ambito di applicazione della *CIGO*; *non* aderiscono ai *Fondi di solidarietà bilaterali, bilaterali alternativi e intersettoriali* delle Province autonome di Trento e di Bolzano.
Il FIS garantisce un **assegno di integrazione salariale** in relazione alle causali di riduzione o sospensione dell'attività lavorativa previste dalla normativa vigente in materia di integrazioni salariali.
L'assegno è riconosciuto: ai datori di lavoro che, nel semestre precedente la data di presentazione della domanda, abbiano occupato mediamente **fino a 5 dipendenti**, per una **durata massima di 13 settimane** in un *biennio mobile*; ai datori di lavoro che, nel semestre precedente la data di presentazione della domanda, abbiano occupato **mediamente più di 5 dipendenti**, per una **durata massima di 26 settimane** in un *biennio mobile* (art. 29, comma 3bis, D.Lgs. 148/2015).

10 La nuova prestazione di assicurazione sociale per l'impiego (NASPI)

Istituzione e finalità

- La tutela assicurativa per i casi di disoccupazione è attualmente rappresentata dalla **Nuova prestazione di assicurazione sociale per l'impiego** (NASPI), che è stata istituita con il **D.Lgs. 22/2015**
- È **finalizzata** a fornire una copertura economica in caso di **perdita involontaria dell'occupazione**

Oggetto dell'assicurazione

- Rischio della mancanza di guadagno derivante da uno **stato di disoccupazione involontaria** (perdita involontaria del posto di lavoro)

Ipotesi di disoccupazione involontaria

- **Tutti i casi di licenziamento individuale** (compresi i casi di licenziamento disciplinare per giustificato motivo soggettivo o per giusta causa)
- **Dimissioni per giusta causa (es. mancato pagamento della retribuzione) e dimissioni intervenute durante il periodo tutelato per maternità**
- **Risoluzione consensuale** del rapporto di lavoro nelle seguenti ipotesi
  - Accettazione da parte del lavoratore licenziato dell'*offerta economica cd. agevolata* (*ex* D.Lgs. 23/2015) propostagli dal datore di lavoro
  - Esito positivo della procedura di *conciliazione obbligatoria* prevista per i licenziamenti per giustificato motivo oggettivo (*ex* art. 7, L. 604/1966)
  - *Rifiuto* del lavoratore al proprio *trasferimento* ad altra sede della stessa azienda distante più di 50 km dalla sua residenza e/o mediamente raggiungibile in 80 minuti o più con i mezzi pubblici

Campo di applicazione

- **Tutti i settori produttivi**
- **Tutti i lavoratori subordinati**, con contratto *sia a tempo indeterminato sia a termine*, compresi gli *operai agricoli a tempo indeterminato* delle cooperative e loro consorzi che trasformano, manipolano e commercializzano prodotti agricoli e zootecnici prevalentemente propri o conferiti dai loro soci
- Sono **esclusi** dalla NASPI i **dipendenti pubblici assunti a tempo indeterminato**

Trattamento economico

- La NASpI è rapportata alla *retribuzione imponibile* ai fini previdenziali degli ultimi 4 anni, divisa per il numero di settimane di contribuzione e moltiplicata per il numero *4,33*
- L'**importo** dell'indennità **varia** a seconda che la retribuzione mensile sia inferiore o superiore ad una certa *soglia* soggetta a rivalutazione annuale

Trattamento economico

- La NASpI si **riduce del 3% ogni mese** a *decorrere dal primo giorno del sesto mese di fruizione*; tale riduzione decorre dal primo giorno dell'ottavo mese di fruizione per i beneficiari della NASpI che abbiano compiuto 55 anni di età alla data di presentazione della domanda (cd. **décalage**)
- L'indennità NASPI è corrisposta **mensilmente**, per un numero di settimane *pari alla metà delle settimane di contribuzione degli ultimi 4 anni*

Requisiti (che il lavoratore deve presentare congiuntamente)

- Stato di **disoccupazione**: il lavoratore deve aver perso la propria occupazione **involontariamente**
- Poter far valere, nei *4 anni precedenti* l'inizio del periodo di disoccupazione, **almeno 13 settimane di contribuzione** (*requisito contributivo*)

Domanda

- Deve essere **presentata all'INPS**, in via *telematica*, entro il termine di decadenza di **68 giorni** dalla cessazione del rapporto di lavoro

Decorrenza

- La NASpI spetta **a decorrere dall'ottavo giorno successivo alla cessazione del rapporto di lavoro** o, qualora la domanda sia presentata successivamente a tale data, dal **primo giorno successivo** alla data di presentazione della domanda

Condizionalità

- L'erogazione della NASpI è **condizionata** alla *regolare partecipazione alle iniziative di attivazione lavorativa* nonché ai *percorsi di riqualificazione professionale*

Decadenza

- Vi sono ipotesi in cui il lavoratore decade dalla NASPI, come ad esempio la *perdita dello stato di disoccupazione* o la *mancata comunicazione*, prevista come obbligatoria, in caso di inizio di attività di lavoro subordinato o autonomo

11 L'indennità di disoccupazione per i lavoratori parasubordinati (DIS-COLL)

Istituzione

- Introdotta inizialmente in via sperimentale e prorogata più volte, è stata **resa stabile dalla L. 81/2017** (art. 7)

Beneficiari

- **Collaboratori coordinati e continuativi** iscritti in via *esclusiva* alla **gestione separata** INPS, che abbiano perduto *involontariamente* l'occupazione
- **Assegnisti e dottorandi di ricerca con borsa di studio**, iscritti in via esclusiva alla *gestione separata* presso l'INPS, *non pensionati* e *privi di partita IVA*, che abbiano perduto involontariamente la propria occupazione (circ. INPS 115/2017)

Requisiti

- **Stato di disoccupazione**
- Possesso di **almeno un mese di contribuzione** versata alla gestione separata nel periodo che va dal primo gennaio dell'anno civile precedente l'evento di cessazione dal lavoro al predetto evento

Trattamento economico	▶ L'importo si determina applicando una *percentuale al reddito medio mensile* del collaboratore ▶ Si riduce del 3% ogni mese a decorrere dal *primo giorno del sesto mese di fruizione* (cd. **décalage**)
Domanda	▶ Va **presentata all'INPS**, per via *telematica*, a pena di decadenza, entro il termine di **68 giorni** dalla cessazione del rapporto di lavoro
Decorrenza	▶ L'indennità decorre **dall'ottavo giorno successivo alla cessazione del rapporto di lavoro** nel caso di domanda presentata *entro* detto *termine*; nel caso di domanda presentata *successivamente*, il trattamento spetta dal primo giorno successivo alla data di presentazione della domanda

Osservazioni

La legge prevede anche **ammortizzatori sociali in deroga**, cioè trattamenti a sostegno del reddito concessi ai lavoratori in deroga alla normativa vigente.
Prima delle riforme del 2012 e del 2015, tali ammortizzatori erano previsti al fine di fornire una *tutela ai lavoratori esclusi dalla disciplina ordinaria*. Per effetto della Legge Fornero (L. 92/2012) e dei decreti attuativi del Jobs Act (D.Lgs. 22/2015 e D.Lgs. 148/2015) sono state invece incluse *anche categorie precedentemente escluse*, con la conseguenza che, attualmente, strumenti in deroga sono per lo più previsti in relazione a *situazioni emergenziali esistenti nel Paese* e le diverse ipotesi riguardano essenzialmente trattamenti in deroga ai **limiti massimi di durata stabiliti per la CIGS** (artt. 4 e 22, D.Lgs. 148/2015).

In sintesi

Avviene di frequente che il rapporto di lavoro rimanga sospeso o, meglio, che venga **sospesa l'esecuzione della prestazione** da una o da entrambe le parti contraenti.
Le cause che determinano la sospensione sono *varie*: può trattarsi, ad esempio, dell'*esercizio di un diritto* (sciopero, aspettativa) ovvero di un'*attività socialmente rilevante* (è il caso dell'assistenza ai figli in tenera età).
Esse possono essere distinte in quelle che derivano da **fatto del lavoratore** e in quelle che, invece, derivano da **fatto del datore di lavoro**.
La causa più importante e significativa relativa al lavoratore è rappresentata dalla **malattia**, mentre quella relativa al datore di lavoro è la **contrazione dell'attività produttiva** causata da situazioni di mercato, a fronte delle quali la legge prevede l'intervento dell'istituto della **cassa integrazione guadagni**.
Tale istituto rientra, peraltro, nell'ambito dei cd. **ammortizzatori sociali** in costanza di rapporto di lavoro, che si pongono accanto a quelli che operano quando esso è invece definitivamente cessato.

19 L'estinzione del rapporto di lavoro

1 I casi di estinzione del rapporto di lavoro

Tipologia delle cause estintive

- ▶ Scadenza del termine
  - ▷ Tale ipotesi si realizza solo in quei rapporti di lavoro che prevedono una scadenza finale
- ▶ Morte del lavoratore
  - ▷ In tal caso viene meno quella parte del rapporto di lavoro la cui prestazione è infungibile
- ▶ Risoluzione consensuale
  - ▷ Entrambe le parti, datore di lavoro e prestatore di lavoro, si accordano per porre fine al rapporto di lavoro
  - ▷ È sottoposto a **limiti formali**
- ▶ Recesso del prestatore (**dimissioni**)
  - ▷ *Non* è sottoposto a vincoli *sostanziali* (ad eccezione delle dimissioni per giusta causa), ma solo **formali**
- ▶ Recesso del datore (**licenziamento**)
  - ▷ È sottoposto a **vincoli di natura sostanziale e formale**, fatta salva l'ipotesi del recesso *ad nutum*
- ▶ Impossibilità sopravvenuta della prestazione e forza maggiore
  - ▷ Tali circostanze possono riguardare sia il lavoratore che il datore di lavoro
- ▶ Altre ipotesi previste dalla legge sono ad **esempio**
  - ▶ Il *superamento del periodo di comporto*
  - ▶ Se a seguito dell'ordine del giudice di reintegrazione nel posto di lavoro, il lavoratore esercita l'opzione per l'*indennità sostitutiva* (cd. opting out), ovvero *non riprende servizio entro 30 giorni* dall'invito da parte del datore di lavoro

2 Il recesso unilaterale

Nozione: è l'**atto unilaterale recettizio** con cui si manifesta la volontà di porre fine al rapporto. Acquista efficacia nel **momento in cui viene a conoscenza dell'altra parte**.

Tipologie di recesso

- ▶ **Dimissioni**
  - ▷ Se il recesso proviene dal *lavoratore*
- ▶ **Licenziamento**
  - ▷ Se il recesso proviene dal *datore di lavoro*

Differenze

La disciplina del recesso nel **rapporto a tempo determinato** è contenuta nel codice civile (**art. 2119 c.c.**) ed è sostanzialmente *unitaria*, non presentando alcuna *distinzione tra licenziamento e dimissioni*. Infatti, ad *entrambe* le parti, lavoratore e datore di lavoro, *non è consentito* recedere dal rapporto *prima del termine stabilito*, a meno che si verifichi una **giusta causa**.
In mancanza di una giusta causa, la parte recedente può essere tenuta a risarcire all'altra il *danno* da questa subito per il recesso anticipato (*ante tempus*).
La disciplina del recesso nel **rapporto a tempo indeterminato**, invece, è completamente differente. Infatti, mentre per il lavoratore continua a valere il principio della *libera recedibilità* (essendo in generale irrilevanti le motivazioni), il recesso del datore di lavoro è sottoposto alla sussistenza di una *causa giustificatrice*, secondo una *normativa di carattere speciale* a tutela del lavoratore.

3 L'obbligo di preavviso

Disciplina (art. 2118 c.c.)

- La parte recedente da un **contratto di lavoro a tempo indeterminato** ha l'obbligo di osservare un **periodo di preavviso** della *durata* stabilita dai *contratti collettivi di categoria* in relazione alle qualifiche e all'anzianità di servizio dei lavoratori
- Durante il periodo di preavviso il *rapporto di lavoro continua normalmente*, con la conseguenza che deve essere *eseguita la prestazione* e *pagata la retribuzione*
- In *mancanza* di preavviso, la parte recedente deve corrispondere all'altra un'indennità (cd. **sostitutiva del preavviso**) di importo equivalente alla retribuzione che sarebbe spettata per il periodo di preavviso
- In caso di **morte** del lavoratore, l'indennità (cd. **mortis causa**) è corrisposta ai *familiari superstiti* (coniuge, o parte dell'unione civile, e figli, nonché, se vivevano a carico del prestatore di lavoro, parenti entro il terzo grado e affini entro il secondo grado)

Differenze

L'obbligo di preavviso non sussiste se le dimissioni o il licenziamento avvengono **per giusta causa**. In tal caso, occorre tuttavia distinguere:
— nel caso di **licenziamento**, il datore di lavoro è dispensato dall'obbligo di preavviso e dalla corresponsione dell'indennità sostitutiva;
— nel caso di **dimissioni**, il lavoratore è dispensato dall'obbligo di preavviso e, benché parte recedente, non solo *non* è tenuto alla corresponsione dell'indennità sostitutiva, ma ha diritto egli stesso a percepirla. Ciò perché le dimissioni dipendono da un *comportamento colpevole* del datore di lavoro (es. mancata corresponsione della retribuzione protrattasi nel tempo).

4 La disciplina delle dimissioni e delle risoluzioni consensuali

Procedura

- Per entrambi gli atti di cessazione del rapporto di lavoro devono essere utilizzati, a pena di *inefficacia*, i **moduli** resi disponibili sul sito del Ministero del Lavoro (www.lavoro.gov.it)
- I moduli devono essere trasmessi con **modalità esclusivamente telematica** al datore di lavoro e all'Ispettorato territoriale del lavoro

Procedura

- La **trasmissione dei moduli** può avvenire anche tramite soggetti abilitati (es. organizzazioni sindacali)
- *Entro 7 giorni* dalla data di trasmissione del modulo, il lavoratore può revocare le dimissioni e la risoluzione consensuale con le medesime modalità (cd. **diritto di ripensamento**)

Esclusioni

- Sono **esclusi** dalla procedura telematica le dimissioni e le risoluzioni consensuali
  - Delle lavoratrici in stato di *gravidanza* o delle lavoratrici o dei lavoratori durante i *primi 3 anni di vita del bambino*, nonché nei *primi 3 anni di accoglienza del minore adottato o in affidamento*, o, in caso di adozione internazionale, nei *primi 3 anni decorrenti dalla comunicazione della proposta di incontro con il minore* o dell'*invito a recarsi all'estero per la proposta di abbinamento*. In tali casi, opera la *procedura di convalida*
  - Avvenute nell'ambito del lavoro *domestico* e *marittimo*
  - Intervenute in una delle *sedi qualificate* previste dalla legge (es. innanzi al *giudice*, alle *organizzazioni sindacali*, alle *commissioni di certificazione*)
  - Avvenute *durante il periodo di prova*
  - Avvenute nell'ambito dei rapporti di lavoro alle *dipendenze delle Pubbliche Amministrazioni*

Osservazioni

La **procedura telematica** è divenuta **operativa dal 12 marzo 2016** e ha sostituito la procedura di convalida delle dimissioni e delle risoluzioni consensuali introdotta dalla legge Fornero (art. 4, comma 16-23, L. 92/2012) per contrastare i rischi di manipolazione della volontà del prestatore (si pensi alle cd. *dimissioni in bianco*, fatte sottoscrivere al lavoratore per poi essere utilizzate dal datore di lavoro quando ritenuto opportuno).

5 Fonti ed evoluzione legislativa dei licenziamenti individuali

Evoluzione normativa

- Il **Codice civile del 1942** ha previsto la **libertà del recesso** del datore dal contratto di lavoro a tempo indeterminato, salvo l'obbligo del preavviso (artt. 2118-2119)
- Con la **Costituzione repubblicana**, si aprì in dottrina un ampio dibattito affinché venisse affermato un generale **divieto di licenziare senza motivo**
- Gli **accordi interconfederali del 1947** introdussero alcune **limitazioni** ai licenziamenti nell'industria

Evoluzione normativa

- Con la **L. 15-7-1966, n. 604** fu introdotta la **prima disciplina legislativa vincolistica** sul recesso del datore di lavoro nel caso di **imprese con più di 35 dipendenti**, dichiarando illegittimo il licenziamento non sorretto da giusta causa o giustificato motivo
- L'**art. 18** della **L. 20-5-1970, n. 30** (Statuto dei lavoratori) ha previsto la **reintegrazione del lavoratore nel posto di lavoro**, se il giudice dichiara illegittimo il licenziamento
- La **L. 11-5-1990, n. 108**, innovando la L. 604/1966 e modificando l'art. 18 L. 300/1970, ha esteso, fra l'altro, la **tutela contro i licenziamenti illegittimi** anche ai lavoratori dipendenti di **imprese di piccole dimensioni**
- La **L. 4-11-2010, n. 183**, cd. **collegato lavoro**, ha poi apportato modifiche all'art. 6 della L. 604/1966, stabilendo un nuovo regime di *impugnazione del licenziamento*
- Una radicale revisione della disciplina dei licenziamenti individuali si è avuta con la **L. 28-6-2012, n. 92**, cd. **legge Fornero,** che ha modificato l'art. 18, L. 300/1970, ponendo *fine all'unicità del regime di tutela reale* (reintegrazione nel posto di lavoro) applicato in tutti i casi di illegittimità dei licenziamenti (nullità, annullamento e inefficacia), prevedendo, in determinate ipotesi, una *tutela unicamente risarcitoria*
- A distanza di due anni viene emanata la **L. 10-12-2014, n. 183**, cd. **Jobs Act**, che ha previsto, per i lavoratori *assunti con contratto a tempo indeterminato a tutele crescenti* (cd. *CATUC*) l'esclusione, per i *licenziamenti economici*, della reintegrazione nel posto di lavoro riconoscendo solo un *indennizzo* e il diritto del lavoratore alla reintegrazione nel posto di lavoro nelle ipotesi di *licenziamenti nulli e discriminatori* e in specifiche fattispecie di *licenziamento disciplinare*
- In attuazione della L. 183/2014 viene emanato il **D.Lgs. 4-3-2015, n. 23** (entrato in vigore il *7 marzo 2015*) che ha delineato un **nuovo regime sanzionatorio dei licenziamenti illegittimi**, che si **affianca** all'art. 18, L. 300/1970 e alla tutela obbligatoria dell'art. 8, L. 604/1966
- Il D.L. 87/2018, conv. in L. 96/2018 (cd. **Decreto Dignità**) (art. 3) ha *elevato* i limiti entro cui deve essere determinata l'indennità stabilita dall'art. 3, comma 1, D.Lgs. 23/2015 nell'ipotesi di illegittimità del licenziamento ingiustificato nelle imprese di maggiori dimensioni

Osservazioni

Fino alla legge Fornero (L. 92/2012), i lavoratori illegittimamente licenziati potevano avere diritto alla **tutela reale** prevista dall'art. 18, L. 300/1970, con diritto alla reintegrazione nel posto di lavoro e al risarcimento del danno, o alla **tutela obbligatoria** prevista dall'art. 8, L. 604/1966, con diritto alla riassunzione o, in alternativa, al risarcimento del danno.
Attraverso la riscrittura dell'art. 18 operata dalla legge Fornero, il sistema sanzionatorio unico per tutti i casi di illegittimità, fondato sulla tutela reale, viene sostituito da uno *nuovo,* diversificato e graduato in relazione alle *motivazioni*, alla *gravità* e al tipo di *vizio* del licenziamento.
In attuazione del Jobs Act (L. 183/2014), viene emanato il **D.Lgs. 23/2015** che ha delineato un **nuovo e completo sistema sanzionatorio** dei licenziamenti illegittimi applicabile, in via generale, ai lavoratori assunti con contratto di lavoro a tempo indeterminato a tutele crescenti (CATUC).
L'**attuale disciplina** dei licenziamenti illegittimi si basa, pertanto, su **due complessi normativi**: uno si fonda sugli art. 18, L. 300/1970 e art. 8, L. 604/1966, l'altro sulle disposizioni del D.Lgs. 23/2015.

6 La regolamentazione del licenziamento

Presupposti di legittimità del licenziamento	▶ Il recesso del datore di lavoro dal rapporto **a tempo indeterminato** è legittimo se avviene nel rispetto dei **requisiti sostanziali** e **formali** stabiliti dalla legge	▷ I **requisiti sostanziali** si traducono nell'obbligo di una *causa giustificatrice del recesso*, infatti il licenziamento può avvenire solo in presenza di una *giusta causa* o un *giustificato motivo* ▷ I **requisiti formali** riguardano essenzialmente la *forma*, il *contenuto* e la *procedura* di comunicazione del recesso, diversi a seconda della causa giustificatrice del licenziamento e delle dimensioni occupazionali del datore di lavoro

Osservazioni

La giusta causa e il giustificato motivo rientrano nell'ambito delle cd. **clausole generali**, ossia «moduli generici che richiedono di essere specificati in sede interpretativa» e, pertanto, concretizzati tramite valorizzazione dei fattori esterni relativi alla coscienza generale e dei principi tacitamente richiamati dalla norma (Cass. 14063/2019).
La violazione delle disposizioni relative ai requisiti, sia sostanziali che formali, produce conseguenze sanzionatorie a carico del datore di lavoro.

Onere della prova (art. 5, L. 604/1966)	▶ Nel caso di licenziamento per *giusta causa* o *giustificato motivo oggettivo*, è il **datore di lavoro** che **deve provare** la sussistenza della giusta causa o del giustificato motivo oggettivo. In particolare, in caso di licenziamento per *giustificato motivo oggettivo*, egli deve dimostrare non solo l'effettività delle ragioni poste a fondamento del licenziamento, ma anche l'*impossibilità di una diversa proficua utilizzazione* dei lavoratori licenziati (cd. *obbligo di repêchage*) ▶ Nel caso di licenziamento per *giustificato motivo soggettivo* o per *giusta causa* soggetto alla disciplina del D.Lgs. 23/2015, al fine di poter ottenere la *tutela reale (reintegratoria)*, è il **lavoratore** che è **tenuto a dimostrare** «direttamente» *l'insussistenza del fatto materiale contestatogli* ▶ Nel caso di licenziamento *discriminatorio o per ritorsione, spetta* al **lavoratore** dimostrare, rispettivamente, il carattere *discriminatorio* del licenziamento ovvero l'esistenza del *motivo illecito* dell'atto di recesso del datore, potendo avvalersi di *presunzioni* e di *dati statistici* per fornire la prova della discriminazione subita. Al contrario, in caso di **whistleblowing**, è onere del datore di lavoro dimostrare che il licenziamento discriminatorio o ritorsivo è, in realtà, fondato su ragioni estranee alla segnalazione delle condotte illecite denunciate dal lavoratore

7 I requisiti sostanziali del licenziamento

7.1 Giusta causa

Nozione: consiste in un *fatto o comportamento* in rapporto di causa-effetto con il licenziamento che non consente la prosecuzione, anche provvisoria, del rapporto di lavoro.

Giusta causa (art. 2119 c.c.)	▶ Fatti o comportamenti	▷ Devono essere tali da far venire meno il legame di fiducia che è alla base del rapporto di lavoro, cioè: ▶ condotte che si configurano come *inadempienze contrattuali* ▶ condotte *esterne al rapporto*, ma che *si riflettono su di esso*
	▶ Effetti dell'esistenza della giusta causa	▷ Il datore di lavoro può recedere dal contratto *senza obbligo di preavviso* (cd. **licenziamento in tronco**)

7.2 Giustificato motivo

Giustificato motivo (art. 3, L. 604/1966)	▶ **Soggettivo** (g.m.s.)	▷ Si ha quando ricorre un **notevole inadempimento degli obblighi contrattuali** del prestatore di lavoro
	▶ **Oggettivo** (g.m.o.)	▷ Inerisce «*all'attività produttiva, all'organizzazione del lavoro e al regolare funzionamento di essa*» ▷ Può rappresentare la *conseguenza*: ▶ *di una libera scelta del datore* finalizzata ad un nuovo e diverso **assetto dell'organizzazione aziendale** o del processo produttivo ▶ *del verificarsi di fatti attinenti alla sfera del lavoratore*, a lui non imputabili a titolo di colpa, che si ripercuotono nel contesto aziendale ▷ Il datore di lavoro deve comunque verificare la possibilità di un'altra utilizzazione del lavoratore (cd. *obbligo di repêchage*)

Osservazioni

Il fatto addebitato al lavoratore configura una *giusta causa* se si connota di una **maggiore gravità** rispetto a quello configurante un *giustificato motivo soggettivo* ed è tale da *non consentire* la prosecuzione, neanche provvisoria, del rapporto di lavoro. Pertanto, nel *primo* caso (**giusta causa**), il recesso sarà *immediato* e il lavoratore *non* avrà diritto al preavviso lavorato, nel *secondo caso* (**g.m.s.**), svolgerà il *preavviso lavorato* e avrà diritto alla relativa retribuzione.

7.3 Licenziamento disciplinare

Nozione: è il licenziamento determinato da un *comportamento doloso o colposo del lavoratore*, costituente violazione degli obblighi derivanti dal rapporto di lavoro.

Aspetti generali	▶ Il licenziamento disciplinare costituisce la **più grave sanzione** che possa essere irrogata dal datore di lavoro al lavoratore, **in caso di notevole e colpevole inadempimento**

Aspetti generali

- La Corte costituzionale (sent. 29-11-1982, n. 204) ha ritenuto che il datore di lavoro possa intimare il licenziamento per motivi disciplinari **solo se sono rispettate le disposizioni contenute nell'art. 7 della L. 300/1970** (recante la procedura generale da seguire per la legittima irrogazione delle sanzioni disciplinari nei confronti del lavoratore)

8 I divieti di licenziamento

Ipotesi

- **Matrimonio della lavoratrice**: è vietato il licenziamento intimato nel periodo che intercorre dal giorno della richiesta delle pubblicazioni fino ad un anno dopo la celebrazione del matrimonio (art. 35, D.Lgs. 198/2006)
- **Stato di gravidanza e di puerperio**: è vietato il licenziamento intimato alla lavoratrice dall'inizio del periodo di gravidanza fino al compimento di un anno di età del bambino (art. 54, D.Lgs. 151/2001)
- **Fruizione del congedo di paternità**, sia obbligatorio sia alternativo, per la durata degli stessi e fino al compimento di *un anno* di età del bambino (art. 54, comma 7, D.Lgs. 151/2001)
- **Infortunio o malattia**: è vietato il licenziamento intimato durante il periodo previsto dalla legge o dai contratti collettivi (art. 2110 c.c.)
- **Richiamo alle armi**: è vietato il licenziamento del lavoratore richiamato alle armi prima che siano trascorsi 3 mesi dalla ripresa dell'occupazione (artt. 2110 e 2111 c.c.; art. 990, comma 4, D.Lgs. 66/2010)
- **Incarichi sindacali**: è vietato il licenziamento dei dirigenti delle rappresentanze sindacali aziendali e dei membri di commissioni interne per un anno dalla cessazione dell'incarico
- **Incarichi di pubbliche funzioni**: il divieto di licenziamento è implicitamente sancito dall'art. 51 Cost., che riconosce il diritto di chi è chiamato a funzioni pubbliche elettive di conservare il proprio posto di lavoro
- **Sciopero**: è vietato il licenziamento motivato dalla partecipazione dei lavoratori ad azioni di sciopero

Osservazioni

L'arco di tempo durante il quale opera il divieto di licenziamento è chiamato **periodo di comporto** e la sua durata è generalmente definita dalla legge e dalla contrattazione collettiva.
Si tenga inoltre presente che l'art. 2111 c.c. contempla anche il servizio di leva che, tuttavia, *non è più obbligatorio dall'1 gennaio 2005*, in quanto da tale data sono state *sospese* le chiamate (art. 1929, D.Lgs. 66/2010).

9 Il licenziamento discriminatorio

Nozione: licenziamento determinato da motivi di *credo politico* o *fede religiosa*, dall'appartenenza ad un *sindacato* e dalla *partecipazione ad attività sindacali*, nonché da ragioni connesse all'*etnia*, alla *lingua*, al *genere*, a situazioni di *handicap*, all'*età*, alla *nazionalità*, all'*orientamento sessuale* o alle *convinzioni personali* (art. 4, L. 604/1966; art. 15, L. 300/1970; art. 3, L. 108/1990).

Campo di applicazione	▶ La **legislazione antidiscriminatoria**, che in ambito lavoristico inizialmente si limitava a reprimere le disparità di trattamento tra uomo e donna, copre ormai **tutta la gamma dei fattori che sono espressione della sfera personale dell'individuo**

10 I requisiti formali del licenziamento

10.1 Comunicazione del licenziamento

Requisiti formali generali (art. 2, L. 604/1966)	▶ Il datore di lavoro deve comunicare per **iscritto** il licenziamento al lavoratore ▶ Nella comunicazione devono essere contestualmente **specificati i motivi** del licenziamento

10.2 Procedura di intimazione del licenziamento disciplinare

Procedura (art. 7, L. 300/1970)	▶ **Prima di comunicare il licenziamento**, il datore di lavoro deve	▷ **Contestare preventivamente l'addebito** al lavoratore ▷ Concedere al lavoratore un **termine** per potersi **difendere** ▷ Consentire al lavoratore di farsi **assistere** dall'associazione sindacale

10.3 Procedura di licenziamento per giustificato motivo oggettivo

Procedura (art. 7, L. 604/1966)	▶ Campo di applicazione	▷ Datore di lavoro che occupa **più di 15 dipendenti** ▷ Licenziamenti *individuali per g.m.o.*, anche se *plurimi* e se effettuati da un'*agenzia di somministrazione* «nei confronti dei dipendenti dell'agenzia assunti a tempo indeterminato» ▷ Sono invece **esclusi** i licenziamenti individuali intimati: ▶ per superamento del periodo di comporto ▶ in conseguenza di cambi di appalto, qualora sia succeduta l'assunzione presso altro datore di lavoro ▶ per completamento delle diverse fasi lavorative e chiusura cantiere nel settore delle costruzioni edili ▶ secondo la disciplina del D.Lgs. 23/2015

	▶ Avvio	▷ Il datore di lavoro deve inviare, all'Ispettorato territoriale del lavoro competente in base al luogo in cui il lavoratore presta la sua opera, una **comunicazione**, da trasmettere per conoscenza allo stesso lavoratore, nella quale: ▶ dichiara la sua **intenzione di procedere** al licenziamento per motivo oggettivo ▶ indica i **motivi** del licenziamento e le eventuali misure di assistenza alla ricollocazione del lavoratore interessato
	▶ Adempimenti dell'ITL	▷ Nel *termine perentorio di 7 giorni* dalla ricezione della richiesta, l'ITL trasmette la convocazione, sia al datore di lavoro che al lavoratore, per un **incontro** innanzi alla *commissione di conciliazione* (art. 410 c.p.c.)
Procedura (art. 7, L. 604/1966)	▶ Svolgimento	▷ Le parti possono essere *assistite* dalle organizzazioni di rappresentanza cui sono iscritte o conferiscono mandato oppure da un componente della rappresentanza sindacale dei lavoratori, ovvero da un avvocato o un consulente del lavoro ▷ Le parti, con la partecipazione attiva della commissione, esaminano anche *soluzioni alternative al recesso*
	▶ Conclusione	▷ *Entro 20 giorni* dalla trasmissione della comunicazione di convocazione all'incontro, salvo che le parti, di comune avviso, non intendano proseguire la discussione per il raggiungimento di un accordo
	▶ Esito	▷ **Se la conciliazione ha esito positivo** e prevede la *risoluzione consensuale del rapporto di lavoro*, si applicano le disposizioni in materia di *NASPI*, oltre a poter essere previsto l'*affidamento* del lavoratore ad un'*agenzia per il lavoro*, ovvero di *somministrazione*, di *intermediazione* e di *supporto alla ricollocazione professionale* ▷ **Se la conciliazione ha esito negativo** o, comunque, è decorso vanamente il termine di 7 giorni per la trasmissione della convocazione, il datore di lavoro *può comunicare il licenziamento al lavoratore*

10.4 Effetti del licenziamento

Disciplina (art. 1, comma 41, L. 92/2012)

- Il licenziamento intimato all'esito del procedimento disciplinare o di quello per licenziamento per giustificato motivo oggettivo **produce effetto dal giorno della comunicazione** con cui il procedimento medesimo è stato avviato
- Rimane fermo il diritto del lavoratore al **preavviso** o alla relativa **indennità sostitutiva**
- Il periodo di eventuale **lavoro svolto in costanza della procedura** si considera come preavviso lavorato
- È tuttavia fatto salvo l'effetto **sospensivo**
  - Disposto dalle norme a *tutela della maternità e paternità*
  - In caso di impedimento derivante da *infortunio occorso sul lavoro*

11 L'illegittimità del licenziamento e le conseguenze sanzionatorie

11.1 Le diverse ipotesi di illegittimità

Ipotesi di illegittimità

- **Assenza di una causa giustificatrice** (giusta causa o giustificato motivo)
  - Il licenziamento è **annullabile**
- Comunicazione del licenziamento **in forma orale**
- Comunicazione del licenziamento **senza indicazione dei motivi**
- **Violazione delle regole procedurali** previste per i licenziamenti disciplinari e per g.m.o.
  - Il licenziamento è **inefficace**
- Licenziamento intimato per motivi **discriminatori** o per altro **motivo illecito**
- Licenziamento **ritorsivo o discriminatorio** del lavoratore o della lavoratrice che abbia presentato **denuncia per molestie sessuali**
  - Il licenziamento è **nullo**

Differenze

Il licenziamento intimato in violazione dei requisiti sostanziali e formali e/o procedurali è **sanzionato** in modo *diverso* a seconda che si tratti di lavoratori soggetti al *vecchio* regime (art. 18, L. 300/1970 e art. 8, L. 604/1966) ovvero a quello *nuovo* introdotto dal D.Lgs. 23/2015, nonché in relazione ai *limiti occupazionali* del datore di lavoro e alla *motivazione* o alla *modalità* del licenziamento.

11.2 I regimi sanzionatori dei licenziamenti illegittimi

Tipologia di regimi sanzionatori

- **Vecchio regime sanzionatorio**
  - **Art. 18, L. 300/1970** che prevede le seguenti tutele:
    - *reale piena* (o reintegratoria forte)
    - *reale limitata* (o reintegratoria debole)
    - *risarcitoria forte* (o indennitaria forte)
    - *risarcitoria debole* (o indennitaria debole)
  - **Art. 8, L. 604/1966** che prevede la tutela *obbligatoria*
- **Nuovo regime sanzionatorio**
  - **Art. 2 D.Lgs. 23/2015** che prevede la tutela *reale piena* (o reintegratoria forte)
  - **Art. 3, D.Lgs. 23/2015** che prevede le seguenti tutele:
    - tutela *reale limitata* (o reintegratoria debole)
    - tutela *risarcitoria forte* (o indennitaria forte)
  - **Art. 4, D.Lgs. 23/2015** che prevede la tutela *risarcitoria debole* (o indennitaria debole)
  - **Art. 9, comma 1, D.Lgs. 23/2015** che prevede la tutela *risarcitoria dimezzata*

Osservazioni

Alle imprese che svolgono *senza fini di lucro attività di natura politica, sindacale, culturale, di istruzione ovvero di religione o di culto* (cd. **organizzazioni di tendenza**, *ex* art. 4, L. 108/1990) **non si applicano le disposizioni dell'art. 18 della L. 300/1970**. Da tale disposizione consegue che i licenziamenti illegittimi ingiustificati rientrano nell'ambito di applicazione della *tutela obbligatoria* (ex *art. 8, L. 604/1966*).
Sta di fatto che anche alle organizzazioni di tendenza si applica la **disciplina dei licenziamenti del D.Lgs. 23/2015** (art. 9, comma 2). La giurisprudenza ha precisato (Cass. 16031/2018) che, pur mancando nel nostro diritto positivo una definizione di «organizzazione di tendenza», la stessa, per come elaborata sul piano teorico, evoca una fattispecie associativa che si caratterizza per la «diffusione di valori ideologicamente caratterizzati». Di tale fenomeno l'art. 4 della L. 108/1990 riconosce un beneficio «finalizzato a proteggere la sua libertà e a consentire il perseguimento degli obiettivi che l'ordinamento reputa meritevoli e che giustificano una disciplina differenziata, senza che ne soffra il principio di uguaglianza» (Cass. 4983/2014). Il privilegio dell'esenzione dall'applicazione dell'art. 18, L. 300/1970 — oggi peraltro abolito per effetto dell'art. 9, comma 2,

D.Lgs. 23/2015 — è, però, collegato alla sussistenza di un triplice requisito (uno in positivo e due in negativo): l'*identificabilità di una organizzazione di tendenza nominata*, la *mancanza dello scopo di lucro* e la *mancanza di un'impresa* (Cass. 7837/2005).
Con riguardo al **licenziamento discriminatorio**, si è sempre ritenuta applicabile la *tutela reale piena*. In proposito, si è affermato l'orientamento giurisprudenziale che pone comunque dei limiti in ragione della natura delle organizzazioni in questione. Quando, infatti, a base del licenziamento è posto un motivo relativo, ad **esempio**, all'opinione politica, sindacale, religiosa del lavoratore, esso non può essere considerato di per sé discriminatorio. Ciò perché l'incompatibilità ideologica tra il dipendente e l'impresa è considerata una *legittima motivazione per il licenziamento* (si pensi al caso, ad esempio, di un esponente apicale di un partito che manifesti con atti inequivocabili un credo politico difforme). L'orientamento prevalente, in dottrina e in giurisprudenza, è però nel senso di limitare la rilevanza dei suddetti fattori extraprofessionali esclusivamente per quei lavoratori che, nell'ambito dell'impresa, svolgono mansioni strettamente funzionali a caratterizzarne la tendenza.

11.3 Requisiti dimensionali del datore di lavoro ai fini dell'applicazione dei regimi sanzionatori

Tipologia di datori di lavoro	▶ **Imprese medio/grandi** (art. 18, comma 8, L. 300/1970)	▷ Datore di lavoro che, in ciascuna sede, stabilimento, filiale, ufficio o reparto autonomo nel quale ha avuto luogo il licenziamento, occupa alle sue dipendenze **più di 15 lavoratori** (almeno 16) o, se si tratta di imprenditore agricolo, *più di* 5 (almeno 6) ▷ Datore di lavoro che, nell'ambito dello *stesso Comune*, occupa alle sue dipendenze *più di 15 lavoratori* (almeno 16) e all'impresa *agricola* che, nel medesimo ambito territoriale, occupa *più di 5 dipendenti* (almeno 6), anche se ciascuna unità produttiva, singolarmente considerata, *non raggiunge tali limiti* ▷ Datore di lavoro che occupa, in ogni caso, *più di 60 dipendenti* (almeno 61)
	▶ **Piccole imprese**	▷ Sono tali i datori di lavoro che *non* raggiungono i suddetti requisiti dimensionali di cui all'art. 18, comma 8, L. 300/1970

Osservazioni

Ai fini del **computo** del numero dei dipendenti si tiene conto anche dei lavoratori assunti con contratto a tempo indeterminato a tempo *parziale*: in tale ipotesi, i lavoratori vanno calcolati per la quota di *orario effettivamente svolto*. Non si computano, invece, il *coniuge* (a cui è equiparata la *parte dell'unione civile*) e i *parenti del datore di lavoro entro il secondo grado in linea diretta e in linea collaterale* (art. 18, comma 9, L. 300/1970).
I **criteri** indicati nei commi 8 e 9 dell'art. 18 della L. 300/1970 ai fini della determinazione dei limiti dimensionali del datore di lavoro sono espressamente richiamati dal D.Lgs. 23/2015 (art. 9, comma 1), con la conseguenza che essi sono i **medesimi** per tutti i licenziamenti, indipendentemente dal regime sanzionatorio, vecchio o nuovo, applicabile.

11.4 Campo di applicazione del nuovo regime sanzionatorio

Fonte normativa	▶ Art. 1, D.Lgs. 23/2015
Campo di applicazione	▶ Lavoratori con qualifica di **operai, impiegati e quadri** assunti con contratto a tempo indeterminato a tutele crescenti (cd. **CATUC**) a decorrere **dal 7 marzo 2015** ▶ Casi di **conversione**, successiva al 7 marzo 2015, di **contratto a tempo determinato o di apprendistato in contratto a tempo indeterminato** ▶ I lavoratori già **assunti prima del 7 marzo 2015** che lavorano alle dipendenze di piccole imprese che, in conseguenza di assunzioni successive alla predetta data, integrino i **requisiti dimensionali indicati dall'art. 18, comma 8, L. 300/1970**

Osservazioni

La giurisprudenza ha individuato le **ipotesi di contratti a termine stipulati prima dell'entrata in vigore del D.Lgs. 23/2015 che si convertono in contratti a tempo indeterminato dopo tale data** (Cass. 16-1-2020, n. 823):

— conversione *volontaria*, ossia per effetto di una *manifestazione di volontà delle parti successiva all'entrata in vigore del decreto*, con effetto novativo;

— conversione *giudiziale* di contratti a termine stipulati anteriormente al decreto, ma che producono i loro effetti di conversione dopo la sua entrata in vigore, perché successivo è il vizio che li colpisce.

11.5 Tutele per i lavoratori soggetti al vecchio regime sanzionatorio

Tipologia di tutele	▶ **Tutela reale piena** (o reintegratoria forte)	▷ Si applica alle ipotesi di licenziamento *discriminatorio, nullo* e *orale* ▷ Prevede il diritto del lavoratore alla **reintegrazione nel posto di lavoro**, al *risarcimento* del danno in misura non inferiore a *5 mensilità* e al *versamento dei contributi* previdenziali e assistenziali ▷ Si applica *indipendentemente dai requisiti dimensionali* del datore di lavoro
	▶ **Tutela reale limitata** (o reintegratoria debole)	▷ Si applica ai licenziamenti ingiustificati più *gravi* ▷ Prevede il diritto del lavoratore alla **reintegrazione nel posto di lavoro**, al *risarcimento* del danno fino ad un *massimo di 12 mensilità* e al *versamento dei contributi* previdenziali e assistenziali ▷ Si applica alle *imprese medio/grandi*
	▶ **Tutela risarcitoria forte** (o indennitaria forte)	▷ Si applica ai licenziamenti ingiustificati *meno gravi*

Tipologia di tutele	▶ **Tutela risarcitoria forte** (o indennitaria forte)	▷ Prevede la risoluzione del rapporto di lavoro e il diritto del lavoratore al **risarcimento del danno** in misura compresa tra *12 e 24 mensilità* ▷ Si applica alle *imprese medio/grandi*
	▶ **Tutela risarcitoria debole** (o indennitaria debole)	▷ Si applica ai licenziamenti *inefficaci* per vizi diversi dall'assenza di forma scritta ▷ Prevede la risoluzione del rapporto di lavoro e il diritto del lavoratore al **risarcimento del danno** in misura compresa tra *6 e 12 mensilità* ▷ Si applica alle *imprese medio/grandi*
	▶ **Tutela obbligatoria**	▷ Si applica ai licenziamenti *ingiustificati* ▷ Prevede il diritto del lavoratore alla **riassunzione** o, in alternativa, il **risarcimento del danno** entro un limite minimo e massimo ▷ Si applica alle *piccole imprese*

11.6 Tutele per i lavoratori soggetti al nuovo regime sanzionatorio

Tipologia di tutele	▶ **Tutela reale piena** (o reintegratoria forte)	▷ Si applica alle ipotesi di licenziamento *discriminatorio*, *nullo* e *orale*, nonché privo di giustificazione per motivo consistente nella *disabilità fisica o psichica del lavoratore* ▷ Prevede il diritto del lavoratore alla **reintegrazione nel posto di lavoro**, al *risarcimento* del danno in misura non inferiore a *5 mensilità* e al *versamento dei contributi* previdenziali e assistenziali ▷ Si applica *indipendentemente dai requisiti dimensionali* del datore di lavoro
	▶ **Tutela reale limitata** (o reintegratoria debole)	▷ Si applica al licenziamento per giustificato motivo soggettivo o per giusta causa quando è *direttamente dimostrata in giudizio l'insussistenza del fatto materiale contestato al lavoratore* ▷ Prevede il diritto del lavoratore alla **reintegrazione nel posto di lavoro**, al *risarcimento* del danno non superiore a *12 mensilità* e al *versamento dei contributi* previdenziali e assistenziali ▷ Si applica alle *imprese medio/grandi*

Tipologia di tutele	▶ **Tutela risarcitoria forte** (o indennitaria forte)	▷ *Ogni altro caso di licenziamento ingiustificato* ▷ Prevede l'estinzione del rapporto di lavoro e il diritto del lavoratore al pagamento di un'**indennità** in *misura comunque non inferiore a 6 e non superiore a 36 mensilità* ▷ Si applica alle *imprese medio/grandi*
	▶ **Tutela risarcitoria debole** (o indennitaria debole)	▷ Si applica ai licenziamenti *inefficaci* per vizi diversi dall'assenza di forma scritta ▷ Prevede l'estinzione del rapporto di lavoro e il diritto del lavoratore al pagamento di un'**indennità** di importo *pari a una mensilità per ogni anno di servizio*, in misura comunque *compresa tra 2 e 12 mensilità* ▷ Si applica alle *imprese medio/grandi*
	▶ **Tutela risarcitoria dimezzata**	▷ Si applica ai licenziamenti *ingiustificati o inefficaci* per vizi diversi dall'assenza di forma scritta ▷ Prevede il diritto del lavoratore al pagamento di un'**indennità risarcitoria dimezzata** rispetto a quelle previste nell'ambito della tutela *risarcitoria forte e debole*, in ogni caso entro il limite massimo di *6 mensilità* ▷ Si applica alle *piccole imprese*

Osservazioni

Il regime sanzionatorio dei licenziamenti di cui al **D.Lgs. 23/2015** si basa fondamentalmente su una **tutela di tipo risarcitorio**: infatti, per i lavoratori assunti con il contratto a tutele crescenti, nella maggior parte delle ipotesi e salvi i casi di licenziamento discriminatorio e di altre fattispecie di nullità, la conseguenza dell'accertamento giudiziale dell'invalidità del licenziamento è un'indennità monetaria. Tuttavia, nell'impostazione originaria del D.Lgs. 23/2015, in caso di licenziamento illegittimo, l'indennità risarcitoria spettante era determinata in virtù dell'*anzianità di servizio*, fermi i limiti minimo e massimo stabiliti dal decreto medesimo: era, cioè, preso in considerazione soltanto il criterio dell'anzianità di servizio del lavoratore per determinare l'importo dell'indennità.

Senonché, la Corte Costituzionale, con sent. **194/2018** e **150/2020**, dichiarando parzialmente illegittimi, rispettivamente, gli artt. 3, comma 1 e 4, D.Lgs. 23/2015, ha ritenuto **illegittimo** questo **meccanismo di determinazione dell'indennità risarcitoria**, in quanto ritenuto contrastante con il principio di uguaglianza e con il principio di ragionevolezza, nonché con la tutela del diritto al lavoro. Alla luce delle sentenze citate, quindi, il giudice — fermi sempre i limiti minimo e massimo stabiliti dalla legge — dovrà sicuramente tenere conto, in primo luogo, del criterio dell'anzianità di servizio (che comunque ispira il disegno riformatore del D.Lgs. 23/2015, cioè le tutele crescenti), ma dovrà considerare **anche gli altri criteri desumibili dalla disciplina limitativa in materia di licenziamenti** (ad esempio, il numero dei dipendenti occupati).

11.7 Indennità sostitutiva della reintegrazione (cd. opting out)

Nozione: è l'indennità che può richiedere al datore di lavoro il lavoratore che **rinuncia** alla reintegrazione nel posto di lavoro.

Fonte normativa	▶ Art. 18, comma 3, L. 300/1970 ▶ Art. 2, comma 3, D.Lgs. 23/2015 ▶ Art. 3, comma 2, D.Lgs. 23/2015	
Campo di applicazione	▶ Tutela **reale piena** ▶ Tutela **reale limitata**	
Effetti	▶ **Sostituisce la reintegrazione** ▶ Si **aggiunge** al risarcimento del danno ▶ Determina la **risoluzione** del rapporto di lavoro	
	▶ È **parametrata** alla retribuzione	▷ Nel **vecchio** regime sanzionatorio, è l'*ultima retribuzione globale di fatto* ▷ Nel **nuovo** regime sanzionatorio, è l'*ultima retribuzione di riferimento per il calcolo del TFR*
Disciplina	▶ Ricevuto dal giudice l'ordine di reintegrare il lavoratore nel posto di lavoro, il datore di lavoro è tenuto ad **invitare il lavoratore a riprendere servizio**	▷ Se il lavoratore non vi provvede *entro 30 giorni* dall'invito, il **rapporto di lavoro si intende risolto** ▷ In alternativa alla ripresa del servizio, entro detto termine può chiedere al datore di lavoro la corresponsione dell'**indennità sostitutiva**
	▶ Ricevuto dal giudice l'ordine di reintegrare il lavoratore nel posto di lavoro, il datore di lavoro **non invita il lavoratore a riprendere servizio**	▷ Il lavoratore può chiedere il pagamento dell'indennità sostitutiva *entro 30 giorni dalla comunicazione del deposito della sentenza*

12 L'impugnazione, l'offerta conciliativa standard (agevolata) e la revoca del licenziamento

12.1 Termini e modalità dell'impugnazione

Fonte normativa	▶ Art. 6, L. 604/1966 ▶ Art. 32, comma 2 e 3, L. 183/2010

Campo di applicazione

- **Tutti i casi di invalidità del licenziamento**
- I licenziamenti che presuppongono la risoluzione di questioni relative alla **qualificazione del rapporto di lavoro**

Termini

- Il lavoratore, nel **termine di decadenza di 60 giorni** dalla ricezione della comunicazione in forma scritta del licenziamento, deve **impugnare** il licenziamento
- **Entro i successivi 180 giorni**, a pena di *inefficacia* dell'impugnazione, il lavoratore deve **depositare il ricorso giudiziale** ovvero *comunicare alla controparte la richiesta di tentativo di conciliazione o arbitrato*
  - Se la conciliazione o l'arbitrato sono **rifiutati o non è stato raggiunto l'accordo**, *entro 60 giorni dal rifiuto o dal mancato accordo* deve essere depositato, a pena di *decadenza*, il *ricorso giudiziale*

Osservazioni

La Corte Costituzionale (sent. 212/2020) ha dichiarato **costituzionalmente illegittimo l'art. 6, comma 2, L. 604/1966** nella parte in cui non prevede che l'impugnazione è *inefficace* se non è seguita, *entro il successivo termine di 180 giorni*, oltre che dal deposito del ricorso o dalla comunicazione alla controparte della richiesta di tentativo di conciliazione o arbitrato, **anche dal deposito del ricorso cautelare anteriore alla causa** ai sensi degli artt. 669bis, 669ter e 700 c.p.c. In altri termini, la Consulta ha ritenuto *irragionevole escludere* che la *proposizione del ricorso cautelare* possa *impedire la decadenza dall'impugnativa* del provvedimento datoriale, *al pari* del ricorso ordinario e della richiesta di tentativo di conciliazione o arbitrato.

Modalità

- Qualsiasi **atto scritto**, anche extragiudiziale, idoneo a rendere nota la volontà del lavoratore di impugnare il licenziamento
- Il lavoratore può anche richiedere l'**intervento dell'organizzazione sindacale** diretto ad impugnare il licenziamento

Osservazioni

I **termini per l'impugnazione del licenziamento** trovano applicazione anche in altre **fattispecie diverse dal licenziamento**, quali (art. 32, comma 3 e 4, L. 183/2010):

- il *recesso del committente* nei rapporti di collaborazione coordinata e continuativa (art. 409, n. 3, c.p.c.);
- il *trasferimento del lavoratore da una unità produttiva ad un'altra* (art. 2103 c.c.), con termine decorrente dalla data di ricezione della comunicazione di trasferimento;
- *somministrazione irregolare*, con termine decorrente dalla data in cui il lavoratore ha cessato di svolgere la propria attività presso l'utilizzatore (art. 39, D.Lgs. 81/2015), e ogni altro caso in cui viene richiesta la costituzione o l'accertamento di un rapporto di lavoro in capo a un soggetto diverso dal titolare del contratto.

Anche i *contratti a termine* possono essere impugnati e, a tal fine, devono essere osservate le *regole* previste per i licenziamenti (art. 28, D.Lgs. 81/2015), con la differenza che il *primo termine* è di 180 giorni (anziché di 60 giorni), che decorre dalla cessazione del singolo contratto.

12.2 Offerta di conciliazione standard o agevolata

Nozione: È una **modalità conciliativa** delle controversie in tema di licenziamento introdotta esclusivamente per i lavoratori soggetti al **nuovo regime sanzionatorio**, consistente nell'offerta da parte del datore di lavoro di un importo, da determinare in base ai criteri stabiliti dalla legge, non assoggettato né ad imposizione fiscale né a contribuzione previdenziale (cd. **conciliazione standard o agevolata**).

Fonte normativa
- Art. 6, D.Lgs. 23/2015

Caratteri
- È **facoltativa**
- Si **aggiunge** agli altri strumenti di conciliazione delle controversie di lavoro previste dall'ordinamento

Campo di applicazione
- Lavoratori **assunti con contratto a tutele crescenti** (CATUC)
- Lavoratori interessati da una **trasformazione** da contratto a tempo determinato a contratto a tempo indeterminato
- **Apprendisti passati in qualifica**
- Lavoratori **assunti prima del 7 marzo 2015** da aziende che dopo tale data **superano** la soglia dei 15 dipendenti

Disciplina
- Nel termine previsto per l'impugnazione stragiudiziale del licenziamento, il datore di lavoro può offrire al lavoratore un **importo** per evitare il giudizio
  - Se si tratta di **impresa con più di 15 dipendenti**, l'importo è pari a *una mensilità* dell'ultima retribuzione di riferimento per il calcolo del TFR, *per ogni anno di servizio*, in misura comunque *non inferiore a 3 e non superiore a 27 mensilità*
  - Se si tratta di **impresa fino a 15 dipendenti**, la misura dell'indennità è dimezzata (*0,5 mensilità* dell'ultima retribuzione di riferimento per il calcolo del TFR, per ogni anno di servizio, in misura compresa *tra 1,5 e 6 mensilità*)
- La **corresponsione** deve avvenire mediante *assegno circolare* in una delle seguenti **sedi qualificate previste dalla legge**
- L'**accettazione dell'assegno** comporta l'**estinzione del rapporto** alla data del licenziamento e la **rinuncia all'impugnazione** del licenziamento, anche se già proposta

12.3 Revoca del licenziamento

Fonte normativa
- Art. 18, comma 10, L. 300/1970
- Art. 5, D.Lgs. 23/2015

Modalità
- Il datore di lavoro può revocare il recesso entro il **termine di 15 giorni dalla comunicazione dell'impugnazione** da parte del lavoratore

Conseguenze

- Il rapporto di lavoro si intende **ripristinato** senza soluzione di continuità, con diritto del lavoratore alla retribuzione maturata nel periodo precedente alla revoca, e **non** trovano applicazione i regimi sanzionatori previsti dall'art. 18, L. 300/1970 e dal D.Lgs. 23/2015

13 Il regime sanzionatorio dei licenziamenti discriminatori, nulli e orali

Vecchio regime sanzionatorio (art. 18, commi 1-2, L. 300/1970)

- Applicazione della **tutela reale piena**
- Tipologia dei licenziamenti
  - Licenziamento determinato da *motivi discriminatori* (art. 3, L. 108/1990)
  - Licenziamento *orale* (art. 2, comma 1 e 3, L. 604/1966)
  - Licenziamento della lavoratrice in concomitanza col *matrimonio* (art. 35, D.Lgs. 198/2006)
  - Licenziamento della lavoratrice dall'inizio della gravidanza fino a tutto il periodo di interdizione dal lavoro prescritto dalla legge (art. 54, comma 1, D.Lgs. 151/2001)
  - Licenziamento, causato dalla domanda o dalla fruizione *del congedo parentale* e per la *malattia del bambino* (art. 54, co. 6, D.Lgs. 151/2001)
  - Licenziamento causato dalla fruizione del *congedo di paternità*, sia obbligatorio che alternativo (art. 54, comma 7, D.Lgs. 151/2001)
  - Licenziamento intimato in caso di *adozione o affidamento* (art. 54, comma 9, D.Lgs. 151/2001)
  - Licenziamento *nullo* per altro motivo stabilito dalla legge
  - Licenziamento determinato da un *motivo illecito determinante* (art. 1345 c.c.)
- Caratteristiche
  - Irrilevanza della *motivazione* formalmente addotta dal datore di lavoro
  - **Irrilevanza dei limiti dimensionali del datore di lavoro**
- Provvedimenti giudiziali
  - Dichiara **nullo** il licenziamento
  - Ordina al datore di lavoro, imprenditore o non imprenditore, la **reintegrazione del lavoratore nel posto di lavoro** (con diritto del lavoratore di optare per l'*indennità sostitutiva*)

Vecchio regime sanzionatorio (art. 18, comma 1-2, L. 300/1970)	▶ Provvedimenti giudiziali	▷ Condanna il datore di lavoro al **risarcimento del danno** subito dal lavoratore, stabilendo, a tal fine, un'*indennità* commisurata all'ultima *retribuzione globale di fatto* maturata dal giorno del licenziamento sino a quello dell'effettiva reintegrazione, *dedotto* quanto percepito nel periodo di estromissione per lo svolgimento di altre attività lavorative, ma in ogni caso in misura *non inferiore a 5 mensilità* della retribuzione globale di fatto ▷ Condanna il datore di lavoro al **versamento dei contributi** previdenziali e assistenziali
Nuovo regime sanzionatorio (art. 2, D.Lgs. 23/2015)	▶ Tipologia dei licenziamenti	▷ Licenziamento *discriminatorio ex* art. 15, L. 300/1970 ▷ Casi di *nullità* del licenziamento espressamente previsti dalla legge ▷ Difetto di giustificazione del licenziamento per motivo consistente nella *disabilità fisica o psichica del lavoratore*
	▶ Caratteristiche	▷ Irrilevanza della *motivazione* formalmente addotta dal datore di lavoro ▷ **Irrilevanza dei limiti dimensionali del datore di lavoro**
	▶ Provvedimenti giudiziali	▷ Dichiarazione di *nullità* del licenziamento ▷ Ordine al datore di lavoro di **reintegrazione** del lavoratore nel posto di lavoro ▷ Condanna del datore di lavoro al **risarcimento del danno** subito dal lavoratore, stabilendo, a tal fine, un'*indennità* commisurata all'ultima retribuzione di riferimento per il calcolo del TFR dal giorno del licenziamento sino a quello dell'effettiva reintegrazione, *dedotto* quanto percepito, nel periodo di estromissione, per lo svolgimento di altre attività lavorative, ma in ogni caso in misura *non inferiore a 5 mensilità* dell'ultima retribuzione di riferimento per il calcolo di TFR ▷ Condanna del datore di lavoro al **versamento dei contributi** previdenziali e assistenziali

14 Il vecchio regime sanzionatorio dei licenziamenti illegittimi

14.1 Tutela nei casi di licenziamento ingiustificato (imprese con più di 15 dipendenti)

Vecchio regime sanzionatorio (art. 18, commi 4 e 7, L. 300/1970)

- ▶ Applicazione della **tutela reale limitata**
- ▶ Tipologia delle violazioni
  - ▷ Assenza di una *giusta causa* o del *giustificato motivo soggettivo*, per *insussistenza del fatto contestato* ovvero perché il fatto *rientra tra le condotte punibili con una sanzione conservativa* sulla base delle previsioni dei contratti collettivi ovvero dei codici disciplinari applicabili
  - ▷ *Insussistenza del fatto posto a base del licenziamento per giustificato motivo oggettivo*
  - ▷ Difetto di giustificazione del licenziamento intimato per motivo oggettivo consistente nell'*inidoneità fisica o psichica* del lavoratore (L. 68/1999) ovvero intimato durante il periodo di conservazione del posto di lavoro per *malattia* o *infortunio* del lavoratore (art. 2110, comma 2, c.c.)
- ▶ Provvedimenti giudiziali
  - ▷ *Annullamento* del licenziamento
  - ▷ Ordine al datore di lavoro di **reintegrazione** del lavoratore nel posto di lavoro (con diritto del lavoratore di optare per l'*indennità sostitutiva*)
  - ▷ Condanna del datore di lavoro al **risarcimento del danno**, consistente in un'*indennità* commisurata all'ultima retribuzione globale di fatto dal giorno del licenziamento sino a quello dell'effettiva reintegrazione, in ogni caso, *non superiore a 12 mensilità* della retribuzione globale di fatto, *dedotto* quanto il lavoratore ha percepito, nel periodo di estromissione, per lo svolgimento di altre attività lavorative, nonché quanto avrebbe potuto percepire dedicandosi con diligenza alla ricerca di una nuova occupazione
  - ▷ Condanna del datore di lavoro al **versamento dei contributi** previdenziali e assistenziali

Vecchio regime sanzionatorio (art. 18, commi 5 e 7, L. 300/1970)		
	▶ Applicazione della **tutela risarcitoria forte**	
	▶ Tipologia dei licenziamenti	▷ Tutte le altre ipotesi di licenziamento ingiustificato
	▶ Provvedimenti giudiziali	▷ Dichiarazione della *risoluzione del rapporto di lavoro* con effetto dalla data del licenziamento ▷ Condanna del datore di lavoro al pagamento di un'**indennità risarcitoria** onnicomprensiva determinata tra un *minimo di 12 e un massimo di 24 mensilità* dell'ultima retribuzione globale di fatto
	▶ Criteri di determinazione dell'indennità risarcitoria	▷ Nel determinare l'entità dell'indennità risarcitoria il giudice tiene conto: ▶ dell'*anzianità del lavoratore* ▶ del *numero dei dipendenti occupati* ▶ delle *dimensioni dell'attività economica* ▶ del *comportamento* e delle *condizioni* delle parti ▷ Nel caso di licenziamento per g.m.o., il giudice tiene conto anche: ▶ delle *iniziative assunte dal lavoratore* per la ricerca di una nuova occupazione ▶ del *comportamento delle parti* nell'ambito della procedura conciliativa attivata obbligatoriamente prima dell'intimazione del licenziamento

Osservazioni

Originariamente il **comma 7 dell'art. 18** attribuiva al giudice il «*potere*» di applicare la tutela reale (comma 4) in luogo della tutela risarcitoria forte (comma 5) in caso di «*manifesta*» insussistenza del fatto posto a base del licenziamento per giustificato motivo oggettivo. La Corte Costituzionale con *due pronunce* ne ha dichiarato l'**illegittimità sotto due profili** con l'effetto di «*riscrivere*» la norma. Innanzitutto, il comma 7, nell'affermare semplicemente che «il giudice può» applicare la tutela reale, gli riconosceva un potere *discrezionale*, perché era «del tutto priva di criteri applicativi» ai quali il giudice potesse fare riferimento (ord. Trib. Ravenna 7-2-2020). Al contrario, la norma avrebbe dovuto prevedere *esclusivamente il «dovere» del giudice di reintegrare il lavoratore*, così come nel caso di insussistenza del fatto contestato al lavoratore nell'ambito del licenziamento per giusta causa o per giustificato motivo soggettivo (comma 4). Di conseguenza, con **sent. 1-4-2021, n. 59** è stato dichiarato illegittimo il comma 7 per cui il *giudice «applica» la tutela reale anche quando l'insussistenza del fatto riguarda i licenziamenti per giustificato motivo oggettivo*. A seguito della sentenza rimane comunque un ulteriore elemento di differenza rispetto a quanto previsto per i licenziamenti soggettivi: per questi il giudice dispone la tutela reintegratoria in caso di insussistenza del fatto posto a base del recesso, mentre, per quelli oggettivi, l'applicazione di tale tutela richiede un'insussistenza «*manifesta*». Ed è tale requisito che viene messo in discussione (ord. **Trib. Ravenna 6-5-2021**), sotto diversi profili: perché è indeterminato, per essere problematico nella realtà distinguere in modo netto «tra l'evidenza conclamata del vizio e l'insussistenza pura e semplice»; perché attribuisce al giudice una *valutazione priva di un plausibile fondamento giuridico; perché «non ha alcuna attinenza con il disvalore del licenziamento intimato*, che non è più grave, solo perché l'insussistenza del fatto può essere agevolmente accertata in giudizio». Ne consegue che con **sent. 19-5-2022, n. 125** viene dichiarata l'*illegittimità della norma limitatamente alla parola «manifesta»*.

14.2 Tutela nel caso di licenziamenti inefficaci (imprese con più di 15 dipendenti)

Vecchio regime sanzionatorio (art. 18, comma 6, L. 300/1970)

- Applicazione della **tutela risarcitoria debole**
- Tipologia dei licenziamenti
  - Licenziamento intimato in violazione del requisito *di motivazione* (art. 2, comma 2, L. 604/1966)
  - Licenziamento intimato in violazione della procedura in caso di *licenziamento disciplinare* (art. 7, L. 300/1970)
  - Licenziamento intimato in violazione della procedura in caso di *licenziamento per g.m.o.* (art. 7, L. 604/1966)
- Provvedimenti giudiziali
  - Dichiarazione di *risoluzione del rapporto di lavoro*
  - Condanna del datore di lavoro ad un'**indennità risarcitoria** onnicomprensiva determinata, in relazione alla *gravità della violazione formale* o *procedurale* commessa dal datore di lavoro, tra *un minimo di 6 e un massimo di 12 mensilità dell'ultima retribuzione globale di fatto*

14.3 Tutela obbligatoria (imprese fino a 15 dipendenti)

Vecchio regime sanzionatorio (art. 8, L. 604/1966)

- Tipologia dei licenziamenti
  - Licenziamento in difetto di *giusta causa*
  - Licenziamento in difetto di *g.m.s.*
  - Licenziamento in difetto di *g.m.o.*
- Provvedimenti giudiziali
  - Condanna del datore di lavoro a **riassumere il lavoratore** entro 3 giorni oppure a *risarcirgli il danno* versandogli un'**indennità** di importo compreso tra un *minimo di 2,5 e un massimo di 6 mensilità* dell'ultima retribuzione globale di fatto

Vecchio regime sanzionatorio (art. 8, L. 604/1966)	▶ Criteri di determinazione dell'indennità risarcitoria	▷ Per determinare l'indennità risarcitoria il giudice: ▶ deve avere riguardo al *numero* dei dipendenti occupati, alle *dimensioni* dell'impresa, all'*anzianità di servizio* del prestatore di lavoro, al *comportamento* e alle *condizioni* delle parti ▶ tiene ugualmente conto degli *elementi* e dei *parametri* fissati dai contratti collettivi o dai contratti individuali certificati ▶ comunque considera le *dimensioni* e le *condizioni dell'attività* esercitata dal datore di lavoro, la *situazione del mercato del lavoro locale*, l'*anzianità* e le *condizioni del lavoratore*, il *comportamento delle parti* anche prima del licenziamento

Osservazioni

Il *limite massimo di 6 mensilità* trova applicazione nel caso di impresa che in ciascuna sede, stabilimento, filiale, ufficio o reparto autonomo ovvero nello stesso comune occupa *fino a 15 dipendenti* (o fino a 5 se imprenditore agricolo) ovvero *fino a 60 dipendenti*.

Se, però, il datore di lavoro *occupa complessivamente più di 15 dipendenti e fino a 60*, distribuiti in unità produttive e ambiti comunali ciascuno fino a 15 dipendenti, il predetto limite viene **maggiorato** (Cass. 6531/2001): fino *a 10 mensilità* per il prestatore di lavoro con *anzianità superiore a 10 anni*; fino *a 14 mensilità* per il prestatore di lavoro con *anzianità superiore a 20 anni*.

15 Il nuovo regime sanzionatorio dei licenziamenti illegittimi

15.1 La tutela nei casi di licenziamento ingiustificato (imprese con più di 15 dipendenti)

Nuovo regime sanzionatorio (art. 3, comma 2, D.Lgs. 23/2015)	▶ Applicazione della **tutela reale limitata**.	
	▶ Tipologia dei licenziamenti	▷ Licenziamento per *giustificato motivo soggettivo o per giusta causa* in cui sia *direttamente dimostrata in giudizio dal lavoratore l'insussistenza del fatto materiale* contestatogli
	▶ Provvedimenti giudiziali	▷ *Annullamento* del licenziamento ▷ Ordine al datore di lavoro di **reintegrazione** *del lavoratore nel posto di lavoro*

Nuovo regime sanzionatorio (art. 3, comma 2, D.Lgs. 23/2015)	▶ Provvedimenti giudiziali	▷ Condanna del datore di lavoro al pagamento di un'*indennità risarcitoria* commisurata all'ultima retribuzione di riferimento per il calcolo del TFR dal giorno del licenziamento fino a quello dell'effettiva reintegrazione, in ogni caso, non superiore a *12 mensilità* dell'ultima retribuzione di riferimento per il calcolo del TFR, *dedotto* quanto il lavoratore abbia percepito per lo svolgimento di altre attività lavorative (cd. *aliunde perceptum*), nonché quanto avrebbe potuto percepire accettando una congrua offerta di lavoro (cd. *aliunde percipiendum*) ▷ Condanna del datore di lavoro al **versamento dei contributi** previdenziali e assistenziali

Nuovo regime sanzionatorio (art. 3, comma 1, D.Lgs. 23/2015)	▶ Applicazione della **tutela risarcitoria forte**	
	▶ Tipologia dei licenziamenti	▷ Tutti gli altri casi di licenziamento ingiustificato
	▶ Provvedimenti giudiziali	▷ Dichiarazione di *estinzione del rapporto di lavoro* alla data del licenziamento ▷ Condanna del datore di lavoro al pagamento di un'**indennità risarcitoria** di importo comunque *non inferiore a 6 mensilità e non superiore a 36 mensilità*

Osservazioni

Per effetto della sent. della Corte cost. **194/2018**, il giudice, fermi i limiti minimo e massimo indicati, ai fini della determinazione dell'indennità, dovrà tener conto — *oltre* che del criterio dell'*anzianità di servizio* del prestatore di lavoro — **anche degli altri criteri** desumibili dalla disciplina limitativa in materia di licenziamento.

15.2 Tutela nei casi di licenziamento inefficace (imprese con più di 15 dipendenti)

Nuovo regime sanzionatorio (art. 4, D.Lgs. 23/2015)	▶ Applicazione della **tutela risarcitoria debole**	
	▶ Tipologia dei licenziamenti	▷ Licenziamento intimato in violazione *dell'obbligo di motivazione* (art. 2, comma 2, L. 604/1966) ▷ Licenziamento intimato in *violazione della procedura in caso di licenziamento disciplinare* (art. 7, L. 300/1970)

Nuovo regime sanzionatorio (art. 4, D.Lgs. 23/2015)	▶ Provvedimenti giudiziali	▷ Dichiarazione di *estinzione* del rapporto di lavoro alla data del licenziamento ▷ Condanna del datore di lavoro al pagamento di un'**indennità risarcitoria** di importo *non inferiore a 2 mensilità* e *non superiore a 12 mensilità*

Osservazioni

Alla luce della sent. **150/2020** della Corte Costituzionale, nella determinazione dell'indennità, il giudice, *oltre al criterio dell'anzianità di servizio*, potrà tenere conto **anche degli altri criteri** desumibili dal sistema (**esempio**: gravità delle violazioni, dimensioni dell'impresa).

15.3 Tutela risarcitoria dimezzata (imprese fino a 15 dipendenti)

Nuovo regime sanzionatorio (art. 9, comma 1, D.Lgs. 23/2015)	▶ Tipologia dei licenziamenti	▷ Licenziamento intimato senza la ricorrenza degli estremi della *giusta causa* o del *giustificato motivo soggettivo* o *oggettivo* ▷ Licenziamento intimato in violazione *dell'obbligo di motivazione* ▷ Licenziamento intimato in *violazione della procedura in caso di licenziamento disciplinare*
	▶ Provvedimenti giudiziali	▷ Dichiarazione di *estinzione* del rapporto di lavoro alla data del licenziamento ▷ Nel caso di **licenziamento ingiustificato**, condanna del datore di lavoro al pagamento di un'**indennità risarcitoria** in misura comunque *non inferiore a 3 mensilità e non superiore a 6 mensilità* ▷ Nel caso di **licenziamento inefficace**, condanna del datore di lavoro al pagamento di un'**indennità risarcitoria** di importo *non inferiore a una mensilità e non superiore a 6 mensilità*

16 Il recesso ad nutum

Ambito di operatività	▶ Nel nostro ordinamento esiste, in via residuale, un'**area di non applicazione** della disciplina garantista in tema di licenziamento, ove è consentito al datore di recedere **senza necessità di alcuna motivazione** (recesso **ad nutum**, letteralmente «con un semplice cenno») ▶ Ad eccezione del lavoratore in prova, il lavoratore ha comunque **diritto al preavviso** (art. 2118 c.c.), salvo il caso di una *giusta causa* di recesso (art. 2119 c.c.)

Ambito di operatività

- Si applica il generale divieto di *licenziamento discriminatorio* (espressamente stabilito per i dirigenti dall'art. 3, comma 2, L. 108/1990) o comunque motivato «da ragioni in stridente contrasto con diritti fondamentali garantiti dalla Costituzione» (GALANTINO)

Lavoratori soggetti alla libera recedibilità (esempi)

- **Dirigenti**
  - Si applicano le disposizioni sulla *comunicazione per iscritto* del licenziamento (art. 2, comma 3, L. 604/1966)
- **Addetti ai servizi domestici**
- **Lavoratori ultrasessantenni**, in possesso dei requisiti pensionistici

17 La disciplina dei licenziamenti collettivi

17.1 La procedura di riduzione del personale

Finalità

- Perseguire la ricerca di **soluzioni alternative al licenziamento** e garantire comunque **misure per la rioccupazione** dei lavoratori coinvolti nei processi di ridimensionamento, riorganizzazione o ristrutturazione aziendale

Fonte normativa

- **L. 23-7-1991, n. 223** nell'ambito di una regolamentazione a largo raggio delle *crisi* d'impresa

Campo di applicazione (art. 24, L. 223/1991)

- Datore di lavoro, imprenditore o non, che **occupa più di 15 dipendenti**, compresi i *dirigenti*
- In conseguenza della **riduzione** o **trasformazione di attività o lavoro** ovvero della **cessazione dell'attività**, si intende effettuare **almeno 5 licenziamenti nell'arco di 120 giorni**
  - Nell'ambito della **medesima unità produttiva** o nell'ambito di **più unità produttive della stessa Provincia**
  - Che, nello stesso arco di tempo e nello stesso ambito, sono riconducibili alla **medesima** riduzione o trasformazione di attività o lavoro
- Imprese **ammesse alla CIGS** quando, nel corso di attuazione del programma, ritiene di **non essere in grado di garantire il reimpiego a tutti i lavoratori sospesi** e di non poter ricorrere a misure alternative

Procedura (art. 4, L. 223/1991)

- Il datore di lavoro deve preliminarmente dare **comunicazione** dei previsti licenziamenti alle **rappresentanze sindacali aziendali (RSA O RSU)** nonché alle rispettive **associazioni di categoria**
  - La **comunicazione** deve indicare:
    - i *motivi* che determinano la situazione di eccedenza di personale
    - i *motivi tecnici, organizzativi e/o produttivi* per i quali si ritiene di non potere evitare i licenziamenti
    - il *numero*, la *collocazione aziendale* e i *profili professionali* del personale eccedente e di quello abitualmente impiegato

Procedura (art. 4, L. 223/1991)	▶ Il datore di lavoro deve preliminarmente dare **comunicazione** dei previsti licenziamenti alle **rappresentanze sindacali aziendali (RSA O RSU)** nonché alle rispettive **associazioni di categoria**	▷ Gli eventuali *vizi della comunicazione* possono essere *sanati*, ad *ogni effetto di legge*, nell'ambito di un *accordo sindacale* concluso nel corso della procedura
	▶ Le rappresentanze sindacali aziendali e le associazioni di categoria possono chiedere un **esame congiunto** della situazione per verificare la possibilità di **misure alternative** ai licenziamenti	▷ Se l'esame ha *esito negativo*, l'ITL può convocare le parti per effettuare un **ulteriore tentativo di accordo**
	▶ Esaurita la fase delle consultazioni, se non è possibile evitare i licenziamenti, il datore individua i lavoratori da licenziare tra tutti quelli eccedenti	▷ L'**individuazione dei lavoratori** deve avvenire *oggettivamente* in base: ▶ ai *criteri di scelta* stabiliti nei contratti collettivi ▶ in mancanza, e in concorso tra loro, ai *carichi di famiglia*, *anzianità*, *esigenze tecnico-produttive e organizzative* (cd. *criteri di scelta «legali» ex* art. 5, comma 1, L. 223/1991)

Osservazioni

Nell'ambito di un licenziamento collettivo è legittima l'adozione **concordata** tra le parti sociali di criteri di scelta dei lavoratori da licenziare *anche difformi* da quelli legali, purché rispondenti a requisiti di obiettività e razionalità, qualora la ricorrenza delle effettive ragioni tecniche, produttive e organizzative sia stata giustificata e delimitata (Cass. 20680/2022).

17.2 Il recesso

Modalità	▶ Il **recesso** deve essere *comunicato per iscritto* al singolo lavoratore nel rispetto del termine di *preavviso*. ▶ **Entro 7 giorni** dalla comunicazione dei recessi, deve essere *comunicato per iscritto*, al competente ufficio pubblico e alle associazioni di categoria, l'*elenco dei lavoratori licenziati* (indicando per ciascun soggetto il nominativo, il luogo di residenza, la qualifica, il livello di inquadramento, l'età e il carico di famiglia), con la *puntuale indicazione delle modalità* con le quali sono stati applicati i criteri di scelta.

17.3 Impugnazione del licenziamento e regimi sanzionatori

Ipotesi di illegittimità del recesso
- Vizio di forma scritta
- Violazione della procedura sindacale
- Violazione dei criteri di scelta

Modalità di impugnazione del licenziamento
- Applicazione dei **termini** e delle **modalità** generali previsti per i **licenziamenti individuali** (art. 6 L. 604/1966)

Regimi sanzionatori
- Vecchio regime (art. 18, L. 300/1970)
  - Tutela **reale piena** in caso di *violazione della forma scritta:* il giudice ordina al datore di lavoro la **reintegrazione del lavoratore nel posto di lavoro** (con diritto del lavoratore di optare per l'indennità sostitutiva), lo condanna al **risarcimento del danno** e al versamento dei **contributi previdenziale e assistenziali**
  - Tutela **risarcitoria forte** in caso di *violazione della procedura sindacale:* il giudice **dichiara risolto il rapporto** di lavoro con effetto dalla data del licenziamento e condanna il datore di lavoro al pagamento di un'**indennità risarcitoria** onnicomprensiva compresa *tra un minimo di 12 mensilità e un massimo di 24 mensilità* dell'ultima retribuzione globale di fatto
  - Tutela **reale limitata** in caso di *violazione dei criteri di scelta*: il giudice **annulla il licenziamento** e ordina al datore di lavoro la **reintegrazione** del lavoratore nel posto di lavoro (con diritto del lavoratore di optare per l'indennità sostitutiva) e lo condanna al pagamento di un'**indennità** risarcitoria *non superiore a 12 mensilità* e al versamento dei **contributi previdenziali e assistenziali**
- Nuovo regime (art. 10, D.Lgs. 23/2015)
  - Tutela **reale piena** in caso di *violazione della forma scritta:* il giudice ordina al datore di lavoro la **reintegrazione** del lavoratore nel posto di lavoro (con diritto del lavoratore di optare per l'indennità sostitutiva) e lo condanna al **risarcimento del danno** e al versamento dei **contributi previdenziali e assistenziali**

Regimi sanzionatori	▶ Nuovo regime (art. 10, D.Lgs. 23/2015)	▷ Tutela **risarcitoria forte** in caso di *violazione della procedura sindacale e dei criteri di scelta*: il giudice dichiara **estinto il rapporto di lavoro** alla data del licenziamento e condanna il datore di lavoro al pagamento di un'**indennità** in misura *non inferiore a 6 e non superiore a 36 mensilità*

18 La procedura di licenziamento nelle aziende con almeno 250 dipendenti

Fonte normativa	▶ **Legge di bilancio 2022** (artt. 224-237bis, L. 234/2021)	▷ **Specifica disciplina** dei licenziamenti connessi alla *chiusura* sul territorio nazionale *di una sede e struttura autonoma*
Campo di applicazione	▶ Quando il datore di lavoro intende procedere alla *chiusura di una sede*, di uno *stabilimento*, di una *filiale*, di un *ufficio* o *reparto autonomo* situato nel territorio nazionale, con **cessazione definitiva della relativa attività** e con licenziamento di un **numero di lavoratori non inferiore a 50**	▷ **Requisiti dimensionali**: datore di lavoro che, nell'*anno precedente*, ha occupato con *contratto di lavoro subordinato* (inclusi apprendisti e dirigenti), mediamente, **almeno 250 dipendenti**
Finalità	▶ Garantire la *salvaguardia del tessuto occupazionale e produttivo* ▶ Contrastare la *delocalizzazione* delle imprese	
Procedura	▶ **Comunicazione** scritta alle *RSA*, o *RSU*, alle *sedi territoriali delle associazioni sindacali di categoria* comparativamente più rappresentative sul piano nazionale nonché, contestualmente, alle *Regioni interessate*, al *Ministero del Lavoro*, al *Ministero dello sviluppo economico* e all'*ANPAL*	▷ Può essere effettuata anche per il *tramite dell'associazione dei datori di lavoro* alla quale l'impresa aderisce o conferisce mandato ▷ Deve essere effettuata almeno **180 giorni** prima dell'avvio della *procedura di licenziamento collettivo* ▷ Deve indicare: le **ragioni** economiche, finanziarie, tecniche o organizzative della chiusura; il **numero** e i **profili professionali** del personale occupato; il **termine** entro cui è prevista la chiusura

Piano aziendale	▶ Deve essere **elaborato** entro **60 giorni** dalla comunicazione di attivazione della procedura ▶ Ha una **durata massima** di **12 mesi** ▶ Deve essere **presentato** alle rappresentanze sindacali e, contestualmente, alle Regioni interessate, al Ministero del Lavoro, al Ministero dello sviluppo economico e all'ANPAL, al fine di essere **discusso ed esaminato nei 120 giorni successivi**	▷ Il piano deve **indicare**: le *azioni programmate* per la salvaguardia dei livelli occupazionali e gli interventi per la gestione non traumatica dei possibili esuberi (**esempio**: ammortizzatori sociali, misure di incentivo all'esodo); le *azioni finalizzate alla rioccupazione o all'autoimpiego* (**esempio**: riqualificazione professionale); le *prospettive di cessione* dell'azienda, o di rami d'azienda, con finalità di *continuazione dell'attività*, anche mediante cessione dell'azienda, o di suoi rami, ai lavoratori o a cooperative da essi costituite; gli *eventuali progetti di riconversione* del sito produttivo; *tempi e modalità di attuazione* delle azioni previste
Raggiungimento dell'accordo sindacale	▶ Si procede alla **sottoscrizione del piano**, a seguito del quale il datore di lavoro **assume l'impegno di realizzare le azioni** in esso contenute nei tempi e con le modalità programmate	▷ Al fine di verificare l'**effettiva** realizzazione del piano aziendale, il datore di lavoro, *mensilmente*, deve comunarne lo stato di attuazione ai destinatari della comunicazione iniziale, evidenziando il *rispetto dei tempi e delle modalità di attuazione*, nonché dei *risultati* delle azioni intraprese ▷ I lavoratori interessati dal piano: possono beneficiare di un trattamento straordinario di integrazione salariale (*accordo di transizione occupazionale*) e accedono al *Programma GOL*
Mancata presentazione del piano o piano non contenente gli elementi previsti dalla legge	▶ Il datore di lavoro è tenuto a pagare il **contributo** previsto dalla legge (art. 2, comma 35, L. 92/2012), in misura pari al **doppio**	
Mancata sottoscrizione del piano da parte delle organizzazioni sindacali	▶ Il datore di lavoro è tenuto a pagare il **contributo** previsto dalla legge (art. 2, comma 35, L. 92/2012), **aumentato del 500%**	
Regime sanzionatorio	▶ Sono **nulli** i licenziamenti individuali per giustificato motivo oggettivo e i licenziamenti collettivi, intimati	▷ In *mancanza della comunicazione* ▷ *Prima dello scadere del termine di 180* giorni ▷ *Prima dello scadere* del *minor termine* entro il quale è *sottoscritto* il piano

Osservazioni

Nel caso in cui, all'esito della procedura esaminata, il datore di lavoro **cessi definitivamente l'attività produttiva** o una parte *significativa* della stessa, anche per effetto di *delocalizzazioni*, con contestuale **riduzione di personale superiore al 40% di quello impiegato mediamente nell'ultimo anno**, a livello nazionale o locale ovvero nel reparto oggetto della delocalizzazione o chiusura, lo stesso è tenuto alla **restituzione** delle *sovvenzioni*, dei *contributi*, dei *sussidi* e degli *ausili finanziari o vantaggi economici* a carico della finanza pubblica di cui hanno beneficiato gli stabilimenti produttivi oggetto delle cessazioni o dei ridimensionamenti di attività, e rientranti fra quelli oggetto di iscrizione obbligatoria nel Registro nazionale degli aiuti di Stato, **percepiti nei 10 anni antecedenti l'avvio della procedura** medesima, *in proporzione alla percentuale di riduzione* del personale. Fino alla completa restituzione delle somme, al soggetto debitore non possono essere concessi ulteriori sovvenzioni, contributi, sussidi e ausili (art. 37, comma 2, D.L. 144/2022, conv. in L. 175/2022).

19 Il trattamento di fine rapporto (TFR)

19.1 Funzione e disciplina

Nozione: è l'emolumento **accantonato** dal datore di lavoro e corrisposto al lavoratore **in ogni caso di cessazione del rapporto di lavoro**, ovvero ai **familiari superstiti** (coniuge, o parte dell'unione civile, e figli, nonché parenti entro il terzo grado e affini entro il secondo grado, se vivevano a carico del prestatore di lavoro), in caso di morte del lavoratore (cd. **indennità mortis causa**).

Disciplina
- È contenuta nell'**art. 2120 c.c.**
- Calcolo
  - *Accantonamento annuale di una quota della retribuzione*
  - *La quota della retribuzione* si ottiene *dividendo la retribuzione annua per 13,5*
  - La *somma delle quote annuali accantonate*, singolarmente rivalutate secondo l'indice ISTAT, *costituisce il TFR*

Anticipazione del TFR maturato
- Consiste nella **richiesta** presentata nel corso del rapporto di lavoro al datore di lavoro dal lavoratore con **almeno 8 anni di servizio** di ricevere il versamento di una **parte del TFR maturato non superiore al 70%**
- È consentita se la richiesta è **giustificata** dalla necessità di
  - *Spese mediche*
  - *Acquisto della prima casa per sé e per i figli*
  - *Spese* da sostenere *durante i periodi di fruizione del congedo per assistenza ai figli*
  - *Spese* da sostenere *durante i periodi di fruizione del congedo per la formazione*
- Può essere ottenuta **una sola volta nel corso del rapporto di lavoro**
- Viene **detratta**, a tutti gli effetti, dal TFR

19.2 Devoluzione del TFR alla previdenza complementare

Finalità	▶ Consiste nella possibilità per il lavoratore di devolvere la **quota mensile di TFR maturando al fondo pensione** al fine di ottenere, al raggiungimento dei requisiti pensionistici previsti dalla normativa previdenziale, una **pensione integrativa di quella pubblica**	
Modalità di devoluzione	▶ Modalità esplicite	▷ Ogni lavoratore, entro 6 mesi dalla data dell'assunzione, può conferire il TFR *maturando* alla forma di previdenza complementare *prescelta* (ossia scegliendo il *fondo pensione*)
	▶ Modalità tacite (**silenzio-assenso**)	▷ Il lavoratore, entro il termine di 6 mesi dell'assunzione, *non esprime alcuna volontà* ▷ Il TFR *è devoluto* alla previdenza complementare

Osservazioni

La L. **243/2004** si prefigge lo sviluppo su larga scala della previdenza complementare, incentivando il finanziamento mediante la devoluzione del TFR, modalità che, sebbene prevista anche in precedenza, aveva trovato scarso seguito tra i lavoratori. In attuazione della L. 243/2004, è stato emanato il **D.Lgs. 5-12-2005, n. 252**, che ha operato una riforma complessiva della previdenza complementare in vigore dal 2007, disponendo in un unico testo normativo tutta la disciplina della materia, compresi gli aspetti concernenti la contribuzione a mezzo del TFR. In particolare, tali provvedimenti accolgono in pieno il principio del finanziamento della previdenza complementare mediante conferimento «integrale» del TFR. Tuttavia, la **L. 124/2017** consente ora alle fonti istitutive dei fondi pensione di poter modulare la quota di TFR stabilendo la **percentuale minima da destinare**, fermo restando che, in mancanza di tale previsione, il *conferimento deve intendersi corrispondente al 100% del TFR annualmente maturato* (circ. COVIP 5027/2017).
Per **non aderire** alla previdenza complementare, e quindi lasciare che il TFR gli venga corrisposto alla cessazione del rapporto di lavoro (come retribuzione differita *ex* art. 2120 c.c.), il lavoratore **entro 6 mesi dall'assunzione** deve esplicitamente esprimere il suo diniego, ferma restando la possibilità di aderirvi successivamente. Qualora il lavoratore decida, invece, di **aderire** alla previdenza complementare (esplicitamente o tacitamente), **non** può più revocare tale scelta, e il TFR andrà a costituire la pensione integrativa corrisposta alla maturazione dei requisiti pensionistici.

19.3 Il Fondo di Tesoreria

Istituzione e funzione	▶ Istituito con L. 296/2006 ▶ Il **Fondo per l'erogazione del trattamento di fine rapporto** è istituito presso la Tesoreria dello Stato ed è gestito dall'INPS ▶ Raccoglie le **quote di TFR non devolute alla previdenza complementare**
Campo di applicazione	▶ L'obbligo di versamento riguarda **solo ed esclusivamente le aziende con un organico di almeno 50 addetti**

Riflessi sul lavoratore	▶ Per il lavoratore **nulla cambia**, egli avrà comunque diritto, alla cessazione del rapporto di lavoro, alle quote di TFR conferite al Fondo
Liquidazione del TFR	▶ Il TFR accantonato al Fondo è **calcolato secondo le modalità dell'art. 2120 c.c.** ▶ Il datore di lavoro liquida il TFR, **in misura integrale**, anche le quote confluite nel Fondo (che poi verranno riscattate dal datore attraverso operazioni di conguaglio)

In sintesi

Nel nostro ordinamento la **cessazione del rapporto di lavoro** ha un'enorme rilevanza tant'è che la relativa disciplina tende a limitare la volontà di recedere del datore di lavoro, a garanzia della tutela e stabilità del posto di lavoro.
Vige infatti il **principio del divieto di licenziamenti immotivati** che trova applicazione generalizzata, secondo cui il licenziamento deve essere sorretto da una giusta causa o un giustificato motivo. Solo in via del tutto residuale esiste un'area di libera recedibilità esclusa dall'applicazione della normativa limitativa (*recesso ad nutum*).
Esistono comunque ulteriori ipotesi in cui durante un certo arco temporale (cd. periodo di comporto), a garanzia di interessi superiori (es. nel caso in cui la lavoratrice stia fruendo del congedo di maternità), è **vietato** al datore di lavoro di recedere dal rapporto di lavoro, ferma restando la tutela offerta contro ogni licenziamento ispirato da motivi illeciti (**licenziamento discriminatorio**).
Attualmente, la **disciplina dei licenziamenti illegittimi** si basa su due complessi normativi: uno si fonda sugli art. 18, L. 300/1970 e art. 8, L. 604/1966, l'altro sulle disposizioni del D.Lgs. 23/2015.
Disposizioni particolari (L. 223/1991) sono dettate per i **licenziamenti collettivi**, il cui regime sanzionatorio è stato modificato prima dalla legge Fornero e poi dal D.Lgs. 23/2015, con la conseguenza che, anche in tali ipotesi, operano due diverse normative.
Se il licenziamento costituisce la più importante causa di cessazione del rapporto di lavoro, ciò non toglie che esso possa cessare anche per altre cause: in particolare, per **risoluzione consensuale** o per **dimissioni** del lavoratore. Entrambi gli istituti sono sottoposti alla medesima disciplina diretta a garantire la **genuinità** della volontà risolutoria del lavoratore, così come già previsto in casi particolari (es. dimissioni della lavoratrice in gravidanza).
La normativa a tutela del lavoratore in caso di cessazione del rapporto di lavoro si completa, infine, con le disposizioni relative al **trattamento di fine rapporto**.

20 La tutela dei diritti del lavoratore

1 Inderogabilità delle norme e indisponibilità dei diritti

Inderogabilità

- È il carattere attribuito alle **norme** che riconoscono al lavoratore **diritti soggettivi**
- Attiene alla quasi totalità delle **norme** che regolano il rapporto **di lavoro subordinato**
- Esprime il principio generale per cui le predette norme **non possono essere derogate in peius** dall'autonomia privata e collettiva (ma possono essere derogate da disposizioni *più favorevoli* per il lavoratore, cd. **derogabilità in melius**)
- Effetti
  - La *clausola contrattuale difforme* alla norma inderogabile:
    - è *nulla*
    - è *automaticamente sostituita dalla norma violata* (art. 1419, comma 2, c.c., cd. **nullità parziale**)

Indisponibilità

- È il carattere attribuito ai **diritti** del lavoratore riconosciuti dalle norme inderogabili
- Consiste nei **limiti** posti alla facoltà del lavoratore di disporre dei propri diritti

2 La parziale indisponibilità dei diritti retributivi

Tutela dei diritti retributivi

- Concetto di retribuzione
  - Deve essere *intesa in senso ampio,* cioè comprensiva anche del TFR e delle altre indennità relative al rapporto di lavoro
- Finalità della retribuzione
  - Soddisfacimento delle *esigenze vitali* del lavoratore e della sua famiglia
- Principi fondamentali
  - **Inderogabilità** delle norme che attribuiscono al lavoratore il diritto alla retribuzione
  - **Parziale indisponibilità** della retribuzione da parte del lavoratore (in tema di cessione del quinto) e da parte dei suoi creditori (limiti al pignoramento, al sequestro, alla compensazione)

Pignoramento	▶ La retribuzione può essere pignorata da parte dei creditori del lavoratore, in generale, nei **limiti del quinto** del suo importo (art. 545 c.p.c.) ▶ Limiti diversi sono previsti in caso di pignoramento per *crediti alimentari* o *erariali*, se concorrono *più crediti, e se la retribuzione confluisce sul conto corrente intestato al lavoratore*
Sequestro	▶ La retribuzione può essere oggetto di sequestro su richiesta del *creditore del lavoratore* che teme di perdere la garanzia del suo credito ▶ Il sequestro è disposto dal giudice **negli stessi limiti in cui è consentito il pignoramento** (art. 671 c.p.c.)
Compensazione	▶ È l'istituto in base al quale se il lavoratore è debitore nei confronti del datore, il quale è debitore verso il primo per la retribuzione, i **due debiti possono estinguersi per le quantità corrispondenti** ▶ La quantità della retribuzione compensabile **non può superare il limite del quinto (art. 1246, n. 3, c.c.)** ▶ Tale limite sussiste solo se il credito del datore di lavoro nei confronti del lavoratore **nasce da un rapporto diverso da quello di lavoro** ▶ Il limite non sussiste se il credito del datore di lavoro nasce dallo **stesso rapporto di lavoro** (cd. **compensazione impropria**) (Cass. 11030/2006)

3 Le rinunzie e le transazioni

Rinunzia (art. 1324 c.c.)	▶ **Atto unilaterale recettizio** diretto alla dismissione di un diritto da parte del titolare	
Transazione (art. 1965 c.c.)	▶ **Contratto** mediante il quale, le parti, facendosi reciproche concessioni	▷ *Pongono* fine ad una lite ▷ *Prevengono* una eventuale futura lite
Disciplina	▶ Art. 2113 c.c.	
Invalidità	▶ La rinunzia e la transazione che hanno ad *oggetto diritti del lavoratore derivanti da norme inderogabili di legge o di contratto collettivo non sono valide*	
Impugnazione dell'atto dismissorio	▶ È proposta con **qualsiasi atto scritto** anche stragiudiziale ▶ È proposta nel *termine di decadenza di 6 mesi* decorrente dalla *data*	▷ Di *cessazione del rapporto* ▷ Della *rinunzia* o della *transazione*, se sono intervenute *dopo* la cessazione del rapporto
Inoppugnabilità dell'atto dismissorio	▶ *Non possono essere impugnate* le rinunzie e le transazioni avvenute	▷ Innanzi alle apposite commissioni istituite presso gli Ispettorati territoriali del lavoro (ITL) (art. 410 c.p.c.)

Inoppugnabilità dell'atto dismissorio
- *Non possono essere impugnate* le rinunzie e le transazioni avvenute
  - In sede sindacale (art. 412ter c.p.c.)
  - Innanzi al collegio di conciliazione e arbitrato irrituale (art. 412quater c.p.c.)
  - Innanzi al giudice (art. 420 c.p.c.)
  - Presso *le sedi di certificazione* (art. 82, D.Lgs. 276/2003)

Quietanza a saldo
- Consiste, in genere, in un **documento** firmato dal lavoratore con cui **dichiara di essere soddisfatto** di quanto corrisposto dal datore di lavoro e **di non aver nulla a pretendere** (rinuncia ad altre e maggiori somme)
- È una **semplice dichiarazione di scienza**, in cui manca l'intento cosciente del lavoratore di abdicare o transigere su diritti determinati

4 Il privilegio

Nozione: è una **qualità del credito di lavoro** e costituisce un **titolo di prelazione** riconosciuto dalla legge al lavoratore.

Disciplina
- Effetti
  - Il lavoratore è **favorito** nel *pagamento* dei crediti di lavoro rispetto ad altri eventuali creditori del datore di lavoro
- Tipologia di crediti privilegiati (art. 2752bis c.c.)
  - *Retribuzione*
  - *Indennità* legate alla cessazione del rapporto di lavoro
  - *Crediti risarcitori per danni*, di cui sia responsabile il datore di lavoro, derivanti:
    - da *mancata corresponsione di contributi previdenziali e assicurativi obbligatori*
    - da *licenziamento illegittimo*
    - da *infortunio sul lavoro* (sent. Corte Cost. 326/1983)
    - da *malattia professionale* (sent. Corte cost. 220/2002)
    - da *demansionamento* (sent. Corte cost. 113/2004)
- Tipologia di privilegio
  - *In via principale*, i crediti di lavoro sono assistiti *da privilegio generale sui beni mobili del datore di lavoro* (art. 2751bis c.c.)
  - *In via sussidiaria*, cioè in caso di infruttuosa esecuzione sui beni mobili, i crediti di lavoro si collocano *sul prezzo degli immobili* con preferenza rispetto ai crediti chirografari (cioè non privilegiati)

5 La prescrizione

Tipologia	▶ **Prescrizione estintiva** (artt. 2946 e 2948 c.c.)	▷ Comporta il *venir meno del diritto* del lavoratore per effetto della sua *inerzia*
	▶ **Prescrizione presuntiva** (artt. 2955 e 2956 c.c.)	▷ Comporta il *venir meno del diritto* del lavoratore, in quanto il decorso del tempo determina la *presunzione di avvenuto pagamento*
Termini di prescrizione	▶ **Decennale**	▷ È prevista dall'*art. 2946 c.c.* ▷ Si applica ai *diritti di natura non retributiva* (es. riconoscimento di mansioni superiori)
	▶ **Quinquennale**	▷ È prevista dall'*art. 2948, n. 4 e 5, c.c.* ▷ Si applica ai *diritti di natura retributiva*
	▶ **Triennale**	▷ È prevista dall'*art. 2956, n. 1, c.c.* ▷ Si applica alle *retribuzioni corrisposte a periodi superiori al mese*
	▶ **Annuale**	▷ È prevista dall'*art. 2955, n. 2, c.c.* ▷ Si applica alle *retribuzioni corrisposte a periodi non superiori al mese*

Osservazioni

Il legislatore dispone che i termini di prescrizione **decorrono dal giorno in cui il diritto può essere fatto valere** (art. 2935 c.c.): quindi il lavoratore, per non incorrere nella prescrizione, dovrebbe attivarsi già *nel corso* del rapporto di lavoro. Tuttavia, la posizione di inferiorità nei confronti del datore di lavoro non gli garantisce la piena libertà di esercizio dei suoi diritti.

Il problema non si pone, in realtà, per i **crediti non retributivi**, per i quali non esiste alcuna differenziazione con la disciplina ordinaria: essi *decorrono* sempre *durante il rapporto di lavoro.*

Discorso a parte, invece, deve farsi per la **decorrenza dei termini di prescrizione** quinquennali relativi ai **crediti retributivi**, questione che, negli anni, è stata oggetto di contrasto giurisprudenziale. L'orientamento pressoché prevalente della giurisprudenza, avallato anche dalla prassi amministrativa, ha ritenuto che la decorrenza dei crediti retributivi operasse *in costanza* di rapporto di lavoro nelle ipotesi in cui, in caso di illegittimità del licenziamento, fosse prevista in favore del lavoratore la tutela reale di cui all'art. 18 della L. 300/1970, cioè la *reintegrazione* nel rapporto di lavoro. Si riteneva, infatti, che soltanto la tutela reale conferisse stabilità al rapporto di lavoro e fosse, quindi, idonea ad eliminare ogni possibile timore del lavoratore ad esercitare i propri diritti già durante il rapporto stesso. Al contrario, nei casi in cui mancassero i presupposti per l'applicabilità della tutela reale, si riteneva che il rapporto di lavoro *non* fosse da considerare *stabile* e che la prescrizione, *sospesa* nel corso del rapporto, *iniziasse a decorrere dalla cessazione* dello stesso (Corte cost. 63/1966; Corte cost. 174/1972; nota INL 595/2020).

Senonché, in base all'evoluzione normativa (L. 92/2012; D.Lgs. 23/2015) che, nel corso degli anni, ha interessato la disciplina dei licenziamenti illegittimi, la *tutela reintegrato-*

ria ha assunto un *carattere residuale*, essendo stata privilegiata una tutela di tipo indennitario. Alla luce della disciplina vigente, dunque, secondo la giurisprudenza e la prassi amministrativa più recenti, il **rapporto di lavoro a tempo indeterminato non è più assistito da un regime di stabilità**: sicché, per tutti quei diritti che non siano prescritti al momento dell'entrata in vigore della L. 92/2012, il **termine di prescrizione decorre**, a norma del combinato disposto degli artt. 2948, n. 4 e 2935 c.c., **dalla cessazione del rapporto di lavoro** (Cass. 26246/2022; circ. INL 1959/2022).

6 La decadenza

Nozione: consiste nella **perdita di possibilità di esercitare un diritto** per il *mancato compimento* di una determinata *attività*, o di un dato *atto*, nel termine perentorio previsto dalla legge.

Tipologia	▶ Decadenza **legale**	▷ È **prevista dalla legge**, ne sono **esempi**: ▶ Il termine di *60 giorni per impugnare il licenziamento* ▶ Il termine di 6 *mesi per impugnare le rinunzie e le transazioni* (art. 2113 c.c.) ▶ I termini previsti nei *procedimenti disciplinari* (art. 7 St. Lav.)
	▶ Decadenza **convenzionale**	▷ È **stabilita dalle parti** ▷ Può essere *prevista solo nel contratto collettivo* e in relazione ai diritti da esso previsti

7 Il trasferimento d'azienda

7.1 Disciplina e campo di applicazione

Nozione: consiste in **qualsiasi operazione** che, in seguito a cessione contrattuale o a fusione, comporti il **mutamento nella titolarità di un'attività economica organizzata**, con o senza scopo di lucro, preesistente al trasferimento e che conserva nel trasferimento la propria identità a prescindere dalla tipologia negoziale o dal provvedimento sulla base del quale il trasferimento è attuato.

Fonte normativa	▶ **Art. 2112 c.c.**, che detta la **disciplina generale** del trasferimento d'azienda ▶ **Art. 47, L. 428/1990**, che disciplina la **procedura sindacale** nei trasferimenti di aziende con più di 15 dipendenti
Campo di applicazione	▶ **Cessione** d'azienda ▶ **Fusione** ▶ **Usufrutto** o **affitto d'azienda** ▶ **Successione ereditaria** (Cass. 17418/2005) ▶ Trasferimento di una **parte dell'azienda**, intesa come *articolazione funzionalmente autonoma* di un'attività economica organizzata, identificata come tale dal cedente e dal cessionario al momento del suo trasferimento

Garanzie per i lavoratori trasferiti

- Il trasferimento d'azienda **non costituisce di per sé motivo di licenziamento**
- Il **rapporto di lavoro continua con il cessionario**
- Il lavoratore mantiene **tutti i diritti già maturati** (**esempio**: anzianità di servizio)
- Il cedente e il cessionario **sono obbligati, in solido, per tutti i crediti che il lavoratore aveva al tempo del trasferimento**
- Nel caso di **cessione di ramo di azienda** e di contemporaneo contratto di **appalto** avente ad oggetto il ramo di azienda oggetto di cessione, l'appaltante/cedente e l'appaltatore/cessionario **sono obbligati in solido** a corrispondere ai lavoratori i trattamenti retributivi e i contributi previdenziali e i premi assicurativi **entro il limite di 2 anni** dalla cessazione dell'appalto
- Il cessionario deve applicare i **trattamenti economici e normativi** previsti dai contratti collettivi vigenti alla data del trasferimento fino alla loro scadenza
- Il lavoratore, le cui condizioni di lavoro subiscono una sostanziale modifica nei 3 mesi successivi, può rassegnare le **dimissioni** per giusta causa
- Il lavoratore può **impugnare** il trasferimento di azienda secondo le modalità e i termini previsti per l'impugnazione dei licenziamenti

7.2 La procedura sindacale nelle aziende con più di 15 dipendenti

Procedura in caso di trasferimento d'azienda o ramo di azienda con più di 15 dipendenti

- Comunicazione
  - Deve essere:
    - *redatta per iscritto*
    - *presentata dal cedente e dal cessionario almeno 25 giorni prima che sia perfezionato l'atto* da cui deriva il trasferimento o che sia *raggiunta un'intesa vincolante* tra le parti, se precedente, alle rispettive rappresentanze sindacali unitarie, ovvero alle rappresentanze sindacali aziendali costituite nelle unità produttive interessate, nonché ai sindacati di categoria che hanno stipulato il contratto collettivo applicato nelle imprese interessate al trasferimento
  - Deve contenere:
    - *data e motivi del trasferimento di azienda*
    - le *conseguenze giuridiche, economiche e sociali del trasferimento per i lavoratori*

Procedura in caso di trasferimento d'azienda o ramo di azienda con più di 15 dipendenti	▶ Esame congiunto	▷ È avviato dal cedente e dal cessionario a seguito di *richiesta delle rappresentanze sindacali aziendali* ▷ Ha ad *oggetto la situazione relativa al trasferimento*
	▶ Mancato rispetto	▷ Condotta antisindacale *ex* art. 28, L. 300/1970

Osservazioni

La disciplina dell'art. 2112 c.c. può essere *derogata* soltanto nelle ipotesi previste dal legislatore all'**art. 47 della L. 428/1990**.

Una prima deroga riguarda le aziende per le quali (art. 47, comma 4bis, L. 428/1990):

— vi sia stata la dichiarazione di apertura della *procedura di concordato preventivo* in regime di continuità indiretta (art. 84, comma 2, D.Lgs. 14/2019), con trasferimento di azienda successivo all'apertura del concordato stesso;
— vi sia stata l'*omologazione degli accordi di ristrutturazione dei debiti*, quando gli accordi non hanno carattere liquidatorio;
— sia stata disposta l'*amministrazione straordinaria* (D.Lgs. 270/1999), in caso di continuazione o di mancata cessazione dell'attività.

In queste ipotesi, nel caso in cui sia stato raggiunto un accordo con **finalità di salvaguardia dell'occupazione**, l'art. 2112 c.c., fermo il trasferimento al cessionario dei rapporti di lavoro, trova applicazione, per quanto attiene alle condizioni di lavoro, nei *termini* e con le *limitazioni previste dall'accordo* medesimo.
Qualora poi il trasferimento riguardi imprese nei confronti delle quali vi sia stata apertura della *liquidazione giudiziale* o di *concordato preventivo liquidatorio*, ovvero emanazione del *provvedimento di liquidazione coatta amministrativa*, nel caso in cui la continuazione dell'attività non sia stata disposta o sia cessata, i **rapporti di lavoro continuano con il cessionario.**
Tuttavia, in queste ipotesi, possono essere comunque stipulati, con finalità di **salvaguardia dell'occupazione**, contratti collettivi, in deroga all'art. 2112 c.c.; resta inoltre salva la possibilità di accordi individuali, anche in caso di esodo incentivato dal rapporto di lavoro.

8 La morte o l'estinzione del datore di lavoro

Morte del datore di lavoro	▶ Ricorre se il datore è una **persona fisica** (es. imprenditore) ▶ I rapporti di lavoro **non si estinguono**, ma proseguono con gli eredi
Estinzione del datore di lavoro	▶ Ricorre se il datore è una **persona giuridica** (es. società) ▶ I rapporti di lavoro **non si estinguono automaticamente**, ma proseguono fino alla conclusione della fase di liquidazione

In sintesi

L'ordinamento giuridico, partendo dalla considerazione che nel rapporto di lavoro il prestatore si trova in una posizione di **inferiorità contrattuale** rispetto al datore di lavoro, ha individuato una serie di strumenti diretti a **rafforzare i diritti dei lavoratori** al fine di correggere lo squilibrio tra le parti del rapporto di lavoro.
Sul piano sostanziale, viene così affermata l'**inderogabilità** di gran parte delle *disposizioni di diritto del lavoro* che, pertanto, *non possono essere modificate in senso peggio-*

rativo dall'autonomia collettiva (contrattazione collettiva) né da quella individuale (accordo delle parti del singolo rapporto di lavoro).
Viene conseguentemente affermata l'**indisponibilità** dei diritti, da parte anche dello stesso lavoratore, a sua stessa tutela: non avrebbe infatti senso l'inderogabilità delle norme che riconoscono diritti se poi fosse possibile rinunciarvi facilmente nel corso del rapporto di lavoro.
In particolare, è il diritto alla retribuzione, intesa in senso *ampio*, comprensiva cioè del TFR e delle altre indennità relative al rapporto di lavoro, ad essere fortemente *tutelata* e *garantita*, in quanto destinata a *soddisfare le esigenze vitali del lavoratore e della sua famiglia*.
Il principio di tutela del lavoratore impone, inoltre, che la **modificazione soggettiva del datore di lavoro** (*inter vivos* o *mortis causa*) non interrompe la prosecuzione del rapporto di lavoro.
In particolare, il legislatore prevede la continuazione dei rapporti di lavoro nel caso di **trasferimento d'azienda** e di qualsiasi operazione che, in seguito a **cessione contrattuale** o *fusione*, comporti il mutamento nella titolarità dell'attività economica organizzata.

21 Il processo del lavoro

1 Evoluzione storica

Evoluzione normativa

- **L. 3-4-1926, n. 563**
  - ▷ *Istituisce la Magistratura del Lavoro* con competenza sulle *controversie collettive di lavoro*
- **R.D. 26-2-1928, n. 471**
  - ▷ *Estende la competenza* della Magistratura del Lavoro alle *controversie individuali*
- **Codice di procedura civile (R.D. 28-10-1940, n. 1443)**
  - ▷ *Regola il processo del lavoro*:
    - *formalmente*, come «rito speciale»
    - *sostanzialmente*, come il processo civile ordinario
- **L. 20-5-1970, n. 300 (Statuto dei lavoratori)**
  - ▷ Introduce, all'*art. 28*, un procedimento specifico contro la **condotta antisindacale del datore di lavoro**
- **L. 11-8-1973, n. 533**
  - ▷ **Riforma il processo del lavoro**, *differenziandolo* da quello civile ordinario
- **D.Lgs. 31-3-1998, n. 80**
  - ▷ Modifica la disciplina del **tentativo di conciliazione stragiudiziale** che:
    - da facoltativo *diviene obbligatorio*
    - diventa *condizione di procedibilità* dell'azione in giudizio
- **L. 4-11-2010, n. 183 (cd. collegato lavoro)**
  - ▷ Rende *facoltativo il tentativo di conciliazione*
  - ▷ Introduce un articolato sistema di conciliazione e arbitrato per la risoluzione *extragiudiziale delle controversie di lavoro*
  - ▷ Prevede una serie di *parametri* cui deve attenersi il *controllo giudiziale*
- **L. 28-6-2012, n. 92 (cd. legge Fornero)**
  - ▷ Introduce un **rito specifico** (cd. rito Fornero) per le sole controversie in tema di licenziamento *nelle ipotesi regolate dall'art. 18*, conseguentemente sottratte dall'ambito di applicazione del processo del lavoro

Osservazioni

Il **D.Lgs. 149/2022**, di attuazione della L. 26-11-2021, n. 206, ha introdotto una serie di *modifiche al processo del lavoro*, nonché l'assoggettamento di tutte le controversie in materia di licenziamento alla disciplina di cui agli artt. 409 e ss. c.p.c., con conseguente *abrogazione del rito Fornero*. Le disposizioni del D.Lgs. 149/2022, tuttavia, si applicheranno ai procedimenti instaurati *successivamente al 28-2-2023*; ai procedimenti pendenti alla medesima data, invece, continueranno ad applicarsi le disposizioni anteriormente vigenti (art. 35, comma 1, D.Lgs. 149/2022; art. 1, comma 380, L. 197/2022, legge di bilancio 2023).

2 I caratteri del processo del lavoro

Caratteristiche del processo del lavoro (L. 533/1973)

- Oralità
  - Soltanto *gli atti introduttivi devono essere redatti per iscritto*
- Immediatezza
  - Tra il deposito del ricorso (atto introduttivo) e l'udienza di discussione *non devono decorrere più di 60 giorni*
- Massima concentrazione degli atti processuali
  - Al termine della *discussione orale* e sentite le *conclusioni delle parti*, il giudice *legge in udienza* il dispositivo della *sentenza*
- Ampi poteri istruttori del giudice
  - Il giudice può, tra l'altro:
    - *Disporre d'ufficio ogni mezzo di prova*
    - *Richiedere informazioni* alle associazioni sindacali sulle norme dei contratti collettivi
    - *Ordinare la comparizione anche di persone incapaci a testimoniare*

Ambito di applicazione (art. 409 c.p.c.)

- Controversie individuali di lavoro
  - Rapporti di *lavoro subordinato privato*
  - Rapporti di *lavoro agricolo*
  - *Rapporti di agenzia e rappresentanza*
  - *Tutti i rapporti di collaborazione* caratterizzati da una prestazione di opera continuativa, coordinata, prevalentemente personale. La collaborazione si intende coordinata quando, nel rispetto delle modalità di coordinamento stabilite di comune accordo dalle parti, il collaboratore **organizza autonomamente** l'attività lavorativa
  - *Rapporti di lavoro dei dipendenti di enti pubblici economici*
  - *Rapporti di pubblico impiego*, salvo determinate eccezioni

3 L'autorità giudiziaria competente

Art. 413 c.p.c.	▶ **In primo grado** è competente il **Tribunale** in funzione di giudice del lavoro, che decide in composizione *monocratica*	
Art. 433 c.p.c.	▶ **In secondo grado** è competente la **Corte di appello** in funzione di giudice del lavoro, che decide in composizione *collegiale*	
Competenza territoriale	▶ È competente il giudice nella cui **circoscrizione**	▷ *È sorto il rapporto di lavoro* ▷ *Si trova l'azienda* o la sua dipendenza *presso cui è addetto il lavoratore* o *prestava la sua attività al momento della cessazione del rapporto*

Osservazioni

Per le **controversie riguardanti i rapporti di agenzia, di rappresentanza commerciale e di collaborazione**, è competente il *giudice nella cui circoscrizione si trova il domicilio dell'agente*, del rappresentante di commercio ovvero del titolare del rapporto di collaborazione.
Per le **controversie relative ai rapporti di lavoro alle dipendenze delle Pubbliche Amministrazioni**, è competente il *giudice nella cui circoscrizione ha sede l'ufficio al quale il dipendente è addetto o era addetto al momento della cessazione del rapporto.*

4 Il giudizio di primo grado

4.1 Fase introduttiva

Forma e contenuto della domanda giudiziale	▶ **Ricorso**	▷ Atto depositato nella *cancelleria del Tribunale*
	▶ Contenuto	▷ *Indicazione* del *giudice* e delle *parti* ▷ Esposizione dei *fatti* e degli *elementi di diritto* su cui si fonda la domanda ▷ Determinazione dell'*oggetto della domanda* ▷ Indicazione dei *mezzi di prova* e della *documentazione* che va allegata al ricorso medesimo
Fissazione dell'udienza di discussione	▶ Avviene **con decreto del giudice** entro 5 giorni dal deposito del ricorso	
	▶ **Deve essere comunicata al convenuto**	▷ Entro *10 giorni* dall'emissione del decreto e, comunque, a non meno di *30 giorni* prima dell'udienza ▷ Il ricorso e il decreto sono *notificati a cura del ricorrente* alla controparte
Costituzione del convenuto in giudizio	▶ La controparte, ricevuta la **notificazione del ricorso e del decreto**, può decidere se partecipare al processo ▶ Se decide di partecipare, deve costituirsi in giudizio, almeno *10 giorni prima dell'udienza*, depositando nella cancelleria del Tribunale una **memoria difensiva**	

Costituzione del convenuto in giudizio	▶ Contenuto della memoria difensiva	▷ *Contestazione* precisa dei fatti descritti dal ricorrente ▷ Proposizione di *tutte le difese* ▷ *Indicazione* dei *documenti* e dei *mezzi di prova*

Osservazioni

Prima della L. 183/2010, l'azione giudiziaria doveva essere preceduta obbligatoriamente da un *tentativo di conciliazione extragiudiziale* (art. 410 c.p.c.), che ne costituiva **condizione di procedibilità**: infatti, in mancanza, il giudice doveva *sospendere* il giudizio, fissando alle parti un termine per proporre il tentativo.
A seguito della predetta legge, il **tentativo è facoltativo** e, pertanto, *non* costituisce più una condizione per la proposizione dell'azione giudiziaria (e, di conseguenza, sono stati abrogati gli artt. 410bis e 412bis c.p.c.).

4.2 Discussione, istruzione della causa e questioni pregiudiziali

Udienza di discussione (art. 420 c.p.c.)	▶ È il **fulcro di tutto il processo** ▶ Consente il **primo contatto** tra le parti e il giudice	
	▶ Comparizione personale delle parti	▷ Serve affinché il giudice possa: ▶ *Interrogare liberamente le parti* ▶ *Tentare di conciliare la lite* (conciliazione giudiziale) ▶ Formulare alle parti una *proposta transattiva o conciliativa*
	▶ Esito del tentativo di conciliazione	▷ **Positivo**: viene redatto il verbale che ha efficacia di *titolo esecutivo e il processo finisce* ▷ **Negativo**: il *processo prosegue*
Fase istruttoria	▶ Si apre se il giudice ritiene la **causa non matura per la decisione** ▶ Consiste nell'**assunzione dei mezzi di prova** (es. vengono ascoltati i testi) ▶ Il giudice esercita i **poteri istruttori** (art. 421 c.p.c.)	
Questione pregiudiziale (art. 420bis c.p.c.)	▶ È necessario risolverla per la **definizione della controversia** ▶ Concerne **l'efficacia, la validità o l'interpretazione delle clausole di un contratto o accordo collettivo nazionale** ▶ Viene decisa dal giudice con **sentenza** contro la quale può essere proposto **ricorso immediato per Cassazione** e il giudizio viene **sospeso** ▶ Il giudice impartisce distinti **provvedimenti per l'ulteriore istruzione** della causa o comunque per la sua prosecuzione	

4.3 Decisione della causa

Pronuncia della sentenza (art. 429 c.p.c.)

- Avviene a **seguito della discussione orale e delle conclusioni delle parti**
- Con essa, il giudice **definisce il giudizio**, dando lettura in udienza del dispositivo e delle ragioni di fatto e di diritto della controversia
- Se **condanna il datore di lavoro** al pagamento di somme di denaro, il giudice determina:
  - Gli **interessi legali**
  - Il maggior danno da svalutazione (**rivalutazione monetaria**), con decorrenza dalla maturazione del diritto

Eventuale fase esecutiva

- Se, nonostante la condanna, il **datore di lavoro non paga, il lavoratore può soddisfare i suoi crediti iniziando l'esecuzione sui beni del datore di lavoro** in base
  - Al *solo dispositivo della sentenza*
  - Alla *sentenza completa di motivazione*

Osservazioni

Il controllo del giudice deve svolgersi secondo determinati **criteri**, in ragione dell'oggetto della controversia sottoposta al suo esame.
Innanzitutto, in tutti i casi nei quali le disposizioni di legge concernenti il lavoro subordinato e gli altri rapporti indicati nell'art. 409 c.p.c., nonché i rapporti di lavoro alle dipendenze delle P.A., contengono **clausole generali**, ivi comprese le norme in tema di instaurazione di un rapporto di lavoro, esercizio dei poteri datoriali, trasferimento di azienda e recesso, il controllo giudiziale è **limitato** esclusivamente, in conformità ai principi generali dell'ordinamento, all'accertamento del presupposto di legittimità e **non può essere esteso** al sindacato di merito sulle valutazioni *tecniche, organizzative e produttive che competono al datore di lavoro o al committente*. L'inosservanza di tale limite, costituisce un *motivo di impugnazione* della sentenza per violazione delle norme di diritto (art. 30, comma 1, L. 183/2010).
Inoltre, nella **qualificazione del contratto di lavoro** e nell'**interpretazione** delle relative clausole, il giudice *non può discostarsi dalle valutazioni che le parti contraenti hanno espresso* in sede di certificazione, mentre nel valutare le **motivazioni del licenziamento** deve *tener conto delle tipizzazioni di giusta causa e di giustificato motivo* presenti nei contratti collettivi di lavoro o nei contratti individuali di lavoro certificati (art. 30, comma 2 e 3, L. 183/2010).
Infine, nel caso di **licenziamento per giustificato motivo soggettivo o giusta causa** soggetto alla tutela reale in base al **regime sanzionatorio** previsto dal D.Lgs. 23/2015 (art. 3, comma 2), viene precluso al giudice di valutare la *sproporzione del licenziamento* rispetto all'inadempimento del lavoratore.

5 I giudizi di impugnazione

Giudizio in appello (artt. 433 ss. c.p.c.)

- Inizia con **ricorso presentato alla Corte di appello** avverso la sentenza del Tribunale
- **Caratteri** (art. 437 c.p.c.)
  - **Non** sono **ammesse**:
    - *nuove domande*
    - *nuove eccezioni*
    - *nuove prove*

Osservazioni

L'appello deve essere motivato e la **motivazione** deve contenere, a **pena di inammissibilità**:
— l'indicazione delle *parti del provvedimento che si intende appellare* e delle *modifiche che vengono richieste* alla ricostruzione del fatto compiuta dal giudice di primo grado;
— l'indicazione delle *circostanze da cui deriva la violazione della legge* e della loro *rilevanza ai fini della decisione impugnata*.

È inoltre inammissibile l'impugnazione che **non ha una ragionevole probabilità di essere accolta**.

Giudizio in Cassazione	▶ Inizia con **ricorso avverso la sentenza della Corte di appello** ▶ **Si applicano le regole generali** previste per questo grado di giudizio ▶ I motivi di ricorso sono quelli generali, ma per le controversie di lavoro l'impugnazione della sentenza è possibile anche **per violazione o falsa applicazione dei contratti o accordi collettivi di lavoro**

6 Il rito specifico per le controversie in tema di licenziamento

6.1 Campo di applicazione e caratteristiche

Fonte normativa	▶ Art. 1, commi 47-69, L. 92/2012
Campo di applicazione	▶ Controversie in tema di **licenziamenti nelle ipotesi regolate dall'art. 18, L. 300/1970**, anche quando devono essere risolte questioni relative alla qualificazione del rapporto di lavoro
Caratteristiche	▶ Particolare **snellezza e celerità** ▶ Eliminazione delle formalità **non essenziali** all'instaurazione di un pieno contraddittorio ▶ Fissazione di **termini molto ristretti** per lo svolgimento delle diverse fasi del giudizio ▶ La trattazione delle controversie deve avere una **priorità** sulle altre, riservando ad esse particolari giorni nel calendario delle udienze

6.2 Il rito

Giudizio di primo grado	▶ Prima fase	▷ Ha inizio con **ricorso** (art. 125 c.p.c.) ▷ Il giudice fissa l'**udienza di comparizione** delle parti e assegna al *ricorrente* un termine per la *notifica* del ricorso al *convenuto*, nonché un termine per la costituzione ▷ All'udienza di comparizione, il giudice *sente le parti* e procede nel modo che ritiene più opportuno agli atti di istruzione indispensabili richiesti dalle parti o disposti d'ufficio e provvede con **ordinanza** all'*accoglimento* o al *rigetto* della domanda

Giudizio di primo grado	▶ Prima fase	▷ L'ordinanza è *immediatamente esecutiva* e tale efficacia *non può essere sospesa o revocata* fino alla sentenza che definisce il giudizio instaurato a seguito dell'opposizione eventualmente proposta
	▶ Seconda fase (eventuale)	▷ Consegue all'**opposizione** proposta contro l'ordinanza conclusiva della prima fase ▷ L'opposizione deve essere proposta con **ricorso** (art. 414 c.p.c.) allo stesso *Tribunale* che ha emesso il provvedimento opposto, a pena di *decadenza, entro 30 giorni dalla notificazione* dello stesso, o dalla comunicazione se anteriore ▷ Il giudice fissa l'**udienza di discussione** da tenersi *non* oltre i successivi 60 giorni, assegnando all'opposto un termine per *costituirsi fino a 10 giorni prima dell'udienza*, depositando in cancelleria una *memoria difensiva* (art. 416 c.p.c.) ▷ All'udienza di discussione, il giudice *sente le parti* e procede nel modo che ritiene più opportuno agli *atti di istruzione* ammissibili e rilevanti richiesti dalle parti, nonché disposti d'ufficio ▷ Al termine il giudice emette **sentenza** di *accoglimento* o di *rigetto* della domanda, *provvisoriamente esecutiva*
Giudizi di impugnazione	▶ Giudizio di secondo grado	▷ Contro la sentenza che definisce il giudizio di primo grado è possibile presentare **reclamo** davanti alla Corte di appello, mediante un *ricorso* da depositare, a pena di *decadenza*, entro 30 giorni dalla comunicazione, o dalla notificazione se anteriore ▷ La Corte di appello fissa l'**udienza di discussione** nei successivi 60 giorni ▷ Se ricorrono gravi motivi, la Corte può *sospendere l'efficacia della sentenza reclamata, sente le parti* e procede nel modo che ritiene più opportuno agli *atti di istruzione* eventualmente ammessi e provvede con **sentenza** all'*accoglimento* o al *rigetto* della domanda, da depositare, completa di motivazione, *entro 10 giorni* dall'udienza di discussione

Giudizi di impugnazione	▶ Ricorso per Cassazione	▷ Contro la sentenza, è possibile proporre ricorso per cassazione, a pena di decadenza, *entro 60 giorni* dalla comunicazione della stessa, o dalla notificazione se anteriore ▷ La Corte di cassazione fissa l'**udienza di discussione** non oltre 6 mesi dalla proposizione del ricorso

7 Gli strumenti per la risoluzione stragiudiziale delle controversie

7.1 Tentativo di conciliazione extragiudiziale

Tentativo di conciliazione (art. 410 c.p.c.)	▶ Caratteri	▷ **Facoltativo**
	▶ Effetti	▷ *Interrompe* la prescrizione ▷ *Sospende* il decorso di ogni termine di decadenza, per la durata del tentativo e per i 20 giorni successivi alla conclusione
	▶ Tipologia	▷ Conciliazione in sede **amministrativa**, innanzi alla Commissione di conciliazione dell'ITL ▷ Conciliazione in sede sindacale, presso le sedi e con le modalità previste dai *contratti collettivi* ▷ Conciliazione presso la **commissione di certificazione**

7.2 Risoluzione arbitrale delle controversie

Nozione: è l'istituto attraverso il quale le parti **deferiscono ad un terzo soggetto** il potere di decidere la controversia insorta fra loro.

Fonte	▶ Il **compromesso** (art. 807 c.p.c.), con cui le parti deferiscono all'arbitro la composizione della lite insorta ▶ La **clausola compromissoria** (art. 808 c.p.c.), ossia la clausola con cui le parti, nel contratto che stipulano, stabiliscono che le controversie nascenti dal contratto medesimo siano decise da arbitri
Decisione (cd. lodo)	▶ Nell'arbitrato *rituale*, ha gli *effetti della sentenza* pronunciata dall'autorità giudiziaria ▶ Nell'arbitrato *irrituale*, ha gli effetti del *contratto* (art. 1372 c.c.)

Arbitrato affidato alla Commissione di conciliazione presso l'ITL	▶ Fonte normativa	▷ Art. 412 c.p.c.
	▶ Modalità di svolgimento	▷ *Durante lo svolgimento del tentativo di conciliazione*, o al suo termine in caso di mancata riuscita, le parti possono dare *mandato* alla commissione di conciliazione a risolvere in via arbitrale la controversia ▷ Nel mandato le parti possono richiedere che la decisione avvenga *secondo equità*, fermo però il rispetto dei principi generali dell'ordinamento e di quelli che regolano la materia, anche derivanti dalla normativa europea ▷ Le parti possono indicare alla commissione la soluzione *sulla quale concordano*, riconoscendo, se possibile, il credito spettante al lavoratore e pertanto accordarsi per risolvere la lite
Arbitrato presso le sedi sindacali	▶ Fonte normativa	▷ Art. 412 ter c.p.c.
	▶ Modalità di svolgimento	▷ In base alle previsioni dei contratti collettivi
Arbitrato presso il collegio di conciliazione e arbitrato irrituale	▶ Fonte normativa	▷ Art. 412 quater c.p.c.
	▶ Modalità di svolgimento	▷ Chi intende ricorrere al collegio, notifica alla controparte, un *ricorso* contenente, tra l'altro: ▶ l'*oggetto* della domanda. ▶ le *ragioni di fatto e di diritto* sulle quali si fonda la sua pretesa ▶ i *mezzi di prova* ▶ eventuale richiesta al collegio di decidere *secondo equità*, fermo però il rispetto dei principi generali dell'ordinamento e di quelli che regolano la materia, anche derivanti dalla normativa europea ▷ In caso di accettazione, dopo la scelta degli arbitri, la parte convenuta deve depositare la propria *memoria difensiva* ▷ Durante la *prima udienza*, il collegio esperisce un *tentativo di conciliazione*
Arbitrato presso le camere arbitrali	▶ Fonte normativa	▷ Art. 31, comma 12, L. 183/2010 ▷ Le camere arbitrali sono istituite dagli *organi di certificazione* (art. 76, D.Lgs. 276/2003)

Arbitrato presso le camere arbitrali	▶ Modalità di svolgimento	▷ Art. 31, commi 10-11, L. 183/2010 ▷ Le parti del rapporto di lavoro possono pattuire clausole (art. 808 c.p.c.) che rinviano alle *procedure di arbitrato presso la commissione di conciliazione dell'ITL* (art. 412 c.p.c.) o presso il *collegio di conciliazione e arbitrato irrituale* (art. 412quater c.p.c.)
Arbitrato mediante clausola compromissoria	▶ Condizioni di ammissibilità	▷ A pena di nullità, la *clausola deve essere certificata* dagli organi di certificazione (art. 76, D.Lgs. 276/2003), i quali devono accertare, all'atto della sottoscrizione, la effettiva volontà delle parti di devolvere ad arbitri le eventuali controversie nascenti dal rapporto di lavoro ▷ La clausola deve essere *prevista da accordi interconfederali o dai contratti collettivi di lavoro*, in mancanza, interviene il Ministero del Lavoro per favorire il raggiungimento dell'accordo e, in assenza dell'accordo, viene emanato un apposito *decreto ministeriale*
	▶ Limiti di contenuto	▷ La clausola compromissoria: ▶ *non può riguardare le controversie relative alla risoluzione del contratto di lavoro* ▶ non può essere pattuita né sottoscritta prima che sia *concluso il periodo di prova*, se previsto, e, in tutti gli altri casi, *se non sono trascorsi almeno 30 giorni dalla data di stipulazione del contratto di lavoro*

Osservazioni

Ferme restando le esistenti modalità di conciliazione e arbitrato, in attuazione della L. 206/2021, il **D.Lgs. 149/2022** (art. 9) ha esteso alle controversie di lavoro l'istituto della **negoziazione assistita**, già previsto per altre controversie, *senza però renderla condizione di procedibilità dell'azione giudiziaria* (art. 2ter, D.L. 132/2014, conv. in L. 162/2014). Le disposizioni del D.Lgs. 149/2022 si applicheranno, tuttavia, a decorrere dal 28-2-2023.
La procedura di negoziazione consente di pervenire ad un **accordo** mediante il quale le parti convengono di cooperare in buona fede e con lealtà per *risolvere in via amichevole la controversia tramite l'assistenza di avvocati* (art. 2, D.L. 132/2014, conv. in L. 162/2014). Ciascuna parte può farsi assistere non solo dal proprio avvocato, ma anche dai rispettivi *consulenti del lavoro*.
All'accordo deve poi essere assicurato il *regime di stabilità protetta* (art. 2113, comma 4, c.c.).

8 Il procedimento *ex art.* 28 dello Statuto dei Lavoratori

Oggetto
- ▶ Repressione della condotta antisindacale del datore di lavoro

Condotta antisindacale
- ▶ Qualsiasi comportamento del datore di lavoro diretto ad **impedire** o **limitare l'esercizio**
  - ▷ Della *libertà* e dell'*attività sindacale*
  - ▷ Del *diritto di sciopero*

Requisiti per iniziare il procedimento
- ▶ Condotta antisindacale in atto
- ▶ Persistenza degli effetti della condotta

Iter procedurale
- ▶ Soggetti legittimati ad agire
  - ▷ *Organismi locali delle associazioni sindacali nazionali*
- ▶ Autorità giudiziaria
  - ▷ *Tribunale*, in funzione di giudice del lavoro
- ▶ Procedura
  - ▷ Presentazione del *ricorso in Tribunale*
  - ▷ Nei *2 giorni successivi*, il giudice:
    - ▶ *Convoca le parti*
    - ▶ *Assume informazioni*
  - ▷ Il giudice se ritiene *esistente la condotta illegittima*:
    - ▶ *Emana decreto motivato ed esecutivo*
    - ▶ *Ordina al datore d lavoro di cessare il comportamento e di rimuovere gli effetti*
- ▶ Opposizione al decreto
  - ▷ È attivato con *ricorso al Tribunale nel termine di 15 giorni*
  - ▷ Dà vita *ad un normale processo del lavoro* (artt. 414 ss. c.p.c.)
- ▶ Conseguenze per il datore di lavoro
  - ▷ In caso di inottemperanza al decreto o alla sentenza, *punibilità per il reato di inosservanza dei provvedimenti dell'autorità* (art. 650 c.p.)

In sintesi

Al fine di offrire al lavoratore una tutela effettiva e più celere dei suoi diritti, la L. 533/1973 ha introdotto **specifiche regole processuali** in materia di controversie di lavoro, ossia riguardanti i rapporti di (art. 409 c.p.c.):

— lavoro **subordinato privato**, anche se non svolto nell'ambito di un'impresa (es. il lavoro domestico);
— **lavoro agricolo** (mezzadria, colonia, affittanza);
— **agenzia** e **rappresentanza**, nonché le collaborazioni continuative e coordinate (cd. **parasubordinazione**);
— dipendenti da **enti pubblici economici**;
— **pubblico impiego**, per i quali le leggi speciali *non prevedano la giurisdizione di altro giudice*.

Rientrano nella competenza del giudice del lavoro le controversie relative ai rapporti di Pubblico Impiego *privatizzati*.
Nel corso del tempo vari provvedimenti legislativi hanno apportato alcune modifiche al processo del lavoro, senza però mai intaccarne la struttura e senza far venire meno le peculiarità che lo caratterizzano dal 1973.
Alle disposizioni che regolano il processo del lavoro sono state poi sottratte le *controversie in tema di licenziamento nelle ipotesi regolate dall'art. 18, L. 300/1970*, per le quali è stato introdotto dalla **legge Fornero** (L. 92/2012) un *rito* specifico.
Tuttavia, nell'ambito dell'ampia riforma delineata dalla **L. 206/2021**, si è mirato all'*unificazione* e al *coordinamento* della disciplina dei **procedimenti di impugnazione dei licenziamenti**: in particolare, il D.Lgs. 149/2022 ha previsto che tutte le controversie in materia di licenziamento saranno assoggettate alla disciplina di cui agli artt. 409 e ss. c.p.c., con conseguente **abrogazione del rito Fornero**. Tuttavia, le disposizioni recate dal D.Lgs. 149/2022 si applicano ai procedimenti **instaurati successivamente al 28-2-2023**; mentre, ai procedimenti pendenti alla suddetta data, continueranno ad applicarsi le disposizioni *anteriormente* vigenti.

22 La vigilanza

1 L'attività di vigilanza

Oggetto	▶ La materia dei **rapporti di lavoro** e dei **livelli essenziali delle prestazioni** concernenti diritti civili e sociali
Scopo	▶ *Prevenire* e *accertare* le violazioni della normativa di legislazione sociale e del lavoro, compresa l'applicazione dei contratti collettivi e della disciplina previdenziale
Riforma del 2004	▶ Con il **D.Lgs. 124/2004** è stato operato un significativo riassetto della materia, con l'obiettivo di ▷ *Razionalizzare* le funzioni ispettive e superare l'eccessiva frammentazione dei compiti di vigilanza attribuiti ad una pluralità di organi (Servizi ispettivi del Lavoro, ASL, enti previdenziali) ▷ Pervenire ad un *sistema organico* e coerente di tutela del lavoro
La Riforma del 2015 in attuazione del Jobs Act (L. 183/2014)	▶ Con il **D.Lgs. 149/2015** è stata attuata una imponente razionalizzazione e semplificazione allo *scopo* di rendere più efficiente l'attività ispettiva, istituendo, tra l'altro, un'agenzia unica per le ispezioni del lavoro, denominata **Ispettorato nazionale del lavoro** (INL), che accentra in sé la totalità dei servizi ispettivi, sia quelli aventi ad oggetto l'osservanza della normativa in materia di lavoro e legislazione sociale, sia quelli concernenti l'osservanza delle norme di natura previdenziale

Osservazioni

Con il D.Lgs. 149/2015 è dunque avvenuto il definitivo passaggio della vigilanza in materia di lavoro e legislazione sociale in capo all'INL. Con una serie di provvedimenti si è poi proceduto, progressivamente, all'attuazione della nuova organizzazione, che è divenuta operativa dal 1° gennaio 2017 (circ. INL 2/2017): da tale data è **cessata l'attività sia della Direzione generale** per l'attività **ispettiva del Ministero del Lavoro**, le cui *funzioni* sono state *trasferite all'INL*, sia delle **DIL** e **DTL** (articolazioni locali del Ministero del Lavoro), che sono state **sostituite dalle nuove sedi territoriali dell'INL**, rispettivamente Ispettorato interregionale (IIL) e territoriale (ITL) del lavoro.

2 Le funzioni di vigilanza dell'Ispettorato nazionale del lavoro

Principali funzioni	▶ Con il D.Lgs. 149/2015, sono stati **attribuiti all'INL i servizi ispettivi** già esercitati dal Ministero del Lavoro in materia di lavoro e dagli enti previdenziali (INPS e INAIL) in materia di legislazione sociale ▶ Svolge **funzioni di indirizzo** e di **coordinamento** delle attività di vigilanza, dettando le linee di condotta e le direttive di carattere operativo e definendo la programmazione ispettiva, comprese le specifiche modalità di accertamento

Principali funzioni	▶ Esercita e coordina su tutto il territorio nazionale, la **vigilanza in materia di lavoro, contribuzione** e **assicurazione obbligatoria** nonché **legislazione sociale** ▶ Emana **circolari interpretative** in materia ispettiva e sanzionatoria, nonché **direttive operative** rivolte al personale ispettivo ▶ Propone gli **obiettivi quantitativi e qualitativi delle verifiche** ed effettua il **monitoraggio** sulla loro realizzazione ▶ Cura la **formazione** e l'**aggiornamento del personale ispettivo** ▶ Svolge le attività di **prevenzione e promozione della legalità** ▶ Svolge ogni **ulteriore attività** connessa allo svolgimento delle funzioni ispettive **demandata** dal Ministro del Lavoro ▶ Svolge, in via generale, con le *ASL*, la vigilanza in materia di sicurezza sul lavoro, secondo una *programmazione coordinata di interventi*
Whistleblowing	▶ In base alla L. 30-11-2017, n. 179, sul cd. whistleblowing, da intendere come «segnalazione di illeciti», l'adozione di **misure discriminatorie nei confronti del lavoratore che ha segnalato condotte illecite** sul posto di lavoro può essere **denunciata all'Ispettorato nazionale del lavoro**, per i provvedimenti di propria competenza

Osservazioni

Con il D.L. 76/2020, conv. in L. 120/2020 (cd. **Decreto semplificazioni**) (art. 12bis), sono state introdotte alcune *semplificazioni delle procedure* di competenza dell'Ispettorato nazionale del lavoro.
In primo luogo, i **provvedimenti autorizzativi** di competenza dell'INL, individuati con provvedimento del direttore, *si intendono rilasciati decorsi 15 giorni dalla relativa istanza* (es. autorizzazione all'impiego dei *minori* in attività lavorative nel *settore dello spettacolo*).
Inoltre, tutte le procedure *amministrative* o *conciliative* di competenza dell'INL che presuppongono la *presenza fisica* dell'istante, individuate con provvedimento del direttore, possono essere effettuate **attraverso strumenti di comunicazione da remoto**, che consentano in ogni caso l'identificazione degli interessati o dei soggetti dagli stessi delegati e l'*acquisizione della volontà* espressa.
In queste ipotesi, il provvedimento finale o il verbale si **perfeziona** con la sola *sottoscrizione* del funzionario incaricato.
La medesima disciplina si applica anche in altre ipotesi (es. istruttorie finalizzate al rilascio della *convalida* delle *dimissioni presentate dalla lavoratrice* durante il periodo di *gravidanza*).

3 L'ispezione

Nozione: attività *conoscitiva* dei luoghi e delle attività in cui si svolge la prestazione lavorativa.

Funzioni	▶ Accertamento di eventuali *inosservanze* della legislazione lavoristica	
	▶ **Assunzione di informazioni** dai datori di lavoro e dai lavoratori, al fine di **raccogliere la notizia dell'illecito**	▷ Le dichiarazioni dei lavoratori devono essere rese **senza la presenza** del datore di lavoro, di altri superiori gerarchici o di altri soggetti presenti sul luogo di lavoro (circ. INPS 21/1991)

Attività di accertamento	▶ **Esame della documentazione** contabile e fiscale dell'azienda, finalizzata all'individuazione di eventuali **emolumenti non denunciati** e di **lavoratori in nero** ▶ **Ispezione** di *cose* e *luoghi* diversi dalla dimora privata ▶ **Acquisizione di rilievi** segnaletici, descrittivi e fotografici e ogni altra operazione tecnica che possa essere utile ad assicurare la **prova del fatto** ▶ **Sequestro cautelare** delle cose che, essendo servite a commettere l'illecito o essendone il *prezzo, il prodotto* o il *profitto*, possono successivamente formare oggetto di *confisca amministrativa*

Verbalizzazione delle fasi di accertamento	▶ Gli accertamenti effettuati dal personale ispettivo devono risultare da appositi verbali, che costituiscono **fonte di prova** relativamente agli elementi di fatto *acquisiti* e *documentati*	▷ In occasione del **primo accesso ispettivo**, al datore di lavoro è rilasciato il **verbale di primo accesso ispettivo** contenente, tra l'altro, l'identificazione dei *lavoratori* trovati intenti al lavoro, le *modalità* del loro impiego e le eventuali *dichiarazioni* rese dal datore di lavoro ▷ A **conclusione dell'ispezione**, qualora il personale ispettivo rilevi *inadempimenti* alla disciplina normativa o contrattuale da cui deriva l'applicazione di sanzioni amministrative, al datore di lavoro è rilasciato il **verbale unico di accertamento e notificazione**, che **unifica**, nello stesso documento, la *contestazione* e la *notificazione* degli illeciti amministrativi riscontrati

Ipotesi in cui non sono riscontrate violazioni	▶ Il personale ispettivo è **tenuto**, comunque, **a dare conto della conclusione dell'ispezione** mediante una *specifica comunicazione scritta* di definizione degli accertamenti (circ. Min. Lav. 6/2014)

Osservazioni

Nell'esercizio dell'attività di accertamento, il personale ispettivo deve attenersi al rispetto del **Codice di comportamento dell'Ispettorato Nazionale del Lavoro** (D.D. INL 24-1-2022, n. 4), nonché del **Codice di comportamento dei dipendenti pubblici** (D.P.R. 16-4-2013, n. 62).

In particolare, l'Ispettore:

- garantisce il rispetto del *principio di imparzialità* e di *parità di trattamento*;
- impronta i rapporti con i destinatari dell'ispezione secondo i *principi di collaborazione* e *rispetto reciproco*;
- finalizza il suo operato alla realizzazione degli obiettivi di *tutela sociale e del lavoro*, di *contrasto al lavoro sommerso e irregolare* e di *lotta all'evasione contributiva*;
- cura il proprio *aggiornamento professionale*, anche attraverso la partecipazione alle iniziative formative organizzate dall'Amministrazione;
- *collabora* con gli altri enti coinvolti nell'attività ispettiva e, in particolare, con il personale appartenente all'*Arma dei Carabinieri*.

Il personale ispettivo è tenuto anche al **rispetto della normativa in materia di protezione dei dati personali** acquisiti nel corso dell'attività ispettiva e, nelle fasi precedenti l'ispezione, nel corso della stessa e nelle fasi successive, ivi compresa la verbalizzazione conclusiva, garantisce la **segretezza** delle ragioni che hanno dato origine all'accertamento.

4 Gli strumenti dell'attività di vigilanza

4.1 L'interpello

Nozione: è la facoltà riconosciuta a soggetti pubblici e privati di porre **quesiti di ordine generale sull'applicazione della normativa di competenza** del Ministero del Lavoro, onde pervenire ad un *chiarimento.*

Fonte normativa	▶ Art. 9, D.Lgs. 124/2004
Funzione	▶ Esplica soprattutto una funzione di prevenzione e di promozione dell'osservanza della disciplina lavoristica e previdenziale, in quanto il chiarimento fornito ne agevola la corretta applicazione e previene, in tal modo, eventuali comportamenti illeciti
Quesiti	▶ *Possono avere ad oggetto tutta la normativa statale* ▶ Devono avere carattere generale ▶ Devono concernere problematiche *attuali,* che non siano state, cioè, già oggetto di chiarimento
Soggetti che hanno diritto di interpello	▶ *Organismi associativi* a rilevanza nazionale degli enti territoriali ▶ *Enti pubblici nazionali* ▶ *Organizzazioni sindacali* dei lavoratori e dei datori di lavoro maggiormente rappresentative sul piano nazionale ▶ *Consigli nazionali degli ordini professionali*
Modalità	▶ I quesiti sono inviati al *Ministero del Lavoro* esclusivamente per posta elettronica
Effetti	▶ L'adesione del datore di lavoro (cd. **comportamento adesivo**) alle indicazioni fornite mediante interpello comporta l'*esclusione dell'applicazione delle relative sanzioni amministrative, civili e penali*

4.2 Il potere di disposizione

Fonte normativa	▶ Art. 14, D.Lgs. 124/2004
Disciplina	▶ Il personale ispettivo dell'Ispettorato nazionale del lavoro può adottare, nei confronti del datore di lavoro, un provvedimento di disposizione, immediatamente esecutivo, in tutte le ipotesi nelle quali le irregolarità rilevate in materia di lavoro e legislazione sociale *non siano già soggette a sanzioni penali o amministrative* ▶ Contro il provvedimento di disposizione è possibile presentare **ricorso**, entro *15 giorni*, al direttore dell'Ispettorato territoriale del lavoro, il quale *decide entro i successivi 15 giorni*

Disciplina

- Il ricorso **non sospende l'esecutività** della disposizione ma, decorso inutilmente il termine previsto per la decisione, esso si *intende respinto.*
- La **mancata ottemperanza** alla disposizione comporta l'applicazione di una *sanzione amministrativa*

4.3 La conciliazione monocratica

Fonte normativa

- Art. 11, D.Lgs. 124/2004.

Funzioni

- **Consultiva e conciliativa**
- **Prevenire l'insorgenza di controversie** tra le parti del rapporto di lavoro

Caratteristiche

- Avviene innanzi ad un **unico funzionario** (da qui l'attributo di «monocratica»)

Campo di applicazione

- Accertamento di **illeciti di tipo civile o amministrativo**
- Questioni relative a **diritti patrimoniali del lavoratore** ovvero crediti di lavoro derivanti dal **mancato rispetto degli obblighi retributivi e contributivi**
- **Non** può essere attivata nel caso in cui emergano *indizi chiari ed evidenti* di **violazioni penalmente rilevanti**

Tipologia

- Conciliazione **contestuale**
  - Viene **attivata direttamente dall'Ispettore**, previo consenso delle parti, nel corso dell'espletamento di un accesso ispettivo
- Conciliazione **preventiva**
  - L'Ispettore, a seguito di una *richiesta di intervento* da parte del lavoratore o dell'organizzazione sindacale che lo rappresenta, verificata l'esistenza di elementi per una soluzione conciliativa, convoca gli interessati ed effettua un **tentativo di conciliazione** fra prestatore e datore di lavoro

Procedura di conciliazione

- L'accordo ha esito positivo
  - Viene redatto apposito *verbale* che
    - Acquista efficacia di *titolo esecutivo con decreto* del giudice competente
    - È *inoppugnabile* ai sensi dell'art. 2113 c.c.
  - Il datore di lavoro
    - *Paga le somme concordate al lavoratore*
    - *Versa i contributi previdenziali e assicurativi*

Procedura di conciliazione
- ▶ L'accordo ha esito positivo
  - ▷ Si *estingue* il procedimento ispettivo
  - ▷ *Non* si applica alcuna *sanzione*
- ▶ Non si raggiunge un accordo
  - ▷ *Si procede all'accertamento ispettivo*

4.4 La diffida accertativa per crediti patrimoniali

Fonte normativa
- ▶ Art. 12, D.Lgs. 124/2004

Funzione
- ▶ È diretta a **prevenire le controversie**

Esercizio del potere di diffida
- ▶ Avviene in **sede di indagine ispettiva** se emergono **inosservanze alla disciplina contrattuale da cui scaturiscono crediti patrimoniali** in favore dei lavoratori
- ▶ Ha come **presupposti**:
  - ▷ La *certezza dell'esistenza del diritto di credito* del lavoratore
  - ▷ La *determinazione esatta della somma dovuta* al lavoratore
- ▶ Consiste nell'**intimazione** al datore di lavoro a corrispondere nel **termine di 30 giorni le somme dovute direttamente al lavoratore**
- ▶ La diffida trova applicazione *anche* nei confronti dei **soggetti che utilizzano le prestazioni di lavoro**, da ritenersi **solidalmente responsabili** dei crediti accertati

Disciplina
- ▶ A seguito della notifica dell'atto di diffida, il datore di lavoro può
  - ▷ *Adempiere*, corrispondendo le somme direttamente al lavoratore
  - ▷ *Promuovere*, entro 30 giorni dalla notifica del provvedimento, un *tentativo di conciliazione presso l'ITL*
  - ▷ In *alternativa al tentativo di conciliazione*, promuovere, entro 30 giorni dalla notifica del provvedimento, *ricorso avverso il provvedimento di diffida* al direttore dell'ufficio che ha adottato l'atto
  - ▷ *Non adempiere*
- ▶ Il provvedimento di diffida **perde efficacia** nelle ipotesi di
  - ▷ *Adempimento* da parte del datore di lavoro
  - ▷ *Accordo* in sede conciliativa risultante da *verbale* sottoscritto dalle parti
- ▶ La diffida **acquista efficacia di titolo esecutivo**
  - ▷ *Decorso inutilmente il termine di 30 giorni* per promuovere il tentativo di conciliazione o, in alternativa, per fare ricorso
  - ▷ In caso di *mancato raggiungimento dell'accordo*
  - ▷ In caso di *rigetto del ricorso*

Osservazioni

Ai fini dell'adozione della diffida devono essere considerati **soltanto i crediti da lavoro con termine quinquennale di prescrizione non ancora maturato**. In presenza di *atti scritti* che il lavoratore ha trasmesso al datore di lavoro manifestandogli la *volontà di ottenere il soddisfacimento del proprio diritto*, così da interrompere il decorso della prescrizione, la diffida può essere adottata *anche per crediti risalenti nel tempo*, sempreché non siano comunque decorsi 5 anni dall'ultimo atto interruttivo della prescrizione (nota INL 23-1-2020, n. 595).

4.5 La diffida obbligatoria

Nozione: consiste nell'**intimazione** al datore di lavoro **a regolarizzare le inosservanze riscontrate**, mediante pagamento di una *sanzione ridotta.*

Fonte normativa
- Art. 13, D.Lgs. 124/2004

Funzione
- Promuovere l'**estinzione degli illeciti amministrativi**

Disciplina
- È obbligatoria in quanto costituisce **condizione di procedibilità** per l'applicazione di sanzioni conseguenti ad illeciti amministrativi che risultino accertati e provati
- In caso di *ottemperanza*
  - Applicazione di una *sanzione ridotta*
  - *Estinzione del procedimento sanzionatorio*
- In caso di *inottemperanza*, il procedimento sanzionatorio *riprende il suo corso, con la contestazione e notificazione* dell'illecito

4.6 La prescrizione obbligatoria

Nozione: è il provvedimento adottato dagli organi di vigilanza quando, nel corso dell'indagine ispettiva, vengano accertati **illeciti di rilevanza penale**.

Fonte normativa
- Art. 15, D.Lgs. 124/2004

Funzione
- È finalizzata all'**estinzione delle violazioni di carattere contravvenzionale**

Procedimento
- *Accertamento della contravvenzione* da parte dell'organo di vigilanza
- *Adozione della prescrizione*, con fissazione di un termine per la regolarizzazione
- *Sospensione del procedimento penale* fino alla verifica dell'adempimento o meno alla prescrizione
- *Verifica dell'adempimento*
  - In caso *positivo*, si applica una sanzione pecuniaria ridotta e il reato si estingue
  - In caso *negativo*, il procedimento penale riprende il suo corso

5 Le misure per prevenire e reprimere il lavoro nero

5.1 La documentazione obbligatoria: il libro unico del lavoro (LUL)

Nozione: è lo **strumento che documenta la gestione del rapporto di lavoro** al fine di dimostrarne la regolarità, anche rispetto agli enti previdenziali.

Fonte normativa	▶ Artt. 39-40, D.L. 112/2008, conv. in L. 133/2008
Campo di applicazione	▶ Il LUL deve essere istituito e tenuto da **ogni datore di lavoro privato**, con la sola esclusione del datore di lavoro domestico, per la registrazione di **tutti i lavoratori subordinati** compresi i *collaboratori coordinati e continuativi*
Contenuto	▶ **Informazioni di natura prettamente economico-retributiva**, quali le **dazioni in danaro o in natura** corrisposte o gestite dal datore di lavoro, comprese le somme a titolo di rimborso spese, le trattenute a qualsiasi titolo effettuate, le detrazioni fiscali, i dati relativi agli assegni per il nucleo familiare, le prestazioni ricevute da enti e istituti previdenziali ▶ **Informazioni relative alle presenze**, mediante un **calendario** da cui risulti, per ogni giorno, il numero di ore di lavoro effettuate da ciascun lavoratore subordinato, nonché l'indicazione delle ore di straordinario, delle eventuali assenze dal lavoro, anche non retribuite, delle ferie e dei riposi
Sistema sanzionatorio	▶ L'**omessa o infedele registrazione dei dati**, esclusi i casi di errore meramente materiale, è punita con una **sanzione amministrativa pecuniaria** se determina differenti trattamenti retributivi, previdenziali o fiscali

5.2 Il sistema sanzionatorio in caso di lavoro nero: la maxisanzione amministrativa

Lavoro nero	▶ Si configura per i rapporti di lavoro che risultano **totalmente inesistenti** ai competenti uffici pubblici. Attualmente, quindi, si qualifica come lavoro nero il rapporto di lavoro per il quale **non è stata effettuata la comunicazione preventiva di assunzione al Ministero del Lavoro**	
Maxisanzione amministrativa	▶ Fonte normativa	▷ Art. 3, D.L. 12/2002, conv. in L. 73/2002
	▶ Nozione e criteri di determinazione dell'importo	▷ Consiste nel pagamento, *per* **ciascun lavoratore irregolare**, di una somma di denaro che **aumenta in base al numero di giorni di lavoro effettivi**, che non preclude l'applicazione anche degli ulteriori provvedimenti di carattere sanzionatorio legati all'utilizzo di manodopera irregolare. La legge di bilancio 2019 (L. 145/2018) ha previsto un aumento degli importi del 20%, prevedendone il **raddoppio** in caso di *recidiva*

Maxisanzione amministrativa	▶ Nozione e criteri di determinazione dell'importo	▷ Le sanzioni sono comunque **aumentate del 20%** in alcune ipotesi (**esempio**: se il lavoratore irregolare è uno *straniero privo del permesso di soggiorno*)
	▶ Campo di applicazione	▷ Esclusivamente in caso di impiego di lavoratori **subordinati** (ad eccezione soltanto dei lavoratori domestici) per i quali **non** risulti effettuata la **preventiva comunicazione di instaurazione del rapporto di lavoro**

Osservazioni

Al fine di una efficace programmazione dell'attività ispettiva nonché di *monitoraggio del fenomeno del lavoro sommerso* su tutto il territorio nazionale, le risultanze dell'attività di vigilanza svolta dall'INL e dal personale ispettivo dell'INPS, dell'INAIL, dell'Arma dei Carabinieri e della Guardia di finanza avverso violazioni in materia di lavoro sommerso, nonché in materia di lavoro e legislazione sociale, confluiscono in un **portale unico** nazionale gestito dall'INL, denominato **Portale nazionale del sommerso** (PNS), che *sostituisce* e *integra* le banche dati già esistenti, attraverso le quali l'INL, l'INPS e l'INAIL *condividono* le risultanze degli accertamenti ispettivi.

5.3 Il provvedimento di sospensione dei lavori

Nozione: ordine, impartito dall'organo di vigilanza, di **sospendere l'attività lavorativa** nel caso in cui siano rilevate determinate violazioni.

Fonte normativa	▶ Art. 14, D.Lgs. 81/2008
Funzione	▶ **Contrastare il lavoro nero** e garantire la **salute e la sicurezza** dei lavoratori nei luoghi di lavoro
Presupposti di adozione del provvedimento di sospensione	▶ Se l'Ispettore, al momento dell'accesso ispettivo, riscontra che **almeno il 10% dei lavoratori** presenti sul luogo di lavoro risulti occupato *senza la preventiva comunicazione* di instaurazione del rapporto di lavoro o inquadrato come *lavoratori autonomi occasionali in assenza delle condizioni* richieste dalla legge ▶ A prescindere dal settore di intervento, se vi sono **gravi violazioni** in materia di tutela della **salute e sicurezza** del lavoro (es. mancata elaborazione del documento di valutazione dei rischi)
Campo di applicazione della sospensione	▶ Riguarda la *parte dell'attività imprenditoriale interessata dalle violazioni*, per cui va *circoscritta alla singola unità produttiva* ove si sono verificati i presupposti per la sua adozione, oppure, in alternativa, l'*attività lavorativa dei lavoratori* che non hanno ricevuto dal datore di lavoro la formazione e l'addestramento ovvero i necessari dispositivi di protezione individuale in violazione delle specifiche disposizioni in materia di salute e sicurezza sul lavoro (circ. INL 3/2021)

Decorrenza degli effetti della sospensione	▶ Dalle *ore 12* del giorno lavorativo successivo ovvero *dalla cessazione dell'attività lavorativa in corso* che non può essere interrotta, salvo che non si riscontrino *situazioni di pericolo imminente* o di *grave rischio per la salute* dei lavoratori o dei terzi o per la pubblica incolumità
Inottemperanza del datore di lavoro al provvedimento di sospensione	▶ È sottoposto a *sanzioni penali*
Revoca del provvedimento di sospensione	▶ L'istanza *può* essere **presentata dal datore di lavoro** ▶ **Spetta all'organo che ha adottato** il provvedimento, se il datore di lavoro ha provveduto: alla *regolarizzazione dei lavoratori* non risultanti dalle scritture o da altra documentazione obbligatoria anche sotto il profilo degli adempimenti in materia di salute e sicurezza; a *ripristinare le regolari condizioni di lavoro* nelle ipotesi di violazioni della disciplina in materia di tutela della salute e della sicurezza sul lavoro; a *rimuovere le conseguenze pericolose* delle violazioni in materia di tutela della salute e della sicurezza sul lavoro

Osservazioni

Unitamente al provvedimento di sospensione l'Ispettorato *può* imporre *specifiche* misure (**esempio**: la disposizione) dirette a far **cessare il pericolo per la sicurezza o per la salute** dei lavoratori durante il lavoro.
Il provvedimento di sospensione e le ulteriori misure specifiche sono adottati dal personale ispettivo nell'*immediatezza degli accertamenti* nonché, su segnalazione di altre amministrazioni, *entro 7 giorni dal ricevimento del relativo verbale*.

In sintesi

La disciplina del diritto del lavoro è ispirata alla tutela della libertà e della personalità del lavoratore, in virtù della condizione di dipendenza e sottoprotezione in cui può trovarsi nei confronti del datore di lavoro, soggetto tradizionalmente considerato contrattualmente più forte.
Tale tutela si fonda sul *carattere inderogabile* di gran parte delle norme del diritto del lavoro che si sostanziano in disposizioni imperative e, spesso, coercitive. L'effettività di tale sistema di garanzie deve essere, però, assicurato dalla corretta osservanza della disciplina lavoristica e previdenziale. A tal fine, è predisposta l'**attività di vigilanza** che, mediante l'azione ispettiva di determinati organi della pubblica amministrazione, è volta a: **prevenire le infrazioni** della normativa lavoristica e previdenziale, **accertare eventuali violazioni** e **reprimerle** mediante l'irrogazione di sanzioni previste dalle stesse leggi speciali in materia di lavoro. Oggetto dell'attività di vigilanza è anche la **regolare costituzione del rapporto di lavoro** e, pertanto, è diretta a verificare se il datore di lavoro ha provveduto alla registrazione dei lavoratori nella documentazione aziendale e alla *comunicazione al Ministero del Lavoro dell'avvenuta assunzione*.
Fino all'introduzione del libro unico del lavoro, la fattispecie del **lavoro nero** era legata all'impiego di lavoratori non risultanti dalle scritture o da altra documentazione obbligatoria. Con l'introduzione del libro unico, la documentazione aziendale *ha perso* la tradizionale funzione di provare la regolarità del rapporto di lavoro affidata, invece, alla *comunicazione preventiva di assunzione*.
Al fine di controllare e sanzionare il lavoro nero, è prevista l'adozione della **maxisanzione amministrativa** e del **provvedimento di sospensione**.

23 Organizzazione e attività sindacale

1 Il concetto di sindacato e la previsione costituzionale

Definizione di sindacato secondo la dottrina (MAZZONI)

- **Associazione libera e spontanea** di singoli individui nel particolare status di prestatori o datori di lavoro
- **Associazione che agisce collettivamente** per la tutela di interessi professionali comuni nei confronti degli stessi soci
- **Associazione che rappresenta**, tramite i propri organi elettivi, **gli individui che la compongono**

Art. 39 Cost.

- Al 1° comma sancisce il **principio della libertà di organizzazione sindacale**
- Nei commi successivi dispone che
  - Ai sindacati può essere imposto solo l'*obbligo di registrazione*
  - Per la registrazione i sindacati devono avere un *ordinamento interno democratico*
  - Con la registrazione i sindacati acquistano la *personalità giuridica di diritto pubblico*

Sistema attuale

- Effetti della **mancata attuazione dell'art. 39** Cost., comma 2, 3 e 4
  - I sindacati *non* sono registrati, *non* hanno mai ottenuto il *riconoscimento* e sono *associazioni non riconosciute*

2 I soci e le loro posizioni soggettive

Posizioni soggettive del soggetto iscritto al sindacato

- Appartenenza alla categoria aziendale o professionale rappresentata
  - La maggioranza dei sindacati *non richiede* l'esistenza di un rapporto di lavoro al momento dell'iscrizione
- Attive
  - Nei rapporti *interni*:
    - diritto di eleggere i propri rappresentanti
    - diritto di essere eletto alle cariche sociali
    - diritto di giovarsi delle attività svolte dal sindacato
  - Nei rapporti *esterni*:
    - diritto alla tutela nell'esercizio dell'attività lavorativa

Posizioni soggettive del soggetto iscritto al sindacato	▶ Passive	▷ Nei rapporti *interni*: ▶ obbligo di rispettare le norme statutarie ▶ obbligo di pagare i contributi ▷ Nei rapporti *esterni*: ▶ obbligo di conformarsi agli impegni assunti dal sindacato ▶ obbligo di osservare il CCNL stipulato dal sindacato

3 L'organizzazione dei sindacati

3.1 Associazionismo sindacale dei prestatori di lavoro

Modalità di organizzazione	▶ Su base professionale (o **orizzontale**)	▷ Il sindacato raccoglie tutti *coloro che esercitano uno stesso mestiere*
	▶ Sulla base dell'attività dell'impresa (o **verticale**)	▷ Il sindacato raggruppa tutti *coloro che prestano la loro opera in imprese dello stesso settore produttivo*
Sistema attuale	▶ Il sindacato è **strutturato sia su base orizzontale che verticale**	

3.2 Associazionismo sindacale dei datori di lavoro

Sistema di classificazione	▶ Si basa su **criteri diversi** in base:	▷ Alla *natura del capitale* di impresa ▷ Alla *dimensione dell'impresa* ▷ Al *settore di attività*

4 La libertà sindacale

Fonti normative	▶ **Art. 39, comma 1, Cost.**: sancisce il principio di libertà dell'organizzazione sindacale ▶ **L. 20-5-1970, n. 300** (Statuto dei Lavoratori)
Manifestazioni della libertà sindacale	▶ Libertà del singolo di costituire e **aderire ad un sindacato**, fare opera di proselitismo ecc. ▶ Libertà di autodeterminare l'**ambito di riferimento** ▶ Libertà di lotta (sciopero ecc.) ▶ Libertà di **aderire ad organizzazioni nazionali o internazionali** ▶ Libertà di **azione contrattuale** ▶ Libertà di privilegiare il ruolo del vertice o della base sindacale ▶ Diritto di **non aderire ad alcuna organizzazione sindacale** (*libertà negativa*)

5 Lo Statuto dei Lavoratori

Fonte normativa
- L. 20-5-1970, n. 300

Titolo II
- È dedicato alla **libertà sindacale in senso stretto**
- Specifiche disposizioni normative
  - L'*art. 14* prevede il diritto a *svolgere liberamente attività e propaganda sindacale* nei luoghi di lavoro
  - L'*art. 15* vieta *patti* e *atti discriminatori* in relazione all'attività sindacale dei lavoratori
  - L'*art. 16* vieta i *trattamenti economici collettivi discriminatori*
  - L'*art. 17* vieta la costituzione e il sostegno da parte dei datori (e delle loro organizzazioni sindacali) di *sindacati «di comodo»* ossia controllati, anche occultamente, dai datori stessi
  - L'*art. 18* tutela i lavoratori *illegittimamente licenziati*

Titolo III
- Concerne l'**attività sindacale**
- Specifiche disposizioni normative
  - L'*art. 19* prevede la possibilità di costituire *rappresentanze sindacali aziendali* (RSA)
  - L'*art. 20* prevede e regola il diritto di *assemblea* dei lavoratori nell'ambito dell'azienda
  - L'*art. 21* disciplina l'istituto del *referendum*
  - L'*art. 22* subordina il *trasferimento dei dirigenti delle RSA* al «previo nulla osta delle associazioni sindacali di appartenenza»
  - Gli *artt. 23 e 24* disciplinano, rispettivamente, il diritto dei *dirigenti delle RSA* a *permessi* retribuiti e non retribuiti per svolgere la loro attività sindacale, anche al di fuori della azienda
  - L'*art. 25* prevede il diritto di *affissione* di comunicati di «interesse sindacale e del lavoro»
  - L'*art. 26* regola i «*contributi sindacali*», riconoscendo al lavoratore il diritto di *raccogliere fondi e di svolgere opera di proselitismo*

Titolo III	▶ Specifiche disposizioni normative	▷ L'*art. 27* riconosce alle rappresentanze sindacali aziendali il diritto di usufruire, ove ne facciano richiesta, di un *locale idoneo per le loro riunioni*. I datori di lavoro con *almeno 200 dipendenti*, invece, devono mettere permanentemente a *disposizione* delle rappresentanze sindacali aziendali, per l'esercizio delle loro funzioni, un *idoneo locale* comune all'interno della unità produttiva o nelle immediate vicinanze di essa
Titolo IV	▶ Concerne **varie e diverse disposizioni** relative all'attività sindacale	
	▶ Specifiche disposizioni normative	▷ L'*art. 28* tutela la libertà sindacale attraverso la *repressione della condotta antisindacale* ▷ L'*art. 30* stabilisce che i componenti di organi direttivi, provinciali e nazionali, dei sindacati hanno diritto a *permessi retribuiti* per partecipare alle riunioni dei suddetti organi

6 La rappresentanza dei lavoratori a livello aziendale

6.1 Rappresentanze sindacali aziendali (RSA)

Fonte normativa	▶ **Art. 19 Statuto dei Lavoratori**	
Disciplina	▶ Sono costituite ad **iniziativa dei lavoratori**, a condizione che la nomina sia riconosciuta da un sindacato in possesso dei *requisiti* prescritti dalla legge ▶ Sono ammesse presso ciascuna sede, stabilimento, filiale, ufficio o reparto autonomo di imprese che **occupino più di 15 dipendenti** (5 per le imprese agricole) (*ex* art. 35, L. 300/1970)	
Art. 19 St. Lav.	▶ Prima del referendum popolare dell'11-6-1995	▷ L'*affiliazione del sindacato alle confederazioni maggiormente rappresentative* sul piano nazionale ▷ Per le associazioni sindacali non affiliate alle predette confederazioni, la sottoscrizione di un *contratto collettivo nazionale o provinciale applicato all'unità produttiva*
	▶ Dopo il **referendum popolare dell'11-6-1995**	▷ È venuto meno il requisito dell'affiliazione alle confederazioni maggiormente rappresentative ▷ Resta, come unico requisito, quello della *sottoscrizione di un contratto collettivo applicato all'unità produttiva*, di livello nazionale, provinciale o anche soltanto aziendale

Art. 19 St. Lav.	▶ A seguito della **sent. 231/2013 Corte Cost.**	▷ La legittimazione alla costituzione delle RSA è stata riconosciuta anche ai sindacati che, pur non addivenendo alla sottoscrizione del contratto collettivo, abbiano **effettivamente partecipato alle trattative** per la sua stipulazione
Criteri per la costituzione delle rappresentanze sindacali aziendali	▶ Disciplina **attuale** dell'art. 19 St. Lav.	▷ Possono essere costituite nelle *unità produttive con più di 15 dipendenti*, ad *iniziativa dei lavoratori*, nell'ambito delle associazioni sindacali: ▶ che hanno **sottoscritto un contratto collettivo di lavoro** *di qualsiasi livello applicato all'unità produttiva* ▶ *oppure* che hanno «**attivamente partecipato alle trattative** per la stipula di contratti collettivi applicati nell'unità produttiva, ancorché non li abbiano poi sottoscritti per ritenuta loro non idoneità a soddisfare gli interessi dei lavoratori»
	▶ Sono **nominate** dalle federazioni di categoria e durano in carica 3 anni	

6.2 Rappresentanze sindacali unitarie (RSU)

Fonti	▶ Protocollo di intesa del 23-7-1993	▷ Ha previsto per la prima volta il *modello di RSU*
	▶ Accordo interconfederale del 20-12-1993	▷ Ha istituito la RSU ▷ Sono stati *trasferiti i diritti sindacali* goduti dalle preesistenti strutture rappresentative (RSA)
	▶ Testo Unico della rappresentanza del 10-1-2014	▷ Sono state nuovamente definite le **regole generali sulle forme di rappresentanza in azienda**
	▶ Accordo Confindustria e CGIL, CISL, UIL del 28-2-2018 sulle relazioni industriali e la contrattazione collettiva (Patto per la fabbrica)	▷ Ha *consolidato* i principi e le procedure del T.U., ponendosi in continuità con le precedenti intese interconfederali
Disciplina	▶ In ogni singola unità produttiva dovrà essere adottata **una sola forma di rappresentanza** ▶ Nelle unità produttive in cui *non siano mai state costituite forme di rappresentanza sindacale*, è possibile procedere alla costituzione di RSU o optare per il modello della RSA	

- Il **passaggio dalle RSA alle RSU** è rimesso alla decisione dei *sindacati di categoria*, secondo il **principio maggioritario**
- Alla scadenza delle RSA, la costituzione della RSU deve essere concordata dalle organizzazioni sindacali che abbiano, a livello nazionale, la maggioranza *della rappresentanza del settore* (50% + 1), accertata secondo i criteri stabiliti dagli stessi accordi interconfederali
- Per i sindacati di categoria aderenti alle confederazioni firmatarie degli accordi interconfederali di riforma della contrattazione collettiva, il passaggio alle RSU può avvenire *solo se definito unitariamente*
- Le RSU **esercitano le funzioni** proprie delle rappresentanze aziendali e beneficiano delle *prerogative* che la legge prevede in favore delle RSA
- Le RSU hanno **durata triennale**, al termine della quale *decadono automaticamente*
- Le RSU possono essere costituite nelle **unità produttive con più di 15 dipendenti**
- Il **numero** di componenti della RSU dipende dalla dimensione dell'organico

Disciplina

- La RSU è costituita ad **iniziativa delle organizzazioni sindacali** (e non soltanto dei lavoratori dell'azienda) ed è **eletta** democraticamente dai **lavoratori.** Possono assumere l'**iniziativa** di procedere alla costituzione della RSU, innanzitutto, i **sindacati aderenti alle confederazioni firmatarie** degli accordi interconfederali di riforma della contrattazione collettiva. Per i **sindacati non confederali**, la possibilità di partecipare alla costituzione della RSU, presentando proprie liste, è subordinata alle seguenti **condizioni**
  - Devono aver sottoscritto il contratto collettivo *nazionale* applicato all'unità produttiva oppure devono riuscire a far *sottoscrivere* la propria lista da *almeno il 5% dei lavoratori in forza* presso l'azienda aventi diritto al voto (in caso di organico inferiore a 60, è sufficiente che la lista sia sottoscritta da almeno 3 lavoratori)
  - Devono *aderire formalmente ai contenuti degli accordi interconfederali* di riforma della contrattazione collettiva
- Hanno **diritto di votare** tutti i lavoratori (operai, impiegati e quadri, non in prova) addetti all'unità produttiva (*elettorato attivo*) anche *non* iscritti al sindacato
- Possono **candidarsi** ed essere *votati tutti i lavoratori in forza presso l'unità produttiva* nell'ambito delle liste presentate dai sindacati
- Le elezioni sono **valide** se alle stesse abbia preso parte **più della metà dei lavoratori aventi diritto al voto**, salva la facoltà di considerare le elezioni comunque valide anche se detto *quorum* non sia stato raggiunto «in relazione alla situazione venutasi a determinare»
- Dopo la votazione, la RSU è costituita ripartendo tutti i seggi in modo **proporzionale** in relazione ai voti conseguiti dalle singole liste concorrenti

Osservazioni

L'Accordo interconfederale 4-7-2017, di modifica del T.U. sulla rappresentanza, ha stabilito che, nel caso di **parità di voti** riportati da liste diverse e di **parità di resti** riportati da liste diverse o di parità di resti tra le stesse ovvero di parità delle preferenze di ciascuno dei due candidati, i seggi devono essere attribuiti alla *lista che ha ottenuto il maggior numero complessivo di preferenze*. Se anche il numero complessivo dovesse essere uguale, il seggio viene attribuito, in prima battuta, secondo l'*ordine di presentazione delle liste* e, in caso di presentazione contemporanea, al *candidato più anziano* e, a parità di anzianità (da intendersi prioritariamente quella di servizio presso l'unità produttiva per la quale si svolgono le elezioni), secondo l'*ordine di presenza nella lista*.

7 Informazione e consultazione dei lavoratori

D.Lgs. 25/2007

- **Informazione**
  - Ogni *trasmissione di dati* da parte del datore di lavoro ai rappresentanti dei lavoratori, finalizzata alla *conoscenza* e all'*esame di questioni* attinenti all'attività di impresa
- **Consultazione**
  - Ogni forma di *confronto, scambio di opinioni* e *dialogo* tra rappresentanti dei lavoratori e datore di lavoro su questioni attinenti all'attività di impresa
- **Oggetto**
  - L'informazione e la consultazione riguardano:
    - l'*andamento recente* e quello *prevedibile* dell'*attività dell'impresa* nonché la sua *situazione economica*
    - la **situazione**, la **struttura** e l'**andamento prevedibile dell'occupazione** nella impresa, nonché, in caso di rischio per i livelli occupazionali, le relative *misure di contrasto*
    - le *decisioni dell'impresa* che siano suscettibili di comportare *rilevanti cambiamenti* dell'organizzazione del lavoro e dei contratti di lavoro
- **Soggetti**
  - L'informazione e la consultazione sono poste in essere mediante *scambio di informazioni* tra:
    - rappresentanti sindacali dei lavoratori
    - datore di lavoro
  - I rappresentanti dei lavoratori *non* sono autorizzati a rivelare *informazioni* che siano state loro *espressamente fornite in via riservata*

D.Lgs. 25/2007	▷ Soggetti	▷ Il datore di lavoro *non è obbligato* a procedere a consultazioni o a comunicare informazioni che, per comprovate *esigenze tecniche, organizzative e produttive* siano di natura tale da creare *notevoli difficoltà al funzionamento* dell'impresa o da arrecarle danno

In sintesi

La mancata attuazione dell'**art. 39 della Costituzione** fa sì che ancora oggi le associazioni sindacali siano disciplinate dalla **normativa di diritto comune**, e più precisamente dagli artt. 36, 37 e 38 del codice civile: esse costituiscono attualmente delle mere **associazioni non riconosciute**, cioè *enti di fatto privi di personalità giuridica*.
In virtù del **principio di libertà sindacale**, anch'esso sancito dall'art. 39 Cost., inoltre, i lavoratori sono liberi sia di partecipare alle organizzazioni sindacali che di scegliere di *non iscriversi* o di *recedere* dal sindacato.
La fonte normativa più importante dopo la Costituzione, in materia di libertà sindacale, è oggi la *L. 20-5-1970, n. 300*, meglio nota come **Statuto dei Lavoratori**, che ha recepito i principi fondamentali fissati dalla Costituzione, tendendo non a disciplinare la libertà sindacale (ciò costituirebbe una illegittima interferenza del legislatore), bensì a **garantire l'esercizio della medesima all'interno delle unità produttive**.
A tal fine, è prevista la **rappresentanza sindacale aziendale** definita come «*qualunque tipo di organizzazione attraverso cui il sindacato è presente nell'azienda, purché derivi dall'iniziativa dei lavoratori e abbia qualificazione sindacale, cioè sia riferibile alla struttura sindacale*» (ROSSELLI).
In particolare, l'**art. 19** disciplina il *diritto* del sindacato a costituire, nelle unità produttive con più di 15 dipendenti proprie *rappresentanze all'interno dei luoghi di lavoro* (**RSA**).
Le RSA dovrebbero però essere progressivamente superate dalla costituzione delle **RSU**, introdotte dal Protocollo del 1993 e disciplinate con l'**accordo interconfederale del 20-12-1993**, in virtù del quale alle RSU sono stati *trasferiti i diritti sindacali* goduti dalle preesistenti strutture rappresentative (RSA).

24 Lo sciopero

1 Principi generali

Nozione: consiste nell'**astensione concertata dal lavoro** da parte di **più lavoratori subordinati per la tutela dei loro interessi**.

Fonte normativa	▶ **Art. 40 Cost.**, secondo cui «il diritto di sciopero si esercita nell'ambito delle leggi che lo regolano»
Natura del diritto di sciopero secondo la dottrina	▶ **Diritto di uguaglianza**: l'esercizio del diritto di sciopero tende a restituire al lavoratore, contraente debole, quella *condizione di uguaglianza alterata* dalla *concentrazione del possesso degli strumenti produttivi* nelle mani del datore (SIMI) ▶ **Diritto potestativo**: diritto del lavoratore, connesso al rapporto di lavoro, che si esplica nel *potere di sospensione dell'obbligazione della prestazione di lavoro* (SANTORO PASSARELLI) ▶ **Diritto di libertà**: lo sciopero opera nei rapporti tra scioperanti e Stato; lo Stato non può vietare o punire l'astensione collettiva dal lavoro (CALAMANDREI) ▶ **Diritto soggettivo**: è un diritto che esplica i suoi effetti nei *rapporti intersoggettivi privati*, tra lavoratori scioperanti e datori di lavoro (MORTATI; NATOLI) ▶ **Diritto della personalità**: lo sciopero realizza una *forma associativa in senso lato*, una di quelle formazioni sociali *ex* art. 2 Cost. dove si svolge la personalità umana (MENGONI) ▶ **Potestà**: lo sciopero è una *potestà*, in quanto il suo esercizio *appartiene alla sfera di libertà del singolo* nei confronti dello Stato (SUPPIEJ)
Titolarità del diritto secondo la dottrina prevalente	▶ Il **singolo lavoratore** è titolare del diritto, in quanto lo *può esercitare senza autorizzazione sindacale* ▶ Lo sciopero è un **diritto a titolarità individuale ed esercizio collettivo** (MAZZIOTTI)
Effetto dello sciopero sul rapporto di lavoro	▶ **Sospensione bilaterale delle due prestazioni** fondamentali del rapporto di lavoro e cioè della *prestazione di lavoro*, da parte dei lavoratori, e della *corresponsione della retribuzione*, da parte del datore di lavoro

2 I limiti esterni al diritto di sciopero

Limiti soggettivi	▶ Comportano l'**esclusione dalla titolarità del diritto di sciopero** per quei lavoratori occupati in attività connesse o strumentali ad altri diritti costituzionalmente garantiti	▷ Riguardano in particolare: ▶ i *pubblici dipendenti* occupati in servizi pubblici essenziali: lo sciopero deve svolgersi secondo le modalità stabilite dalla L. 146/1990 ▶ i *militari* e le *forze di polizia* ▶ i *marittimi*: nel caso di servizio di collegamento con le isole, devono osservarsi le modalità *ex* L. 146/1990
Limiti oggettivi	▶ Sono individuati in riferimento alle **finalità** perseguite tramite lo sciopero ▶ Inizialmente si riteneva che la finalità dello sciopero dovesse coincidere esclusivamente con un interesse economico ▶ Attualmente sono invece considerate legittime le astensioni volte alla tutela di **interessi** dei lavoratori **anche non economici**	▷ *Lo sciopero politico*: è ormai ritenuto legittimo (sent. Corte cost. 290/1974) ▷ *Lo sciopero di solidarietà* (i lavoratori si astengono dal lavoro per appoggiare lo sciopero intrapreso da altri) è legittimo se la protesta dei primi scioperanti ha carattere professionale e vi è comunanza di interessi fra due scioperi (sent. Corte cost. 123/1962) ▷ *Lo sciopero di protesta* (i lavoratori scioperano per ritorsione contro un provvedimento o un comportamento di uno o più datori di lavoro contro uno o più lavoratori diversi dagli scioperanti) è legittimo se l'interesse leso dal datore ha carattere professionale e vi è comunanza di interessi tra lavoratori lesi e quelli scioperanti (sent. Corte cost. 123/1962)

Osservazioni

Secondo la Costituzione, lo sciopero *si esercita nell'ambito delle leggi che lo regolano*. In realtà, esiste una scarna regolamentazione normativa dello sciopero che, per lo più, è stato oggetto di elaborazione dottrinale e giurisprudenziale.

Proprio in virtù dell'attività di ricostruzione operata dalla giurisprudenza costituzionale, il diritto di sciopero non è soggetto ad alcuna limitazione, se non a quelle derivanti da *norme che tutelano posizioni giuridiche concorrenti*, quali il diritto alla vita e all'incolumità personale nonché la libertà della iniziativa economica.

Tali limiti si configurano come **limiti esterni** soggettivi o oggettivi, in quanto relativi ad eventuali contrasti tra l'interesse garantito dal diritto di sciopero con altri **interessi costituzionalmente tutelati**.

3 I limiti interni al diritto di sciopero

Nozione: derivano dalla nozione di sciopero quale **astensione concertata, continuata e completa dal lavoro**.

Effetti	▶ **Illegittimità delle astensioni collettive dal lavoro attuate con modalità anomale** rispetto alla nozione tradizionale di sciopero

Forme anomale di sciopero	▶ Sciopero a sorpresa	▷ È attuato *senza preavviso* ▷ La dottrina prevalente lo considera *legittimo* perché, salvo il caso di servizi pubblici essenziali, non vi è alcuna norma che imponga la proclamazione dello sciopero
	▶ Sciopero a singhiozzo	▷ È caratterizzato dal *frazionamento nel tempo dell'astensione dal lavoro*
	▶ Sciopero a scacchiera	▷ Consiste nell'astensione dal lavoro *in reparti alternati e in tempi successivi*
	▶ Sciopero parziale	▷ È realizzato in settori o durante fasi lavorative la cui interruzione comporta un *notevole ritardo nella ripresa dell'attività*

Osservazioni

La giurisprudenza della Corte costituzionale e della Cassazione, fino all'inizio degli anni Ottanta, oltre alla classe dei limiti esterni, riconosceva anche la categoria dei cd. **limiti interni**, derivanti, cioè, dalla stessa nozione di sciopero quale **astensione concertata** e **continuativa dal lavoro di tutti i dipendenti**. Ne conseguiva l'illegittimità di tutte quelle forme di lotta sindacale attuate con **modalità anomale e particolari** (sciopero a sorpresa, a singhiozzo, a scacchiera ecc.) rispetto a tale definizione canonica di sciopero (GIUGNI).

Il fondamento giuridico di tale posizione era individuato nella considerazione che lo sciopero attuato con modalità anomale arrecava al datore di lavoro un **danno ingiusto**, in quanto maggiore di quello necessario per perseguire la finalità cui lo sciopero tende per cui veniva a mancare la **corrispettività** tra il danno arrecato all'impresa (inteso come lucro cessante) e la sospensione della retribuzione ai lavoratori scioperanti, elemento ritenuto necessario per la legittimità dello sciopero.

Tuttavia, a partire dagli anni Ottanta (sent. 30-1-1980, n. 711), la Cassazione ha **mutato orientamento**, precisando che la nozione di sciopero deve essere desunta dal *comune linguaggio adottato nell'ambiente sociale*, vale a dire dalla prassi delle relazioni industriali per cui se non tutte le forme di lotta possono essere ritenute legittime, per gran parte di esse, *pur non rientranti nella nozione consolidata di sciopero, va ammessa l'applicazione diretta dell'art. 40* che ne legittima la pratica.

Conseguentemente a tale pronuncia, ha perso rilievo la categoria dei cd. limiti interni al diritto di sciopero.

Al principio della corrispettività dei danni si è sostituita la distinzione tra **danno alla produzione** e **danno alla produttività**, per cui lo sciopero è legittimo se determina una maggiore disorganizzazione in termini di svolgimento dell'*attività produttiva*, non invece se determina una lesione duratura della *capacità produttiva dell'impresa*.

4 Il crumiraggio

Crumiraggio indiretto	▶ **Sostituzione**, da parte del datore di lavoro, **dei lavoratori scioperanti con altri lavoratori.**

Distinzioni	▶ Esterno	▷ *Sostituzione* degli scioperanti *con lavoratori esterni all'azienda* ▷ È *illegittimo* (il D.Lgs. 81/2015, all'art. 32, comma 1, vieta, ad esempio, di stipulare il contratto di somministrazione per la sostituzione dei lavoratori che esercitano il diritto di sciopero)
	▶ Interno	▷ *Sostituzione* degli scioperanti con *lavoratori interni* all'azienda ▷ È *legittimo*

5 La serrata

Nozione: è un **mezzo di lotta del datore di lavoro** e consiste nella **chiusura** da parte del datore di lavoro dei luoghi di lavoro in modo da rendere impossibile lo svolgimento dell'attività lavorativa.

Scopo	▶ **Impedire le azioni di protesta** dei lavoratori
Libertà di serrata per fini contrattuali	▶ La Corte costituzionale ha dichiarato, con **sentenza 29/1960, la incostituzionalità del divieto di serrata per finalità contrattuali** di cui all'art. 502 c.p., considerando tale incriminazione in contrasto con l'ispirazione democratica della Costituzione. La serrata per fini economici, pertanto, costituisce **esercizio di una libertà da parte del datore di lavoro**, anche se tale libertà non può qualificarsi come diritto al pari dello sciopero ed esaurisce i suoi effetti nella non perseguibilità penale della serrata (GIUGNI, GALANTINO)
Illegittimità della serrata per fini diversi da quelli contrattuali	▶ Ad **esempio**, è illegittima: ▷ La serrata *politica* ▷ La serrata *a scopo di solidarietà o di protesta* ▷ La serrata *per coazione pubblica*

6 Lo sciopero nei servizi pubblici essenziali

6.1 Fonti normative

L. 146/1990	▶ Ha dato **attuazione all'art. 40 Cost.** ▶ Si applica al **settore dei servizi pubblici** ▶ Ha lo scopo di **contemperare** l'esercizio del diritto di sciopero nei servizi pubblici essenziali con il *godimento dei seguenti diritti*: alla vita, alla salute, alla libertà, alla sicurezza, alla libertà di circolazione, all'assistenza e previdenza sociale, all'istruzione, alla libertà di comunicazione

L. 83/2000	▶ Ha riformato la L. 146/1990	▷ Potenziando il metodo preventivo tramite la previsione di **procedure di conciliazione e raffreddamento** ▷ Rafforzando **l'apparato sanzionatorio** e attribuendo maggiori poteri alla **Commissione di garanzia**

6.2 I servizi pubblici essenziali

Nozione: sono essenziali i servizi pubblici che, indipendentemente dalla natura giuridica del rapporto di lavoro, sono **finalizzati a garantire il godimento dei diritti della persona, costituzionalmente tutelati**, alla *vita*, alla *salute*, alla *libertà e alla sicurezza*, alla *libertà di circolazione*, all'*assistenza* e *previdenza sociale*, all'*istruzione* ed alla *libertà di comunicazione* (art. 1, comma 1, L. 146/1990).

Servizi pubblici essenziali (art. 1, comma 2, L. 146/1990)	▶ Sanità e igiene, protezione civile, raccolta e smaltimento dei rifiuti, approvvigionamento di energia, di risorse naturali e beni di prima necessità	▷ La regolamentazione dello sciopero è diretta alla *tutela:* della *vita*, della *salute*, della *libertà*, della *sicurezza*
	▶ Trasporto urbano, extraurbano, ferroviario, aereo e di collegamento con le isole	▷ La regolamentazione dello sciopero è diretta alla *tutela della libertà di circolazione*
	▶ Servizi di erogazione degli importi necessari al soddisfacimento delle necessità della vita	▷ La regolamentazione dello sciopero è diretta alla *tutela dell'assistenza e della previdenza sociale*
	▶ Asili nido, scuole materne ed elementari e i servizi per lo svolgimento di scrutini finali ed esami	▷ La regolamentazione dello sciopero è diretta alla *tutela dell'istruzione pubblica*
	▶ Poste, telecomunicazioni e informazione radiotelevisiva	▷ La regolamentazione dello sciopero è diretta alla *tutela della libertà di comunicazione*

Differenze

I **diritti** in relazione ai quali è possibile individuare i servizi essenziali (diritto alla *vita*, alla *salute*, alla *libertà* ecc.) sono **tassativamente individuati** dalla legge (art. 1, comma 1, L. 146/1990): sono, cioè, soltanto questi i diritti per il godimento dei quali un servizio pubblico si reputa essenziale.
L'**elencazione dei servizi** (art. 1, comma 2, L. 146/1990), invece, è considerata prevalentemente **esemplificativa** (SCOGNAMIGLIO), per cui sarebbe possibile includervi *ulteriori servizi*.

6.3 Condizioni per l'esercizio del diritto di sciopero

Regole dello sciopero	▶ Adozione di **misure** dirette a consentire l'**erogazione delle prestazioni indispensabili** per garantire le finalità della legge	
	▶ Osservanza di un **periodo di preavviso** non inferiore a 10 giorni da comunicare	▷ Per *iscritto* ▷ Con l'indicazione della *durata*, delle *modalità* e della *motivazione* dello sciopero
	▶ Obbligo di **comunicazione agli utenti** almeno 5 giorni prima dell'inizio dello sciopero	▷ Dei *modi e tempi di erogazione* dei servizi durante lo sciopero ▷ Delle *misure di riattivazione dei servizi*
	▶ Esperimento delle **procedure di conciliazione e di raffreddamento**	▷ Devono avvenire *prima della proclamazione dello sciopero* ▷ *Sono obbligatorie*
Lavoratori soggetti all'applicazione della legge	▶ Lavoratori subordinati ▶ Liberi professionisti ▶ Lavoratori autonomi ▶ Piccoli imprenditori	▷ La regolamentazione dello sciopero opera nei confronti di *tutti* i lavoratori che svolgono la loro opera *nei servizi pubblici essenziali e il cui sciopero incide sulla funzionalità di tali servizi*
Forma sleale di azione sindacale	▶ Consiste nella **revoca spontanea dello sciopero** proclamato e di cui è stata data informazione all'utenza (cd. *effetto annuncio*)	▷ È valutato ai fini *sanzionatori* dalla Commissione di garanzia ▷ È **vietato**, salvo accordo tra le parti

6.4 Contenuto degli accordi o contratti collettivi

Funzione	▶ **Integrano la disciplina di legge** nello specificare, in ciascun ambito, quante e quali prestazioni devono essere assicurate all'utenza	
	▶ Individuazione per ciascun comparto della P.A.:	▷ Delle *prestazioni indispensabili* assicurate in caso di sciopero ▷ Degli *intervalli minimi* tra un'astensione e quella successiva ▷ Delle *procedure di raffreddamento e conciliazione*
Ambito di applicazione	▶ Sono stipulati tra **amministrazioni pubbliche** o **imprese private** che gestiscono il servizio collettivo	

Osservazioni

Per i *lavoratori autonomi, professionisti e piccoli imprenditori*, l'individuazione delle prestazioni indispensabili e delle altre misure idonee all'effettuazione dello sciopero è contenuta nei **codici di autoregolamentazione** emanati dalle associazioni e dagli organismi di rappresentanza delle categorie professionali (ad es. il Consiglio nazionale forense o la Confartigianato) (art. 2bis).

La Corte Costituzionale (sent. 27-7-2018, n. 180) ha dichiarato l'**illegittimità dell'art. 2bis, L. 146/1990** (per violazione dell'art. 13, comma 5, Cost.), *nella parte in cui consente che il codice di autoregolamentazione delle astensioni dalle udienze degli avvocati interferisca con la disciplina della libertà personale dell'imputato*. Tale interferenza consiste nel fatto che il predetto codice di autoregolamentazione, nel regolare l'astensione degli avvocati nei procedimenti e nei processi in relazione ai quali l'imputato si trovi in stato di custodia cautelare, prevede (art. 4, comma 1, lett. *b)*) che l'imputato medesimo possa richiedere, oppure no, di procedere malgrado l'astensione del difensore, con l'effetto quindi di determinare, oppure no, la sospensione, e quindi il prolungamento, dei termini massimi di custodia cautelare. L'art. 2bis, L. 146/1990 è dunque illegittimo perché consente (*nel senso che non preclude*) al codice di autoregolamentazione di incidere sulla disciplina legale dei limiti di restrizione della libertà personale dell'imputato. Quanto agli effetti della dichiarazione di incostituzionalità della sent. 180/2018, parte della giurisprudenza di legittimità (cfr., ad es., Cass. 19-2-2019, n. 7618) ha ritenuto che, alla luce della stessa, nei predetti procedimenti in cui l'imputato si trovi in stato di custodia cautelare, è *esclusa per gli avvocati la possibilità di astenersi*. Di diverso avviso sembra, tuttavia, l'orientamento della Corte Costituzionale (sent. 31-1-2019, n. 4) secondo la quale, in base alla citata sentenza n. 180, nei predetti processi e procedimenti penali, nel caso in cui il difensore abbia dichiarato di volersi astenere, non è più applicabile la condizione ostativa del dissenso dell'imputato in stato di custodia cautelare. In altri termini, la possibilità che era attribuita all'imputato di dissentire dall'astensione del suo difensore (decidendo, quindi, per la prosecuzione del giudizio) è oggi illegittima, con la conseguenza che, nelle citate ipotesi, *il difensore non avrebbe nessun obbligo di assicurare la prestazione professionale*.

7 La Commissione di garanzia

Nozione: Ente super partes che **valuta l'idoneità delle misure** adottate dai contratti collettivi e dai codici di autoregolamentazione e dirette al contemperamento dell'esercizio del diritto di sciopero con il godimento degli altri diritti tutelati.

Compiti

- Giudica le **questioni interpretative** e **applicative** dei contenuti dei contratti collettivi o dei codici di autoregolamentazione (per i lavoratori non subordinati), circa le prestazioni indispensabili da assicurare all'utenza nel caso di sciopero
- Formula una **proposta** sull'insieme delle misure da assicurare per rendere omogenee le prestazioni essenziali
- Assume informazioni o convoca le parti per verificare se sono stati esperiti i **tentativi di conciliazione**
- Indica eventuali violazioni della legge e delibera le **sanzioni** nei confronti dei sindacati e delle P.A.
- **Prescrive** al datore di lavoro di applicare le sanzioni nei confronti dei lavoratori

8 Il sistema sanzionatorio

Procedura di irrogazione delle sanzioni	▶ Si apre ad **iniziativa della Commissione di garanzia** o degli altri soggetti coinvolti nello sciopero ▶ Le parti, in *contraddittorio* tra loro, possono presentare *osservazioni* ▶ La Commissione di garanzia **accerta la violazione** della legge e **delibera le sanzioni**	
Tipologia delle sanzioni	▶ Nei confronti dei lavoratori	▷ Hanno natura disciplinare
	▶ Nei confronti dei sindacati	▷ Applicazione di sanzioni pecuniarie ▷ Perdita dei benefici contributivi ▷ Perdita dei permessi sindacali
	▶ Nei confronti delle P.A.	▷ Sanzioni di importo variabile

9 La precettazione

Nozione: si sostanzia nell'emanazione di un'**ordinanza** affinché le parti *desistano da comportamenti* contrari alla disciplina di legge o pattizia e promuovano un *tentativo di conciliazione*.

Procedimento	▶ Attivazione	▷ Su *segnalazione* della *Commissione di garanzia* che adisce le autorità competenti ▷ *Direttamente dalle autorità competenti* (Presidente del Consiglio dei Ministri o Prefetto, a seconda della rilevanza nazionale o locale del conflitto)
	▶ Motivazione	▷ Lo sciopero può recare un *grave pregiudizio* all'utenza
	▶ Emanazione dell'**ordinanza** da parte delle autorità precettanti al fine di promuovere una *conciliazione*	
	▶ Esperimento del tentativo di conciliazione	▷ Se ha esito negativo, è emanata l'*ordinanza di precettazione*
	▶ Contenuto dell'ordinanza di precettazione	▷ *Posticipo* dello sciopero ▷ *Riduzione* della durata dello sciopero ▷ Attuazione dello sciopero con *modalità diverse*

Indice

Introduzione: L'evoluzione del diritto del lavoro

1 Le fonti del diritto del lavoro

2 Il lavoro subordinato e le altre forme di lavoro

3 Il contratto collettivo di lavoro

4 Il contratto individuale di lavoro

5 Il mercato del lavoro e le politiche attive

6 Le procedure di assunzione dei lavoratori

7 Decentramento produttivo: somministrazione di lavoro, appalto e distacco

8 La prestazione di lavoro

9 Gli obblighi e i diritti del lavoratore

10 I poteri e gli obblighi del datore di lavoro

11 La retribuzione

12 Il luogo della prestazione e l'organizzazione dell'orario di lavoro

13 Sicurezza e igiene delle condizioni di lavoro

14 Il lavoro dei minori

15 La tutela dei genitori nel rapporto di lavoro

16 La tutela contro le discriminazioni nel rapporto di lavoro

17 I contratti di lavoro speciali

18 Le cause di sospensione del rapporto di lavoro e gli ammortizzatori sociali

19 L'estinzione del rapporto di lavoro

20 La tutela dei diritti del lavoratore

21 Il processo del lavoro

22 La vigilanza

23 Organizzazione e attività sindacale

24 Lo sciopero